平民政治
上巻〔第一分冊〕

ゼームス・ブライス原著
人見一太郎譯述

明治廿二〜廿四年出版

平民政治 上巻〔第一分冊〕

日本立法資料全集 別巻 1200

信山社

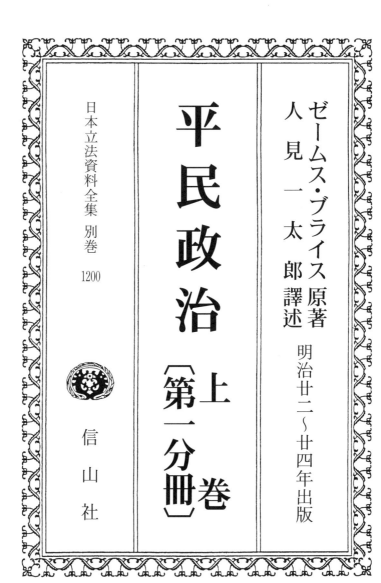

THE
AMERICAN
COMMONWEALTH

平民政治

ゼームス、ブライス原著
人見一太郎譯述

東京
民友社

James Bryce, M.P.

ゼエームスブライス氏

著者ブライス氏の傳

老グラッドストーンの麾下一員の大將としては英國に知られ『アメリカン、コンモンウエルス』の著者としては遍ねく天下に知られたるゼームスブライス氏は、千八百三十八年を以て愛蘭ベルフハストの邑に生れたり父君ゼームス、ブライスは蘇國グラスゴー大學のL.L.D.なるを以て、氏は夙にグラスゴーの諸校に敎育を受け、業稍熟するに及び轉じてオックスフヲルドに入り、苦學數年、一八六二年終にバチエロル、ヲブ、アーツの學位を得、猶校内に留まりて業を磨脩するに汲々たりき、千八百六十四年、オックスフヲルドに懸賞論文の催あり、寄せ來るもの數百篇、一閱を經たるまゝにて悉く筐底の塵に沒し去られたる泛々たる文辭の其か中に、一篇の大文字あり、題して『神聖羅馬帝國』と云ふ、趣搆淸新論旨雄大、着々事實に據りて、滔々數千言、雄麗の文躍々として紙上に飛舞せんとするの勢あり、於是乎一篇の風評は大學の墻壁より漏れて、甲誦し乙傳へ、期月を出でずして作者の姓名は南ウェールスより北スコットランドの果迄も響き渡り、意太利に譯する者あり、獨逸に譯する者あり、今日に至る迄版を換ふるもの殆んど十たび、是れぞブライス氏が初陣の手柄なりき、

『神聖羅馬帝國』は專ら敍述の體に據りたるものなるが故に、人多くはブライス氏を期するに他日の大歷史家を以てしたりと雖も、炯眼の士は寧ろ氏が法學的の眼光を看破し、氏が前途此處にあるべしと預言したるが、果して其言に違はず、氏は此時より心を實地理論の法律に潜め、一八八七年バリストルの免許を得、同七十年にはオックスフヲルド大學民法敎授の任に就き、亦女皇の命によりて始めて米國に使せり、他日大著作の基夫れ此時に始まる歟、

千八百七十年より十年間、氏は專ら大學にありて敎授を負擔し、夏期休業

の暇には、一枝の笻、一包の袋、飄々然として雲山萬里の遙程を跋渉し、或る時はアイスラントの雪景に三伏の炎夏を忘れ、或る時は輕舸に駕してウヲルガの奔流を下り、或は意太利に遊んで月桂樹陰にヴヱシユヴ井オスの煙を眺め或はアララットの山嶺を攀ぢて南極の風に嘯き苟くも見る處聞く處は悉く其の筆底より顯はれ來れり、即ち『アーララット』記行の如きは頗る人口に膾炙せり、

千八百八十年氏が生涯は忽然として一轉せり、大學の館内に學生を相手に且つ問ひ且つ答へたる法學博士は、今や書卷を擲て政治世界に突入しタオル、ハムレッツの代議士としてグラッドストーン氏を扶けて國會に論爭し、千八百八十五年には具氏を戴て外務次官の任に當り、爾來數年の間一進一退常に具氏と相伴ふて以て今日に至れり愛蘭自治の如きは乃ち氏が尤も熱中する所とす、

是より先き氏は夙に眼を太西洋外の隣國に注ぎ、千八百八十一年二たび

米國に遊び、越へて八十三年三たび米國に遊び、腹案已に成りて今は多年の意見を吐露すべき機會の來れりと見てければ、翌千八百八十四年愈筆を起して著作に從事する累年、昨千八百八十九年多年苦心の結果は二卷の書冊となりて世に顯れ來りぬ、所謂平民政治の原書『アメリカン、コンモンウエルス』なるもの即ち是なり、

此書一たび世に出でゝ未だ二年ならず、版を更ふる幾回、賣り盡すもの十數萬部、フレヂリック、ハリソン。ゴールドウヰン、スミス、等の學者仲間も、其氏チヤーチル卿等の實際政治家も皆稱贊に是れ忙ふして、彼の米人すら、『英人の中には未だブライス氏程我邦の政度に通曉したる者あらず』と贊歎し、トークヴ井ールの『デモクラシー、イン、アメリカ』も殆ど新著の氣焔に壓し去らんとするの勢なり蓋し氏が多年法律を專門に攻めたると、政治世界に奔走して英國制度實地の運用に通じたると、殊に十分の發達をなし十分の完備をなしたるの時に於て米國機關の運動作用を目撃考察す

るの機會を有したるとは、氏が此の大著をなすに於て與て大に力ありしなるべし、若し夫れ其細評に至ては歐米諸名士の言已に之を盡す、而して其眞味に至ては親く書卷に對するにあらすんば以て言ひ難しとす、今詳に說くを須ひざるなり、

氏は本年已に五十三歲、氣猶壯んに神ます〳〵旺なり、入てはオックスフヲルドの勢力となり、出ては具氏の勇將となる天若し齡を氏に假さば、英國の政治、文學界に於てまた目を刮るものあらんか、

平民政治

總目錄

第二編　州政府

第三編　黨派制

第五編

第六編　社會の制度

平民政治目錄終

平民政治

ゼームス、ブライス著
八見一太郎譯

第一章

總論

「予は我國の制度を何と思惟せらるゝや」とは合衆國內を旅行する歐洲人が至る處人に遇ふ每に常に問はるゝ所の問題なり、旅行者は斯の如き疑問に接するも固より當然の事として毫も怪しますす、何となれば彼をして若し心を事物の觀察に用ふる人ならしめば、自身の腦中既に是等の制度を以て滿されたるなる可ればなり、然れ共何故に只獨り亞米利加に於てのみ、斯くの如く問はるゝや、旅行者自ら怪しまざるを得す、英國に於ては、外國人に向て否米國人に向てすら、英國の法律及ひ政府を如何に思惟す

合衆國の制度と歐洲各國の制度との相違

るかと問ふ者一人もあらす、又英人は歐洲大陸に在ても佛人獨人若くは伊人が自國の政治に關して彼の批判を聽かんと熱望するあるを見ざるなり、米國と歐洲各國との間に於て、斯の如き相違あるは何ぞや、是れ大にその故あり、蓋し合衆國の制度たる、舊世界の同樣有名なる諸國民の制度に比すれば、更に一般の利益に大關係を有する事件なる事は、米國人の自ら信し、外國人の共に承認する所なり、合衆國の制度は新式の制度なり、或は又新式の制度と斷定せらるゝ者なり、合衆國の制度は舊國の不順不一致ある制度よりも遙かに研究判斷に利あるべき首尾整然たる一全體を形づくるものなり、或は又斯の如き一全體を形づくる者と斷定せらるゝものなり、其制度たる全たく群衆政治(人民政治)の實驗を前代比類なき程に廣大なる土地の上に施こしたる者にして、その實驗の結果は各人の注目して怠らさる所なり、

合衆國の制度は

然れども是れ單に一の試驗たるに止らざるなり、何となれは是れ他の開明國民が等しく恰も天命の定數に驅らるゝ如く

他の開明國民が終に則らざる可らざる標準なり

今日歐洲に知られ居る米國に於ける社會上政治上の實驗は其の事實の眞相を誤るもの多し

に彼此遲速の差別こそあれ、皆暫らくも脚を休めずして向ひ進みつゝある制度の實體を發表彰明する者と信ぜらるればなり、

我が旅行者の米國より歸るに及びては、其の朋友の中是等の事に意を注ぐ者は來りて種々の質問を試むべし、然れ共其疑問たるや概して甚だ不適當なるを免れず、今や既に思慮ある歐洲人は、一喜一憂その感情こそ相異なれ、皆悉く廣大なる日々に增進し來れる亞米利加の勢力を確認し、文明發達の途に於て米國が自己の分として演し來る所の赫々たる運動を確認せんとす、但し是等の人と雖も親ら太西洋を横ぎりしにあらずんば未だ容易に新世界の現象に關して、精密なる或は正確なる觀念を有すること能はざるなり、米國に於ける社會上、政治上の實驗は歐洲に於て常に模範とし警戒として嘖嘖擧稱せらるれども、其事實の眞相を明知する者は甚だ鮮なし、隨つて又其事實によりて下す所の判斷を誤らざる者は殆んど稀なりと謂ふ可し、前提已に誤れば其の判定も亦誤らざるを得ず、

本書を草する原因

夫れ歐洲人は此の如く米國に於ける社會的政治的の生活に注意して怠らず、又亞米利加が是等に關して爲せる經驗を飽までも重要視す、此の精神たる終に數多の旅行者をして彼の將來の國土(米國の異名)について彼等の所感を記るさしむるに至れり、向後に於ても尚又た之を記るさしむるならん、然ども現存の記錄描寫の極めて夥多なるは却つて今一人の著者をして更に其目錄に一本を增加せしむるを必要とする者の如し、余が本書を草するも實に止むを得ざるなり、其此の如くなるは想ふに米國たる變化極めて速やかにして、兩三年每に事物は新面目を呈し、新問題は多く出顯し、新思想は饒に國人の腦中に起り、米國制度の力に由て善惡兩方の新奇意外の發達は續々歩を進め來るが故に、之を描寫する書籍も亦數年を出でずして一新せざるを得ずと謂はん歟、又歐洲に於ても兩三年每に新時代の起るを見るが、是等新時代の人は舊き書をば舊きが故に讀まずして專ら新らしき書籍を讀まんと欲す、是また新書の出ざる可らざる

本書の目的は合衆國を一個の政府一個の國民として大躰より之を觀察するに在り

所以ならん歟、然れとも若し更に深く其理由を問はゞ、是れ職として最近五十年間に於て、啻に理論上よりするのみならす、實際上より米國政體の全豹を描き、啻に國民的政府のみならす、各州政府をも併せ描き、獨り憲法のみならす、政黨の制をも、獨り政黨の制のみならす、主權者たる人民の理想、性情、習慣をも併せ描くを目的とせる所の一の著述家なきに依らすんばあらず、固より其一部分の事に關して著述せられたるものにして、價値ある者甚だ少なからずと雖も、全躰として之を論述したるものは、殆んど之れあるを見ず、且又其最も卓拔なる著述家の中には民主主義の辨護を以て自ら任ずる者あり、或は又之れが熱心の攻撃者たる人あり、其議論描寫の正鵠を失するも深く怪しむに足らざるなり、

之に反して本書の目的とする所は、合衆國を一個の政府、一個の國民として、大躰より之を觀察するに在り、然れとも包容濶大にして、其の大要を得んことを求め、敢て絲毫の遺漏なからしめんとを力めす、慧眼なる批評家

故カルル、ヒルブランドが英國著述者固有の缺點として指點したる所、即ち精細の度を一にして全躰に及ぼさんと務むるが如きは、之を避けさる可らず、是れ單に讀者の疲勞を來たすのみならず、著者をして又自身の嗜好智識の最も得意ならしむる問題に於ると等しく、其只不十分に知る所の問題につきても同樣十分に力を用ひしむるの弊あればなり、余は力めて米人の政治的生活、及び國民的性質並に傾向を歐洲人に明らかにする爲めに必要なる事件を漏らさゞらんとす、而して之が爲に時としては政府及政治に直接の關係を有たざる事柄にも說き及ぼすとあるべし、然れども亦主要の本問題に緣近き者にして、余が深く論究せざる事柄も亦少なからず、是れ其等が已に十分に前著述者の講究する所となりしに因り、或は又余の觀察を世に有益ならしむる程に未た之を精査する能はざりしに因る、例せば合衆國の小學校制の如きは既に屢々精細に記述せられて其書籍に乏しからざるを以て、今改めて余の喋々するを要せざるなり、

本書とトクヴ井ルの「亞米利加民主政治」との相違

但し亞米利加大學校の如きは、一般に歐洲觀察家の忽諸に附する所なるが故に、或は數頁の記述を正當に請求するならん、製造、農業、商業の統計、鐵道財政、鐵道管理の制の如きは、十分有益の事なりと雖ども、是れ極めて多くの紙數を要する者なるが故に、假令余が列記したる數字の間より敎誨の光を發せしむるに足る可き非常の熟練と知識を有するとするも到底之を本書冊の中に攝むる能はず、且つ是等の事實は以て亞米利加文明の相貌を明らかにするに足る可しと雖も、亞米利加國民の性格を知るについては、必要なるにあらず、文學及宗敎の形勢を觀察するは特に必要なり、故に余は亞米利加人民の文學上の嗜好、宗敎上の慣習及び是等が亞米利加人全躰の生命を形づくり彩づくる模樣を概説して粗〻明かならしめんとを務めたり、

余の模範として適當ならんかと思はるゝ書は、アレグシ、ド、トクヴ井ルの「亞米利加民主政治」なりとす、斯の能文の大家に向て優劣を爭そふが如き

危險をば暫く之を避くるとするも、兎に角彼れの足跡を蹤み、彼れが只人口千五百萬を有せし一千八百三十二年の亞米利加に就て爲せし所のものを、六千萬の人民を有する一千八百八十八年の亞米利加に向てなさんと力むるは、實に有益有要の事なるへし、然れども余が實際に成就せんと試みたる所は少く彼と異なれり、何となれは余は其問題を全く別の方面より理會したればなり、ド、トクヴヰルに向ては亞米利加は元來一個の民主國にして、歐洲の爲め特に佛國の爲めに訓誨となるへき材料を以て充たされたる理想的の民主國たりしなり、彼れの記述したる所のものは亞米利加及び其人民に關したる觀察と言はんよりは寧ろ一般の民主政に關する精密なる觀察、高尚なる考案を以て充たされたる論説と稱す可し、其議論は固より亞米利加の材料より概括せられたり然れとも、其根抵する所は盡く亞米利加現象の分解に在るに非ずして、大いに當時佛蘭西の事情に由て喚起せられたる一般の民主政上の觀念に在りとするも過言

著者の目的

に非ず、今彼れの大名に數十歩を讓りて之を見るも、民主的制度は道德上、社交上彼が信ぜしほど有力なる源因なりとは思はれざるなり、余の目的は民主政治の功能を喋々議論するよりは、寧ろ亞米利加の制度人民を有りの儘に描かんとするに在り、獨り其人民の主權のみならず、其の人種の歷史、慣習、並に其の大本たる觀念及び其周圍の物質界等凡て米國の特有に係る所の者を究めんと欲するにあり、余は實に演繹的方法の弊に陷ん事を避け、單に事實のみを取來りて力の及ふ限り之を其關係の一目瞭然たる樣に排列し、自己の意見を吐露せんよりは寧ろ事實自身をしてものいはしめんと試みたり、夫れ人は大なる問題に接するや、之を講究するの久しきに循ひて、益々其推斷に於て謹み深くなる者なり、十八年前初めて亞米利加に至りしとき、余は大膽に概括し得たる許多の判斷を携へて本國に歸れり、一千八百八十一年第二の渡航を爲したる時、歸路に臨みて其判斷の一半を海水に投棄したり、而して其殘れる一半の幾分は余か一千

歴史界に迷ひ入るの弊に抵抗せり

八百八十三年より八十四年にかけて第三の渡航をなしたる後歸航に際して之を太西洋の涙に與へたり、尤も後の兩度の旅行に於ても、多少の新意見胸中に起らざりしに非れども、之を一千八百七十年の旅行の時に比すれば、其數も寡く且大に正確に赴けり、彼の波濤に附せられたる者とは固より同日の論にあらざりし、余は公言す、若し哲學心ある讀者が已に造り成されたる理論を本書の中に得ると言はんよりは、寧ろ彼等が此書の中に於て自ら正確の理論を形づくり得べき材料を發見すと感しなば余が滿足は遙かに大なり、

現今の事實を適宜なる範圍內に記し收めんと欲して、余は又今一つの誘惑に抵抗して之を退けたり、是即ち歴史界に迷ひ入るの事なりしが、此誘惑は甚だ强かりし、何となれば時々過去に遡りて徘徊するは、單に記事を活潑ならしむるのみならす、又之を確實明白にする者なればなり、歐洲人に善く知られさる亞米利加の歴史は、之を舊世界の諸大國の歴史と比較

亞米利加の歷史を節畧したる所以

人々が國民的共和團躰に就て知らんと欲する三要件

すれば、光彩の絢爛を欠き、小說的の起事に乏しと雖も、著しく政治上の敎訓に富めり、余は望む、亞米利加の讀者—余果して誤らずんば英人が英國の歷史を知るよりも、更に善く自國の歷史に通ずる所の亞米利加の讀者諸君は、余を以て此の富贍なる政治上の敎訓を無視したる者と爲す事なく、全く此の廣大なる問題を二卷の書中に壓搾せん爲めに、已むを得ずして之を節略したるを思ふて推恕せよ、之れと同樣なる理由は、余をして又た同國憲法に於ける法律上の觀察を短簡にするに至らしめたり、但し此缺點たる或は普通の讀者には却つて一の功と見做されんも知る可らず、斯く歷史及び法律に關する記事を除きても此の問題たる極めて濶大に極めて複雜なるを以て、余をして遂に之に對して余が懷ける意見及び此書を組立てたる方案の大略を左に開陳するに至らしめたり、

凡そ人一の國民的共和團躰に接するや、之につきて知らんと欲する肝要なる者三あり、曰く(一)其の組織及び憲法的機關、曰く(二)之を運轉せしむる

第一篇の趣向

第二篇の趣向

方法、曰く(三)之を活動し之を指導する勢力即ち是れなり、最初に是等の第一に就て述るを自然の順序とす、故に余は先つ政府を以て始むべし、而して政府の權力は二重にして、半は國民的即ち聯邦的の諸權力の中に存し、半は諸州の中に存するが故に、余は今國民的政府より之を始むべし、是れ歐洲各國の國民的政府と相似る所あるを以て歐洲人の腦髓に入り易かるべければなり、故に第一篇は、聯邦の諸權力即ち大統領、國會、裁判所に關する所のものなり、其の中に於て余は國民的政府即ち中央政府の權力と諸州との關係を記し、大本たる最上の法律として憲法の性質を論し、而して此の堅固嚴重なる憲典が如何に二三の點に於ては公然と變更せられ、許多の點に於ては默々半覺の間に變化し去りしやを明らかにすべし、(第二篇)は諸州政府に關して同樣に記述し、彼等を組織したる憲法、彼等を支配する權力、及び其立法體の實際の動作を吟味すべし、且つ地方政府は州政府の預る所なるを以て、數多の州中に創制せられたる市町村の諸制

第三篇の趣向

米國の政治學は國家を治むるの學にあらず

にも聊か說き及ぼす可し、元來是等の諸制に就きては、村政府は其の功能のために、市制府は其の弊害のために、米國制度を講究する外人の中に夙に大議論の種子と成りたる問題なりとす、

(第三篇)國民的政府も、諸州政府も共に政黨に由て其の全躰の機關を運轉す、合衆國の政黨は世界各國の中に在て最も精巧に組織せられたる者にして、全たく專門政治家の統轄に由て運動す、其政黨の組織體は實に政治機關中の第二に位する者にして、法律に依て組織せられたる政府と相並んで峙立し、其繁疊複雜の度に至りても殆んど政府に讓らざるを見る、米國に於ても政治學は國家を治るの學とせず、只選擧に勝を制し、官途に就くを確かむるの術として其の發達を極め、其の方法の遠く英國若くは佛國に超軼するは、猶ほ英國若くは佛國の方法が、遙にセルヴヰア或はルーマニアの者に勝るが如し、第三篇は斯の政黨の組織及び之に奔走盡力する人物の梗概を記す、此事たる未だ亞米利加に於てすら費やされざる程

ある、又我が狹隘なる紙上に於て爲し得たるよりは一層大なる、勞苦を與へて十分に研究するの價値ある重要の論題なりとす、

第四篇の趨向

(第四篇)然しながら政黨は國務を處理襄辨する最極の勢力には非す、其の後に於てこれが上に人民てふ者屹立す、彼の輿論と稱する者は全國民の心意良心にして畢竟政黨内に包括せらるゝ人々の意見なり、何となれば

亞米利加の輿論

諸政黨を盡く合すれば則ち國民を成せばなり、而して政黨は皆各輿論の眞實なる代表者たりと公言して、輿論を自身の目的の爲めに利用せんとを力む、然れども輿論は政黨の上に立ち、政黨よりも更に靜冷濶大なる心を有す、輿論は政黨の首領を畏懼せしめ、政黨の組織體を撿制す、敢て誰一人として公然之に抵抗を試むる者あるなし、國是の方向及ひ性質を決定するものは是れなり、是れ他の國に於けるよりは一層多數人民の心より生じたる者にして、一層爭ふ可らざる威權を有せり、是れ全米政體の中心點なりとす、之を記述する事、即ち亞米利加人民の重なる政治思想、習慣及

び傾向を鋪叙し、其等の政治思想、習慣、傾向が如何にして動作上に顯はるゝかを明らかにする事は、本著中の最も困難にして且つ最も肝要なる部分なり、因て第四篇の十二章を以て之が描寫に充てたり、

第五篇の趣向

（第五篇）政黨の制並に輿論の體を論するに方りて記載したる所の事、及び論述したる所の事は勢ひ汎説たらざるを得ざりしを以て、多少漠然たる憾なきにも非ざるべければ、更に米國近世の史乘に就きてこれが例證を與ふる事必要ある可しと思はる、余は第五篇の中に於て三個の斯の如き例證を掲げ、政黨政治の外に横たはる三四の政治問題を論辨し、且つ之に加ふるに尚ほ數章を以てして合衆國に現存せる民主政府の强弱を計らんと試み、又た米國に實際顯はれたる現象と、歐洲人か民主政一般に論歸したる現象とを比較せんと試みたり、

第六篇の趣向
政治以外に亘りて本書の掲載す

（第六篇）第五篇に於て政治に關する個條は已に了れり、然れとも爰に又た政治に關係なき制度、社會の光景、知識上精神上の勢力等にして、米國全躰

る所

重複あるを免れざる所以

の生活に於て、又之れが與ふる全躰の外感及ひ之れに由て起る米國將來の希望に於て關係の重大なる、之を論及せずして遂に已む能はざる者亦た少なからず、是等の事即ち余が幸に研究するを得たる所の事、並に他人の未だ我に先ちて十分に手を着くるに至らざりし所の事等は、凡て第六篇の中に略述せらる、余が是等につきて懷く意見に依れば、是等は皆、由しや同等ならざるも、總て多少本書の大目的—即ち第一には政治上社會上の制度に於て、第二には文學並に風習に於て顯はれたる亞米利加國民の品格性質及び傾向に緣みある者に非るはなきなり、

此の趣向を全ふせんには勢ひ多少の重複あるを免れず、然れども重複か曖昧か兩者其一を擇まざる可らざるの場合に於ては、著者は猶豫なく直に重複の方を擇まざる可らず、凡そ一現象を其の源に遡りて追究せんとする時、又た數多の現象間の連絡を明らかにせんとする時に當ては、余は讀者が其已に讀みたる所を盡く腦中に蓄へをるを期す可らざると思ふ

外國の觀察家に取て二個の利益あり

が故に、猶豫なく事實を再說し、若くは其等の事實に余が眞正の意味として與へたる所の愚見を反覆したり、

人或は言はん、此の如き廣濶の大問題は、若し之に手を下さんとせば、亞米利加本地人をして之を爲さしむるに若かずと、然れども亞米利加本地人にして之に着手せる者一人もこれある無し、若しこれありとせば此の如き著述者は外國人に比して更に大なる便益を有するや疑なし、併し外國人に取りて特に英國の政治法律に通ずる英國人に取りて又二個の確め得べき利益あり、外國人たる觀察家は本地人が餘りに明らかなるの故を以て、解明かすの必要を感ぜず、又天地自然の現象として其政治上社會上に於ける影響を重要視せさるが如き事柄にも刺衝せられて注意を喚起することあり、本地人に在ては歷史的心情を酸敗せしむべき冷澹無頓着の嘲笑境に陥いるにあらざるよりは、決して捨て難く免れ難き黨派の偏僻、人物黨友の偏愛、憲法上の確執、國民的の虛誇の如きも、外國人は容易に

之を避くるを得て公平なる觀察をなすを得可し、夫れ遥遠の高處より廣漠たる下界の景色を眺望する者は、其の巨細の區分を見ると詳かならす而して各村の何れに位するや、道路の何れより何れに延くやを知らんと欲せば、必ず地圖を展べて之を尋ねざる可らす、然れども之を其の村落道路の間に佇立するに比すれば、其の眞景を看得ること一層明らかなりとす、即ち其景色の大體、谿谷、傾坡、山嶺等悉く其實際の遠近に於て眼界に入り來り、峯巒の高低、原野の廣狭一目瞭然たり、他國の事を記せんと欲する、人亦斯の如きのみ、彼若し能く其國の人民と制度の大躰に眼を着け、其知識の缺けたる所をば本地人の著書に參考して之を充たさん事を力めなば、其巨細の事情に通達せざるの缺點を補ひ得て餘あらん、本書を著はすに於て余の爲したる所は、先づ肝心重要なる事柄と感じたる者を筆記しおき、而る後之を廣く亞米利加の朋友に質し、更に又偏く亞米利加の書籍に稽へて余の構成せる意見を試むるに在りしなり、

合衆國の政治を記するに際し黨派心を脱却するは歐洲人に取りて難からず

余の自ら其一人なりと信ずる如く、合衆國の政治を記するに際し、黨派心を脱して孰れの政黨にも與せざる事は歐洲人に取りて甚だ難事にあらず、其人にして若し亞米利加二大政黨の雙方に親密なる朋友を有するの幸あるに於ては一層その易きを見るなり、然れども歐洲に於て人々を分裂せしむる一層大切なる、一層著明なる爭論、即ち專制政治、寡頭政治及び民主政治の間に於ける爭論、鞏固なる中央集權政治と地方分權政治との間に於ける爭論に就て毫毛の偏頗心を存せざるは更に難き事なりとすさりながら此難事を爲すは米國政黨に對すると同じく極めて去りがたき義務なりと謂ふ可し、余は英國政黨の黨説若くは黨畧に資するの目的を以て、或は又英國の辨論に議論の資料を給するの念慮を以て、一の事實をも陳述し、若くは隱匿したるにあらず、是れ余が明言して憚らざる所なり、思ふに平民的政治の贊成者も攻擊者も共に等しく其の欲する所に適する材料を此書中に發見すべし、余若し先輩の著書につきて起りたる事

他國の經驗を正當に自國に適用するは難し

より判斷するを得ば、彼等は又必ず多くの場合に於て著者が毫しも思はざりし所の歸結を是等の材料よりして引出すならん、

他國に於ける政治上の經驗に本づきて組立てたる議論を正當に活用するほど困難なる者は世に稀なり、抑歷史の重なる實用は吾人をして似て非なる歷史上の類推を脫却せしむるに在り、此の如く他國の制度を理會するの益は其等の邦國に關する虛妄の傳聞より生し來たる無根の望、若くは無用の懼を一掃せしむるに在りとす、他國に於る憲法もしくは政體の成敗を見て直ちに下したる推測は、概ね不確實にして正確なると甚だ稀なり、何となれば其事情境遇の上に許多の異る所あれば他の風土に榮え或は枯るゝ者、必ずしも、我が土地に於ても同樣に榮え或は枯るゝと云ふ可らざればなり、若し亞米利加の諸制度を英國に移殖せんか、恰も英國の制度が舊世界の動植物と同じく、亞米利加に於て殆んど變化せざる者なりしが如く、是も亦今に異なる果を結ぶに至らんと必せり、合衆國の制

合衆國の制度を調査品評する主要の價値は何れに在りや

度を調査し、品評するは、歐洲の爲めに大なる敎訓となり、奬勵となり、警戒となるは、決して疑ふべきにあらず、然れども其主要の價直は之に由て顯はれ來る政治的生理學の法則とも稱せらるへき者の中に在り、之れに由て明らかにせらるゝ政治學社會學上の一般眞理の例證中に在りて存す此眞理たるや、古代に在て已に多少プラトウ、アリストウツルの理會したる所ありしかども、若しも亞米利加が是等の上に一道の新奇ある光明を與ふるにあらずんば恐らくは世の忘却する所となりしならん歟、余輩は往々直に大西洋の彼岸なる亞米利加の經驗を取來りて、或る格別なる憲法的方案を是非し、若くは或る法令の精神を可否せんとす、但し是等の場合に於ても尙凡そ亞米利加に顯はれたる結果に信據せんと欲する者は先づ其の格別ある事柄につきて彼をして直ちに米國に於て確かめられたる結果を推して自國に於ける結果を測らしむるに足るほどの同樣なる事情境遇の雙方に存するや否を知りて自ら滿足せざる可らず、

著者の希望と讀者の感覺との齟齬

本書の紙頁、殊に政黨の制を記する諸頁の如きは歐洲の讀者をして著者が思はず望まざる所の感覺を起さしむること無しと云ふ可らず、本書は余が希望せしよりも甚だ光少なく甚だ蔭深き繪畫を讀者の前に現ぜんも知る可らず、十六年前の事なりき、余は二人の朋友と與にアイスランドに遊べり、余輩は人跡稀なる大砂漠をば、晩秋の兩月、雪と戰ひ、雨と戰ひ、暴風と戰ひ、其他の勝て言ふ可らざる困難と戰ひて横ぎりたり。然れども其の光景の雄大にして莊嚴なる、其の生活の新奇なる、其の住民の性質の可憐なる、歴史上詩歌上其の故事傳說の情味多き、余輩をして斯の怪偉なる島に對する十分の快樂を以て家に歸らしめたり、余輩此の愉快を英國の朋友に語りしに、朋友は却て其旅行の難易につきて疑問を爲し、終に余輩をして其氷雪に凍餓せんとし、岩石沼澤に一宿を求めたるを承諾せしめ又アイスランド人は人生の驕奢品を有せざる而已ならず、生活を慰むるの事物すらも僅に數種を有するに過ずして、漠々たる荒野に散在する矮

感覺若くは印影を人に注入するよりは目見るへく手觸るへき實際の事實を陳ふるは甚た容易なり

屋に不幸の生涯を送る者なるを公言せしめたり、斯の如く我等の朋友は心靈の感覺印象を越えて單に肉體上の閲歴經驗のみを論ぜんとしたれば、其該島につきて形づくれる思想は全く余輩が彼等に注入せんと欲したる所と異なれり、是に於て余輩は始めて感覺若くは印影を人に注入するよりは目見る可く手觸るべき實際の事實を陳ふるの甚だ容易なるを悟りたり、若し此類例を合衆國と其人民に適用し得べくんは余は敢て言はん、合衆國が外國の遊歴者に與ふる感覺印影は極めて強大に、極めて深長に、極めて愉快にして、百緯千絲の想像感情を以て織成され、到底之れを言語に再寫せん事、若くは之を其儘に他人の心に致さん事は望むべくもあらす、然れども政治上の濶き事實に至りては之に異なり、政治上の事實は旅行者容易に之を描寫するを得べく、又正直に之を描寫するの義務あり、而して之を爲すには固より許多の醜態をも述べざる可らず、又非難を喚起するが如き衆多の事情をも言はざる可らず、而して歐洲の讀者は動

歐洲讀者の確認する能はさる點

もすれば是等の明確なる事實を捉らへて、恰も歐洲と同一の境遇に存在する者の如くに之を判斷し、是等の事實よりして、米國及び其人民を輕蔑するの斷定を下すなり、想ふに歐洲の讀者が概して爲す能はさる所は、亞米利加國民の中に現在の弊害を盡く一掃するに足るのみならす、猶且つ米國の政治をして其物質上の壯大と其住民の道德とに適應せしむるに足るへき餘力と愛國心の存するを確認する能はざるに在り、但し此點に於ては著述者亦其責なきに非ず、是れ讀者をして之を認めしむる能はざるの缺典あればなり、抑も亞米利加は人をして感歎を發せしむるに、其感歎たる之を理會せんには其地に於て之を感ぜざる可らず、米國人の前途に多望なる、彼等の中を行く者をして盡く此精神に感染せしめ、人をして彼の地に於ける政治上の重大なる失策は其歐洲に在る者に比すれば遙かに危險の鮮なき者なるを感せしむ、余も此書を書くに當りて吾が叙述し居る事跡の餘りに歎すべきが爲に百回も自ら落膽したる事ありしが、

此書を書くに當り百回落膽し百回勇氣を鼓せり

此の類の書籍にして陷り易き他の危險

又其國民の元氣の勃々たるを想起して百回も自ら勇氣を恢復し、是等の心配を驅除したり、

爰に又た此の類の書籍にして動もすれば陷り易き他の一二の危險あり、即ち記者が自ら觀察したる所若くは人に告けられたる所のものは、悉く眞實なりと假定するの危險、及び今日眞實なる所のものは、何時までも同樣眞實なるべしと臆斷するの危險是れなり、是等の危險の前者に對しては豫め之れが危險を警戒する者は即ち之を防くの武器を有てる者なりと知るべし、其後者に對しては余は唯言はん、余は一の現象を觀察して其の原因を尋ぬるや、必らす又是等の原因は永久なる者なるや否やを究めんと求めたり、此問や答案の得可からさる時に於ても尚之を試むるを善しとす、余は事物の原因を民主政治に歸したること先輩の爲せる所に比すれば大に少なし、是れ盖し事物の解釋を政躰の如何に求むるは容易にして且つ著明なるが故に、之を使用するには多分の謹愼を要すと信じた

ればなり、或人曰く、哲學の目的は原因の數を減ずるに在り、例へば化學の目的は元素の數を減ずるに在るが如しと、然れども此目的は妄りに實行すべき者にあらず、精細に社會的及び政治的現象を解剖すれば其初に顯はれたるよりは、大に其原因の複雜なるを發見す可く、又た大原因と考へられたる所の者も、其實際を究むれば、全たく他の不明なる、而も同樣緊要なる他の事情の存するに依りて斯く運動するを得るなるを發見すべし、社會を運轉する所の諸勢力を探究するは實に一大問題なり、由や正確の結果を期し難き場合に於ても事實を確定し、且つ其問題を正說するは此學に多少の益なしとせず、アリストーツル曰く探硏巧覈の第一着は正當なる疑問を起すに在りと、蓋し是れの謂なり、

但し余は既に十分航海の危險を陳べたり、今は纜を解くべきの時なり、余輩先つ國民的政府(聯邦政府を謂ふ)の觀測を以て始め、之れが性質を吟味し、且つ之を構成する諸權力を記述すべし、

第一篇　國民的政府

第二章

國民及諸州

「國民」なる言語を用ゆるに就ての

二三年前亞米利加プロテスタント、エピスコパル教會の年會を開きて、禮拜式を改正するに當り、短文なる諸祈禱中に人民全躰の爲めにする一の祈禱を加へんと欲し、其用語如何を討議したるに、ニウイングランドの有名なる一神學者は「オー主よ、我が國民を幸せよ」の語を用ひんとを發議したり、時宛かも午後にして、人々皆一時の情に勵まされて異議なく之を納れたりしが、翌日之を再議に附するに及びて、列席の俗人(僧侶に對して云ふ)此の「國民」なる言語を以て、餘り明白に國民的一體を表出する者となし

反對

奇怪千萬の一現象

て痛く之に反對したりしかば、遂に之を改めて「オー主よ此の合衆國を幸せよ」との語を用ふるに至れり、

想ふに大西洋外よりの來遊者(米人をいふ)が顯はす所の愛國心及び國民的矜誇の大なるを目撃したる歐洲人には、米人が此の「亞米利加人民は一國民を構成する」と云ふを承認するを恐るゝが如き現象は定めて奇怪千萬の事とも見えん、然れども是れ只米國政制中の最も著明なる最も普徧なる特性に關はる感情的發言たるのみ、蓋し此特性たる二重の政府、二重の忠義、二重の愛國心の存在するを以て能く此の如き奇怪の現象を呈せしむるなり、夫れ亞米利加―余は此の地位に在ては合衆國なる名稱を用ひさらんために、故に之を亞米利加(南亞米利加、加奈太、墨西哥を除く)と呼ぶ―は諸民主國より成れる一民主國なり、諸共和國より成れる一共和國なり、自身は一なれども其の實は他の諸州より成り立つ所の一國家なり、而して此の國家が是等諸州の存在に於けるよりも、是等諸州が此の國家

大政治社會中に數多の小政治社會存立する時に於て小者の大者に對する關係二つあり

第一種は同盟躰

の存在に於けるは一層必要にして缺く可からざるものなりとす、是れ甚だ重要なる點にして、且つ歐洲人の動もすれば誤解する所なれは、尙之れが爲めに數言を費やすも無用には非るべし、

凡そ大政治社會中に數多の小政治社會存立するに於ては、小者の大者に對する關係は、必ず下の如き二樣の其の一に居るべし、一は同盟躰にして、幾多の政治團躰、其の帝政たると共和政たるとを問はず、若干の目的のため、特に協力して外敵を防かんが爲めに一致結合す、此の如き集合躰即ち同盟躰を搆成する者は衆箇人には非ずして諸團躰なり、是れ只數多の政治社會の結合として存立する而已、故に之を組織する衆團躰の一び個々に分裂するや、之れと與に滅して其形をとゞめず、且叉是れは只之を組織する諸團躰の間に彼此相關係するのみ、一個の市民に對しては毫も關はる所なし、之に課税するの權なく、之を裁判するの權なく、之が爲に法を立つるの權なし、何となれば是等の諸件に於て、市民は只自身の本國に順服

第二種に於ては小社會は只國民なる大社會の小區分たるに過ぎす

すべき義務あるのみなればなり、彼の一千八百十五年より一千八百六十六年までに存したる獨逸聯邦の如きは其著明なる適例なり、又中世日耳曼に於けるハンセアチック同盟の如き、今世紀まで保ち下れるスウヰス聯邦の如き皆其例に供す可し、

第二種の結合躰に於ては、小社會は只余輩が所謂國民なる大社會の小區分たるに過ぎず、是等は只行政上の目的よりして作られ、若くは之がために存在したる者のみ、其有する權力は國民より委任せられたる權力にして國民の隨意に之を奪ひ得べし、國民は直接に自身の官吏を以て、啻に小社會のみならず、又各市民をも支配す、而して國民は是等の小社會の上に獨立するものなれば、假令小社會は亡ふるとも、國民は依然として存すへし、斯の如き小社會の例は之れを現今の佛國の諸縣、及び英國の諸郡に就て之を見るを得べし、英國の諸郡中ケント若くはドルセットの如く、曾て獨立の王國或は士族割據の土地たりしものも無きに非ず、又ベッドフォルド、

亞米利加の聯合共和國は是等二種の中間に立つものなり

シャイルの如く最初よりして人爲の區分たる者もありし、然れ共今日は皆悉く地方行政の區劃たるに過ぎす、地方官吏の權力は大英國民的政府より委托したるもののみ、國民的政府は是等の力によりて立つに非ず、又是等を要せざるなり、是等のものは國民的政府に大なる影響を及ぼすこと無くして全く廢滅せられ、若くは全く異なる他の社會に轉化せられ得べし、

亞米利加の聯合共和國は、是等二種の孰れにも同じからず、却て彼等兩者の中間に立つとしも謂つ可し、其中央政府即ち國民的政府は只一の聯合躰たるに止まらざるなり、何とあれば是れ之を搆成する諸團體即ち其所謂諸州なる者に全然倚賴して存立するに非ればなり、是れ即ち自身にして、一の共和國を成し、又之れと同時に諸共和國の一結合體を成せる者なり、是を以て直ちに全米各市民の順服を請求し、其の裁判所及び行政官を以て直接に各市民の上に勢力を及ぼすなり、此の如く更に米國諸團體即

中央政府と諸州政府とは同じ土地の上に雙方別々に築かれたる一の大建築物及一群の小建築物に譬ふべし

ち諸州に於ても亦、英國の諸郡若くは佛國の諸縣の如く、只其聯合體の小區分たるのみに非ざるなり、只國民的政府の創造物たるに止まらざるなり、彼等諸州が其市民の上に振ふ所の權力は自身の權力にして、中央政府より委託せられたるものに非ざるなり、彼等は中央政府の造り出せる者にあらず、却て中央政府に先だちて存在せり、中央政府無くとも存立するを得たりしあり、

中央政府即ち國民的政府と諸州政府とは、同じ土地の上にして、而も雙方別々に築かれたる一の大建築物及び一群の小建築物に譬ふべし、此二者の關係たる恰も數多の舊き小禮拜所の上に壯大なる大寺院の建られたるが如し、第一に時を異にし建築法を異にして各自別々に建築せられたる數多の小禮拜堂地盤を蔽て林列し、之に次で一宇の宏壯濶大なる寺院巍然として是等の上に建造せられ、其屋背は空を摩して高く聳え、其堂壁は舊禮拜堂の垣上に安せられて之を併合し、其內部は自身の結構を以て

米國には二個の忠義二個の愛國心あり

輪奐たり、然とも是等舊建築物の本體は決して之れがために消滅せざるなり、若し此の新しく且大いなる殿堂亡ふるに至らば、僅なる修繕は以て是等小建築物をして、風雨に勝へ、再び舊時の如く箇々別々なる禮拜堂たらしむるを得べし、斯の如く亞米利加諸州は今悉く其聯合體の內に網羅せられて、皆其聯合體に從屬す、然とも其聯合體は諸州の一團結たるに止まらず、又諸州は其聯合體の諸部分たる而已にあらず、其合衆の聯合體破滅に歸せんか、是等諸州は其現有する所の權力に幾分を加ふれば共に各獨立自治の各團體(社會)として生存するを得べし、彼の亞米利加制度を攻究する者をして驚愕を催ふさしめ、且つ最初に於て途方に迷はしむる所以の複雜繁疊は職として此より生し來らすんばあらす、此繁雜たるや亞米利加の歷史並に現行の政治をして歐洲人に甚だ解し易からさらしむる所の者なり、何となれば其中には歐洲人が自己の經驗を以て比較し得ざる許多の現象存すればなり、米國には二個の忠義あり、二個の愛國心あ

米國には二個の政府あり

り而して其の小なる愛國心即ちエピスコパル年會に於ける出來事に由て顯はれたるが如き愛國心は、全たく大なる愛國心に對する嫉妬心たるに外ならず、米國には二個の政府あり、共に同一なる地面を蔽ひ、等しく直接の權勢を以て同一市民の順服を要求す、偶ま歐洲の新聞紙上に於て亞米利加政治の記事を讀む人は、此現象を感ずること無し、何となれば州政務及び州政治は、槪して歐洲新聞に論せらるゝと甚だ稀なればなり、亞米利加に遊べる者すらも大抵其の緊要なる所以を知らず、何となれば彼れの眼に觸るゝ所の事物は、米洲中何處に至りても外面は都て同樣あるが如く見ゆればなり、且又歐洲人が所謂政府の機關なる者は、亞米利加に於ては重に其絕無なるに由て著しければなり、然れども此に述たる二重の

亞米利加の制度を了解すへき第一着步

體制を適當に了解するは、則ち亞米利加の制度を了解すべき第一着步にして極めて緊要なりとす、實に此の二重の政府をして互に撞着衝突することなからしむる精妙なる結構の如きは、亞米利加制度中に於て最も研究

亞米利加制度中最も研究を要す

る問題

を要する奇妙の問題なりと謂ふ可し、

抑如何にして斯の如き複雑なる制起りしか、如何なる勢力ありて之を今日の現狀に鑄成したるか、是れ歴史上の反省を用ひずして答へ能はざる疑問なり、余は歴史に彷徨するの危險あるを熟知し、殊更に此の危險を避けんと思慮す、何となれば現在の亞米利加制度を記述するの勞すらも已に一記者一書籍に取りては殆んど勝へがたきほど重大の任なればなり、然れども亞米利加に聯合制を生起せしめ、州的感情を滅ぼす事なくして、國民的感情を養成したる事情に就て、最も簡短に最も明瞭に其の要領を描寫するは、現在の政體を論する最も自然の引文たるべしと思はる、且つ又此後屢々解説を爲し、枝葉に涉るの必要を省き得るの益あらん歟、余が讀者に向て歴史上に蹈み入らんことを乞ふは只此一箇處のみ、

第三章

憲法の起原

ジオルジ第三世の世、英國と其北亞米利加殖民の間に困難起りし時、大西洋の東岸に沿ふて十三個の小さき社會ありき、其最も大なる者(ヴイルヂニア)といへども五十萬の人民を有せしに過ぎす、其の人口合せて三百萬に滿たず、皆悉く英王に臣屬し、コン子チコットとロードアイランドを除くの外、皆悉く英王の任命したる知事を奉じたり、凡て訴訟裁判の事に至りては殖民地の裁判所より英國の樞密院に上告するを常とせり、當時英國々會の法律は、其今日英國諸殖民地に行はるゝが如く、亞米利加殖民の

ジオルヂ三世の時米國殖民の間に存せし政治上の連絡關係

間に行なはれて、殖民自身の立てたる法律をば何時にても蹂躙するを得たり、然れども實際に於ては各殖民は自治の共和國たり、自ら其の政務を整理して、本國より干渉を受る事は殆んど之れ無かりし、各々自身の立法部を有し、英國の普通法を變更添加して作り成したる自身の法律を有し、其の集合的生活及び故事來歷を有し、英國人種の一部分たり大自由王國の一部分たるを誇るのみならず、又彼等自身の有せる歷史制度に就て誇るとも亦甚少なしとせず、是等數多の殖民の間に存せし政治上の連絡關係なるものは只彼等が皆悉く英國人種及び英國領地に屬するといふ一點にして、之が爲めに各州の住民は他の何れの州に於ても、皆均しく英國臣民たるの權理及び特權を享有したりしあり、本國政府の虐政是等の殖民を挑發するや、彼等は自然に共同して之に抵抗を試みんと求めたり、彼等もし箇々孤立したらんには容易なる食餌なりしならん、何となれば協心同力してすらも彼等は英國の精兵に抗し得

一千七百六十九年初めて公會を開く

初めて國民的一致らしきを公言す

「聯合及永久一致の條款」

るや否や久しく覺束なかりしを以てなり、一千七百六十九年、九個の殖民より出たる委員衆新約克に於て公會を開けり、次で又一千七百七十四年に、十二箇の殖民の委員ヒラデルヒアに會す、此の集會は自らコンチネンタル(Continental.)と號し(亞米利加なる名稱は當時未だ確定せざりしを以てなり)且つ「是等殖民の善良なる人民」と云ふ名義を以て相議せり、是れ實に亞米利加なる英人の中に國民的一致らしきことを公言したる初なりしなり此公會たる、一千七百七十五年よりは十三州の殖民悉く委員を出したりしが、元是れ只本國との戰爭に由て起りたる一革命的團結躰に過ざりしなり、然れども一千七百七十六年に於て此公會は米國殖民の獨立を宣言し、又た一千七百七十七年に於て「聯合及永久一致の條款」と云ふを創定したるが爲め、茲に一の新なる法律上の性格を帶ぶるに至れり、此條款に由て當時の十三州は攻守ともに鞏固なる同盟を相結びたり、然れども之と同時に又各州は依然其の主權、自由、及び獨立を保ち、且つ此聯合に

一千七百八十一年の聯合

よりて合衆國の公會に公然明白に委托せられざる所の諸勢力、裁判權、及び權理を有する旨を明言したり、

此聯合は一千七百八十一年に至つて始めて諸州の批准を盡く得るに及びたる者にて、國民的政府と云はんよりは、寧ろ一同盟と云ふべきものなり、何となれば其中には只一の大となく小となく、各州同樣に一個の發言權(投票權)を有する所の集會ありし而已にて、他に何の中央權力もなかりければなり、而して此權力(卽ち上所謂集會)と雖も一箇人たる市民の上には何の裁判權をも有たざりき、實に此聯邦中には聯邦的行政部なく、聯邦的司法部なく、諸州の献金に據るの外は國用金を徵收するの方法なく、而して諸州の寄附するや甚た緩慢なりしなり、又諸州若くは諸箇人をして公會の命令を順奉せしむべき何の權力もこれあらざりしなり、此の方案は彼等殖民の志望に應したる者なり、彼等は未だ自ら一國民なりとは信せざりし、彼等は英王の權力に抗するに當り、決して彼等の上に他の權力

公會の無力

鞏固なる中央政府なきより米國大に衰頽す

を戴かず、彼等の自ら擇へる者にても戴かじと決心したればなり、併ながら此組織たる、戰爭の未だ終らざる中にも運轉宜からざりしが一千七百八十三年の平和に因て、目下英國より攻擊せらるゝの危難なかりし時に及ひても、一層惡しくなるのみにて、實際華盛頓が云ひし如く、無政府に勝るところ有らざりしあり、諸州は公會に對して無頓着なりし、其公共の事件につきて無頓着なりし、其の無頓着の甚しきや、一定の時限の後、數週間、もしくは又數月を踰ゆると雖も、諸州よりの定員を得ること能はざる程なりし、公會は極て無力なりし、人を服從さする能はざりしのみならず、抑また人をして之れを尊敬せしむる能はさりしなり、また商業を事とする諸州に於ても許多の困厄群起せり、而して一二の立法院が漫に不換紙幣を發行し、金銀以外の物品を以て法貨となし、且つ負債の取立を阻滯し、以て其不景氣を挽回せんとしたるが如きは、却つて其慘毒を增大にするに至り、屢々暴動をさへ惹起したりき、當時米國の運命は其の英國との戰爭

國內の困厄と外國政府の輕侮とは米人をして確乎堅固なる聯合の必要を感せしめたり

の際よりすらも更に大なる衰頽の狀を呈したるが如し、
然るに國內の困厄と、外國政府の輕侮とに於ける悲慘なる經驗、遂に彼等をして或る一層確乎たる、一層堅固なる聯合の必要を感ぜしめたり、是に於て一千七百八十六年に五州の委員メーリーランドのアナポリスに會議を開き、國會(コングレッス)をして通商貿易を整理せしむる所以の方法を討究し、遂に現在の事態を攻擊したる報告書を制し、改革の必要あるを宣言し、且つ翌年大會議を開らきて聯合の狀態を考察し、憲法上の必要なる修正を討議すべきを忠告せり、國會は此報告を受て之を贊成し、之れがために開く所の會議に委員を出す事を諸州に勸告したりしが、此會議たる、聯合條款を改正し、且つ國會の同意を得、各州の確定を經ば、聯邦的憲法をして政府の急務に應し、聯合の保存に適せしめ得るが如き改正增補を此中に施こして、之を國會及び數州の立法院に呈出するを目的とせる者ありしなり、

一千七百八十七年の憲法會議華盛頓議長たり

斯の如くして招集せられたる會議は、一千七百八十七年五月十四日ヒラデルヒアに開かれ、同月廿五日七州の代表者臨會するに及びて、本議事に取かゝるを得るに至り、乃ち華盛頓を選んで之が議長となせり、此會にはロウドアイランドを除くの外は、各州盡く委員を派遣せり、是等委員は平常國會に送らるゝ委員と同じからず、皆國中の名望家にして、其勢力各自の諸州を壓し、皆大改革を必要とするの思想に滿されたる人々なりし、彼等の受たる訓令は唯聯合條款を改正し、且つ其に施こすべき改良を國會及び諸州の立法院に呈出するに止まれり、然れども感すべき大膽、英人及び法律家としては、倍して感すべき大膽を以て、彼等の多數は終に是等の撿束制限を超脱し、國會若くは諸州立法院の考察批准を經べきに非ずして、直ちに各州の人民に考察批准せらるべき全く新しき憲法を調成したり、

此有名なる集會は、五十五人の委員より成立ち、其の三十九人は此の憲法

草案に署名したり、其開會の間殆んど五箇月にして、衆議員は皆此の絶大なる事業と、其赫々たる結果に相適ふ非常の勞苦と思慮を費したり、此の議事は之を秘密にして公開せさりき、是れ實に幸なり、何となれば外部よりの批評は此の往々破壞するに垂たりし事業を更に危くしたらんも知べからざればなり、大なる州と小なる州とは言ふに及ばず、又た米國の此部分と彼の部分とも、其の感情利害を異にする所あるを以て此會議の困難は實に甚だ大なりし、大會議の記錄は華盛頓の手に遺こされしが、彼れ一千七百九十六年に之を國務省に納めたり、其後一千八百十九年にゼームス、マデソン(其の後二度大統領となれる者)其保存しおける當時の議事錄と併せて之を世に公にせり、此マデソン氏は該會議員にして、最も賢明なる、最も有用なる者の一人なりき、是等の記錄と記事錄とを基として、此大會議の歷史編纂せられたり、之を學ばんと欲する者はカルチス氏及ジョルジ、バンクロフト氏の有益なる著書に就て之を求めば大に得る所あ

憲法を創定するの困難

らん、是れ實に亞米利加文學の祖と稱すべき者なり、

今日に於ては亞米利加人にても、當時是等の困難の如何に莫大なりしかを推想すること甚だ難し、此會議は從來存在せる國民的制度の極めて狹隘なる基礎の上に、是等廣漠たる大洲に散在する人民の爲に、國民的政府を更始新設するに在りしのみならず、又之を爲すには、彼の別々なる十三個の共和國が互に懷く所の恐懼嫉妬及び其調和し難きが如く見ゆる利害の衝突等を一々斟酌せざるを得ざりし、即ち是等一々の政府のために、其根底深き地方的感情を滿足せしむる程に十分廣き、而かも又國民的一致を危うする程に甚だ廣からざる運動の餘地を殘こさゞる可らず、善い哉ハミルトンの言、曰く四海泰平の日に、人民全躰の甘心同意を以て、憲法を制定完成ずるは、實に一大奇事と謂ふべし、余は戰々競々其の成効を望見して止まさるなり、

是等の殖民は果して既に一の國民なりしか、或は只國民を組成すへき材

一致の原素と不同の原素

質たるに過ぎざりしか、此事すらも一の爭點ありき、其中には一致の原素あれは、又た不同の原素あり、其言語は皆同一なりき、新約克及びデラウエアルある僅少の荷蘭人、瑞典人の子孫、ペンシルヴエニアある少數の獨逸人、ニウ、イングランド及び中部諸州ある佛蘭西ヒユーゲノトの子孫を除くの外は、皆悉く同一の人種に屬したり、メリーランドなる僅少の羅馬舊敎徒を除て、其他は皆悉く新敎徒なりき、皆悉く同一なる英國普通法に支配せられ、之(普通法)を以て單にスチユアルト王の壓制より彼等の先祖を救ひたる鐵壁として、貴重するのみならず、又近頃ジョルジ第三世及び其植民官吏の侵掠に反對して權利を主張したる根基として之を珍重したり、其生活の理想及び習慣に於ては少しく互に相異なる所なかりしにあらず、然れども皆悉く共和主義の人にして、自ら撰びたる立法院を以て其の政務を整頓し、飽までも地方の自治に愛着し、皆共に英國に對する勝利を誇れり、彼等當時英國をば宗族間の怨憎を以て之を惡みたり、此憎惡た

地理上の困難

る英國が輕侮を以て刺激したる者なりしなり、
又一方に於ては彼等の地理上の位置は其相互の交通をして甚た困難ならしむ、舟によらんか、冬日は海荒れて航海便ならず、陸行せんか、道路亦甚た悪し、實にチャーレストンよりボストンに行くには、恰も米國より大平洋を渡りて歐洲に赴く程長き時日を要し、其の旅行また危險少からざりし、或る州の富は奴隷より成り、或る他の州の富は船舶より成り、中には又舊慣故例に戀着するを以て知らるゝ小農民の住する州あり、當時製造の業は殆ど未だ起らざりし、地方獨立の感情の熾んなるは其外來の諸權力に向て非常なる猜疑心を表はしたるにて知られたり、其の國の大部分は人口甚だ稀薄にして、住民は實際何の政府をも戴かずして、生活し、新に一の政府を造るは、自身の爲めに足械を造るものなりと思へり、但し是等の反對猜疑が一致合同を困難ならしめたりとは雖も、他國に於て憲法を制定する人々を悩ます二種の危險は米國に存せざりし、蓋し米國には反動

他國に於て憲法を制定する人々を悩ます二種の危險は米國に存

せす

憲法は互讓文書なり

憲法草案の確定

的謀反人の懼る可き無し、何とあれば人々皆自由平等を尊重すればなり、米國には階級間の疑問と云ふべき者なく、爵位と財富に對するの敵意ある無し、何となれば爵位財富は未だ成立ざりしを以てなり、

斯の如き事情ありしを以て、該憲法は永續すべき鞏固の中央權を建設するを目的としながらも、尙當時現在せる離中的分權力を大に重んじたりしは勢の免る可らざりし所なり、是れ實に其の創制者が自ら稱したる如く雙方の互讓的文書にして、今日に於ても尙然りとす、是れ恐らくは世上思慮分別ある調和的精神の成効し得べき事件中に於て最も成効の著しかりし者ならん、然れども之が爲めに已むを得ずして曖昧不定の間に放棄したる其等の個所より激烈なる爭論を生じ來れり、而して此爭論たる、二代の間其物質的利害の衝突するに加へて、益々憤恨を積み、確執を長じて進み行き、終に南北戰爭の猛焰に破裂せり、

彼の憲法草案は、其最後の個條に記るせる如く、之が確定を求むる爲めに、

新憲法の採用に際して二大黨派の萌芽を生ず

各州の會議(之が爲めに特に人民に選はれたる者)に附せられたり、而して此新憲法たる、之を是認確定する者九州に上る時は直に有効となる可く、隨て又殘餘の數州若くは其一にして之を拒絶する者は、單獨孤立せしめらる可かりし、是れ舊同盟は之れとゝもに消滅するを以てなり、然るに、幸にして諸州皆な終に新憲法を是認確定するに至れり、但其最も緊要なる二州即ちウイルヂニア及び新約克は、他の九州早くも已に之を承けたるに拘らず、猶千七百八十八年の中頃までは之を確定せざりき、又カロライナ、ロードアイランドの二州は、始めは之を拒絶したれども、其の後一年有餘を經て、中央政府已に建ちて運轉をなすに及んで、遂に新聯合に加はるとを承諾したり、

新憲法の採用に際して、各地到る處に爭論熾なりき、此爭論たる終に久しく亞米利加人民を兩分したる二大黨派を生じたり、此分爭の重なる理由は、強大なる中央政府を立るは諸州の權理と箇人たる市民の自由とを危

人民の聲は新憲法に反對したるならん

斯の一大原因微かりせは夫れ危

うするの恐れありと信ずるに在りしなり、其言に曰く、自由は亡ぶ可し、ジオルジ第三世の蹂躙より救はれたる自由は其れ自身の子供の手に由つて亡ぶへし、中央集權は諸州政府を滅し、又之が保護したる地方制度を滅するに至るべしと、斯の如き感情甚だ辛酸なりし、或る州、特にマサチユセッツ、新約克に於ては、其人民の多數は、甚たしく頑固なりし、故に若し此の憲法採否の決議にして、彼の所謂「人民の聲」なる者即ち選擧所に來りて投票する全國人民の意見に任されたらんには、人民の聲は恐らくは此憲法に反對を表したるならん、然れ共一般人民の意見を採蒐する今日の方法の如きは、當時未だ發明せられざりき、乃ち此疑問は各州に於ける會議に附せらるゝ事となれり、其會議に出席したる者は皆適當の人物にして價直ある議論をば悦んで之を容れ、自ら其先輩の意見に感化せられたり、是に於て賢智の明斷は終に郡衆の僻見に打勝てり、併ながら此賢明の決斷も若し彼の動もすれば今日世人に見落さるゝ所の一大原因なかりせば、

ひ哉

恐くは勝を制しがたかりしならん、此原因とは即ち外國を懼るゝ事是れなり、合衆國は當時亞米利加大陸の上に於て、歐羅巴の君主國、西班牙及び英吉利と其境を接したり、佛蘭西は曩に北は加奈太に於て南及び西は「ルイジアナ」に於て、米國内に領地を有したり、曾て英に敵して合衆國の身方となり、一兩年の中に再び「ミスシッピー」の西に土地を領するに至れり、故に外國の干渉を懼るゝの念、歐洲の武力强盛なる君主國に對して、海陸共に軍備の薄弱なるを感ずるの念は常に亞米利加政事家の心裏を離れざりし、是を以て彼等は如何にして、海陸軍を起すを得、且つ新共和國のために威權を輝やかすを得るが如き國民的政府を確立せんと百方苦心せり、一千七百八十三年より一千八百二十年までの間、合衆國が歐洲人の侵掠或は干渉を懼れたるは、蒸滊船の發明せられて、歐洲と米國との距離從前よりも五倍近くなりたる最近五十年間に於けるよりも更に大なりしなり」、憲法を批准確定したる州會議の中、憲法を採納すると與に種々の修正案

憲法を採納すると與に種々の修正案現わる

を提出して、熱心に之が修正を希望したる者もありし、其の修正は新憲法を以て餘りに人民の自由を蠶食する者となす人々の恐懼に應ぜんとしたる者なりしなり、是等の修正案の幾分は新憲法の行はれて後、直に憲法改正に關する憲法上の明文—國會に於ける三分の二の多數、諸州の四分の三に於ての多數—に依て採用せられたり、是れ即ち一千七百九十一年の修正にして、其の數、十個條あり、亞米利加人が彼の尊重すべき英國の先例に倣ひて、權利《ライツ》の條例《ヒル》、若くは權利《ライツ》の公告《デクラレシヨン》と名くる者は即ち是なり、

憲法に對する批評

一千七百八十九年の憲法は、亞米利加人が古來尊敬するに適する十分の價値ある者なり、其の排列の順序、要點の脫漏並に是れ(憲法)より生ずる或る制度の事理に遠き事等につきては、從來世の批評を受けたると一二に止まらず、特に或る州に現存する制度として奴隷使役を公認したるが如き、聯邦内の州が同盟を脫するの權理を斷然と禁せざるが如きは、内亂の萠芽—其成熟するには七十年を費やしたりと雖ども—を藏する者とし

憲法を實行して好結果を得たる所以

て非難せられたり、抑も此憲法が其の實行に於て好結果を得たる所以のものは、凡て長き經驗に由て成熟したるアングロアメリカン人種の政治的才能に由らずんばあらず、彼等は之を活用したり、彼等は是よりも悪しく制定せられたる憲法をも難なく運轉し得るの伎倆あるなり、强ち憲法の性質のみの然らしむる所とは謂ふ可らざるが如し、然れども其の一切の短所を短所として之を除き去るも、其の方案の性質の秀逸なる事、其人民の事情に適合する事、其の用語の單簡にして精密なる事、主義の明確にして、細目の窮屈ならざる事等に至つては、世上他の成文憲法にして一も之に及ぶ者あるなし、故に先づ此の憲法を吟味する前に當り、人々の問はんと欲する所は、之れが創制者の才能及び耐忍力の外、他に如何なる源因ありて、斯くの如き大功を奏したるか、即ち語を換へて之を言へば一片の憲法を以て一國民を新造するが如き絶大なる事業を完成するが爲めに、ヒラデルヒア會議は如何なる材料を使用し得たるかと云ふに在り、凡そ

人の服従と尊敬を受る力ある者は盡く過去に深き根底を有せざる可からす

米國憲法は全然新奇なるもの少なし

憲法會議に出席したる人々の思想を支配したる者

人の服從と尊敬を受る力ある者は盡く過去に於て深き根底を有せざる可らず、又各制度は其發達の愈々徐々たるに循ひて、愈々其永續の鞏固なる者なり、亞米利加の憲法といへども亦此通則の外に出でず、實に彼の憲法の中には全然新奇なる者極めて少なく、マグナカルタ(大憲章)ほど古き者甚だ多し

大會議に出席したる人々は皆英國憲法の經驗を有せり、英國憲法は當時に在ては現今と大に其狀を異にせり、當時に於てすらも全く彼等が思ひし如き者には非ざりき、彼等はジオルヂ第三世の振ひたる威力(此威力たる一時の原因に歸す可き者なれども、彼等をして憲法上に於ける帝權を過大視せしめたり)を回想し、又判事ブラックストーンが著書中に發見したる英國憲法の解釋を考へて、其意見を形づくれり、但し彼れブラックストーンは法律家の常とし、學者の常として、其れの實際よりは寧ろ理論を記述したるなり、而して其理論は實際の後に在ると遠し、內閣の權力、職掌、

會議出席者は英國憲法の精神及方法を玩味して之を利用せり

彼等はモンテスキユウの萬法精理を政治哲學の神語となせり

下院の絶大なる勢力、行政部と立法部との親密なる連結、即ち吾人が今日英國憲法の大特性となす所の是等は當時に於ては尚未た充分に發達せざりし、然れ共其他の肝要なる諸點に至りては、彼等之れ(英國憲法)が精神及び方法を玩味して大に之を利用したり、彼等は彼の四十年前、匿名にてゼチワに出版せられ、大西洋の兩岸に大勢力を得たる、モンテスキウの萬法精理てふ論説を以て、政治哲學の神語と仰げり、モンテスキウは英人が享有する公私の自由を、歐洲大陸の擅制に比較し、英國憲法を己れが模範となして説を立て、其殊勝なる功德は彼が其中に發見したる立法、行政、司法の三權の分立、及び其平均の由て保たるゝ如く見ゆる撿制と權衡の宜きを得たるの制に存すとなせり、想ふに政治上の原理としては此三權分立は人民の自由に缺く可らずとの説ほど亞米利加の憲法創制者及政事家の腦中に深く入り込たる者は非ざりしなり、此原理は嚮に已に數州の憲法の基礎として用ひられたりき、是れ今尚常に米人の著書に再現する

歐洲大陸の著述家若くは英國思想家の憲法創制者に及ぼしたる感化

佛蘭西及佛國哲學者の感化

所にして、未だ曾て彼等の腦中を去らさりしなり、其の他ルーソーの如き歐洲大陸の著書家、若くは又ボルクの如き英國の思想家が米國に及ぼしたりと想像せらるゝ勢力については、聯邦的憲法の中或は當時に成りし憲法の註解及辨護の中に其二三の痕跡を發見し得べし、是等の注解辨護はハミルトン並に彼に伯仲して有名なるマヂソン及びジェーの才筆に成れる者にして、後世に益すること少からざるなり、但し余輩若し人權に關する抽象的の理論が國民の心裏に入りたるの深きを知らんと欲せば、唯獨・立の檄文《テクラレーション、オフ、インデペンデンス》及ひ諸州の極初の憲法、特に一千七百八十年のマサチュセッツ憲法を閲讀するを要す、是等の理論は自然に共和政府の實行に伴ふて益々擴張し來れり、然れども佛蘭西及ひ同國の哲學者が勢力を米國に及ぼしたるは、重に一千七百八十九年以後の歳月に係る、是れ此時には彼の憲法會議の際、幸に巴里に滯留して本國に在らざりしゼファルソン主領となりて、デモクラット主義(民主主義)を傳播するに勤めたればなり、

創制者は又た殖民政府及州政府の經驗を有せり

加之彼等代議士は、其の殖民政府及び州政府につきて得たる經驗を有し、殊に彼の殖民等が英國に反きたる當時及其以後に制定せられたる諸州憲法の運轉に於て實歷したる、最も新らしき、最も適切なる經驗を有せり、ヒラデルヒアに集まれる代議士の多くは是等の州憲法を調成するに預かりたる者にして、皆已に之れが運轉作用を視察し實驗するを得たり、彼等は其の諸州がそれぞれに採用したる制度の實際に試驗せられし功果について彼此互に其觀察を比較したり、彼等は成文憲法を具體的に(實行上に於て)了知する非常の利益を有したり、即ち政府なる者は其組織の何たるに關はらず、之れが種々の機關の權力を明定し限制する成文法律の支配を受けて如何に活動し運轉し得る者あるやを明察するの便を有したり、惟るに英國の所謂憲法は重に習慣、先例、口碑、默會(アンダルスタンングス)より成立つ者なるを以て、屢不明にして、且つ動き易し、然れども米人が其州に於て法律の效力を十分に有せる單一なる文書の剛硬にして

最後に創定者は英國普通法を貫ぬく一主義を執れり

容易に變す可らざる文字を以て確定したる制度の下に曾て生活し、且つその制度を運轉することを試みたりしは、全く是れと異なる所にして、亞米利加國民のために憲法を制するに取りては更に又一層重要なる經歷と謂はざるを得ず、何となれば斯の經驗は彼等をして斯の如き文書中には幾何の事項を安全に掲載し得べきか、又預期す可らざる出來事のため、抑制しがたき發達のために、何程の餘地を其下に存しおく可きかを學ばしめたればなり、

最後に彼等は英國の普通法を貫ぬく所の一主義を執れり、是の主義たる特別に記述するの價値ある者と信ず、其の主義とは他なし、凡て官吏若くは立法部が彼れ若くは其れの依法の職權を踰へて爲したる所の事は唯無効に歸して止むとすること是れなり、思ふに彼此相互に從屬すること無く、各其の領分內に於て獨立無上なる所の種々の諸權力を設定するより生し來る幾多の困難を排除するの秘訣は實に此に在て存す、此の主義の適

用は單に各州政府に其の自由に活動するの餘地を與ふ可き國民的政府を創造するを得せしめたるのみならず、又能く國民的政府の權力を種々の人々と種々の團躰とに分ちて、孰れにも他を併呑し若くは壓倒し能はさらしむるを得たり、但し如何なる機關に由て是等の目的を達したるかは、余輩が大本たる法律を記載せる成文憲法の功果、及び斯の如き法律を解釋し適用する司法部の職務を論ずる時に至て十分に明かなるべし、

憲法の採用は米國人民をして一の國民たらしめたり

憲法を叙述し其運轉を批評する

第四章

聯邦政府の性質

一千七百八十九年の憲法の採用は亞米利加人民をして一の國民と成らしめたり、此憲法たるや、人民總躰の上に直接の權力を有する國民的政府を創設し、曾て唯諸州の同盟に過ざりし者を變して一聯邦を造り出せり、然れども此國民的政府は諸州の政府を倒して之に代る可き者にあらざるか故に、憲法創制者の當に解く可き問題は二重なりし、即ち彼等は中央政府を建てざる可らず、又た斯の中央政府が諸州に對する關係及び一個の市民に對する關係を確定せざる可らず、故に憲法を叙述し、又其運轉を

には二樣の觀察を以て手を下さゝる可らず

批評するには、必ず此の二樣の觀察を以て手を下さゞる可らず、即ち一は英の帝政、佛の共和政の如く、行政及立法躰より構成せられたる國民的政府として之を觀察し、一は唯或る目的の爲にのみ中央政府に隷屬する數多の共和國を連結し、其關係を整理する所の聯邦として之を觀察するに在り、是等二樣の觀察點を分別して混同せざれバ大に研究を明瞭ならしむるの益あるべし、其最も便利なる順序は前者を以て始むるに在り、而して最初に先づ亞米利加政體を國民的政體として記述し、其聯邦たる性質をバ姑らく之を措くを善しとす、

併ながら米國憲法は開明社會に行なはるゝ各種の職分及び義務を悉く盡す所以の機關を全備するが如き政度を立つべき完全なる方案なりと公言する者に非ず、却て諸州政府を前以て認識し、之が存在及之が廣大なる間斷なき運動を預定す、是れ諸州が未だ有たず、未だ盡さゝるが如き數多の政府の職務を盡すが爲に設けられたる方案なりとす、故に此の憲法

聯邦的憲法の由て設られたる行政立法司法の職務

全國民の普通なる事件即ち聯邦的政府の職務

は諸州憲法の大成せる者にて、之れが冠冕とも稱す可し、是を以て米國憲法をして、佛蘭西、比耳義、伊太利諸國の憲法の如く、民政的政府の全領分を蔽はしめんと欲せば、之れと與に必ず諸州の憲法を閲讀せざる可らざるなり、

聯邦的憲法に由て設けられたる行政、立法、司法の職務は、或は國民の總ての部分が同じく之に利害痛痒を感するに因り、或は國民全躰として始めて滿足に之を爲し得るに因りて、全國民に普通と見做さる可き事物に關はる職務なりとす、是等の普通なる事件即ち國民に關はる事件は大略左の如し、

宣戰及び講和、條約及ひ一般の外交事務、

陸軍及び海軍、

聯邦的法庭、

內外の貿易通商、

政府をして善美ならしむるに必

通貨、

版權免許及び專賣特許、

郵便局及郵便道路、

前記の事件の費用及び政府の經費に充つる租稅、

不正不當なる州法律に反對して市民を保護する事、

右は國民的立法部が干かつて立法する權理を有する事柄、國民的行政部が聯邦的法律を執行し、且つ一般に國民の利益を保護するか爲めに運動する權理を有する事柄、國民的司法部が、裁判する權理を有する事柄を包括する者なり、其他の立法行政は凡て各州の掌握する所にして、聯邦的立法部、聯邦的行政部は之に干涉するの權を有せす、

國民的政府の領分は大畧斯の如くなれハ、是よりは其如何に構成せらるゝか、又如何なる官省を以て成立つかを述べん、

此政府の創建者(即ち憲法創制者)は、政府をして善美ならしむるに必要な

要なる四個の目的

政府創建者は理論に依らずして多く經驗に依れり

りとして、四個の目的を立てたり、即ち左の如し、

(一)政府の氣力あり、且つ功力ある事、

(二)政府各官省の獨立(是れ其形體の永續に缺く可らず)

(三)政府が人民に倚賴憑托する事、

(四)政府の下に在て一箇人の自由の安固なる事、

是等の目的の第一をば彼等强剛なる行政部を創造てて之を達せんと期し、第二をば立法、行政、司法の三權を分立し、且つ種々の撿制及び權衡を設けて之を達せんと期し、第三をば一切の官吏を公撰となし、且つ其の撰擧を頻繁ならしめて以て之を達せんと期し、第四をば前に述べたる撿制及び權衡を以て一官省の他を壓するを制し、且つ成文憲法を以て市民の或る權理を保護して之を達せんと期したり、

彼等は一片の純理上より新憲法を制定するに必要なるが如き輕躁をも才能をも有たざりし、世には眞實の發明力少なき事極めて、驚くに堪たり、

政府創建者の第一着歩

特に政治的制度の領分に於て最も其現はれし事の少なきを見るなり、是等の人々は即ち實地的政治家にして、政府なる者は如何に絶大の困難事業なるやを知りたれば、敢て今大膽なる實驗を行はんとは願はざりき、彼等は事情の許す限り舊き路を歩まんと欲し、嚮に經驗に由て味ひたりし方法に據らんと求めたり、是を以て彼等は前に自身の殖民政府が組織せられ、後に其の諸州政府が組織せられたる制を以て第一着歩の地となせり、此制たるや大に英國の政體に似たり、故に此點に於ては英國憲法は此の新國民的政府の摸範となれりと謂ふも敢て不可なきなり、彼等は英國を以て世界中最も自由なる、最も善く治めらるゝ國となせり、然れ共又彼のシオルヂ第三世をして暴政を逞うせしめたる弱點、英國の自由をして彼等自身の諸州憲法が保護する所の者よりも遙かに劣等ならしめたりと彼等が信ずる所の弱點をは斷然之を避けんと決心せり、斯く此尊敬すべき母(英國憲法)と、其判斷に於ては母にも勝りつ可き子供(米國諸州憲法)

大統領、國會裁判所を立てたる摸範

とを其眼前に有したれば、彼等は米國の州知事及び英國の君主に倣ふて、行政首長大統領を立て、又其州の立法部及び英國々會の二院を摸範として、二院の立法部ゴングレス(國會)と稱する者を設け、君主と國會と一致するに非されば、罷免せられざる、英國法官の先例によりて、彼等また終身官なる彈劾によるの外は罷免せられざる裁判官を置けり、

但し是等の大なる事柄に於ても、亦た數多の小さき事柄に於ても、彼等は英國憲法(制度)に摸倣するよりは、英國憲法の精神を多く含有せる自國の各州憲法に摸擬したる所多しとす、然れはにや、聯邦的憲法中の條款にして運轉上宜しきを得たる者は殆んど皆或る州憲法より脫化し來れる者に係り、其運用上宜しからさりし條款は、概ね先例なきを以て憲法會議が已むを得ず親ら創定したる所の者に係ると云はれたり、是實に言ひ得て甚だ善し、斷然斯くの如しとするも、是れ此事を主張するは決して彼の賢明なる憲法會議員の名譽光榮を傷くる者にあらず、何となれば余輩よし

米國憲法と英國憲法との一大相違

英國の制

英國國會は即ち國民なり無責任

や一方に於ては、時として彼等に歸せらるゝが如き十分の發明力を之に歸せずとするも、又た他方に於ては彼等が先天的の純理を捨てゝ經驗を取りたるの智と其眼前に横はれる團塊中より最良最善なる材料を撰み、適當に之を連接して、新建築を起したるの明とを認めて、二重に彼等を賞讃すればなり、彼等の創定したる憲法と英國憲法との間に於ける小異の諸點に就きては、後に至りて述ぶるとあるべし、然れども其の一の大なる相違は今爰に之を陳べざる可らず、英國々會は古來常に主權を掌握せる一會にして、憲法を制定變廢するの力あり、之れより先にも斯の如く、當時も此の如く、今も尙斯の如し、即ち如何なる法律をも制定廢棄するを得べし、政府の形躰若くは王位の繼紹を變更するを得べし、法庭の裁判に干渉し得べし、市民の最も神聖なる私權を消滅せしめ得べし、國會と一般人民との間には法律上の區分絕て有ること無し、何となれば人民の權利及び勢力の全體は國會の中に宿りて、恰も全國民が國會議場に出席し居るが如

にして且つ萬能力を有す

米國の制

米國の主權を握るものは諸州人民なり

くなればなり、法律上の理論より之を言へば、國會は即ち國民にして祖先チユートニツク人中に行なはれしフヂークムート(人民會議)の歷史的繼續者なりとす、今日に於ては實際上よりするも、法理上よりするも、國會は國民の權力を貯藏する唯一の十分なる寶庫なり、故に國會は法律の領内に於ては、無責任にして且つ萬能力を有す、

亞米利加の制に於ては、絕て斯の如き團體あるなし、只獨り國會(コングレス)のみならず、國會と大統領と相合併するとも、尙憲法に服從せざる可らず、憲法が彼等の四圍に描きたる圖線外には一步も踏み出すと能はざるなり、若し一步も踏み出すとあらば是れ法律を犯すなり、權限を越ゆるなり、彼等が權限を越えて爲したる動作は、悉く無効にして、最も卑賤なる市民にすらも無効として遇せらるべし、否な然かせられざる可らざるなり、英國國會か常に直接に英國の主權を握るが如く、米國に於て究竟主權を有つ者は只諸州の人民のみ、是等諸州の人民は憲法の明文に從て動作し、

米制英制に異なれるに到る原由

憲法修正の方法に依て如何なる法律をも立て得るなり、其斯の如く英國の制に比して大差別ある所以は、諸州の權利を保護する爲め、國民的政府の權能を制限するの必要に迫られたるを以て、千七百八十七年の憲法創制者たる人々が已むを得ずして爰に至れる者と普通に信ぜらる、但し此必要なしとするも、保護せざる可らざる一の州なしと假定するも、亞米利加人民が自身を統治する爲めに擇びたる人々に對する猜疑と、政府中の一の權力が他を併呑せんことを恐るゝ恐懼と、市民極初の權利を官府の蠶食、若くは立法部の侵掠に對して固守せんとする熱心とは、曾て革命時代の佛蘭西國の最初の憲法に對して起りし如く、必らず彼等を驅て、最上權を有する一憲法、即ち政府の大本たる機關―國民的立法部の上に立て之を支配する所の機關―を創定せしむるに至らしめたるならん、彼等は已に各殖民が英王より賜はりたる特權狀(チャーター)に於て此の如き大本機關を有したり、此特權狀たるや頓て一變して諸州の憲

亞米利加制度中の最も顯著なる新發明は政府の普通の諸權力及機關をして皆悉く主權たる人民の意思を發表し只人民に依てのみ變更せらるゝ憲法に屬隷せしむるの點に存す

斯等の發達を利導したる人々は多少十七世紀に於ける英國の共和政治より動かれたるべし

法と成なりしなり、然れば彼等國民的憲法を創制するに際しては必ず其此の如く貴重したる先例に從ふたるならんと思はる、

政府の普通の諸權力及び機關をして皆悉く主權者たる人民の意思を發表し、只人民に因りてのみ變更せられ得る所の最上の機關(國民的憲法を謂ふ)に屬隷せしむるの一點は、常に亞米利加制度中の最も顯著なる新發明と考らる、然れども是れ各州の經驗によりて善果を得たる方案を國民てふ廣大なる區域の上に適用したるに過ぎざるのみ、斯の方案たるや、是等諸州が蕞爾たる數多の殖民より强大なる數多の共和國に進步せる途中にて自ら案出したる方針の結果と謂はんよりは、寧ろ徐々たる歷史的發達の結果なりと謂ふ可し、但し此發達を利導したる人々は、想ふに十七世紀に於ける英國の共和政治を回想し、其一千六百五十三年に於て彼の有名なる政府の憲典(インストルメント、オヴ、カバルンメント)として知らるゝ眞箇の最上憲法を制定して、暫時ながらも之を實行したるを記憶し

も、多少心に感する所あり、曉る所ありたるなるべし、已に彼の日に於ても賢明の士は當代隨一の卓見家の一人と知られたるゼームス、ハルリングトンが斯の如き憲法の必要なる所以を辨明し、其の原理を指示したる論説に耳を傾けて謹聽したり、米國人士が之に由て多少の利益を得たりしと謂ふも豈に不當の臆斷ならんや、

余輩は今より進んで國民的政府の諸部局を考察せんと欲す、想ふに國民的政府が全躰として各州に對するの關係をば、之を後章に讓り、先づ國民的政府の諸部局を各自別々に記述し、然る後其の相互の關係を探究するは最も簡便にして了解し易かるべし、

何故に大統領を立つるの必要を感じたるか

第五章

大統領

凡そ亞米利加政府の制を記述せんと欲する者は、其行政、立法、司法の三部局たる亞米利加の區分に從はざる可らず、此中行政部最も單簡なる者なるを以て、先づ是れより始むべし、

大統領は一千七百八十九年の憲法によりて創設せらる、從來の同盟制の下には、只公會（コングレス）の議長たる官吏ありしのみにして、國民の首領としては未た曾てあらざりき、然るを何故に大統領を立るの必要を感じたるか、一千七百八十七年には國中の人々皆王國を懼れ、強大なる政府を懼

大統領を置くに至りし所以

れ、中央集權的政府を懼れたり、ジオルヂ第三世は米人の深く憎みて止まざる所にして、米人の子子孫孫にまでも彼は惡鬼視せられたり、憲法會議は大統領を撰むにつきて滿足なる方法を發明するの極めて困難なるを感じたり、又其の發明採用したる方法は滿足を與ふる能はざりしなり、彼等或は其好んで顧問せる古代の數例に由て、唯一人の首長を立つる事は共和國に必要ならずとの感を懷きしならん、現今のスウヰツルランドに於ける經驗は、猶一層其の不必要なるを今日余輩に明白ならしむ、然れども一千七百八十七年の辨論に於てはいと早くも中央の行政權は、一人の手に托せざる可らずと決定せられたり、憲法草案の反對者も、行政首長の權力如何に就ては爭議したりと雖も、行政首長を置くことに就ては敢て非難を加へざりしなり、

倩大統領を置くに至りし所以を按するに、是れ強ち英國憲法に摸擬せんとの希望に出でたるには非ず、寧ろ一は亞米利加人が各州知事(或州にて

華盛頓の德望は大統領を置くに到れる源因に與て力あり

は之をプレシデント（大統領）の意と呼びたり）の職を見慣れたると、一は公會（コングレス）が同盟制の下に在て、曾て戰爭上（英國との戰爭）に於て又戰後の國務上に於て、共に其の軟弱なるを示したるに懲りたるとによりて、終に玆に至れる者なりと謂ふ可し、憲法會議の興論は、一人の英傑を呼出せり、是れ此會議たる迅速と氣力とを缺きたればなり、即ち惹斯、華盛頓出てゝ之れが議長たりし、想ふに權力の一人に偏重するより生ずべき危險を恐るゝの念慮は、華盛頓の出席によりて大に和らげられしなるべし、辨論の尙熾んなる時に於てすらも、人皆必ず彼れを以て其今憲法會議の議長たるが如く、後また聯邦の大統領となるに適當の人なりと思惟したるならん、大統領の職を創設したる事は、其の職を充たすに最も適當なる人物の存在するに因て是認せられたりと見ゆ、實に此人傑の德望及び明斷は以て當時民主政治の特有物視せられたる弊害、即ち其激發し易き事、其の權威を尊敬するの念に乏しき事、恒一なる政畧を保ち能はざる事等を

行政官に關するハミルトンの意見

救治するに足れり、

ハミルトンは恒一なる政畧を保持す可き、剛强なる一行政官を有する事の必要を感ずると極めて深かりしを以て、國家の首長は只彈劾に由て移さる可き終身官と爲すべしとまで主張せり、彼れが意見はマヂソン及びエドモンド、ランドルフの如き民主（デモクラット）主義の人々の賛成を得たりと雖も、終に敗れて排斥せられたり、但しハミルトンよりも愈りて民主政治の利益を曉れる數多の人を始めとして、其他總て敏慧なる人々は外患の危險―後日に於てよりも共和國の幼時に於て、千百倍も重大なりし危險―は、行政權を一人の手に集むる必要を生ずと認めたり、且つ又彼等の諸共和國（即ち諸州）には各々其州憲法に由りて行政權を委任せられ能く州立法部に對して權衡を保ち得る所の官吏あるを見れば、聯邦の上に位する大統領を立つるの止む可らざる事も自ら明らかなりしと思はる、此の如く大統領を置かざる可からさることを假定するに及んで、憲法會議

大統領は空中に搆造せられたるにあらず現存せる摸範に依て作られたり

大統領は英王の一層縮小改良せる摸造物なり

大統領に關する憲法創制者の觀念

に列せる諸政事家は、其の實際家たるに背かず、彼等自身の腦髓より大統領を搆造せんとは試みず、却て一二の現存せる摸範に其の眼を注げり、是に於て彼等は州知事の一層大なる摸造をなせり、言を換て之を云へば、彼等は英王の一層縮小せる、改良せる摸造を作せしなり、譬へば大統領はジヨルヂ第三世にして、外國條約と官吏任免に關しては、元老院の干渉を受けて其の特權の幾部を割かれ、聯邦上の事務に關しては、其之に對する動作の制限に由りて又之れが幾分を割かれ、且その終身にあらずして只四年間職に在るのみなるを以て、其尊嚴と威力とを減じたる者とも稱す可し、彼れの俸給は甚だ少なくして、彼に朝廷の風を作らしむる能はず、又立法部を腐敗せしむるを得ず、又彼は貴族の稱號を與へて、市民を誘惑するに由なし、米國に於ては貴族の稱號は凡て禁制せられたれはなり、憲法創制者は斯の如く大統領を撿制したる上に、彼をして獨り行政首長たるの點に於てのみならず、又政黨を離れて政黨の上に立つ點に於ても等しく

大統領を撰擧するに複撰法を用ゐたる所以

州知事及び英王に類する者と成らしめたり、彼は州知事が其州たる共和國を代表するが如く、國民を全躰として自ら之を代表す、彼れの地位の全く獨立にして、國會(コングレス)に向つて何の得る所も無く、何の懼るゝ所も無き所以は、是れ彼れをして專心に人民の安寧幸福のみを計らしめんが爲めに外ならず、

斯の觀念は大統領撰擧の爲めに設けられたる方法中に歷然として現はる大統領の撰擧を全國人民の直接投票に委するは、以て危險なる激昂騷擾を發するに至るへく、且つ候補者をして只管に人民の歡心を得んとの過分なる鋭意を生ぜしむるに至るべし、又之を國會(コングレス)に委托せんか、啻に三權分立の主義を破り、行政部を立法部に隷屬せしむるのみならず、大統領をして國民の撰立に係るにあらずして、却て只格別なる一黨派の創造物たらしむるに至らん、是に於てか複撰の法採用せられたり、是れ恐くは當時ヴェニスに於てドージェ(知事)が撰擧せられ、獨逸に於て皇

如何にして大統領を撰擧するか

帝が撰擧せらるゝ方法を想起して、幾分か發明したる所あらん歟、憲法の明文によれば、各州は其國會の兩院に出す代議士と同數なる大統領撰擧者を撰出す、而して一二週間の後、是等の撰擧者は法律に由て定められたる日に於て、各其の州に集會し、大統領及び副統領を投票す、其の投票は封印して首府に送達せられ、而して兩院の面前に於て、上院の議長之を開封して計算せしむ、其撰擧者をして黨派の勢力に左右せられざらしめんが爲めに、國會の議員たり、中央政府の官吏たるものは、撰擧者たるを得ずとなせり、此の方法の目的とする所は、各州の最良なる人民をして、沈思熟慮の上其の不羈自由の判斷を以て、聯邦の首長たるに最も適宜なりと考ふる人物を撰擧せしむるに在りとす、蓋し大統領撰擧者は、皆自身の名望によりて、撰擧者に擧げられたるなれば、其の才能あり榮譽ある人を大統領に撰むに於て、必らず一般の群集よりは一層恰當せる資格を有するならん、

大統領撰擧者の投票は一同に混

且其投票は州別に計算せられず、一同に混じて計算せらるゝが故に、各撰

して計算せらる

憲法創制者の希圖は實際大に蹉跌せり

大統領撰擧者は機械中の一齒輪なり人民の撰決を遂けしむる一器具なり

人民は大統領撰擧者を撰むと共に大統領を撰ふなり

擧者の投票は其の重きを爲すと更に大なる可し、彼れ己れの州に於ては或は少數ならん、然れども其投票は、他州の撰擧者が同じ候補者に與へたる投票に加へらるゝが故に決して其功を失なはざる可し、

一千七百八十七年の憲法創制者の希圖たるや大率斯の如し、此の希圖は彼等が最も苦心したる所にして、又最も滿足に思ふたる所なりしなり、然るに彼等の方案中此希望ほど彼等の期望に背きし者は非ざりし、蓋し大統領撰擧者は、只機械中の一齒輪と成り了れり、只人民の撰決を遂げしむる一器具と成り去れり、彼等の人物の如何は、固より問ふ所にあらざるなり、彼等は自由撰擇の力を有せず、只格別なる一候補者を人民の意思に從て投票するとの約束の下に撰ばるゝのみ、此約束たる固より只名譽上に止まれども一千七百九十六年以來未だ曾て破られざるを見る、故に人民は彼等撰擧者を撰ぶに於て、實際大統領を撰ぶなり斯く一千七百八十七年の人々が防がんと欲したる事は、却て實地に起り來れり、ー即ち大統領

如何にして大統領は人民の直接投票によりて選擧せらるゝの實あるに到れるや

最初兩度の大統領撰擧者は獨立の撰擧者なり

第三の撰擧は已に黨派爭なり

は人民の直接投票によりて撰擧せらるゝの實あるなり、請ふ今其事の如何に起りしやを尋ねん、

最初兩度の大統領撰擧(一千七百八十九年及一千七百九十二年に於る者)に於ては、撰擧者の獨立は未た疑問とならざりし、何となれば何人も皆同心一意華盛頓を撰擧せんと欲し、且つ未だ政黨十分に發達せざりしを以てなり、然れども一千七百九十二年の撰擧に於ては、一方の撰擧者は、其の第二の候補者(副統領)としてクリントンを投票し、他方の撰擧者はジョン、アダムスを投票する事となれり、第三の撰擧(一千七百九十六年)に於ては撰擧者は何の約束を爲す事をも要求せられざりし、彼等が撰まれたる時の撰擧爭は已に黨派の爭なりしなり、投票者の投票すべき時到るに及で、二三の投票他の人々の間に散點したりと雖とも、其の實際は只國内に二人の大統領候補者即ちジョン、アダムス及トマス、ゼファルソンありしのみ、前者に向てはフェデラリスト黨の撰擧者之れに投票し、後者に向てはリパ

第四の撰擧は正當なる黨派爭なり

大統領撰擧の階撰擧者より人民に遷る

ブリカン(今の所謂デモクラチック)黨之に投票する事となり居れり、第四の撰擧は全く正當なる黨派爭にして、兩黨の黨員は皆自黨の望む所に從ふて投票したり、即ちフエデラリスト黨及びリパブリカン黨は、共に彼等の希望する大統領及副統領候補者の姓名を國中に公にし、是等の姓名を繞りて激戰をなせり、是に於てか撰擧者に自由を與へ、若くは隨意の撰擇を遂げしめんとの思想は全く消滅し去れり、何となれば斯の如き重大なる事件は只獨り國民の判斷に由りて決せらるべき者また國民の撰擇に由て始めて決せられ得べき者と感ぜられたればなり、其の時より今日に至るまで未た一たびも複撰擧方案の素意を回復せんと試みたるとあらず、隨て又大統領撰擧者の人物に就ては何の頓着もせられざりし、故を以て今日撰擧者は有れども無きが如く、遂に大統領撰擧者を撰むの際に於て、其の投票者をして、彼の黨派は如何なる人々を彼に投票せしめんと望むかを知らしめんが爲めに彼等(大統領撰擧とあるべき者)が投票せんとする

大統領撰擧者は人民の直撰する所となれり

大統領候補者の姓名を彼等(同撰擧者たるべき人々)の氏名を印刷したる投票用紙の上部に記する程になり行けり、斯の變化の完成永續は撰擧者を撰むにつきて現今偏ねく行なはるゝ方法に由て愈々確かなるを致せり、憲法は撰擧者を撰ふの方法を各州の適宜に任せたりしに初めに於ては多くの州は撰擧者の撰擧を其立法部に委任せり、然れども民主主義發達するに隨ひ、人民の直撰を以て撰擧者を撰むの方法第一にヴ井ルヂニア、ペンシルウェニア及びメーリーランドに採用せられ、漸を以て其他の諸州に弘まり、終に一千八百三十一年には、立法部より撰擧するの方法を保存したるは、只サウス、カロライナの一州のみとなるに至り、是も亦一千八百六十八年に之を廢し、今日に於ては全國到る所人民の直撰行なはれざるはなし、或る州に於ては一時撰擧者は代議院議員の如く、郡區に由て別々に撰擧せられたり、然れども全州を通じて一となし、人民の投票を以て一時に撰擧するの方法は、其州に多數を占むる黨派の爲めに便利なるを

大統領選擧人民の手中に落つ

選擧者を以て大統領を選擧する方法は又大統領選擧をして却て州の選擧する所

以て次第に贊成の數を增すに至れり、一千八百二十三年にはメーリーランド一州のみ郡區投票を固守したりしが、是も亦一千八百三十二年に、他州の如く、遂に普通選擧法(ゼネラル、チッケット、システム)を採用したり、斯の如くして大統領選擧の事は全く人民の掌中に落ち去れり、諸黨派は後に記するが如き方法を以て、それぞれ其候補者を指名し、戸外演說、新聞論說、街衢の運動、火把の行列等の一大戰爭茲に起りて、殆んど四個月の間世間を騷かして止まず、選擧者を選ぶの投票は十一月の初に、米國中總て同日に之を行ふ、而して其選擧者投票の結果の知るゝ時は則選擧爭此に終を告ぐるの時なり、何となれば其の後選擧者が大統領選擧の爲めに集會をなし、投票をなすは只儀式上の事に止まればなり、

此の如く觀來れば選擧者を以て大統領を選擧するの方法は、只人民の判斷を求むる一の迂遠なる方法たるに止まるが如く見ゆ、然れども唯之れに止まらざるなり、是れ又憲法創制者が先見せざりし種々の奇代なる結

となるの實あらしむ

果を生し來れり、即ち此の方法たる、大統領撰擧をして人民一般の撰擧とあらしめずして、却つて州の撰擧する所とならしめたるの實ありとす、何となれば一全州を通じ、普通撰擧を以て、撰擧者を撰むの現制は一州の重をして一の大統領候補者の天秤を左右するに至らしむればなり、例へばペンシルヴェニアは、四百五十萬の人口を有して卅人の撰擧者を出す、是を以て撰擧の時に至り、各黨派は其州に於ける大統領撰擧者三十名の目錄即ち投票用紙を配布すべし、是等の大統領撰擧者たる、皆自黨にて定めたる候補者、例へばブレーン氏若くはクリーヴランド氏に投票することに限られたる者なりとす、而してリパブリカン黨の撰擧者目錄(即ブレーン投票者三十名を含蓄する所の者)は三十九萬二千に對する四十七萬三千の多數を以て勝利を得たりとせよ、若し勝利を得るとすれは、其の勢必ず全勝なり、何となればブレーン氏の黨員にして、其ブレーン氏に投票すべき職分を有する撰擧者惣躰に投票せずして、唯其中の幾人にのみ投票する

大統領撰擧に際し最も爭の熾なるは兩大黨の勢力相下らさる州なり

理想的の大統領は得難し只一度華盛頓に於て之を得たるのみ

が如きは愚の甚しき者なればなり、ブレーン目錄斯の如く勝を制すれば、ペンシルヴェニアの投票三十は皆悉くブレーン氏に與へらるゝなり、故にデモクラット黨の目錄(即ちクリーヴランド撰擧者)の爲めに人民が爲したる數十萬の投票はクリーヴランド氏が他州に得たる投票に毫も重きを加へずして、全たく無用に歸するのみ、是を以て大統領の撰擧に際しては、兩大黨の勢力相半して、互に下らざる州に於て其爭最も熾んなり、而して兩黨の勢力非常に懸隔して、小數は迚も多數に敵し能はざるが如き州に在っては其爭さのみ烈しからず、是れ此の如き州に於ては其爭全たく無用なればなり、是に因て人民投票の少數なる人も、大統領たるを得るべく、又實際大統領たるを得たりしなり、

一千七百八十七年の方案にして、果して斯の如き運命を有せしとすれば、夫の理想的の大統領、即ち正義にして公平なる撰擧者の撰擧する所となり、全く黨派の外に出で、黨派の上に立つが如き大人善人の常に得られざ

大統領は華盛頓を除き皆黨派人なり

米國の行政府は英國よりも一層極端なる政黨政府なり

りしは、固より辨を待たさるなり、其の理想的人物は一度、只た一度惹斯、華盛頓の身に於いて實際に得られしのみ、彼れの相續者たる大統領(ジヨン、アダムス)は、當時に起りたる二大黨の一に牛耳を把るの首領なりしなり、(此の黨は已てに跡を絶ちたれども)他の一黨派は多少の變化を經て、今日に至るまで、永續して絶えず、アダムスに次ぎて大統領となりたるゼファルソンは此に謂ふ所の他の一黨派(當時のリパブリカン今日のデモクラチック)の首領にして、彼れの撰出は其黨派の全勝利を表する兆候たりし、其後の大統領は大抵一黨派の首領として、一黨派の投票に由りて撰擧せられ、己れを投票したる人々の政略を實行する義務を身に負へるの感を懷かざるは無し、斯の如く米國は、超然黨派の上に屹立する大統領を得ざるのみならず、一黨派の多數によりて行政府を組織する英國の制度を再現せしむるに至れり、唯之れを再現せしめたるのみならず、英國よりは一層極端なる形跡に於て之を再現せしめたり、何となれは英國に於ては、其の名

實際に於ては大統領より生する弊害重大ならす

を以て政を行なふ稱號上の首長(英王をいふ)は高く黨派政治の外に立ちて、獨り其尊嚴を全うすればなり、亞米利加方案の不利益なるは、右に述ぶる如く照々たりと雖も、實際に於ては、其豫期せらるゝほど重大ならず、如何となれは其の全國民を代表するといふ感情、及び斯の如き大職に對する責任は、大統領を清醒、支配して、其黨派心を擅にせしめざればなり、是を以て大統領は、殊に南北戰爭以後に於ては、特別の恩典を與ふるに就ての外は、唯に黨派の器械として事を爲し、若くは其行政權を濫用して政敵に害を加へしこと殆んど稀なり、

大統領の再撰に關して憲法上何の制限あらす

憲法は大統領の再撰に關して何の制限をも置かず、故に其の在職の期は四年なりと雖も、四年毎に再撰せられて終身之に居るも難きにあらす、然れども先例代て法律の用をなせり、華盛頓は一千七百八十九年に撰まれて大統領となり、次で一千七百九十二年にも其の再撰せらるゝに任せて就職したり、然れども第二在職の期を終るや、彼は同一の人常に續て職に

華盛頓第三期の職に就くとを辭せり

グラントを以て第三期大統領候補者たらしめんとせり

在るは、共和の制度を危ふする者なりと主張して、斷然第三期の職に就くとを辭したり、ゼファルソン、マデソン、モンロー及びチャクソン皆先例に從ひ、自らも又其の朋友も共に第二期の後復た撰擧せられんとを求めざりき、彼等の後リンコルンを除きグラント將軍に至るまで再撰せられたる大統領之れあらず、グラントは一千八百六十九年より一千八百七十三年に至まで、又一千八百七十三年より一千八百七十七年まで、兩度大統領となり、然る後ヘイズ氏之に繼げり、一千八百八十年にはグラントの爲に此不成文の法律を破らんと試みられたり、抑各黨派は、後に詳說するが如く國民會議と名くる巨大なる黨會に於て、其候補者を指名するを常とす、一千八百八十年のリパブリカン黨會に於て勢力ある一群の委員は、該黨候補者として、グラントを指名せんと企て、彼れが拔群なる功勞を呈出して、其彼れに第三期就職の名譽を與ふるの理由となせり、若しリパブリカン黨中、一身上グラントに—寧ろ彼れの朋友—に敵意を挿む一團の人なか

踰ゆ可らす犯す可らさる一の制限を立てたり

候補者にして撰擧者總數の多數

りせば、假令投票に臨みては恐らく敗を取りたるなる可きも、彼れを候補者に指名するの企圖は成就したりしならん、然れども此一團の敵對者は一般人民が第三期の再撰に反對する先入の見の甚だ强頑なるを看破し彼の固定したる、好先例に訴たへて、終にグランド派を該會に打敗り、後日の撰擧に勝利を得たるガーフヰルド氏を指名するに至れり、是に於て此の先例たる、實際將來永く侵す可らざる者となれり、何となれば將軍グランドは其の施政上大缺典の存するありと雖も、世に一方ならぬ人望家なりしに、尙且第三期再撰を許されざりしを以てなり、彼に反對して確言せられたる主義(即ち第三期の再撰を許さゞる主義)は、將來許多の撰擧に際して第三期を望む功名家のために破壞せらるべしとは思はれざるなり、

憲法(修正憲法十二節)に依れば、大統領を撰定するには「撰擧者總數の多數」を以てするを要す、若し候補者にして斯の如き過半數の多數を得る能はずんば、即ち撰擧者の投票幾多の候補者に分れて、何れの人も全く其撰擧

を得る能はすんはその撰定代議院に移さる

代議院にして撰擧纏らされは副統領進んて大統領となる

大統領撰擧の代議院に移りたる

者總數(現今は四百一人)の多數(少なくとも二百一票)を得る能はすんは、其撰定は代議院に移さるべし、代議院は該撰擧者の投票の最高數を得たる三人の候補者の中より大統領を撰定するの權力を與へらる、代議院に於ての投票は州州に計へらる、諸州總數の多數(目今は總數三十八州なるが故に二十州の多數)を得るにあらざれば撰定せらるゝを得ず、一の州より出でたる代議院議員は皆相合して只一の連合投票を有するのみなるが故に、彼等にして若し等分せらるゝとすれば、即ち例へばペンシルウェニア州の諸議員にして、若し半はデモクラット黨たり、半はリパブリカン黨なりとせば、其人々の投票は都て無に歸すべし、若し諸州總數の半期の如くして投票を失ふか、若くは諸州の投票分れて總躰の過半數を得る候補者一人もなきが如き時に於ては、大統領は撰擧せられず、副統領上りて大統領となるなり、

大統領撰擧の代議院に移りたる事は只た兩度あるのみ、一千八百年投票

は只兩度あるのみ

州より大統領を撰擧するは撰擧

の最大多數を占むる者大統領となり、次點の者副統領となるの規則猶ほ行なはれたる時、ゼファルソンとアーロン、ブールとは、同數の投票を得たり、ゼファルソンの撰擧者は彼を大統領に爲んと欲したれども、ブールも亦同數の投票を得たるが爲めに同數の爭結んで解けず、爭ふことを之を久ふして後代議院終にゼファルソンを撰みたり、當時人民の激昂最も酷しく、若しゼファルソンにして、フェデラリスト黨の投票の爲めに失敗したりしならば、彼れの黨派は多分兵を起すに至りしならん、一千八百二十四年にはアンヅリウ、ヂャクソン九十九票を獲、其三人の競爭者（アダムス、クロウフォルド、及びヘンリークレイ）相合して百六十二票を得たるが故に、ヂャクソンをして過半數の多數を得せしむるには、猶卅二票の不足ありき、是に於て代議院はヂヤクソンに投票する七州、クロウフォルドに投票する四州に對し、アダムスに投票する拾三州の過半數多數を以てアダムスを撰めり、斯の如き法によりて大統領を撰擧するは、之を大統領撰擧者

者の手を經てするよりも一層人民の意思を代表するを薄し

投票の計算をなし疑わしき投票を裁斷するは何人なりや

の手を經て撰擧するに比すれは、人民の意志を代表すること更に薄しとす、何となれば小なる二十個の州、代議院議員の手を經て候補者甲に投票するとし、大なる十八個の州は候補者乙に投票するとせは、小なる二十州の人口は、大なる十八州の人口よりも遙かに少なしと雖も、尙ほ甲の方撰擧せらる可ければなり、

憲法は其明文なけれども、投票の計算をば元老院の議長(合衆國の副統領)に委ねんとの意なりしが如し、實に當初元老院の議長は、投票の計算を監督し、疑がはしき投票の採否を判斷せり然るに國會(コングレス)は投票計算塲に出席するの權あるよりして、更に進で大統領撰擧投票の有効無効に關する一切の問題を決斷する權利を占むるに至り、而して是等の問題を決するには、言ふまでも無く常に黨派心を以てしたり、但し國會の決斷にして常に必らず得べくんは、是れも亦恕す可し、然れ共屢々一黨は元老院に多數を占め、他黨は代議院に多數を占め、斯くして兩院別々に相反對

現行大統領撰擧法の大弱點を特筆す

して投票するが故に、其結果たるや、孰れにも決する能はざるの紛紜あるのみ、余は是等の諸件につきて起れる綿密なる、屢々長たらしき所の爭論をば此に省畧せざるを得ず、然れども茲に一事の特筆せざる可らざるものあり、是れ現行（大統領）撰擧法の固有の大弱點を明かにする者なればなり、

一千八百七十六年にはヘイズ氏リパブリカン黨の大統領候補者たり、チルデン氏デモクラット黨の大統領候補者たりしが、ヘイズ氏は十七州の投票を得て、其の撰擧者の總數百六十三、チルデン氏も亦十七州の投票を得て、其の撰擧者の總數百八十四に上れり、因て州の總數三十八の中尚四州を餘せり、是等四州の各々に於ては二類の人々人民の投票によりて別々に撰擧せられたり、而して是等二類の人々は、今茲に記述せられざる程に入組たる理由を呈出して、雙方とも正當にそれぞれ是等の州より選まれたる撰擧者なりと主張したり、是等四州の撰擧投票は都合二十二なるを

以て、若し此中の一州に於てなりとも、デモクラット黨の撰擧者にして、正當に撰擧せられたる者と定まりたらんには、デモクラット黨が大統領撰擧者の投票の多數を制したるや疑なし、(當時撰擧者の總數三百六十八ありしかば百八十四は其の一半に一を缺くのみなれはなり)之に反して、若し是等の四州に於て、凡てリパブリカン黨の撰擧のみが選まれたりとするとも、リパブリカン黨は只一票の多數を得るのみ、形勢斯の如なるを以て、熱心なる黨派人として、リパブリカン黨の先輩が宜く取るべき道は、只是等の去就定まらぬ諸州を悉く己れの手に入るゝに在りしあり、彼等は時日を移さず、速かに之を試みたり、實に黨派に對する忠節は政治家が最後に棄る德なりとす、デモクラット黨豈獨り坐視せんや、彼等も起つて同じく之を取らんと試みたり、

已にして大統領撰擧者はそれぞれ其州に於て集會し且投票せり、斯の鹿を爭そふ四州に於ても亦兩黨の撰擧者別々に集會し且投票し、四州とも

疑わしき投票を國會にて裁斷する能はず

一種の裁決法を案出せり

各々二重の撰擧投票を華盛頓府に送達せり、該大統領撰擧の結果たる、實に是等四州より出せる二重の撰擧投票の孰れが眞正にして依法なる投票として採納せらるゝやの疑問に存せり、人心の動搖激昂亞米利加全國に甚だしうして、平和に落着するの景色中々に見えざりき、蓋し斯る法律上の問題を決斷すべき方法は憲法中に明示せられざるなり、前に述べたる如く國會は今までに幾度か撰擧上の疑問を裁斷したる事あり、然れども此時に於ては、リパブリカン黨元老院に多數を有し、デモクラット黨代議院に多數を有するに依て一院の多數はリパブリカン黨の投票を是認するの投票をなし、他院の多數はデモクラット黨の投票を是認する投票をなすに至るや昭々として明らかなりし、是に於て兩黨の重なる人々相商議して、遂に一の方法の案出せり、即ち彼等一法律を立て、元老院議員五名、代議院議員五名、大審院の判事五名より組成せらるゝ撰擧委員を設けて、此の如く二重の報告をなし來る州の撰擧投票の採否に關する疑問を裁決せしむる事に定めたり、今や萬事は此古來未曾有の團躰なる撰擧委員を構成する人物如何と云ふ一點に歸せり、茲に元老院は三人のリパブリカン二人のデモクラットを撰任し、代議院は三人のデモクラット、二人のリパブリカンを撰任したり、此までは其權衡平等にして差等なし、此新法律に依れば、委員中の判事はリパブリカン二名デモクラット二名にして、他の一名は此の四名より撰抜するに在りし、而して此の奇數なる第五の人の發言若くは投票は實に彼の七名のリパブリカン委員と、七名のデモクラット委員との權衡を左右するの力を有せり、是等四人の判事は一人のリパブリカン判事を撰めり、此撰定は實際之れが結果の如何を斷定したるなり、何となれば該委員の投票は悉く嚴格なる黨派投票なりしが故なり、委員の人々は大概法律家なりし、而して皆公平無私ならんとの誓言を立たり、然れども是等法律上の問題たる甚だ困難にして且新奇なるを以て聰明なる法律家、正直なる人々に取りても、或はリパブリカン黨が論爭する如く或はデモクラット黨が論爭する如く、孰れにも道理ありと見做すを得たらんと思はる、但尤とも奇なるは、各委員の法理上の判斷たる、盡く其黨派上の意見と符節を合するが如くなりし事是れなり、(余輩は英國下院に於ても同一の現象を目撃したる事あり)斯の如く委員會は何れの爭點に於ても、常に七に對する八の投票を以て該四州のリパブリカン撰擧者より送りたる投票を是認確定したり、故にヘイズ氏は百八十四票に對する百八十五票の多數を以て正當に撰擧せられたる者と宣言せらる、此の判决は法律の問題としては或は正當なりしならん、今猶法律家の議論する所なり、然れども、フロリダ、ルイシアナ、サウスカロライナに於ては、兩黨共に强迫詐僞を逞うしたれば、何人も今日に在ては正義の何れの方に存せしやを明言する能はざるあり、チルデン氏は其の朋友に勸めて、彼の少しく己れに不利なる互讓の委員會に同意せしめ、又此の彼等が盡力を水泡に歸せしめたる結果を甘受せしめたり、此擧やチルデン氏の名譽をして

此の實例は大統領制度中の一大危險を指點するものなり

疑わしき投票を裁決する爲めに一法律發布せらる

轉た高からしむ、今余が此に此の實例を掲げたるは是れ實に大統領制度中の一大危險を指點する者なればなり、其賭して勝敗を挑むの熱甚だ高大なるを以て、勢ひ詐僞に導かれざらんこと誠に難し、且つ人民が撰擧者を撰む爲めに與へたる投票は、州法に循つて各州の官吏之を受納し計算するが故に、其州の遠慮なき黨派に取りては詐僞を逞うするの機會を得ること難きに非ず、一千八百七十六年の撰擧よりは已に十年を經過したり、然りと雖も次々の大統領が斯る問題に付きて注意を促がすにも拘はらず、國會は一千八百八十七年までは、毫も前に記載せる危險の再興に應ずべき處置をなさゞりし、今や一法律發布せられて、幾分か斯の問題に應ずるを得たり、此法律たる、即ち各州に於て其州の任したる裁判所をして、其州より出る如何なる撰擧投票の果して依法の投票なるやを判決せしむる事となし、而して若し其州に於て斯の如き裁判所を設くる能はずんば、國會の兩院(若し二重投票ある時に於ては)其何れの投票の依法なるやを

大統領は只彈劾に依てのみその位を動かさる

當時の米人彈劾を以て新憲法中貴重の要素となす

判決する事となせり、若し又兩院に於ても議論相分れて歸着する所なくんば、其州の投票は全く失なはれて無効に歸す可し、勿論此の方案の下に於ても、州裁判所は不公平の裁判をなし得べし、然れども其重なる點は只決斷を得るに在りとす、不公平は不確定よりも愈れり、

大統領は其の在職の間は只彈劾の手段によりてのみ其の位を動かさるべし、此法たる一千七百八十七年ウォレン、ヘスチングの著名なる審問猶ウエストミンストルに熾んなりし日に、已に大西洋の兩岸(英米をいふ)に行なはれたりし者なり、彈劾は英國の自由を發達せしむるに大功ありし者にして當時の亞米利加人は又之を以て其の新憲法中の貴重なる要素と考へ做したり、是れ他なし、彈劾は國會をして反逆的の大望を懷く大統領を罷免するを得せしむ可く、又彈劾を懼るゝの念は此の如き非望を懷く大統領をして自ら制するに至らしむ可きを以てなり、即ち諸州の先例に倣ひて、大統領は代議院に彈劾せらる可く、而して元老院は法庭の資格を

弾劾の方法

弾劾せらるへき罪科

米國大統領にして弾劾せられたるは只一のジョンソンあるのみ

取りて、米國最高の法官たる大審院長を審理長として、之れが審問を爲す可し、之を有罪に決するには三分の二の多數を有する投票を要す、其有罪と定まりたる時は、單に彼を官職より移し、且つ再び官職を受くる能はさらしむるのみ、而して彼をば法律に從ひて告訴、審問、判決、處刑せらる可き者」(憲法第一條第三節第二條第四節)とならしむ、其弾劾せらるべき罪過は「反逆、收賄、若くは其他の重罪、輕罪」等なり、此明文たる、或人は之を以て只グランド、ジウリ(大陪審官)の告訴し得べき罪惡に限る者と爲し、或人は更に其意味を擴めて、官吏たるの職務を破り、國民の利益を害するが如き行爲、即ち十七世紀の頃、屢英國に於て弾劾の理由となりたるが如き行爲をも含蓄する者となせり、今日までに米國の大統領にして弾劾せられたる者は、只一のアンドリウ、ジョンソンあるのみ、彼れの愚にして狂暴なる行爲は彼れを退職せしむるの止むを得ざるに至らしめたり、然れども其罪過の中一として彼を有罪と宣告するに適當なる者あるや否やは疑かはし

副統領の職掌如何

大統領死するときは國務大臣之

かりしに因て、平素政治上に於て彼に反對せる元老院議員數名の如きは無罪放免の投票を爲したり、彼れの罪案の一個條も三分二の多數(有罪を主張するもの三十五人、放免を賛成する者十九人)を得る能はずして、彼は遂に放免せられたり、大統領の彈劾により、或は死去により、或は辭職により、或は職務を行ふの能力なきによりて、其の位を去るに於ては副統領進んで之に代るなり、副統領は大統領と同時に同樣なる方法を以て、同一なる撰擧人に撰擧せらる、彼れの職掌は只元老院に議長となり、大統領に續て職に就くに在るのみ、從前の法律(憲法にあらず)に依れば大統領及び副統領共に欠くる時は、元老院の書記官長假に大統領の座に就き、彼れ亦其の職を去るときは、代議院の議長假りに之に代るの制ありき、斯の如き法律の最も著明なる短所は、前に死せる大統領の屬する黨派に反對する他の黨派の手に權力を移すに至ると是れなり、故に今や一千八百八十六年の法律によりて大統領死するときは國務大臣之を繼き、彼又死するとき

に繼く

副統領には通例第二流の人物を指名す

は官等に循ひて他の行政官之に代る事となれり、今日までに四人の大統領（ハリソン、テイロル、リンコルン、ガーフォルド）其官に死して、副統領之を繼げり、而して其第一（ハリソン）と第三（リンコルン）とに於てはこれが職を襲ぎたる副統領其先大統領の政略を一變し、爲めに彼れを撰みたる黨派と葛藤を生じ、以て大統領として撰まれたる人と彼れの黨派との間に未だ曾て起らざりし如き紛紜を引き起したり、副統領の撰擧に關しては實際さのみ力を致すこと無し、黨派上の大統領候補者を撰むの集會に於て、通例第二流の人物を副統領に指名す、時としては大統領の指名に於て失望したる候補者を慰むる爲に之を指名し、時としては此の如き失望者の黨類を和めんか爲めに、彼れの朋友を指名し、時としては人望ある年長者を慰勞せんが爲めに之を指名す、而して其黨派にして若し己れの候補者を大統領と爲すを得ば、副統領の候補者も亦隨つて其地位に進めらるべし、故を以て若し大統領死するに至れば、さのみ勢望なき人物進んで國民の

首長となることと無きにしも非ず、

第六章

大統領の權力及職務

大統領は聯邦行政首長として、其權力及び職務左の如し、

聯邦の海陸軍及び合衆國の用に供せられたる諸州民兵の總督たる事、

元老院の助言と承諾とによりて條約を締結するの權を有す、但し出席元老院議員三分の二の同意を要す、

元老院の助言と承諾とにより公使、領事、大審院の判事、聯邦政府の總ての高等官を任命するの權を有す、

彈劾に係る事件を除くの外、合衆國に對する犯罪の處刑を猶豫し、又は

大統領の職掌は約して四種となすべし

赦免するの權を有す、

非常なる場合に於て、兩院を召集するの權を有す、

國會にて通過したる法律案、若くは決議を拒否する(返附して再議せしむる)權を有す、然れ共再議の後各院三分二の多數を以て、同案若くは同議を通過したるときは、國會の權力に從て之を納れざる可らず、

合衆國の情況を國會に通知し、又國會に政策を薦むるの職務を有す、

外國公使を受くるの職務を有す、

法律の忠實に行はるゝ樣に注意する職務を有す、

合衆國の官吏に盡く職を授くるの職務を有す、

是等の職掌は約して四種に歸すべし、

外交に關する職掌、

內治に關する職掌、

立法に關する職掌、

亞米利加に於ては外交政略を行ふは最要の職務にあらず其理由

外交政略に對する元老院

外交政略に對する代議院

任命の權、

外交政略を行ふは、亞米利加に於ては最緊要の職務にあらず、是れ亞米利加―幸福たる亞米利加―は歐洲諸強國より犯す可らざる一種の別乾坤をなせばなり、此亞米利加は其大陸に在る他の諸共和國を容易に壓倒するの力あれども、之を蠶食するの念を有せざるか故に、外交上に困難を生する事なし、然りと雖も大統領は外交政略を自由に行ふを得す、彼は戰爭を宣言する能はず、此權は國會に屬すれはなり、但し彼は一千八百四十五六年に於て大統領ポルクが爲せし如く、殆んど國會をして戰を宣せさるを得ざらしむるまでに、外國との葛藤を大ならしむるの力なきに非ず、且又條約の締結は元老院三分の二の同意を要す、而して此多數を得るが爲めには、行政部は常に元老院の外務委員と商議せざる可らず、代議院は固より之に干涉すべき法律上の權理を有せずと雖とも、屢々外交政畧につきて、格別なる方針を指示し若くは不賛成するの議決を通過し、時としては

外交事務に關し立法部と行政部との領分を劃定するは最困難なり

は元老院を勸めて其議決に同意せしむるとあり、然る時は其議決更に重きを加ふるあり、大統領は決して斯の如き議決に束縛せらる可きに非ず、彼は一度ならず幾度も斯の如き議決を尊重せずと公言したり、然れ共或る條約特に貿易上の條約の如きは立法の助力を借るに非れは決して締ばれざるが故に、また戰爭は軍費の支出を投票せられずんば爲す能はざるが故に、代議院は時として間接に己れの請求を貫ぬき得るなり、憲法が恐らくは止むを得ずして明暗の間に放棄したる是等の點に關しては、許多の入組たる疑問起れり、其中の或る者は未た孰れにも決せられざるあり、凡て自由制度の邦國に於ては外交事務に關して、立法部と行政部との領分を劃定するは最も困難なる事なりとす、蓋し事を公けにすると、議院の掩制を加ふるとは人民の利益を保護するに必要なりと雖も、敏捷と秘密とは又た外交政畧の成功を來たす要件なれはあり、然れども實際に於ては、又通常の事務に關しては、大統領は代議院に對して獨立なり、又元老

平和の時には大統領の權力小なり

戰爭特に内亂起る時は大統領は非常の權力を有す

大統領は立法部の助力なくして何程まで自由に進退し得るか

院は大統領が事を完決するをば妨げ得れども、之れが事を紛亂するを制する能はず、大統領は、否な大統領は恒に外交政略に綿密なる注意をなすの暇稀なるを以て、大統領よりも寧ろ彼れの國務大臣は、縱に其欲する所を行なひ得べく、之がために外は外國と葛藤を釀し、内は人民を激發せしむるが如き事なきに非ず、

大統領の内國に於ける權勢は、平和の時に在ては甚だ小なり、是れ行法及び施政の大部分は諸州政府に屬すればなり、又た聯邦上の施政に至りても立法部の法令を以て之を規定するが故に、行政部は殆んど自由運動の餘地を有せざるなり、然れ共一たび戰爭、特に内亂起るに及んでは、其の權力不吉の兆たる非常の速力を以て擴張す、即ち此時には大統領は陸海軍の總大將として、法律を忠實に執行するの責任者として其危急の場合に要する諸權力を悉く掌握するを得るに至るべし、但し彼が立法部の助力なしに何程まで自由に進退し得るかは一疑問なり、例へは南北戰爭の初

國會大統領をヂクテートルたらしむ

めに當りて大統領リンコルンが出したる法令の如きは、其ヘービアスコルパス（人身保護律）の令狀を停止したる布告を幷せて、共に後日國會に於て之に法律の効力を與へたればなり、然れども國會は其のリンコルンに於けるが如く、大統領をして殆んどヂクテートル（無限の威權を有する統理官）たらしむるを得るは、明らかなり、試に南北戰爭の際を見よ、彼れの南部諸州の如きは法律の眼光より之を見れば、猶聯邦の數に加はれる者なるにも拘らず、大統領リンコルンは只其戰時の大權を以て、何の立法部の認許も無しに、一千八百六十二年及び六十三年の奴隸解放の布告を發し、是等の諸州の奴隸は今より自由なる可しと宣言したり、亦以て戰時に於ける、大統領の權力の如何程まで擴まるやを推知するに足るべし、

大統領戰時の大權

憲法の條欵に依て各州に共和政府を保護存立せしむるの責任は、獨り國會に存するのみならず、亦行政部も同じく之を有す、一の州に內亂あるときの如きに於ては、其立法部若くは（立法部を召集する能ざる時は）行政部

各州に共和政府を保護存立せしむるの責任は行政部も與かり有す

州より聯邦政府の保護を受けたる例

の請求を以て、聯邦政府の保護を受ることを得べし、例へば一千八百七十三年ルイジアナに終けるが如く兵力を以て一州の權力を相爭ふ兩政府起れる場合、若くは一千八百四十年より四十二年にかけてロード、アイランドに在りしか如く、叛亂の顯はれたる場合には、斯の權力最も緊要なるを致す、何となれば此權力には兵馬の權をも含蓄し、且つ之れが爲に大統領をして己れが認許せんと欲する所の政府を安立するを得せしむればなり、然れども幸に斯の如き場合は實に甚だ稀なりしなり、

大統領國民に意見を語るの權

大統領は演話、意見書若くは告示を以て國民に意見を語るの權を有す、斯の權は憲法の明文によりて與へられたるにはあらず、只彼れの地位に附着して存するものなり、但し此の權を使用するを要する場合は甚だ稀れなり、新大統領職に就くに臨みて、目下の時事問題に關する意見を吐露したる就職演說を發表するを以て例となす、華盛頓は之れに加へて告別の演說をも發表したり、然れどもゼファルソンは此の有名なる公文(即ち華盛

就職演說
告別演說

戸外演説

大統領の權理

立法に關する大統領の位置は一種特別のものなり

米大統領と英王との立法部に對する位置の相違

頓の告別演説)に摸倣したるが爲めに虛榮を求むるの誹を得たり、彼の撰擧遊說者が爲す如き戸外演説を爲すは、大統領に不相應と考へらる、實にアンドリウ、ジョンソンは之を爲して大に品格をおとせり、然れども大統領は此の如き演説の權及び其の他總て普通市民の有する權理をば悉とく保ち、其の州に於て聯邦的撰擧にも、州的撰擧にも凡て投票發言の權を有す、時としては又た隱然として自黨の有力なる參謀たりしものもなきに非らず、

立法に關する大統領の地位は、一種特別なる者なり、英王は英國立法部の一員なり、何となれば國會は理論上英王の大會議にして、彼は之を召集し、之に長として、人民の疾苦を聽き、之を救治するの法律を制定すると云へばなり、故に彼れが國會の奉呈する法律案を承諾するは、只立法部の一員として之を爲すなり、彼の「可否權」なる者は元來議院外に立て認許し、若くは拒否するの權力を意味する者と見れば、彼が實際は只會期の初めと終

大統領は立法部の一員にあらず

英王は發案權を有す

大統領は直接間接發案權を有せす

りを除くの外出席せずと雖も、常に出席する者と見做されたる其議會の通過したる法律を左右すると云ふが如き權を言顯はす者にあらざるなり、之に反して亞米利加の大統領は決して立法部の一員にあらず、彼は全く獨立ある別種の一權力にして、其立法部を撿制し、之に反對して人民を保護する爲めに、之れが(立法部)法案を拒否停過するの職權を特別に人民より附與せられたる者なり、且又英王は法律の草案を起すの權を有す、舊時の憲法に依れば、法律は凡て英王が「世間出世間の貴族及び平民の助言及び承諾を以て」自ら制定する者と信せらる、是即ち上院下院の助言承諾を以てするを謂ふなり、現今實際に行なはるゝ所によれば、重要なる法律案は大抵皆彼れ(王)の名を以て其の大臣が國會に提出する者に係る、亞米利加の大統領は之に異なり、彼は直接にも、又は其の内閣員の手を經ても、共に法律の議案を國會に提出する能はす、何となれば彼等は國會に出席すべき者にあらざればあり、此類の事にして憲法が大統領に許す所は、只

華盛頓英王を擬せり

ゼファルソン意見を文書に認て國會にをくるの例を開く

國民の情況を國會に通知し、且つ彼れが施政上の經驗に於て必要と認めたる政策を國會に薦むるに止まれり、斯の第二の職務を爲すには、大統領は教書(メッセージ)を國會におくりて之を推薦するを常とす、その最も重要なる者は、各國會開期の初に於て彼れが其の秘書官の手を以ておくる者是れなり、

惹斯、華盛頓は英王の如く口を以て其の意見を國會に告ぐるを常とし、國會を開くに方りては、幾何か英國王の風を擬し、六頭立の馬車を驅りて之に赴むけり、然れどもゼファルソン一千八百一年に大統領となるや、或は彼が自ら言ひし如く、リパブリカン的質素のため、或は當時の批評家が謂ひし如く、己れの不辯舌なるがため、其の意見を文章に認めて國會におくるの例を開きたり、以後の大統領は皆之に則りたり、此の教書は通例重なる時事問題を論じ、救治を要すべき弊害を指示し、切要なる立法を勸告する者なり、然れども大統領は何の議案をも提出する能はざるが故に、又よし

大統領の教書は空中に發したる一彈丸のみ

國會大統領の教書に無頓着なりし例

大統領の法律裁可權

各院三分の二の多數を得れは拒

や提出したりとても、其の內閣員一人として國會に席を占めて之を說明し辨護するなきが故に、其の教書は只空中に向て發したる一彈丸のみ、故に此の如き教書は立法案と言はんよりは、寧ろ只意見及び政畧の公示書なりと謂ふべし、國會は之が爲めに心を動かされず、各議員は其爲んと欲する所を爲し、其提出せんと欲する議案を提出して、毫も之に頓着せず、例へば大統領クリーヴランド氏、近頃(千八百八十七年)前後二通の教書を國會に送り、銀貨問題を論究するの必要を指示したれども、國會は終に其の事件に手をだも觸れざりし、

大統領が法律の裁可に對する力は一層有効なりとす、何となれは彼は己れの意志を行ふべき手段の此に與へられたるを見ればなり、凡そ法律案の彼に呈せられたる時、彼れ之に署名すれば、其法律案は則はち法律となるなり、然れども、彼れ若し之を是認せざれば、其の不贊成の理由書を添へて、十日以內に之を議院に返附す、若し兩院再び其法律案を議し、各院とも

否權の効力なし

三分の二の多數を以て之を通過するに於ては、大統領の署名を要せずして直に法律となるなり、若し斯の三分の二の多數を得る能はずんば其の法律案は廢棄せらる、

ジオルヂ第三世及び其殖民地知事等が、殖民地立法部の通過したる法律案を拒否するの權を濫用したるが、彼の一千七百七十六年の革命を惹起したる一大原因なりしと考ふれば、亞米利加人が一千七百八十九年の憲法中に斯の如き民主的ならざるが如き個條(大統領に拒否權を與ふる事)を挿みたるは、如何にも稱讃せざるを得ず、斯の拒否權たる、運用極めて其の宜しきを得たるは又實に驚歎すべし、初よりして大統領は大抵濫りに之を用ひず、只其の猶豫すべき必要ありと考へたる場合、若くは國民が國會の多數に反對して己れを贊助す可しと考へたる場合にのみ之を用ひたり、無謀輕卒なる大統領は其之を拒否するに當りては、常に三分の二の多數を以て再び之を通過するの制規のために却つて自ら敗を取れり、華

大統領拒否權を用ゐたる例

盛頓は只兩個の法律案を拒否したるのみ、其の次々の大統領が拒否したるものは一千八百三十年まで合せて七個、一千八百八十五年大統領クリーヴランドの就職まで都合九十六年間に拒否せられたる者只七十七箇のみ(此中には彼の所謂ポッケット、ヴ井トーなる者をも含入す、大統領が法律案を拒否して再議に附するが爲に、國會に返附するの期限として定められたる十日以内に國會の延期せられたるが如き時に於て、大統領は之を無言にて拒否し置くべし、此の如きをポッケット、ヴ井トーと呼ふなり)、大統領クリーヴランドは一千八百八十七年の三月までに、是等の總數よりも遙かに數多くの法律案を拒否せり、其拒否したる者の大多數は、南北戰爭の際、北軍に在て服役したる人々に養老金を與へんとの議案たりしなり、是等の法律案多くは殆んど全會一致の勢を以て通過したるものなりしかども、其拒否せらるゝに及びては、之に反對して再び通過せられたるものは殆んど稀なりし(再び通過を計りしは、此中只八個にして其中只一個再び

拒否權を濫用したるはジヨンソン一人のみ

大統領人民の代議士の意志に反對するときは如何

通過せらる)此權を輕卒に使用したる大統領は、只アンドリウ、ジヨンソンのみ、彼は其國會と相爭ふたる三年間に於て、國會が南部再興策《サザルンリコンストラクシヨンポリシー》を實行せん爲めに通過したる重なる法律案を盡く拒否して返附したり、然るに彼に反對する多數兩院に滿ちたるが故に、是等の法律案は皆速に彼れの拒否に反對して再び通過せられたり、

大統領が人民の代議士の意思に反對するは、啻に人民の不快を惹起せざるのみならず、却て其大膽に拒否權を用ゆるか爲に、人望を得るを常とす、是れ彼か確乎として動かさるの氣象を示せばなり、是れ彼が一定の見識を有して、之を貫徹する爲には如何なる事をも恐れざるを示せばなり、國民は屢國會を以て陰險なる私情の勢力に動かされ易く、動もすれば外部の或る輕躁なる一部の喧囂に左右せらるゝ者として、之を不信用すべき道理を有するが故に、國會に秩序を保たしめんが爲に、其自ら撰びし大統領を頼むなり、クリーヴランド氏は以前の大統領總體が拒否したる全數

拒否權條欵の十分なる功を奏したる理由二ツあり

よりも、更に多くの法律案を「殺し」たるを以て、一層輿論の尊崇を增し、再撰の景氣をして益々盛んならしむ、想ふに憲法中なる拒否權條欵が、此の如く十分に其功を奏したる所以の理由は凡そ二あるが如し、第一大統領は世襲の君主に非ずして、公撰に成りたる首長なるが故に、飽まで人民の爲に働らくべしと考へらるればなり、人民に對して責任を有すればなり、彼の背後に人民なる者立て、重を彼に加ふればなり、人民は彼をして憲法創制者が痛く恐れたる弊害即ち彼等の代議士の輕卒にして無分別なる擧動を撿制せしむるのみならず、又代議士が其撰擧者の或る部分よりの壓力に服從し、若くは私情の誘惑に陷らんとする傾向を撿制せしめんと欲す、即ち彼は人民惣躰の爲に是等の有害なる傾向を防遏し、人民の利益を害すべき一己人の私利、幷に一黨派の私利を抑制すべしと期せらるゝなり、第二の理由は、拒否權は國會に於て大統領に同意を表する確實なる少數、即ち此院若くは彼の院に三分の一以上の少數ありて大統領を贊助す

拒否權に關し英王と米國大統領との相違

るにあらざれば、決して其功を奏せざることと是なり、故に一方に於て多數彼を强迫せんとせば彼は又必ず他方に於て大なる贊助を有す、是を以て此組織は夫の單に行政部をして急施を要するが如き、若くは立法部の大多數が希望するが如き、法律の通過を遲延するを得せしむるを目的とする方案、例へば一千七百九十一年の佛國憲法の方案(王の拒否は三年間續ての一の議案を通過するに於て破るを得べし)の如きに比すれば、大に勝れりと謂ふべし、大統領が拒否權を實際に行なふ摸樣は、如何に不成文憲法即ち軟憲法が注文より遠ざかる傾向を有するかを明かにし、如何に成文憲法即ち剛憲法が注文に拘着する傾向を有するかを明らかにするを得べし、勿論嚴格なる法理上より見れば、國家首長の權理たる、此點に於ては英米ともに全たく同一なり、但し英王は今日に於ては、上下兩院にて通過したる法律案には總て如何ほど自分は其條欵に不同意あるにもせよ、是非とも承諾を與へざる可らざるの義務を有す、然るに亞米利加の大統領

官吏任命に關する大統領の權力

大統領の任命すへき官吏凡そ三千五百名

元老院確定の權は政治上の至大

は之に異なり、人民の代議士の羽翼の下に身を寄することなく、又彼等の命令によつて己れの意見を捨つることなく、各法律案に向て一々に獨立不羈の判斷を下さゞる可らざるの義務を有す、

大統領は聯邦政治の全躰を委任せられ、其施政をして宜きに適はしむべき責任を有するが故に、固より其下に屬する行政官吏を撰むの權を與へられざる可らず、然れ共彼れ斯の恐るべき權力を妄用することを無しと言ふ可らされば、元老院を彼と並び立たしめて、彼が行なふ任命には必らず元老院の「助言及び承諾」を要する事と定む、憲法は又國會に向て下等官吏を任命するの權を裁判所若くは諸官省長官に委托することをも許るせり、此の最後の條欵は大統領の指名する官職の數を減せんか爲に設けられたるなり、然れども尚莫大なる官員凡三千五百名、例せば大藏省に於て殆んど六百名、郵便局長の地位にて殆んど二千名、皆大統領より其職を賜はるべき者として殘れり、然るに元老院に委任したる此の任命確定の權は、今

なる一要素なり

官吏任命に關する元老院の權力

や政治上の至大なる一要素と化したり、元來憲法創制者の意たる、恐らくは唯元老院をして大統領が道德上才力上其職に不適當なる人物を任命するを防がしめんとするに過ぎざりしならん、古來元老院は大統領ジョンソンと爭ひたる時に於ての外は、常に内閣員を撰むの權を大統領に任せたり、然れども大統領の政治上の聯合を忌むか、或は單に大統領を嫌ひ、若くは大統領を苦しめんと欲するが如き時に於ては、元老院は如何なる官職に關はるを論せず、隨意の口實を以て彼が指名したる官吏を拒絕するの權を早くより占有し去れり、是故に大統領が或る州に於ける聯邦官吏を指名したる時に於ては其州より出たる元老院議員は、其任命に最も多く利害の關係を有するが故に、又之れが當否を議するに當りて、他州の議員よりは一層其意見を聽納れらるべき權利を有するが故に、其指名を是認確定すべきや否を決するに臨みて、飽くまでも己れが說を貫ぬかんとを要求せり、此要求たる全く他州の諸議員の納るゝ所となるを常とす、

元老院議員聯邦諸官吏の任命を大統領に指揮す

元老院議員大統領に反對なる黨派に屬するときは如何

如何となれば斯る場合は各州の議員にも皆同樣あることにして、彼等は皆各此の如くして己れの欲する所を貫徹し得たればなり、是に於てか元老院議員は進んで大統領を壓抑せんと欲し、大統領は何れの州に於ても、凡て官吏を指名せんとするには、先づ其指名せんとする州より出てたる自黨の元老院議員と商議し、彼等の希望に循つて事を爲さゞる可らずと主張せり、此の方法は元老院議員一統を等しく利する者なりし、何となれば各自皆其の最も注意する、即ち己れの州內に於れる聯邦諸官吏の任命を實際大統領に指揮する權を得たればなり、故に各議員は其同僚をして皆同しく、彼等各自の州につきて此の權を固く持たしむる事に悅んで盡力せり、但し元老院議員にして大統領に反對する黨派に屬する者なるときは、固より斯く任命に關渉する權を有せず、何となれば官職は只自黨の人々にのみ與へらるゝ者あればなり、又兩元老院議員ともに大統領の黨派に屬するときは、彼等先づ相議して其大統領に向て指名せんとを要む

大統領元老院議員に奴隷使せらる

大統領元老院議員の欲する所に從ふを得策とす

べき人物を定むるなり、此制即ち元老院の恩典《コルテシ》と稱せらるゝ此干渉權あるが爲めに、大統領は任命に關しては實際元老院議員に奴隷使せられたり、何となれば彼れ若し聯邦官吏を任命すべき州より出たる議員の言ふ所を聽くことを肯ぜざれば、其指名は遂に拒絶せらる可ければなり、之に反し、元老院議員は由て以て彼等の黨類に報酬を與ふべく、由て以て彼等の州の聯邦官吏を駕馭すべく、由て以て彼等の爲めに熱心に盡力する黨人を組成するを得べき幾多の特惠を得たりと謂ふ可し、是を以て代々の大統領は元老院の壓抑の下に忿懣し、時としては其任命を指揮せんと欲する元老院議員と或は激戰をなし、或は約束を整へて、やうやくに其の被指名者を官職に就かしむるを得たり、然れども大統領が一歩を讓りて元老院議員の欲する所に從ふは、却て策の得たる者なりとす、何となれば元老院議員は或る他の事件に關し、猾計を廻らして前敗の恥を大統領に復讐するを得ればなり、且つ此指名を確定する事務の如きは秘密會議に於

大統領ガーフヰルドと新約克元老院議員との間に起りたる紛爭

て之を爲すが故に、陰謀者は世間公衆の恐るべき無きを以て殊に其慾望を縱にすべし、加之元老院議員は又自ら其の州中の黨勢を張るべき最良の手段を知ると論じ得べく、彼等が撰みたる人物は決して或る一私人が大統領に推薦する人物に劣るとなしと論じ得べし、斯の如く此の制は盛んに行なはれたり、一千八百八十一年に大統領ガーフヰルドと新約克元老院議員の一人ロスコー、コンクリング氏との間に起りたる紛爭よりして一擊を蒙りたるに拘らず、猶盛んに行なはれて止まず、コンクリング氏はガーフヰルド氏が己れの推薦せる人物を其州の聯邦官吏に指名せざるを見て斷然其職を辭し、同州撰出の同僚プラット氏に勸めて亦その職を辭せしめたり、彼等相與に身を新約克の州立法部に捧げて、再撰擧を得んとを求めたり、蓋し立法部をして彼等の擧動に贊成を表せしめ、以て大統領を驚嚇せんが爲めなりしなり、然るに該州立法部は當時此の兩議員に反對なる黨派の勢力熾んなりしを以て、他の候補者を撰出して、コンクリング

ガーフヰルド全勝を得たり

强取制度とは何ぞや

大統領は元老院の承諾なしに元老院の確定を要

氏及プラット氏を排斥せしかば、ガーフヰルド氏は全勝を得るに至れり、是に於て此結局何如と注目したる國民は、掌を撫して其意外なる結果を喜こべり、

此問題は後章に至りて再び論ずへければ、此には之を止むべし、但し之を去るに臨みて一事の此に記すべきあり、想ふに「此元老院の恩典」なる者は、彼の强取制度《スポイルズシステム》と稱ふる者なかりせば、今日見るが如き盛大を致さゝるべし、此强取制度は聯邦官吏が新大統領の就職と共にその職を退けられて、新大統領が過去未來に於て官職を報酬としてその盡力を要めたる、若くは要めんとする求官者に地位を讓るの制度を謂ふ者にして大統領ヂャクソンの時より以來ますます發達し來れり、

大統領が諸官吏を罷免するの權につきては初より久しく議論あり、余は只一言之に論及し得るのみ、憲法には官職罷免に就て一語も言ふ所なし、故に一たび此罷免權の行はるゝや否や、元老院の確定を要する官職をば、

すへき官職を罷免し得るや
ハミルトンの意見
マデソンの意見
華盛頓を尊敬するの念によりて國會マデソンの意見を採用せり

大統領は元老院の承諾なしに之を罷免し得るやの疑問忽ち起れり、ハミルトンはフェデラリスト新聞に於て論じて曰く、大統領は斯く罷免を行ふ能はず、何となれば憲法が斯の如く絶大なる危險なる權力を大統領に與ふるの意なりしとは想像す可らざればなりと、マデソンは憲法の採用せられし後久しからずして、主張すらく、行政首長は己れが信任し得る屬官を有せざる可らず、又己れが任命したる人々の中にも其任に堪へざる者あらしと云ふ可らず、故に憲法は斯く罷免するの權を大統領に與へたりと、大法官マーシャルの意見亦之に同じ、華盛頓大統領たるのとき、國會に於て此問題を決定せんとしたりしが、恐らくは華盛頓の至正至公なるを尊敬するの念に制せられて、國會はマデソン氏の意見を採用し、罷免の權は一に大統領の手に存すと議定したり、爾後一千八百六十六年大統領ジョンソンと國會兩院のリパブリカン多數との間に爭論起るまでは常に此儘になりゐたり、一千八百六十七年國會は大統領が己れに反對して國會

官職罷免條例

に與する官吏を澤山に解雇免職せんことを恐れ「テニユル、オヴ、オフ井ス、アクト」(官職罷免條例)と名くる一の條例を通過せり、此條例に依れば、官吏の罷免は言ふに及ばず、大統領の所謂内閣員の罷免さへも一々元老院の承諾を要す、大統領の許さるゝ所は、只國會の開かれざる間に於て一時官職を停止するの事に限れり、但し該條例の憲法に適ふや否やは頗る人の疑がふ所にして、其策たる今日一般に非難せられたり、是れ實に情熱の熾盛なるに乘じて打下したる一撃たりしなり、是を以て大統領グランド一千八百六十九年に職に就くに及ひて此條例は大に變更せられ、今(千八百八十七年)や終に一般の贊成を以て廢棄せられたり、

官職を黨派用に供せんと欲する黨派心の熾なる、行政官をして隨意に一切の官職を任免せしむるの如何に危險なるやは、已に强取制度の結果によりて明かなり、然れども又一方に於ては、大統領たるものは彼れの重なる助言者及び内閣員を自由に撰擇するの權を有せざる可らず、下等なる

大統領の自由に授與し得る官職猶夥し

官吏任命に對して大統領の繁忙

官吏に於てすらも、若し之を罷免するには陪審官に證明するが如き特別なる理由を呈出せざる可らずとすれば、官吏を精撰して功績を收むるとは甚だ難かるべし、

國會は多くの下等官吏の任命を裁判所及諸官省の長官に委ねたりしと雖も、又一千八百八十三年の文官任用改革條例《シビルソルヴ井スリフヲームアクト》に依りて、大凡そ一万四千人の官吏は競爭的試驗を以て登用する事となしたりと雖も、大統領の自由に授與し得る官職猶夥たし、加之內閣員の權內に在る官吏任命につきても、若し內閣員と政治家とが各々自家の朋友を任命せんとして爭論を生じたる時に當りては、大統領に訴へて之を裁決せしむるを常とす、實に官吏任命の事は平常の時に於ては極めて多端にして、大統領をして他の職務を爲すに殆んど暇なからしむ、

アルテマス、ワルドが大統領エーブラハム、リンコルンの事を記して、彼は「ホワイトハウス」(大統領の官宅)の室より室と官途希望者の高潮に漂蕩し

文官任用法の改革より最も利益を得る者は大統領なり

去らると云ひたるも決して過大の言にあらす、ガーフヰルドは其三月四日に就職せしより其狙撃されたる七月まで、彼れは殆と間斷なく特別保護恩典の問題に鞅掌せり併しながら大統領の一己の意見は廣く施こすに處なし、彼れは元老院と商議せざる可らす、已れの選擧したる人々の幇助者に酬いさる可らす、地方ある選擧幹旋人の驩心を繫がんが爲めに官職を程善く全國に分配せさる可らす、黨派の爲めに既に働き、又今より働かんとする人々にも地位を與へて以て黨派の勢力を强うせざる可らず、下等の官職に至りては、實際其州或は區より出てたる元老院議員或は國會議員の指名に任すと雖も、其要求屢衝突して困難窮り無し、且利益の更に大なる官職の如きも其數甚だ夥しくして、其選擇の勞勝て言ふ可らず、文官任用法を全然改革するに於ては、其最も大なる利益を得る者は大統領なりとす、現在の任用法は大統領をして鐵線を拉くの權謀者たらしめ、彼をして、俊秀の才を運用するに足らざる事務に拮据せしむ是れ實に不

大統領をして老練なる權謀家たらしむるき大統領の恩典保護は如何なる用をなす

平穩の時に於ては大統領の權力大ならす

得策の大なる者なり、如何となれば此の如き末事は却つて逸材の士に取て不適當なる者なればなり、之に反して大統領の恩典保護は、若し彼をして之を施こすに當りて老練なる權謀家たらしむれば、其功力や遙かに遠大なり、彼は之を用ゐて衆多の人士を懷くるを得べく、彼等をして己れと利害を一にせしむるを得べく、己れの好む所の人々を擧け顯要の地位を盡く充さしむるを得べし、彼が國會にある自黨の上に勢力を有し、隨つて立法の方向を左右し得るが如き、彼れが各州に在る自黨の上に權勢を有し、隨つて國會議員の候補者の撰擧を左右し得るが如きは、皆彼れが恩典を巧に施こすの力に依らざるは無し、不幸にして今は是等の目的の爲めに彼れが恩典を用ふると彌多ければ、國家の爲めに最良なる官吏を得るの目的愈遠ざからんとするの觀あり、

平穩の時に於ては大統領の權力大ならず、彼れは一進一退常に其の黨派の驩心を買ふの必要に掣肘せらる、又た彼は瑣細にして機械的なる業務

リンコルンはクロムウエル以後一箇の英人か未た曾て有せさる程の大權勢を振ひたり

の爲に思想を奪はれて、大政策を考案するの暇きはめて少なし、而して又之を實施せんとせば一々國會の同意を得ざる可らす、然るに此國會たる或は之に對して嫉惡を懷くあり、或は無頓着なるあり、或は敵意を挿むあり、爲に其進路を妨ぐること鮮からさるなり、彼れは立法に對しては唯僅少なる勢力を有するのみ、其の一己の意見が立法の方向を左右するは、代議院の議長よりも微かなりと謂はざる可らず、然れども一たび變ある時に於ては全く之れに異なり、斯る時には大統領は軍兵の總督たり、行政首長たるの身となるが故に莫大の責任これに歸すればなり、エーブラハム、リンコルンはオリヴァル、クロムウェル以來、一箇の英人が未だ曾て有せざる程の大權勢を振ひたり、實に南北戰爭の際に於ては、普通の法律は故ありて一時停止せられたりしあり、想ふに之れと同樣なる至急の場合に臨みては常に之れと同樣に停止せらる可し、而してその停止たるや、大統領をしてヂクテートル(其解は前に出づ)の如くならしむるか故に、大に彼れに

最近五十年間に於て大統領の尊嚴及權力は如何なる變化ありしか

成文憲法が事物の變移を制して之を舊狀に安するの力あるを見るべし

益ありとす、

是等の例外の事變は別にして之を見るに、大統領の尊嚴及び權力は彼れが施こし得る恩典の數を增加したるの外、此の五十年間即ちアンドリウ、ヂャクソンの時より以來、さのみ高められたるの跡あるを見ず、彼のヂャクソンは即ち大統領の椅子上より自黨を指揮左右したる最後の大統領なりし、彼れが此の所爲たる、其の職位の重を以てしたるよりは、寧ろ其一身の勢力と品性の剛烈とを以て之を致したる者と謂ふ可し、但し此に於ても亦余輩は成文憲法(即ち剛憲法或は最上憲法)が事物の變移を制して、之を其舊狀に安んずるの力ある者なるを見るなり、大統領の職たる、若し憲法の鐵腕を以て之を鞏固にする事なかりせば、此の如く重大の事件踵を接して雜遝し、時事の摸樣によりて輿論も亦急變する米國に於ては、已に或は强大を致すか、或は衰滅を來せしなるべし、然れども百年依然として變はらざる者は偏に憲法の力なり、

歐洲諸國には米國大統領と地位狀態を等ふする人なし

米國大統領の威權は歐洲の帝王に勝れり

米國大統領は佛國大統領と異なれり

大統領の內閣は大統領自身の一分部なり

歐洲諸國には亞米利加大統領と地位狀態を等うする人あるなし、余輩若し眼を英吉利、伊太利、比耳義の如き國會的の國に注て之を比較するに、大統領は王にも似ず、又た首相にも似る所なし、如何となれば王は一黨派の首領にあらざればなり、又首相は公然一黨派の首領たるの外なければなり、大統領はその尊嚴に於て歐洲の帝王に劣ると雖も、その威權はこれに勝れり、又彼れは或る時には歐洲の首相よりも狹少なる權力を有す、然れども其權力は一層鞏固あり、如何となれば其權力は議員の多數の意に依て與奪せらるゝ者に非す、其任期の滿るまでは堅く保つことを得ればなり、人は自然に米國大統領を佛の大統領に比す、然れ共佛の大統領は代議院の意によりて進退する首相及び內閣を有す、是等の者は實際大統領の勞に代り、且つ彼れの光耀を奪ひ得るなり、亞米利加に於ては然らず、大統領の內閣は大統領自身の一部分なり、國會とは毫も相關涉する所なし、瑞西の大統領は只一年間行政的聯邦會議の議長たるのみ、國民の行政首長

米國大統領の權力を正當に料るの困難なるは平常の塲合と非常の塲合とに於て其權力大に異なるに由る

平時に於ては大統領は一大商社の一番番頭なり

とは容易に名け難たし、

米國大統領の權力を正當に料るの困難なるは、平常の塲合と非常の塲合とに於てその權力の大に異なるに由る、此事たる諸共和國が格別に防がんと欲したる結果なれども、又格別に屢々諸共和國の下に生したる者なり、例へば羅馬の如き、中世の伊太利共和國の如き皆之を證し得べし、平時に於ては大統領は一大商社の一番番頭に比せらるべし、其重なる職は只手下の役員を撰むにあり、其業務の商畧は支配人會議の掌中に在りて存す、然れども若し一たび外交の危急迫るに及んでは、若くは合衆國内擾亂して大統領の干渉を要するに及んでは、例へば内亂を鎭定するの任に當るか、或は一州二個の州政府起りて相爭ふに際して、其一方を是認し、兵力を以て之を贊助する如きに至りては、萬事の成敗は一に大統領の判斷、勇氣、及其憲法の主義に對する忠節の如何に依て決す可し、

世人常に謂へらく、世襲の帝王は其權柄を人民に借らず、祖宗の遺德に由

大統領は權力を人民より借るか爲めに强よし

輿論の支配の絕大なる米國に踰ゆる處あらす

王政主義を强めて國會政治の弊を救はんと求むる者の須らく記臆すへき事實

判事クーレイ大統領の權力の危險なるを論す

り、自身の權理を以て政を爲すが故に其の威勢强しと、大統領は又之れと正反對の理由によりて强し、卽ち彼れの權理は直ちに人民より來ればなり、余輩は世上何れの地に於ても、亞米利加に於けるほど輿論の支配の絕大なるを見ず、又其の政府の機關外に獨立して直接に人民より來るの熾盛なるを見ざるなり、此事たる章を重ぬるに循ひて屢々目に觸れ來るべし、大統領が人民を代表すと考へらるゝは、立法部の議員に異ることなし、輿論が大統領を以て、又大統領の手に由りて、世を支配するは、毫も立法部議員に於けると異ならす、却て彼をして立法部に反對してすらも一層有力ならしむるを見る、是れ王政主義を强めて、國會政治の弊を救はんと求むる歐洲人が須く記臆すへき事實なりとす、但し此事實たる又人民より直撰せられたる首長の手に與ふる權力に附隨する危險を暗示する者と見るべし、一大家(判事クーレイ)曾て論じて曰く、

我が休日演說家は熱心を以て我國と他國との相違を喋々して云く、此

近來の大統領は彼等の權力を張らんとする志望を顯さす

の國に於ては法律は主人なり、最高等官吏〔大統領を指すと見ゆ〕も亦法律の奴僕なるのみ、然るに英國の如き自由國に於てすらも、帝王は無責任にして全く法律の支配を受る事なしと、然れども斯の如き比較は人を誤まるものにして、且つ害なきに非ず、想見よ如何ほど多くの點に於て亞米利加の行政權力は英國の行政權力に劣るか、大統領は法律の奴僕たるの點に於て、眞に英國の女王よりも愈されりと明言するを得るか、余輩をして公明ならしめば、敢て斷言せん、國民の首長たる者人民の撰擇に由らず、只世襲權を以て其の位に即き、隨つて人民をして不安の念を懷きて常に人民の警戒を怠らざらしむる國々に於けるよりも、却て米國に於ては行政官長を誘ふて法律を輕視せしむるの危險一層大なりと、

近來の大統領は毫も彼等の權力を張らんとするの志望を顯はさゞりしと雖も、亞米利加に於ては尙大統領の擧動を猜疑し、彼をして獨り權力を

グラント將軍の第三回撰擧に反對したるは共和政度を危ふするの恐より然るなり

眞の豪傑大統領とならは如何

專有せしめざる樣に國人を警戒して怠ること無し、グランド將軍は暴君若くは擅制者となるが如き人物に非ず、然れども彼が第三回大統領に撰まれんとするや、平生彼と不和ならざりし多くの人衆までも等しく與りて之に反對を試みたり、是れ唯に華盛頓の遺したる先例を重んずるに止まらず、又一人にして屢々大統領に撰まるゝ者は、終に共和制度を危うするの恐れありとして、事の此に及びしなり、此恐怖たるや歐洲人より之を見れば、實に謂れなき事と思はるべし、余は信ず、眞の豪傑にして大統領となるならば、近來の大統領の爲せし所よりも更に大なる權力を振ふことを得べしと、固より此事たる羅馬法王の上に於ても、近くは又英王の上に於ても異ること無し、大統領は實に非常の尊嚴を具ふる地位に立てり、是れ其の思想を人民に貫徹すべき唯一無比の演臺なりと謂ふべし、然れども現在の憲法を覆へさんとするが如き大統領あるべしとは如何にも想像しがたし、彼は一の常備軍を有たず、又之を創造すること能はず、國會は

大統領はクーデーターを試み得るか

大統領か國民の自由を害するに至るへき場合

大統領は人民と與に擅制者たる

金錢の供給を停めて彼を防遏し得可し、米國には此の如き大望者を圍繞すべき貴族あらざるなり、各州ともに抵抗の中心となりて之と戰ふべし、彼若しクーデーター(政府より人民若くは人民の一部に暴行を加ふるを云ふ)を試みんとせば只國會に敵して人民に訴へ、斯くして始めて之を成し得へきのみ、而して國會は二年毎に改撰せらるゝ者なるが故に、容易に人民に抵抗を試み得ざるべし、人若し大統領が國民の自由を害するに至るべき場合を想像せんとせば、先づ國狀の將に內亂に瀕せんとするを想像し、大統領が巨大なる行政權を以て、其既に强大なる交戰者の一方に與するを想像せざる可らず、凡そ社會は其大を致すに循ひて、益々國會の如きを輕視し、愈々一箇の豪傑に煽惑せらるゝを常とす、故に自ら大膽にして、且つ其の身が其國民の多數に賛助せらるゝを知る所の大統領は、法律を蹂躪し少數者が法律に由て得る所の保護を奪ひ得べし、彼は擅制者たるを得べし、然とも人民に敵して擅制者たるにあらず、人民と與に擅制者

を得可し

たるを得べし、但し亞米利加現時の政治界に於ては、斯の如き恐懼を大ならしむべき事情あるを見ざるなり、

第七章　大統領の職を論ず

大統領は憲法創制者が望みたる如く全く獨立せる善良の首長にあらず、少なくとも最近六十年間に於ては唯是れ一個の黨派人たるに過ずして、その品行才力與に遠く尋常に超ゆると極めて稀なりしと雖ども、大統領の職は能く其の創立せられたる大目的を達するを得たり、外交政略上の失敗若くは內治施政の過誤の如きは、その責を大統領の職制若くはその職に在る人の過失に歸すべき者至つて稀れなり、是れ最近百年間の歐洲史を讀む人が歐洲の君主國に就て言ひ得ざる所なり、然し乍ら世襲王制

亞米利加大統領の職に附隨する缺點は不問に置く可きにあらず

第一の缺點

大統領の職は人の名譽心を激發して正道を踏みはづさしむるの恐あり

に責を歸すべき瑕瑾如何に大なるにもせよ、是等の瑕瑾よしや當代の間、王家の擧措宜しきを得たるを望觀し來りて感歎措く能はざる英國人の到底看破し得ざるほど重大なりとても、之れが爲に余輩は亞米利加大統領の職に附隨する缺點—恐らくは一定の年限を以て撰みたる人物に、國家の首長たる職を托する一切の方案に免かれ難き缺點ならん—を看過して不問に置くべきに非ず、

一の世襲帝位なく、一の世襲貴族なき國に於て他の諸官職の上に卓然高く聳ゆる一官職は過大に人の名譽心を激發せしむるものなり、煌々として重なる政治家の眼前にちらつく斯の獲物は、彼等政治家を誘ふて(クレイ及ウエブスターを誘ふたるが如く)始終一致の正道を踏みはづさしむるに於て、歐洲君主の下に於ける如何なる尊位高爵よりも數層强よき力を有す、大統領の職を望む者—重なる政治家は總て之れを希望す—は必らず敵を作ることを避けんと欲するの念最も强し、夫れ大政事家たる者は必

第二の缺點

大統領撰擧は國を擧つて數個月間の騷動を起こし莫大の費金と非常の混雜を生せしむ

らず多少の敵を作るの覺悟なくんばある可らず、不人望なる人は無勢力なればとて人望を得んとするは一事あり、其黨派中の各部分の驩心を買ふて人望を求むるは他の事なり、此の後者は即ち大統領の職を希望する者の陷り易き誘惑なりとす、

第二の缺典は四年間に一度起る大統領の撰擧が、國を擧つて數個月間何の必要もなきに非常の騷動をなさしむると是れなり、恐らく四年毎に斯くして勝敗を決すべき黨派上の重大なる爭點あらざらん、恐らくは現在の政府が其政策を續行することと却て最良の道ならん、然れども實際斯の如く莫大の費金を要し、非常の混雜を起すにも拘らず、憲法は必ず大統領を改撰せしむるを如何せん、此時に當て若し諸黨の勝敗を爭そふ可き爭點なきに於ては故らに之を創造して呈出せざる可らず、是に於てか彼の專門政治家なる人々は其官職を得るも失なふも一に此勝敗の結果如何に在るが故に、一身の利害のために東奔西走して、彼の所謂征戰《カムペーン》(撰擧遊説)

なる者に從事す、而して此「征戰」の始まるや、一國は分裂して相挑み、各黨がその指名すべき候補者を撰むの時なる中夏より、其勝敗の決定する十一月の初週まではその騷動暫くも止まざるなり、固より此「征戰」なる者を行ふは多少政治の敎育を施すの益あるべし、然れどもその敎育たる甚だ高貴なる價を以て買はるゝ者と謂はざるを得ず、加之業務殊に財政の障礙を崇むること大方ならず、金銀の徒費せらるゝこと數ふ可らざるなり、

第三の缺點
大統領定期の改撰は政畧の變更を來たす

第三　且又此定期の改撰は國是の屢々變更して始終一貫するなきを致すものなり、新大統領其の先大統領と同黨に屬するときに於てすらも、彼れは大抵新內閣員を任命して、已れを特別に贊助したる人々に報酬するを常とす、豈に只內閣員のみならんや、下等の官職も多く變動に遭遇し、已にその職務に慣れたる人々は去て、未だ毫も之に慣れざる人々入て之に代るなり、若し其の新大統領にして反對の黨派に屬する人なるに於ては、官吏の更迭更に甚しうして、政略の變更一層大なり、若し合衆國にして彼

第四の缺點
大統領が只一度のみ再撰せらるゝより生ずる影響

の最も恒一なるを要する事業たる外交政略を行ふの必要少なきにあらざりせば、又元老院が外交政略に參與して、前大統領と新大統領との意見の相違を撿制し、之をして其背馳の極點に至らしめざるにあらずんば、此の政略變更の弊害更に重大なるべきは言を俟たず、

第四　大統領が一度(實際)只一度のみ再撰せられ得る事は、大統領の上に望ましからぬ影響を及ぼすを見る、凡そ大統領は自黨の有爲活潑なる部分の人々の慾を充たし、若くは勢力ある政治家を和ぐる爲めに其の恩典を使用し、以て再撰せられんことを力む、然れども其の第二期の職に就くに及んでは、彼れ自身の政治上の死期近づくを見て、國民の利益を計るの念甚だ減少するに到る、或人曰く、大統領は第一期に於ては國民の尊敬を得んと熱心すべく、第二期に於ては碌々たる隱謀者の壓抑に曲從するの念なかる可きが故に、是等兩個の弊害は彼此相正し相償ふを得べしと、或は然らん、

第五の缺點
舊大統領が新大統領の撰まれたる後四ヶ月その職に留まる間は

然れども或る外國の觀察家が曾て指點せし如く、大統領にして若し次期に直ちに再撰せられずとするとも、後年に及びて又も再撰せられ得る者とせられたらんには、是等兩個の弊害は全く之を避け、却つて兩個の利益を收むるを得べけんも知る可らず、之に反對する議論に云く、今日の如くせば或は只八年に一度政略を破壞するに止まらんも、斯の如くすれば是非とも四年に一度之れを破壞せざる可らずと、例せば一千八百六十四年の如き緊要なる時節に於ても、エーブラハム、リンコルンの再撰を禁ずるに到りしならん、一千八百六十一年—六十五年の南方同盟會《サヽルンコンフエデラシー》の創立者は現行の制度に對する反對説に感徹するの深き、遂に彼等の大統領は六年間その職を保つべく、而して再撰せらるゝを得ずと定めたる程なりし、

第五　今や將に其職を去らんとする大統領は無力不活潑の大統領なり、己れに代るべき大統領の撰まれたる後その職に留まる四個月の間は、彼れ非常の必要ある場合を除くの外、決して新たに手を出すことなく、其の

無力不活潑にして新に手を出たすとなし

第六の缺點
諸州より出したる投票の有効無効につきて起れる争論の爲めに撰擧の結果甚た不分明なるを致し之か爲めに人心の激昂を生し不測の禍亂を生するとなきにあらす

位を去る前に成し遂げ能はざるが如き行政策には絶て乘出すと無し、而して其繼續者が反對黨に屬する者なる時は、勿論斯弊更に甚だしとす、

第六　兩黨の投票同數なるが爲めにあらず、（之を處するには明文あり）、諸州より出したる投票の有効無効につきて起れる争論の爲めに撰擧の結果甚だ不分明なることあり、此困難は一千八百七十六年ヘイズ氏とチルデン氏との間に起り、爲めに憲法に明文なき塲合の尙ほ鮮からざるを明らかにせり、固より此事たる同一の形狀に於て再發する事なかるべし、如何となれば前にも言へる如く、今や既に法律を以て此の如き投票問題を裁決するの準備を爲したればなり、然れども一州より出したる投票の全く詐僞若くは脅迫によりて得たる者なることと明かなるを以て、其投票の爲めに不利を感ずる候補者方の黨派が之を有効と認むるを肯ぜざるが如き塲合なしと謂ふべからず、凡そ大統領の撰擧として一も此種の非難攻擊に遇はざる者は無し、而して其非難攻擊たる必ずしも無根なる者

平民政治國にて堅固なる行政府を立つるは甚た困難の業なるを以て大統領制果して圓滿ならさ

には非ず、想ふに眞實肝要なる爭點につきて、人民が激昂せるとゝもに、又投票に關する明白の不正不義行なはれんか、是まで一千八百七十七年に於けるが如く、其先輩領袖等の情熱を抑制し來りたる人民の自制力も最早之を拘束するに足らざるに至るべし、事既に此に到らば不測の禍亂生ぜざるを保す可らず、

更に一歩を進めて大統領を政府の機關の一部として觀察する事は、想ふに行政部と立法部との關係を論ずるときに讓るを善しとす、故に此には只前に數へ擧げたる缺典を以て眞に缺典なりとするにもせよ、大統領の職は、由や亞米利加憲法の著明なる奏功の一にあらずとするも、決して、失敗と見做さるべき者にあらざることを一言して止まんのみ、抑も平民政治國に於て堅固なる行政部を立つるは甚だ困難の業なるを以て、例令圓滿ならざるも已に失敗に到らざる以上は先づ成功せる者と稱して可なるべし、視よ、彼等大統領は皆相應の功力を以て九十九年の間

るも已に失敗に到らさる以上は先つ成功せる者となして可なり大統領は九十九年間相應の功力を以て米國行政事務を執れり

米國の行政部には王政に轉するの踏石を舗くか如き傾向なし

米國の內治に關する行政事務を執行し來れり、只一度或い二度、即ちゼファルソンがルイジアナを購ひ、リンコルンが背反したる南方諸州の奴隷を解放したる時の如く、大統領は果敢に其權力を擴張したる事あるのみ、是等の果斷決行たるや、當時は憲法に背くなきやと疑がはれしかども、止むを得ざる事として不問に置かれ、終に全たく後世子孫の是認する所となれり、彼れは國會が黨派上の爭の爲めに亂れ、兩院の不和の爲めに力を失ひ、或は一等の人士を缺くが爲めに氣力なきが如き時に際しても、政治機關をして安靜に穩固に運轉せしめて、毫も停滯なからしむ、實に行政部(大統領)は危急の際に於ては、例へば南北戰爭間における如く、登てヂクテートルの職に就くを得べく、平和に歸るに及んでは、復元との依憲の地位に下るを得べし、米國の行政部には國家の他の諸權力を壓屈して、王政(モナルキ)に轉ずるの踏石を舗くが如き傾向は毫毛もこれあるを見ざるなり、

大統領撰擧中に一景象の存するあり

大統領撰擧は實に一定の時期に於て國民の狀況を撿閱し其事務の處理法を撿閱し二大黨の行爲を撿閱せんとを嚴肅に訴ふる者なり

大統領撰擧は國民的義務の感情を新鮮にし大危急の時國民的愛國心を一層猛烈ならしむる者な

此四年每に一度國民を激昂の渦中に陷れ、短期を以て撰まれたる一黨の首領を以て國家の首長となすの法より起れる弊害は常に歐洲人を驚かす所あり、然れども大統領の撰擧を觀察するには他に又一景象の在るあり、而してこれが本色を玩味するには歐洲に在るよりは亞米利加に在るを善しとす、大統領撰擧は實に一定の時期に於て、國民に向つて其(國民)の狀況を撿閱し、其の事務の處理法を撿閱し、二大黨の行爲を撿閱せんことを嚴肅に訴ふる所の者なり、是れ他に何物も及ばざるが如く熾んに國民を攪醒振起し、各人を强て只單に國家の事務を考ふるのみならず、又た諸黨派の良否をも幷せて判斷せしむる者なり、是れ投票者千萬人の意思を直接に發表する者にして、その勢力には何人も何事も凡て屈從せざる可らざるあり、是れ國民的義務の感情を新鮮にし、大危急の時に於て國民的愛國心を一層猛烈ならしむる者なり、大統領撰擧は時としては、一千八百年に於けるが如く、又は殊に著しく一千八百六十年及び一千八百六十四

り

大統領撰擧は歴史の一段落をなす者なり

大統領撰擧は人民をして一切の問題に向て其意見を吐露せしむる者なり

大統領撰擧と英國下院の總撰擧との間に存する奇妙の比較

年に於けるが如く、歴史の一段落をなす者なり、その外形に於ては只國會の法律案に不認可を與ふるの外他に政略上の勢力なき一の行政官を撰むに過ぎず、然れども其の實に於ては人民をして己れの決斷し得ると思惟する一切の問題に向つて、其意見を吐露せしむる者なり、此大統領の撰擧と英國下院の總撰擧との間には奇妙の比較を立て得べし、英國の總撰擧たる、その外形に於ては、重に種々の時事問題に關する意見の如何によりて代議士を撰擧する者なり、然れども其の實躰に於ては、一の大政治家に行政權を委托する國民の投票たること屢なり、例へば一千八百六十八年、一千八百七十四年、一千八百八十年の撰擧の如きは實際政府の首位にグラッドストーン氏、或はヂスレリー氏を置かんとする國民の投票たりしなり、亞米利加に於ては之に反し、單に一人を撰擧するに止まると稱する大統領撰擧は、その實政略の爭點に對する決斷たり、一黨派の取りたる方針に對する非難たり、異なる方針を取らん事を他の黨派に勸むる命令

立憲王政の觀察者は大統領政に比して立憲王政の大に愈れるを感ぜずんばあらず

たる事屢なり、

黨派の首領を撰びて大統領となす事は、亞米利加に於ては意外に其の弊害の少なきを見る、然れども凡そ英蘭土《イングランド》、若くは北耳義《ベルジアム》、若くは伊太利に行なはるゝ立憲王政の組織を研究し、或は又國王の任命したる知事總督が永續すべき最高官として黨派の外に屹立する英國諸殖民國に再演せらるゝ立憲王政の結構を觀察したる者にして、若し是等諸國の制度を以て亞米利加大統領の制度と比較する時は、必ず大統領政に比して立憲王政の大に愈れるを感ぜずんばあらず、蓋し立憲王政の組織たるや、官職の尊榮と官職の權力とを盡く一人に幷有せしめず、稱號上の行政首長を黨派の上に黨派を離れて高く立たしめ、以て文武百官をして國民の一部分の臣僕には非ずして、直ちに全國民の臣僕なりと感ぜしめ、又如何なる黨派が政府の大權を握るとも、彼等は始終同一の熱心を以て國家の爲に勤勞せざる可らずと暗示す、是れ實に立憲王政の長所と稱すべし、但し黨派政

社會上より視察すれば米國大統領制は唯歎賞するの外なし

大統領は單に一自由國民中の第一の市民なるのみ

府は或は止むを得ざる者ならん、吾人の見る所を以てすれば眞に止むを得ざる者なるを知る、然れども是れ已むを得ざる害惡なりとす、凡そ行政機關の上に及ばんとする其れの害毒を殺滅し、其れの餘勢を防止して外國にまで突入することを勿らしむるに至るべき事物、凡そ國民を以て、政黨の興亡盛衰常ならざる間に在て、世紀より世紀まで長へに生活する巍々堂々たる一全躰となし、之に對して高尚なる理想的熱心を喚起せしむる事物は、共和國を强盛にし、共和國民を高尚にするの功あるべし、

但し斯の如き觀察は固より只政治的制度と見做れたる王政に適用せらるゝのみ、社會上より視察すれば亞米利加の大統領制は唯歎賞するの外なきなり、大統領は單に一自由國民中の第一の市民たるのみにして、稱號若くは官服若くは徽章に由て其尊威を維持する者に非ず、最初疑ひもなく十七世紀の英國共和政を追想して「殿下《ハイネス》」及び「合衆國自由の保護者」の稱號を大統領に與へんとを發言したる者ありしが、他の人々は又「閣下《エキセレンシイ》」と稱

へんことを勸め、華盛頓は「貴爵《ハイ、マイテチス》」なる荷蘭《ヲランダ》風の稱號を賛成したりと云はる。在職大統領の頭は貨幣の上にも刻せられず、又郵券の上にすらも印せられざるなり、

大統領の居宅

華盛頓府に在る大統領の居宅は其の官名を「行政官の官邸《エギセキユチヴ、マンシヨン》」と稱し、普通に之を「白館《ホワイトハウス》」と名け、前面は灰泥《スタツコ》を以て塗飾し、玄關はドリック風の柱を以て遊廓の狀に造做したる者にして、本是れ愛島ダブリン府なるラインスタル公の家宅に摸擬せる者と云はれ、其の灌木の叢中に獨り屹然と安立するを見れば、宮殿と稱せんよりは、寧ろ郊外の一大別莊とも稱すべきが如し、其の諸室たる廣からざるに非ずと雖も、其の廣さは以て大統領の公けの接遇に伺候する群客を容るゝに足らず、

大統領の俸給

大統領の俸給は一年僅に五万弗にして、到底之を以て外觀の華美莊麗を裝ふ能はず、又實に外觀の華美莊麗は國人が大統領に向つて望む所に非るなり、

華盛頓府

南北戰爭の時にまですらも、華盛頓府は只二三の大家高樓此處彼處に散立せるのみにて、全府只泥土と黒人とに滿されたる荒野なりしが、今や已

大統領は宮廷を創造し得へきや

大統領ヘイズの夫人高貴の位地を利用して禁酒を主張す

に世界の最も美麗なる都府の一となり、人生の優美と快樂とを發育するの功頗る著明なるを致せり、華盛頓府は啻に政治社會たり外交社會たるのみならず、今や又た亞米利加大陸の全面より閑人富客が來りて寒を避くるの地となれり、華盛頓府は又宮廷《コールト》を創造するに適す、若し之を創造せんと欲する者あらば創造し得らるべし、然れども古來之を創造せんと試みし大統領ある無し、元來大統領及び其の夫人は最初よりして流行世界に先導たるべき才能を養成するの機會を有たざるが故に、一人も交際社會の中心たる宮廷を創設し得ざるべし、但し大統領ヘイズの夫人がその活潑なる尊重す可き才力を以て熱心に禁酒を主張し、彼女の名(ルシー、ウエッブ)を以て稱せらるゝ數多の禁酒會を起したるが如きを見れば、大統領の夫人がその高貴の地位を利用し得べき餘地の廣大なるを知るに足るべし、加之大統領の夫人たる者は此の如く其の美德を發揚するに由て亦其夫の人望を増し加ふるを得べければ、實に一擧兩得と云ふべし、

亞米利加大統領と其人民との社會上の關係は平等なり

大統領の職に對しては國人皆大なる尊敬を呈す大統領を敬するは此職の保有者として之を敬するなり

凡そ大西洋の東岸に於て帝王の一族が奴隷然たる阿諛、口先の諂媚を以て待遇せられ、陽には逢迎せられ、陰には譏誚せらるゝを目擊して既に厭倦を來したる歐洲の觀察家に取ては、亞米利加大統領と其人民との社會上の關係の平等なるは、極て爽快にして、其心目を新鮮にするに足れり、固より大統領の職に對しては國人皆な大なる尊敬を呈す、而して又其職にある者にして自ら之を辱かしむるに非れば、其人も亦此職を保つ者として、之に相應なる尊敬を受く、然れども米國人は決して奴隷らしき諂諛を爲さず、外面ばかりの卑下を示さず、只此の國民の威嚴を代表する人(即ち大統領)に向つて單純直實なる尊敬を呈するのみ、此尊敬たるや、古代の最も傲慢なる羅馬人が其コンサル(二人の總督)の職に對して、由や其在職者がシセロの如き新參の人たりと云ふとも、一般に猶豫なく呈したる所の尊敬と其科を同する者なりとす、應接日に於てホワイト、ハウス(白館)に群がる衆客が大統領に對する擧動は、時としては餘りに狎々しきに過ぐる

大統領の儀式

大統領は人民をして息を屏め聲を低うして敬禮を盡さしめん事を望む可らず

事あり、然れども斯の弊は次第に跡を絶んとするの傾あり、今や却て大統領は彼の始終注目して間斷なき新聞雜誌の爲に蒙らさるゝ煩累につきて苦情を鳴らすべき道理を有せり、彼の號衣を着たる騎者步者を從へ六頭立の車を驅りて國會に臨みたる惹斯、華盛頓の儼然たる威儀と、單身國會に馳せ行て、自ら馬をその門側の柱に繫きたるゼファルソンの虛飾的質素との間を往來上下したる後、大統領は終に英國大都府の知事が公けの式日に於ける儀式と、歐洲の內閣大臣が政治的巡回に於ける儀式との中間に位する儀式を用ふることと成れり、固より大統領は衆人の圍繞する所となり、群民歡呼の中に饗應せられ、萬事萬端衆客中の第一として禮遇厚待せらる、然れども彼國に瀰漫する平等の精神が米人の心に刻せらるゝや甚だ深くして、大統領は迚も人民をして(王國に於るが如く)息を屏め、聲を低うして敬禮を盡さしめん事を望む可らざるなり、彼は侍衞兵を有せず、侍從若くは侍者を有せず、其の日々の生活は甚だ質素なり、其の夫人

大統領の威儀は第二等に位する英國殖民地の知事に劣る況んや印度及愛蘭の總督に比するをや、

大統領社會上の位置は最も猜疑心ある民主論者も之を難する能はず

は勿論他の婦人の上に就くの特權を與へらるれども、人に訪問せらるゝも、人に迎接せらるゝも、更に他婦人と異る所なし第二等に位する英國殖民地の知事に屬するが如き華美すらも彼が身邊を圍繞すること無く、又此の如き威儀禮貌を要むることをせざるなり、況んや印度及び愛蘭の總督には固より比す可くもあらず、

歐洲に於ては嘗て政治上危險なれども、社會上有益なりと考へられたる王政は、その爪牙を斷たれたる以來、政治上には有用となりたれども、其社會上の利益如何は一層疑はしと思はるゝに至れり、合衆國に於ては最も猜疑心ある民主論者—實に米國には大統領の職を以て餘りに王政的なりとなす民主論者あり—と云ふとも、大統領を咎むるに其朝廷の如き者を形成するの傾向を呈出せしと云ふを以てする能はず、況んや歐洲朝廷內の空氣中に繁茂する諸般の弊害を此に創造するの傾きありなどとは、決して其言ひ得べき所に非るなり、米國大統領は一人として、歐洲の君主

大統領は社會の禮儀を破ることを敢てせす

が屢ば爲したる如く、社會の禮儀を破ることを敢てせず、若し之を破るあらば、第一に其害を受くる者は、他人に非ずして彼れ大統領自身なるべし、

米國大統領は何故に常に尋常凡庸人の獲物となるや

第八章

何故に英傑の士大統領に撰まれざるか

羅馬法皇の位を除くの外、何人と云ふとも己れの功績に由て昇進し得る官職中の最も大なる此の米國大統領の位は、何故に今一層屢ば英傑の士の蹈む所とならずして、常に尋常凡庸の人物の獲物となるやとは歐洲人が屢ば疑問する所にして、亞米利加人が常に解説に苦しむ所なり、亞米利加は他國に超えて才力の競爭に適したる國にして、且つ政治的生活は非常に活潑に、政治的功名心は全地に徧滿すれば、その國の最高職位は常に必らず第一流の人物の手に落つべしとは、誰しも思ひ望む所ならん、然れ

米國革命の風雲を叱咤したる諸豪傑が死亡したる後英傑の大統領たりしもの少なし

英傑の大統領に撰まれざる第一

も米國革命の風雲を叱咤したる諸豪傑が六十年前にゼファルソン、アダムス及びマヂソンと與に死亡し盡したるの後、將軍グラントを除き、大統領とならざるも其名後世に傳はるが如き人物は一人も大統領となりし事なく、又エーブラハム、リンコルンを除くの外、大統領として非凡卓抜の伎倆を顯はしたる者一人もあらざるなり、試に思へ今日誰れかゼームス、ポルク(千八百四十五年―千八百四十九年の大統領)若くはフランクリン、ピーアルス(千八百五十三年―千八百五十七年大統領)が人物の如何を知る者あらんや、誰れか又之れが人と爲りを知らんと欲せんや、彼等につきて著明なるは、只彼等が斯く平凡の資を以て斯の如き高位に攀ぢ登りたるの一事のみ、

此奇怪なる事實に對しては種々の理由の呈出すべきあり、而して第一に之を然りとする者は即ち亞米利加人自身なりとす、

第一の理由は米國に於ては第一流の人物が政治界に身を投ずるの割合、

の理由

米國に於ては第一流の人物は物質的富源を開發するに盡力して政治界に身を投する者少なし

佛、伊、日、英と米との比較

歐洲諸國に比して少なきことと是れなり、其原因の解説の如きは後章に讓らざるを得ず、此には只一言此現象に就て述るを以て足れりとす、蓋し佛蘭西及び伊太利に於ては其半革命的の情態、政治的生活を刺激して活潑ならしめ、且つ人をして之に入り易からしむ、日耳曼に於ては其文官登庸法の精巧なるが爲に非常に政治的才幹を養成發達せしむるの功あり、英國に於ては炎々たる政治問題は人民各級の休戚に觸れ、人をして熱心に政治界の戰爭を觀察せしむると同時に、富あり閑ある數多の人々政治界に入らんと求むるを以て、國會に、若くは行政府に全身を委ぬる才能の總分量は、之を亞米利加に於けるに比すれば、人口の割合には遙かに夥多なりとす、蓋し亞米利加にては思慮に於ても、動作に於ても、計畫に於ても、實行に於ても、皆な與に最良なる才能を具ふる人々の多くは、歐洲に於て割合に狹小なる事業、即ち國土の物質的富源を開發するの事業に奔走盡力して他事なし、

第二の理由

第三の理由
英傑の士は多く敵を作り隨て己れの缺點を敵に看破せらる

第二、米國に於ける國會の法規及び習慣、並に一般政治的生活の慣例は、歐洲の諸自由國に比すれば、一身の功名を博するの機會を人に與ること少なく、且つ人をして思想に於て、演説に於て、若くは治術に於て、卓越なる才力を顯はして其身を國人に薦めしむるの方便にも亦乏し、是れ余が後篇に詳論せんと欲する所なれば今茲には喋々せず、

第三、英傑の士は平凡無名の人よりも多く敵を作り、隨つて其衆敵に攻擊すべき缺點を看破せらるゝこと多し、故に此の如き人士は世人が好んで候補者と爲さゞる所なり、固より英傑の士は亦友を作ることも凡庸の人よりは多く、其の名も亦更に遠く廣まり、到る處喝采を以て歡迎せらるべし、然らば若し他の事情にして衆人と共に同樣ならば、有名なる人必ず撰まるべし、然れども他の事情は決して同樣ならず、有名なる人は恐らくは自黨中の或る重なる人々を攻擊したる事あらん、他の人々を壓倒したる事あらん、或る活潑なる黨人の意見に對して不贊成を表したる事あら

大統領候補者の上に射撃する光明は帝位の上に射撃するヿ百層倍猛烈なり

英邁の人よりも寧ろ安全なる人を撰む

歐州人の深く疑ふて解せざる一問題

ん、恐らくハ過大にすれば罪悪とも見做るべき如き過失を爲したる事あらん、凡そ久しく公衆の前に立て大事に參與する者にして、多少の非難攻撃を受くべき空隙を示さゞるは無し、大統領候補者の上に射撃する光明は帝位の上に射撃する者に比すれば百層倍も猛烈にして、彼れが既往の行爲を隅々までも殘なく照して、毫も假借する所なし、故に若し英邁の人を撰むか安全なる人を撰むか其の一に居らざるべからざるに際して安全なる人必ず取らるべし、抑も黨派心なる者は著明なる實地の功徳なき人をも負ひ助けて大統領とならしむる程に强盛なれども、實地に過失を爲したる人に對してその罪を宥恕する程には强盛ならざるを奈何せんや、

歐洲の諸自由國に於ては演說上の雄辯にもせよ、戰爭若くは治術上の大功績にもせよ、又は民心を感動し得る如何なる能力にもせよ、凡て非凡超群の才は即ち其人をして勝利を得せしむる所の者なるに、獨り亞米利加

亞米利加に於ては一たひ其黨派より推薦せられたる人は卓越の人物ならさるも品行正しくして履歴無瑕ならんには必す黨員全躰の投票を受くへし

米國投票者は中等の人才を厭はす

米國の投票者か候補者に於て尚ふ所は何りや

に於て然らざるは、歐洲人の深く怪んでその解を求めんと欲する所なり、何故に獨り亞米利加に於てのみ然らざるか、是れ他なし、亞米利加に於ては黨派に對する忠義至て重く、黨派の組織また甚だ完備せるを以て、一たび其黨派より推薦せられたる人は、その品行善良にして、履歴《レコルド》無瑕ならんには、必ずその黨員總躰の投票を受くべし、安全なる候補者は固より非凡の人の如く他方の穏和なる人々より衆くの投票を獲る能はざるべきも、自家の同類中より又之れと匹敵すべき多くの投票を彼(非凡の人)が如くは失はざるべし、候補者が中等の人才に過ざるを承認する人々と雖も、投票の期到るに及では、猶豫なく直に彼れに投票すべし、且又中等の人才は尋常の亞米利加投票者が厭ふ所に非るなり、亞米利加の投票者が政治家に必要なる資格として考る所は、歐洲に於て國事を指導する人々が想ふ所よりは、其の度更に低し、米國の投票者が候補者に於て尚ぶ所は、只彼れが鋭敏に、且つ剛毅にして殊に所謂「磁石的」あるにありとす、其創扨の才、深

數多の候補者中より一人の大統領候補者を指名する方法

大統領は大統領なり候補者は候補者なることを記臆せさる可らす

遠の智の如き、若くは上等の敎育、該博の學識の如きは、その必要を見ざるが故に、之を尙ばざるなり、彼の大統領候補者等を指名のために撰定する人々の如きは、黨中の策士としては如何に老成なりとも、通例皆平々凡々たる人物のみ、偖又此の如く撰擇せられたる候補者中より一人の大統領候補者を指名するには、全國許多の地方黨團より出でたる八百餘人の委員を以て成立てる一大團躰を以てす、然るに是等衆委員も亦只尋常の市民に勝ることなき人々のみ、但し此方法の如何は、後に余が亞米利加政治上の有名なる一現象たる指名會議《ノミネーチング、コンヴエンシヨン》に論及する時に及びて、尙委しく記述すべし、

茲に又た一の記憶せざる可らざるあり、夫れ大統領は大統領なり、候補者は候補者なり、善き候補者必らずしも善き大統領にあらず、善き大統領必らずしも善き候補者にあらず、曾て有名なる亞米利加の名士某は己れを大統領に推薦せんと欲する朋友に語りて、「諸君、請ふ誤る勿れ、余は善き大

善き大統領たるへき人を得るよりは寧ろ無難なる善き候補者を得るを大切なり

統領たるべし、然れども甚だ悪しき候補者なり」と云へりと傳ふ、實に黨派の上に取ては、善き大統領とある可き人物を得るよりは、無難なる善き候補者を得るを一層大切なりとす、蓋し近き危険は大なる危険なり、サラデン」が「ゼ、タリズマン」中に記せる如く、「室内に居る野猫は、遠方の曠野に在る獅子よりも危険なり」、若し其撰擧せられたる候補者にして、悪しき大統領たりしならば、實に其黨派の不幸たり、又一國の不幸なるべし、然れども切迫せる眼前の撰擧に敗を取らば、其黨派に取りて更に大なる不幸なるべし、何となれば之れが爲に國家の恩典を失なふの禍、四年早く頭上に落來る可ければなり、「四年は其敗けたる大統領の一期就職の年限なり」、政黨の重なる人々は心に利害を考へて謂らく、「我等が候補者たるべき乙は、他の一人なる甲よりも才幹の勝ぐれたる人物ならん、然れども乙を以てするより甲を以てする方勝利を得るの望あり、且つ敵黨の候補者某も亦決して甲に愈る人物に非ず、然れば我等は甲を以て候補者となさゞる可ら

大統領たるものは必ずしも非凡の才能を有する人たるを要せず」英人が大統領を以て英の首相に似たる者となすは大に誤れり

ず」と、斯の推度は更に力多し、何となれば大統領候補者となるべき人々の今日までの來歷を察すれば、何人が大統領として功を奏すべきかと言ふよりは、何人が候補者として首尾よかるべきかと云ふこと一層容易《たや》すければなり、加之大統領の撰擧を決定する政黨中の謀士の如きは、大統領として善きものは誰なるやを判斷するよりは、候補者として善き者は誰なるやを判斷するに適したる者なれば、一層其事の然るべきを見るなり、之を要するに大統領たるものは、必ずしも非凡の才能を有する人たるを要せざるなり、此事たる亞米利加人に取てよりは、歐洲人に取りて一層了解する能はざる所なりとす、英國人は大統領を以て英の首相に似たる者となし、大統領は立法部若くは群民を左右するに足るべき雄快なる能辯家にして、亦大政策を案出し或は大法律を創制すべき建設的の才力を有するならんと想像す、是れ大に誤れり、是れ大統領が國會に出席せざることを忘れたるなり、大統領は儀式の時若くは政治上に關係なき集會を除

大統領の職務五分の四は商社の社長若くは鐵道の管理者の職務に同じ

國人が大統領に要むる所の重な

くの外、公衆の前にて演說す可らざる者なるを忘れたるなり、大統領が國會に議案を交附する能はず、又其他の手段を以ても、立法部の動作に勢力を及ぼす能はざることを忘れたるなり、大統領の主たる職務は、只法律を適當に執行し、及び公安を維持するに於て迅速果斷なると、一國の行政官吏を撰擇するに於て謹愼端直あることに在り、固より大統領にして深慮、博識、想像及び自由國に於て過分に尊まるゝ雄辯を兼ね具ふるあらば、是れ皆彼に取りての利益にして、之れが爲に彼は一層大いなる人となり、且つ國民の上に一層大なる勢力を及ぼすを得ん、然れども是等の性質は平常の時に在て大統領の職務を行ふに必要ある者に非ず、是等の性質を缺くとも、尙立派なる大統領たるを得べし、大統領の職務は、五分の四は、商社の社長若くは鐵道の管理者の職務と其科を同うし、只善良ある屬吏を撰み、之を監督して職務に勉勵せしめ、且つ己れの決斷を要するが如き事業上の問題に相當の意見を立つるにありとす、國人が大統領に要むる所の重な

る性質

大統領たらんとする人の人物の價直の外ょ尙多くの考ふへきものあり

る性質は其堅忍不抜なると、普通の人情を有すると、殊に一身の利害を超越したる公明正直を取るとの數項に過ざるなり、

但此までに考察し來れる所は只人物の價直如何に止れり、然ども候補者を撰むに當ては、候補者の人物たると、大統領たらんとする者の人物たるとを論せず、人物の價直の外に尙多くの考ふべき者あり、其最たる者は諸州より若くは諸地方より得らるべき扶助贊成の多寡是なり、州的感情、地方的感情は大統領撰擧に與て大に力ある要素なりとす、インデアナよりミンネソタ迄の諸州を包括する西北地方は、今日合衆國中の最も人口多き處なり、隨て又撰擧に於て最も力ある者なり、即ち西北地方の人々は自然に謂へらく、最も善く己の利益を保護するの人は、必ず出生の時より住地を共にして己を識る所の人なるべしと、是を以て西北地方の人は候補者たるに最も利あり、夫れ大州は小州よりも撰擧に於て重き投票を投ずる者なり、且つ各州何れも他州人よりも自州人を撰擧せんと欲するなる

小州より出てたる優等の候補者よりも大州より出てたる劣等の候補者を取るを得策とす

べし、何となればその州の市民はその州より大統領を出すを以て自ら名譽なりと感ずるのみならず、又大統領が施政上に於て與へ得る恩惠を多分に享受するの實益を獲ればなり、是故に他の事情にして異なる無んば、大州より出たる人は候補者に撰まるゝに至るべし、新約克《ニウヨルク》は大統領撰擧に三十六票を投じ、ペンシルヴェニヤ三十票、オハイヲは二十三票、イリノイは二十二票を投じ、ヴェルモント及びロードアイランドは僅かに四票デラウェアル、ネバダ、オルゴンは各只三票を投ずるのみ、故に兩黨の勢力平等にして相下らざる時に於ては、小州より出たる優等の候補者にして只三票若は四票を携る者よりも、大州より出たる劣等の候補者にして其の州全躰の重みを携ふる所の者を取るを以て却て策の得たる者とす、若し又或る州は既に此の黨派若くは彼の黨派に與するに定まれども、他の州は未だ孰れにも定まらざるが如き時には更に幾層の複雜を生すべし、西北諸州及び新英蘭《ニウイングランド》諸州は大抵リパブリカン黨に左袒し、南方諸州は(目

大統領候補者たるに不利なる事情

今）デモクラット黨を賛成す、故に既に手に入れたる州よりは未だ何れにも決せざる州の驩心を得るは最も肝要なり、是を以て他の事情にして異なる無んばニウヨーク或ひはインデアナの如き、孰れにも附かぬ州より出たる候補者は撰まるゝの望おほし、

その他大統領候補者たるに不利なる二三の事情なきにあらざれども、皆重要ならざるを以て、只少しく解説すれば足れり、羅馬舊敎の信者若くは公然基督敎を信ぜざる者は候補者たるに宜しからず、又南北戰爭以後は北軍に加はりて戰ひたる人、特に當時に戰功ありたる人は、大統領となるに大なる利あり、何となれば北軍に入りたる衆多の兵士の尙ほ生存する者競ふて彼れが旗下に集まればなり、彼の毫も政治の何者たるを知らざるグラント將軍が再度撰擧せられ、且つ其施政上の過失の多きにも拘らず、終まで其勢力の熾んにして衰へざりし如きは、之れが明證なるにあらず

や、ヘイズ及びガーフヰルドの二人も亦此の事のために大統領となるを

得たりと謂ふべし、然れども之に反して、南軍に加はり戰ふたる人は候補者たるに宜しからず、何となれば彼は北部を疎んずるの恐れあればなり、一千八百八十三年余米國に於て鐵道の旅行をなすに當りて、インデアナより遊樂の爲に來れる二人の新聞記者に邂逅せしが、談偶次回の大統領撰擧の事に及ぶに、彼等は一インデアナ人が其黨派の指命する所となるべき望の十分なる事を喋々せり、然るに其インデアナ人たるや割に世に知られぬ人物にして、余は未だ曾て一度も彼の名を聞きし事あらざりしなり、因て余彼が斯くの如き望を置かるゝことの如何にも怪しむべきを告げたるに、彼等答へて曰へらく、「彼はインデアナ州の政治上に功勞ある人にして、何も障碍となるべき物を有せざれば、インデアナ州は彼れの爲めに力を盡すべし」と、余又謂て曰く、「然れども君等は今一層大有爲の人物を要せざるか、元老院議員中に其人ありと知られたる某氏あるにあらずや、人皆余に告て云ふ、彼は君等の黨中に於て最も聰明に、最も經驗ある人

危急の時には才智品行の勢力一層大なり

物にして、十分潔白ある履歴を有すと、君等何故に彼を指命せざるや」、彼等答へて曰く「子が言實に是なり、然れども知らるゝ如く彼は小州より出でたり、我等は已に彼の州を手に入れたり、且つ彼は戰爭(南北戰爭)に出ざりしが、我等が推薦する所の人は戰爭にも出でたり、インデアナの投票は獲るに慣あり、若し我輩が謂ふ所の人にして候補者とせられなば、インデアナ州を手に入れ得ること蓋し疑なかるべし」と、其言大率此の如し、

「實に競馬に勝つものゝ必らずしも迅速ならず、戰勝者必ずしも剛强あらず、智者必らずしも麵包を得ず、才子必ずしも富まず、皆是れ時の運なるのみ」

但し此の如き第二位の情實常に必ずしも勝利を得るに非ず、才智品行の二つも亦必ず候補者の撰定に影響せざる可らず、而して時としては是等(才智品行)の勢力大いにして其撰擧を決すること無きにあらず、特に時方に危急にして、豪傑の出るを要するが如き場合に於ては、才智品行の勢力一層大なりとす、改革家は明言す、善良なる市民が專門政治家の弊を嫌惡

退職大統領は復た政治界に運動するとなし

之か理由如何

するの度愈々増加するに從て、才智品行の重さ益々增加すべしと、或は然らん、然しながら過去十數世の間、法皇に撰まれたる者は羅馬教會中の最も大なる人物にあらず、カンタベリの大僧正に立てられたる者は英國教會中の最も卓拔なる人才に非ざりしなり、豈獨り米國に就てのみ怪しむに及ばんや、

數名の大統領は其職を去りて後尚年長く生存したりしと雖も、其一たび白館(大統領官舍)を辭するや、復政治界に運動すること無し、唯ジヨン、クヰンセ、アダムス一人ありて退職後、再び代議院に入りて十七年間雄壯活潑なる擧動を示せしのみ、是れ或は大統領が其官職に就く前に有爲なる首領たるべき人に非りしに因るならんか、或は彼れ其の大なる獲物(大統領の職)を保ち且つ失ひたる後、如何にその獲物の輕少なるやを發見したるを以て、再び政治上に力を致すを欲せざるに因るならんか、但しこれが理由たる、亦幾分か之を他の米國政治制度の事情に歸せざる可らず、即ち一

州の代議士となりて國會に入る可き缺員を見出すこと屢々容易ならず、然りとて例の術策を運らして議院に椅子を占むるは快き事にあらず、其の過去に大なる地位を得たりしは、再び政治界に入るの便利とならずして、却てこれが障礙となるなり、即ち其人大統領は地位の高さが、爲に日夜敵黨の注視する所となりて、恐らくは己れの弱點を盡く看破せられしもならん、而して或は自黨の人々の請謁を納れずして衆くの敵を作り、或は自黨に偏頗なるよりして囂々たる世評を招きしならん、彼れは已に其盛なる日を過ごしたる者と見做さる、彼は已に過去に屬するの人となれり、故に若しグラント將軍の如く炳煥たる勳功ありて人民の記憶に止り、人民の敬愛を受るにあらずんば、大統領たりし者は其職を退くや否や忽ち群中に沈沒し去り、或は又此不名譽を逃がれんがために早く自ら退隠す、但し大統領が斯く忘却せらるゝは恐くは至當の事ならん、然れども大統領たりし者の中にも屢々才能品行の卓絶せる者なきに非ず、此の如き人々は若し其意志を實行するを得べき地位に留めおかれなば、其已に得たる經驗を以て國家を利するを得ること疑なし、昔し羅馬の共和政たりし日に於ては、コンスル(二人の總督)とし、プレトル(二人の大法官)として、內を治め外に戰ふたる人々の名譽、經驗を擧げ、智慧熟練を擧げて盡く之を元老院に集めたるが故に、其人才を遺棄せざるの點に於ては、遙かに米國の上に出てたりと謂ふべし、

退職大統領を如何すべきか

「退職大統領を如何すべきか」とは、是れ屢々亞米利加に起る所の問題にして未だ曾て解答せられざるなり、退職大統領の地位は幸なる者にあらず、彼は內に於ては一種の主權者たりし、又外に於ては(グランド將軍の如く)殆んど帝王の禮を以て待遇せられたり、彼れ一己の歲入は或は安樂に生活するに足らざらん、然れども彼れ再び代言人となり、若くは商社の社員とならんか、彼れの品位を損ふを如何せん、米國の躰面を汚すを如何せん、又轉じて元老院に入らんと試みんか、己れの州に必ずしも常に缺員ある

兎に角退職大統領に養老金を與へ彼をして再ひ事務を取り職に就くの必要なからしむると至當の所爲ならん

英傑の大統領に撰擧せられさる三理由

米國大統領は三時代に分る可し

に非ず、或は又其州の立法部の彼に反對することあらん、是に於て乎彼れを以て元老院の特別議員となすべしと主張する者あり、然れども是れ彼れが出て來る州に向て第三の元老院議員(餘分の議員)を與ふる者にして、他州の不利となるべしとの異論ありて此方案に反對す、兎に角彼れに養老金を與へ、彼れをして再び事務を取り、職業に就くの必要なからしむることそ至當の所爲ならめと思はるゝあり、

今余輩は最初に呈出したる問題に答ふべし、即英傑の士は何故に大統領に撰擧せられざるや、其理由大凡左の如し、第一、政治界には英傑の士稀なればなり、第二、撰擧の方法英傑の士を獲るに適せざればなり、第三、太平の時には英傑の必要なければなり、此問題につきては猶次々に章を重ねて解說せんことを期す、此には只聊か大統領に三時代ある事を逑べて此章を終へんと欲す、夫れ米國大統領は歷史的に觀察すれば、三時代に分かるべし、而して其第二時代は第一に劣り、第三は寧ろ第二に勝るの跡あり、

第一時代

第一時代即一千八百二十八年アンドリウ、ヂャクソンの撰擧に至るまで大統領たりし者は、凡て歐洲にて用ふる意味の政事家《ステーツマン》にして、敎育あり、施政の經驗あり、見識稍大にして品格高尙なる人々なりし、第一第二の大統領を除くの外は、皆さきに國務卿としてその職を務め、其伎倆の卓越なるを以て、早くより既に嶄然頭角を現はして國民の間にその名を知られたり、

第二時代

ヂャクソンより一千八百六十一年の內亂の破裂に至るまで、即ち第二の時代に於ては、大統領はヴァン、ビュレン、ポルク若くはブチャナンの如く只政治家《ポリチシアン》たるに過ざる者か、然らざれば又ハリソン若くはテイロルの如く軍事に功勞ある人にして、其黨派の先頭に立つ破浪神(船首に刻する神像にして惡魔を降服する者)として利用せられたる者なりき、彼の時代の眞の領袖たりしクレイ、カルハウン及びウェブスターの傍に在ては、彼等は智力上の侏儒なりしなり、

第三時代

新時代即第三時代は一千八百六十一年にリンコルンを以て開けり、リンコルンと彼れの相續者たるグラントとは

米國大統領と英國首相との比較

在職の間合して殆んど十六年にして、共に世界の歴史に乘れる英雄と稱すべし、その他此時代に現はれたる大統領にして右の二氏に一着を輸する人々も、之を南北戰爭前のポルク、ピーアルス輩に比すれば、皆多少勝れることと無きに非ず、但し彼等は米國第一流の人物にてはあらざりしなり、試に一千七百八十九年以後撰擧せられたる十八名の米國大統領を以て、同一百年間の英國首相十九名に比較するに、歷史上に名を留むるに足らざる人物は、英國首相には只六名、米國大統領には少なくとも八名ありとす、而して其中第一流に位すべき人物は英國には七名若しくは八名あるに、米國にて之れと肩を比べ得る者は只華盛頓、ゼファルソン、リンコルン及びグラントの四名あるのみ、亦以て英國々會制度たる、自然の撰擇は、由や同國の貴族的風習の影響を蒙りたるにせよ、亞米利加の一層人爲的なる撰擇に比すれば、更に又最も高き人才を最も高き地位に引き出すの傾向ある者なるを見るべきなり、

第九章　内閣

内閣員に對する憲法の明文は只一項に過ぎす

合衆國の政府には英國にて用ふる意味ある内閣《キャビネット》の如き者は更に有らざるなり、然れども余は尙ほ內閣ある名稱を用ふ、是れ亞米利加に於て通例大統領の重ある補弼等を稱するに此稱呼を以てするに因るのみならず、又之を以て讀者に注意を與へて、亞米利加の所謂內閣員と歐洲自由國の內閣員との間に存する著明なる差異を明らかにせしめんか爲めなり、大統領の補弼即ち內閣員に關して憲法上に明記する所は、殆んど只大統領に與へられたる權力中、「行政各省の職務に關する事件につきて、各省長

官をして其意見を書面にて陳述せしめ得べし」とある一項に過ぎず、是等

一千七百八十九年華盛頓大統領たりしときの行政部

行政諸省は皆な國會《コングレス》の條例《アクト》を以て創設せられたり、一千七百八十九年華盛頓の始めて大統領となりし時には、行政部は單に四省より成れり、四省の長官として左の四官吏を置けり、

國務卿（セクリタリ、オヴ、ステート）
大藏卿（セクリタリ、オヴ、ゼ、トレジユアリ）
軍務卿（セクリタリ、オヴ、ウヲル）
撿事長（アットルニ、ゼ子ラル）

其後一千七百九十八年に海軍卿を加へ、一千八百二十九年に驛遞總監を、一千八百四十九年内務卿を加へたり、

内閣員の俸給

任命

是等の七長官今日内閣と稱する者を組織す、彼等は各々年俸八千弗を受く、其任命は一に大統領が元老院の承諾（實際未だ曾て一度も拒非せられず）を以て行ふ所にして、之れが罷免も亦大統領一己の權内に存す、各省長

憲法の明文により各省長官は國會に出て投票するを得す

斯の如き制限を置きたる所以如何

官は大統領の樞密會議に招かるゝ外、一省中にその職を奉ずる他の官吏に毫も異なる所あらざるなり、各省長官は國會に出て投票するを得ず、憲法第十一條六節に「合衆國の下に官職を奉ずるものは凡て其の奉職中は元老院若くは代議院の議員たるを得ず」との明文あればあり、斯の如く制限を置きたるは、單に大統領が官職を餌にして國會議員を手に入るゝを防ぐ爲のみあらず、又た其內閣員をしてジオルヂ第三世及び彼れの諸大臣が英國國會を腐敗せしめたるが如く、人民の代議士を腐敗せしめ(賄賂する等を謂ふ)或は不正當に左右するを得せしめざらんが爲めなり、フェデラリスト新聞(ハミルトン等が憲法の注釋辨明等をなすが爲めに發行したる者)に一の論文あり、その中に言へることあり、曰く「英國に於ては割に多くの議員が割に少なき人民の撰ぶ所とあり、而して又其撰擧人は代議士のために腐敗せしめられ、代議士は又國王のために腐敗せしめらる」と、憲法の創制者が前記の如き個條を憲法中に加へたるは、斯の後者の弊

今日内閣員は國會中の委員の前に出る事あるの外決して衆多の議員の前に出ることなし

害(即ち代議士を腐敗せしむるの弊害)を防がんが爲めに外ならず、其得策なりしや否やは時としては人の疑ふ所なりし、然れども憲法には伊太利の大臣若しくは佛蘭西の内閣員が其國の國會にて爲すが如く、米國内閣員が國會の兩院に出席し且つ演説するを禁ずるの個條を載せず、是れ其觀る可き所なり、官吏(大統領の外の)と人民の代議士との交通に就ても憲法は默して一言もこれに及ぶ無し、華盛頓の時代に於ては、内閣員は往々國會にて演説を爲せり、然れども久しからずして此の事止みぬ、今日に在ては、内閣員は國會中の委員の前に出る事あるの外、決して衆多の議員の前に出ること無し、余輩は此方法が大統領の陰謀を防ぎて國會を守護するが如く見ゆれども、實は其の立法部の精力を減殺し、立法部の行政部に對する關係を困難ならしむるの傾あるを見るなり、

大統領内閣員任命に關する權力

大統領が其の内閣員を擇むは自由自在なり、其の職に就くに當ては、假令前大統領と黨派を同うするとも、尙通例全く新しき内閣を組織す、彼れは

政治上に重き關係なき人物を內閣員に撰みたる例

大統領は候補者の指名に於て已と其位地を爭ふたる最有名なる

啻に未だ曾て國會に椅子を占めざるのみならず、未だ曾て政治界に頭角を顯はさゞるが如き人、若くは又一州立法部に坐することも、或は最下等の官職にも就くことの有る可くもあらぬ人々を拔擢して內閣員に擧ぐるを得べし、否、時としては實際斯の如き人々を登庸したること無きに非ず、例せば一千八百六十九年に大統領グラントが、新約克に於て巨大なる呉服舗を有する人にして、未だ曾て一度の政治演說すらも試みたることなきスチュワルトなる者を擧げて、之に大藏卿の位を與へんと望みたるが如し(彼は其實際其家業に從事するを以て規則上此職に擇ばれ得ぬ者として、此任命は終に行なはれざりき)、固より斯く拔擢せられたる人々は通例少なくも其地方に勢力ある者なり、是等の人物は屢々新大統領撰擧の時に與て力多き人々、若くは其黨派中に勢力強くして、大統領の政策を贊助するに適する人々なり、時としては又是等の人物は候補者の指名に於て、彼(大統領)と其地位を爭ひたる最も有名なる人々にてありしなり、即ち

人を內閣員に任するとあり

內閣中最貴の地位は國務卿の地位なり

昔時國務卿の職は大統領に進むの踏石なり｜

國務省の重なる職務

一千八百六十年リンコルン氏がスッワルド氏及びチェース氏を以て國務卿及び大藏卿となしたるが如き是れなり、蓋し彼等は與にリパブリカン黨が大統領候補者を撰みたる時、リンコルン氏に次で多數の投票を得たる人々なり、

內閣中最貴の地位は國務卿の地位なり、此顯要の職を得る人は大統領の撰擧に最も功德ある人にあらざれば、黨派中の領袖の一人なること往々にして然り、昔時に於ては國務卿の職は大統領に進むの踏石と見做されたり、ゼファルソン、マヂソン、モンロー、ゼー、キユー、アダムスの如きは皆大統領とあるの前、國務卿として前大統領の下に勤めたり、國務省の重なる職務は外交事務を整理するに在り、故にその長官たる者は他の長官に比すれば、其伎倆を演すべき更に大なる舞臺に立つ者にして、更に名聲を擧るの機會を有す、國務卿には最もその人を得ること必要なり、何となれば大統領は通例恩典の問題に關してその時間と思想とを奪はるゝを以て、

政府の外交政畧は國務卿の政畧なり

大統領國務卿に支配せらる

大藏卿の職務

國務省の事務をば悉く國務卿に放任せざるを得ざればなり、故に政府の外交政畧は多少元老院より、特に同院の外交事務委員の議長より撿制せらるゝを除くの外、全く實際は國務卿の政略と稱すべきなり、國務省は又た合衆國の大印璽を掌管し、公文書を保存し、法律を發布し、且言ふまでも無く、公使及び領事を管轄し、訓令す、是を以て屢大統領は國務卿に支配せらるゝと言はる、但し是れ只國務卿が大統領よりも有力なるか、若くは經驗に富める人なる時にのみ限れる自然の出來事なりとす、此の如く以前の大統領が支丹《スルタン》(土耳其皇帝)の如く己れの夫人若くは己れの遊蕩仲間に支配せられたりと言はるゝが如きも之れと其理を同うす、

大藏卿は財政の事を掌る者なり、其の職務は合衆國政府の新設せられたる初に於て、國民的財政制度の搆成せられんとする時、聯邦政府が其大困厄の中より救ひ出されんとする時に當りては最も重要なる者たりしなり、當時その職に在りしはハミルトン氏にして、見事に此二大事を成功せ

内務卿

米國內務卿の職務は佛の內務卿若くは伊太利英吉利の內務大臣か有する如き大權を有する能はす

り、南北戰爭の際にも亦莫大の公債を起し、且つ莫大の紙幣を發行したるを以て、大藏卿の職は再び强大なる勢を呈するに至りしが、其後引つゝきて(國會の許す範圍內に於て)通貨及び國債を整理するが故に、今ま尙依然として、其の勢力を保てり、然れども米國大藏卿は決して歐洲自由國に於ける大藏大臣と同樣なる動作の自由を有する者にあらず、何となれば大藏卿は國會に與かることを能はざるが故に、定時に之に向ひて報告を爲すと雖も、租稅の賦課には毫も直接に關係する所なく、國家諸般の經費に歲入を充つるに就きても亦其關係する所きはめて薄し、米國內務卿は佛蘭西の內務卿、若くは伊太利英吉利の內務大臣が有する如き大權を有する能はず、是れ是等諸國の內務長官が掌どる職務は亞米利加に於ては大抵諸州政府若くは地方的政府の掌管する所なればなり、內務卿の重なる職掌は公有地を管轄處理するに在り、此公有地たるや、諸鐵道會社に濫與するにも拘はらず、尙莫大の價を有する者なり、又印度人(土人の總稱)に關す

米國檢事長は英國の所謂檢事長にあらす

る事務を處置するに在り、是事たる常に合衆國に汚辱を招く困難なる不滿足なる厄介物にして、恐らくは彼等土人が悉皆消滅するか、若くは開化するまでは、何時も此の如くなるべし、專賣特許及び養老金恩給金等を與ふる事も彼れの權内に屬す、此の後者(養老金等)は大なる費金と弊害との淵叢なりとす、

軍務卿、海軍卿、及び驛遞總監の職務は、其の名稱に由て之れが性質を知り得べし、但し檢事長は英國の所謂檢事長とは大に異なるを以て一言之を解明さゞる可らず、彼は合衆國の爲めに檢事たり、常置代言人たるのみならず、幾分か歐洲大陸の所謂司法大臣なる者に似たり、彼は聯邦諸司法部を、特には地方檢事《ヂストリクト、アットルニ》と名くる檢察官、及び合衆國監察《マーシャル》と稱する執行法庭官吏(法庭の裁判手續を執行する役人)を一般に監督す(支配すとは如何にも言ひ難し)彼は合衆國憲法の下に屢起るべき入組たる問題、即ち行政權の權限及び聯邦の權力と州の權力との關係につきて起る問題並に其他一

撿事長は大統領の法律顧問なり

歐洲に存する内閣員にして米國に缺くる者少なからず

切の法律上の事柄につきて、大統領の法律顧問たるなり、彼れの意見は屢大統領の行爲を辨護する爲め、又た差掛りたる問題に對して行政部が其れの法律上の位置及び職分につきて取る所の意見を示す爲めに往々世に公けにせらるゝなり、撿事長となる人は固より常に幾分か世に名を知られたる法律家なり、然れども必ずしも第一流の法律家には非ず、何となれば大統領は法律上よりは寧ろ政治上に便利なるべき人を擇びて之に任ずればなり、

亞米利加の内閣員は右に述べたる如くなるが、之を歐洲に於る内閣員と比較すれば、歐洲に存する者にして亞米利加に缺くる者少からざるを見るべし、即ち米國には殖民卿と稱する者なし何の殖民地も無ければなり文部卿と稱する者なし、敎育事務は諸州に屬すればなり、敎務卿《パブリク、ウヲルシップ》なるものなし、合衆國政府は特別に或る宗派を保護するが如き事をなさゞればなり、商務卿なる者なし、商業貿易に關しては聯邦政府の權力次第に增加す

立法を以て干渉す

大統領と内閣員との地位は歐洲

ると雖とも猶限制せられ居ればなり、又工務卿もあることとなし、公工の爲めに支出する費金は行政部の關渉なくして直接に國會より出で、國會の意の儘に使用せらるればなり、歐洲に於て行政部員の掌管に歸する多くの事務は、亞米利加に於ては國會の委員、殊に代議院の委員の手に委ねらる、特に收税、公工、並に州外の領地（未だ聯邦の一とならず、又何れの州にも屬せず、假に知事を以て支配せらるゝ廣漠たる合衆國の直轄領地を謂ふ、之を米國にてテルリトリズと稱す）につきて最も然りとす、是等の各々を整理監督するために國會の兩院にそれぞれ委員の設けあり、憲法創制者が苦心して立法部と行政部を獨立せしめんと爲したる計書は、却て米國立法部をして歐洲の立法部よりも一層直接に、一層度數多く、普通の行政に干渉せしむるの結果を致せり、即ち要請を以て干渉する事を禁ぜらるるが故に、立法を以て干渉するに至れるなり、

大統領と内閣員との地位は、既に言たる如く歐洲立憲王國の行政首長及

立憲王國の行政首長及內閣員の地位と全く其關係を轉倒せり

び內閣員の地位と全くその關係を轉倒せり、歐洲に在りては帝王は無責任にして、內閣員は帝王の名を以て爲す所の其行爲に責任を有す、亞米利加に於ては然らず、內閣員は只大統領の僕たるのみにして、大統領に服從せざる可らず、又國會の外に獨立すべき者なるが故に一切の責任は大統領の一身に歸するなり、故に米國內閣員の行爲は、法律上より言へば大統領の行爲に外ならず、然れども內閣員は其の職分を爲すに當りて犯したる罪愆に對しては責任を有し、且つ彈劾せらるゝを得べし、米國內閣員は英國に於けるが如く國家の首長に不良なる助言を與へたるが爲めに彈劾せらるべきや否やの問題は未だ曾て起らず、然れども憲法の汎論上よりこれを見れば、內閣員は其不良の助言を以て大統領と共謀して彈劾せらるべき罪惡を行ふに非ずんば、彈劾せらる可らざる者の如し、佛國に於ては理論上內閣員の有責任は大統領をして無責任ならしむる者に非ず、然れども實際に於ては大なる差異なきに非ず、何となれば佛國大統領は、英

米國内閣員の地位は英國に於けるよりも低くし

米國に於ては政府は一全躰として運轉せず

王の如く、國會の多數に贊助せらるる人々を内閣員に擇べばなり、

米國内閣員の地位は英國に於けるよりもやゝ等級低きが如く見ゆ、嘗て内閣員は元老院議員の上席を占めたり、然れども今や元老院議員は公けの儀式に於て内閣員よりも先だちて歩むの權利を確定せり、此事たる自然元老院議員自身よりも、其夫人に取りて一層重要なる事なりとす、

以上は内閣員を別々に觀察したるなり、今や進んで亞米利加政府は全躰として如何に運轉せらるゝかを研究せんとす、此事たるや歐洲に於て、特に英國に於て議院制度若くは内閣制度中の最も一種特別ある意味深き現相なりとす、

亞米利加に於ては政府は一全躰として運轉せず、實に是れ一全躰たる者に非るなり、即ち是れ各自別々に大統領に隷屬し、大統領に對して責を負ふべき人々より成立てる一團躰にして、其人々の間には一致共同の政略あく、又連帶の責任も有る無し、

華盛頓の內閣員

憲法確定せられ、慧斯華盛頓第一の大統領に撰まれし日には、大統領をして政黨の外政黨の上に立たしめんとの意なりき、而して（前に記述したる如く）撰擧者を以て彼を撰むの方法は、全く此の意見を以て制せられたる者なり、華盛頓は何の黨派にも屬せざりき、實に當時は、多少意見の異同背馳すべき傾向なきに非りしも、政黨と云ふが如き者は一も在らざりしなり、故に華盛頓が其の內閣員を擇むに當りて、意見を異にする種々の部分の人々を擧て之に任じたるは決して怪しむに足らざるなり、彼は米國の政治を主るべき行政首長たりしなり、彼は國民に對して責任を有したれども、國會の多數に對して責任を有せざるが故に、國會の多數と意見を同うする人々を擇むの必要あかりき、彼は行政上の行爲に就て（國民に對して）責任を有する者なるが故に、其僚屬を撰ぶに當りては、專ら之れが才能と潔白を考へて、其意見の如き黨與の如きは措て問はざりき、華盛頓は已に獨立檄文の重なる起草者として有名なるトーマス、ゼファルソンを國務

アダムスの內閣員

卿に擇び、又檢事長として同じくヴヰルジニア人エドモント、ランドルフを擇めり、此二人は共に極端の共和主義を賛成し、聯邦政府の權力を狹隘なる區域內に制限せんと欲したる者なりし、又大藏卿としては彼れ新約克州のアレキサンドル、ハミルトンを擇み、軍務卿としてはマサチュセッツのヘンリー、ノックスを擇みたり、ハミルトンはその後間もなく合衆黨《フェデラリスト》を組織したる人々の中に於て遙に最も才能ある人なりき、此の合衆黨と云ふは行政部を强盛にして諸州を中央政府の下に從屬せしめんことを希望したる者にして、ハミルトンは程なくこれが首領と仰がれたり、ノックスも亦ハミルトンと意見を同うする人なりし、是を以て久しからずしてゼファルソンとハミルトンの間に軋轢を生じ、遂に公然相敵視するに至れり、然れども華盛頓は二人を依然內閣員として留めおきたりしが、ゼファルソンは一千七百九十四年に辭し、ハミルトンは一千七百九十五年に退きたり、第二の大統領ジョン、アダムスは前大統領の內閣員を其まゝに用ひたり、彼れ

ゼファルソンの內閣員

英國等の議院制は四個の主義に基く

及び內閣員は與に當時十分に發達したる合衆黨に屬せしを以て相互の意見相悖らざりしが故なり、然れども彼は內閣員に告知せず、內閣員の希望に反して、重要なる運動を爲したるより、其職を去らざる內に早くも彼等と紛爭を惹起せり、第三の大統領ゼファルソンは徹頭徹尾周到なる政黨の首領なりしを以て、其內閣員の如きも悉とく己れの政友の中より之を擇みたり、其後の大統領は皆此の政黨若くは彼の政黨の力に由て職に就きたるが故に、凡て政黨內閣を組織するの必要を感じたり、大統領の屬する政黨は大統領に向て政黨內閣を組織せんことを望み、大統領も亦自然その政友に圍繞せられ、助言せられんことを願ふなり、

此點までは亞米利加の內閣は英國の內閣に似たり、即ち是れ全く一政黨員を以て組織せらるゝなり、然れども今爰に其相異なる所を見んとす、英國の議院制並に北耳義《ベルヂアム》、伊太利、及び自治的英國殖民地の如く、多少英國の制を摸擬したる國々の議院制は共に四個の主義に基く者なり、

第一の主義

（第一）行政部の首長（王にもせよ總督にもせよ）は無責任なり、責任は內閣—即ち彼に助言を與ふる所の大臣卿相の一團躰—に歸し、若し首長に過失ある時は之を以て其大臣卿相の罪となす、彼等（大臣卿相）は責められ、彼（首長）は免かるゝなり、大臣卿相等は己れの行爲を辨護する爲めに王の命令を呈出する能はず、帝王若し彼等に向て彼等が不是とする命令を下すあらば、彼等は辭職せざる可らず、

第二の主義

（第二）大臣卿相（內閣員）は立法部に座席を占め、實際は多數の人々に撰ばれて一時立法部の委員とあれる者と謂ふべし、是れ英國憲法學者中の最も烱眼なる人々の看破せる所あり、

第三の主義

（第三）大臣卿相は立法部に對して責任を有す、立法部の信任を失ふ時は直に辭職せざる可らず、（英國其他自治的殖民地等に於ては辭職の代りに議院を解散するの法あり）

第四の主義

（第四）大臣卿相は連帯にも別々にも共に其の行爲につきて責任を負ふ者

是等の四主義は一も米國に行はるゝことなし

とす、即ち其中の一人が咎を一身に引うけて職を辭するにあらずんば、何人の爲したる處置にもあれ、其責任は內閣全躰にかゝり來るべし、即ち彼等の責任は總責任なりとす、

是等四個の主義は一も亞米利加に行はるゝ事なし、大統領は躬自ら己れの行爲につきて責任を有す、而して此責任たる、國會に對して有するにあらず、己れを撰みたる人民に對して有するなり、且又彼に其責任を負はしむるには彈劾を用ふるの外他に手段あるなし、然れども彼れの權力は只四年間續くのみなるが上に、太だしく制限せられ居れば、是れ大なる弊害にあらず、大統領は其の內閣員の助言を呈出して己れの責任を免かるゝ能はず、何となれば彼は彼等の助言に從はざる可らざる者に非ず、却て內閣員は彼に從ふか、否らざれば辭職せざる可らざればなり、內閣員は國會に出席せず、故に又國會より咎めらるべき無し、只己れの主たる大統領に對して責任を有するのみ、國會は他の證人の出席を請求する事あると同

國會の反對投票は内閣員及大統領の地位に何の影響をも及ほすをなし

國會の議決は大統領の職權内の行爲を停止する能はす

是れ大統領及内閣員の權力は國會より來らすして人民より來るか爲めなり

じく、又其委員の前に内閣員の出席するを請求する事あるべし、然れども内閣員は國會全躰の前に出て、自家の政略即ち其主なる大統領の政略を說明し辨護することを能はざるなり、是を以て國會の反對投票は彼等及び大統領の地位に何の影響をも及ぽすことなし、内閣員若し金錢を要する事業を起さんとせんに、國會にて之に要する資金の供給を拒絕するときはその事業には着手するを得ず、然れども國會に於て如何に非難の投票をなすとも内閣員をしてその職を辭せしむることを能はず、又大統領をして憲法に由て與へられたる職權内の行爲を停止せしむる能はざるなり、此事は歐洲人には如何に奇妙と思はるゝにもせよ、是全く大統領及び其の内閣が其の權力を國會より得るに非るより生ずる自然の結果なりとす、試に(一千八百七十八—九年に起りし如く)大統領はリパブリカン黨にして、國會の兩院はデモクラット黨多數なりと假定せよ、斯る場合に於ては、大統領は、國民が己れを撰擧したる後其心を變じたるを確知するにあ

是れ憲法的撿制の安全を得る爲めに拂ふ價直なり

米國行政部は英佛の內閣に異なれり

らざれば、德義上己れが候補者たりしとき人民に公言したる政略を斷行せざる可らず、如何となれば是れ國民が彼れを撰擧せしときに善しとしたる政略なるべければなり、然れども其政略は今は早や國會の多數の意見に反對すること明かなり、國會の多數が力の及ぶだけ彼を撿制するは決して道に外《ハヅ》れたるに非ず、又大統領は彼等に頓着なく、憲法の許す限り、己れの手に握れる資金のつゞく極み、自身の意見と主義を實行して毫しも差支ある無し、此の如くして終には政務の紛亂を來たさん、然れども此の如き弊は一人若くは一團躰の無上なる勢力を有する主權者を戴く政躰に非るよりは免かれ得ざる所にして、實に是れ憲法的撿制の安全を得る爲めに拂ふ所の價直なりとす、

既に此の如くなれば到底大統領を離れて獨り內閣の事を談ずる能はざるあり、亞米利加の行政部は英佛の內閣に似ずして、寧ろツアル(魯帝)若くは支丹《スルタン》(土帝)を圍繞する大臣、或はコンスタンチン、ジヤスチニアン等の如

行政上の所爲は皆大統領自身の所爲なり

米國内閣員は内閣會議を爲すを稀なり

き羅馬皇帝の命令を執行せし大臣の類を以て成れる一團躰に似たりと稱すべし、此の如き大臣は各自別々に其君主に對して責任を有し、又各自別々に召されて其君主に意見を陳べ之を輔弼す、然れ共必しも相互に關係する者に非ず、又聯合一致の職務をも有せざるなり、故を以て米國大統領は其法律に依て定めたる各省長官に其省の事務を委任し、之をして其省務を隨意に處理せしむるとても、其行政上の所爲は皆大統領自身の所爲にして、國人は其所爲によりて判斷を彼の上に下すべし、且つ其政略は全躰としては愈彼れの政略にして決して彼等(内閣員)の政略には非るなり、内閣員は内閣會議を爲すこと稀なり、彼等は實に内閣會議に於て相議定すべき事割合に少なし、如何となれば彼等は國會に出て施こすべき軍略を案出するの要なく、議案の調成すべき者なく、外交政策の論議すべき者多からざればなり、彼等は歐洲人の所謂政府《ガバーメンツ》なる者を成さざるなり、彼等は只各省長官の一群團なるのみ、其頭たる大統領は通例別々に彼等と

英王は內閣會議に列せすして米國大統領は之に反す

米國の內閣なるものは合衆國の憲法中及法律中に其名なし

英國內閣は樞密院の一部分なり

評議し、時としては叉彼等を一室の內に集めて政治を談話す、英王は內閣に出席せば內閣の議決に責任を有すべく考へらるゝの恐あるが故に、女王アン以來は絕て閣議に列することゝなし、米國大統領は之に反し、內閣の議決に責任を有するが故に、叉己れを衛護せしむる爲にあらずして、全く己れを翼賛せしむる爲めに內閣の助言を要するが故に、必ず內閣會議に列するなり、是れ英米兩制度の大に相異なる所なりとす、

此の所謂內閣なる者は合衆國の憲法中及び法律中に其名を知られざる者なり、英國の內閣も亦此の如く英國の法律中に其名あるを見ざるなり、然れども英國の內閣は國會と等しく古るき一團躰ある樞密院《プリビー、カウンシル》の一部分なり、之れが一種特別ある例外の委員あり、彼の米人が採用して其憲法中に再現せしめたる英國古時の制度に依れば、樞密院は一個なる者にあらざるなり、樞密院なる者は一千七百八十七年の(米國)憲法會議の時にも已に古廢物視せられたらんも知る可らず、英國に於てすらも樞密院は當時

憲法創制者は樞密院の不用なるを看破せり

元老院と大統領との關係は圓滑ならず

已に古物の時候晩れに遺存殘喘せる者たりしなり、而して今や樞密院は只其委員の躰に於て存在するのみ、即ち其委員中の三、商務局、文部省、及び農商務省は行政部の分派として存し、他の一は司法委員にして即ち法院を形づくり、最後の一は內閣にして實際國家の行政官たるなり、亞米利加の憲法創制者は樞密院の彼等の境遇に不適當なるを看破したり、元來米國に於ては內閣員の如きは公選せらるべき者なるに、是れは指命せらるゝを法とせり、之を公撰するの結果たるや、只大統領を撿制する事に至りしならんのみ、然れども內治に關しては別に撿制を用ふるの必要あらず、何となれば大統領は只法律を執行するに過ぎざればなり、且つ外交事務及び任命につきては元老院已に撿制し居ればなり、國會二院の上に位する第三の團躰の如きは實に無用の長物たりしなり、

元老院は或る點に於て十七世紀の英國樞密院に似る所あり、行政部に助言を與ふればなり、然れども自ら撰みたる人より助言せらるゝと他の力

にて擇まれたる人より助言せらるとはその間に大なる逕庭なくんばあらず、斯の如くなるを以て元老院と大統領の關係は常に圓滑なること稀あり、況して相互に信任結托するが如きは決して有ることなし、由や大統領と元老院の多數が同一の黨派に屬するにもせよ、此事は猶常に斯の如し、是れ他なし、元老院と大統領とは相互に猜疑して權力を競爭する敵手なればなり、

合衆國の國民的立法部

第十章

元老院

合衆國の國民的立法部は國會と稱して二個の團躰より成立す、其の團躰の組織、權力、性格等は二者大に相異なるが故に別々に之を記述せざる可らず、案ずるに米國國會兩院の職掌は、幾分か英國國會の職掌に似たり、英國國會たる、夙に亞米利加諸州の模範となり、一千七百八十七年前に於て、已に其聯邦の十三州を除くの外には皆悉く二局立法部を創設せしめたりき、然れども元老院と英國上院との相違、及び之に次で代議院と英國下院との相違は頗る大いなるが故に、英國の讀者は英國の標準を以て亞米

元老院の組織

元老院議員の資格

元老院は六年間に一新せらる

舊議員は常に新議員に二倍す

元老院議員の數

利加の制度を判斷せざる樣に心を用ゐざる可らず、

元老院は各州より二名宛選出せられたる議員を以て組織す、而して其議員たる者は其州の住民にして、少なくとも年齡三十歲に達せざる可らず、彼等は六年の期を以て其州の立法部より撰擧せられ、又た再撰せらるゝを得べし、其三分の一は二年毎に改撰せらるゝが故に、議員全躰は六年間に皆悉く一新せらるゝなり、斯く何れの時に於ても、舊議員は最近二年內に撰出されたる新議員に其數二倍す、今や州の數三十八なるが故に、最初二十六名なりし元老院議員の數も今は增して七十六名となれり、元老院議員の數の斯く意外に莫大の增加を爲したる事は、元老院を創設したる目的を考ふるに當りて、之を心に留めざる可らず、何となれば目的の或る者は議員の數の多きよりも寧ろ少なきを宜しとすればなり、目下米國には將來に州を立て得べき領地《テルリトリ》(アルカンサス以西の土人の地及アラスカを除く、テルリトリの解は上に出づ)は只八個あるのみなるが故に、現在の

將來に於ても元老院議員の數は九十二名を踰へさる可し

副統領元老院の議長たり

副統領缺くるとき元老院議長に何人を用ゆるや

元老院議長の權力

元老院の職掌三種に分かる

立法の職

州にして幾多に分割せられ、若くは其領地の一よりして一個以上の州を造るにあらざるよりは、如何にしても元老院議員の數は九十二名を踰へざるべし、故に是れは英國上院議員の數(凡五百六十)、佛蘭西元老院議員の數(三百)、及び普魯西貴族院《ヘルレンハウス》議員の數(四百三十二)に比すれば、其勢力遙かに下れりと謂ふべし、元老院議員は合衆國の下に在ては凡て官職に就く能はず、合衆國の副統領は其職權上よりして元老院の議長たり、然とも投票の權を有せず、只可否同數なる時に、之を決するの「カスチング、ヴヲート」を有するのみ、副頭領缺くるときは(例へば死亡し若くは病に罹り若くは大統領の職に進む如き時)元老院は其議員の一人を撰んで假議長となす、同院秩序の問題等に就ては、元老院議長(即ち副統領)の權力は甚だ狹し、斯の如き問題は凡て元老院自身に之を決斷す、

元老院の職掌は立法行政司法の三種に分かる、其立法の職は代議院と與に議案(法律草案)を通過するに在り、此法律案は大統領の認可を經れば則

行政上の職二つに分つべし

司法上の職

元老院は合衆國內の諸州を個々別々の共和國として代表す大州も小州も同しく二名の元老院議員を出す

ち國會《コングレス》の條例《アクツ》と稱する法律となるなり、假令大統領の認可なきも、大統領が拒否して再議に附したる後、各院三分の二の多數を以て之を通過したる時は、同じく國會の條例となるなり、(具に上に見へたるが如し)、其の行政上の職は左の如し、(一)裁判官、內閣員、公使等一切の聯邦官吏に關する大統領の指名を是認し或は否認する事(二)出席議員三分の二の多數を以て、大統領の締結したる條約を是認する事、即ち三分の二の多數之を是認せざれば其條約は地に落ちて効力を有せず、其の司法上の職は代議院より呈出したる彈劾事件を審理する法院となる事是れなり、

米國元老院の最も較著にして且つ曾て最も緊要なりと考へられたる現相は元老院が合衆國內の諸州を個々別々の共和國として代表すると是れなり、故を以て元老院は聯邦組織の一最要部分なりとす、新約克の如く大なるも、デラウェアルの如く小なるも、各州皆、多からず少なからず、等しく二名の元老院議員を出すを法とす、此の事たる一千七百八十七年の會

各州同數の元老院議員を出すの方法は憲中最變更し難き個條となれり

同數の議員を出すの個條に乘して策畧を逞ふしたる例

諸州を別々の共和國として各之

議に於て大州の委員の久しく拒絶する所なりしも、是に非れば、大州に壓倒せられんとを恐るゝ小州の心を安ぜしむる能はざるを以て、終に採用せらるゝに至れり、此法たる今や憲法中の最も變更するに難き個條となれり、何となれば憲法の明文に依るに「何州に限らず凡て自身の承諾なくして、元老院に於ける同等の投票權を奪はるゝ事なければなり」、而して此の承諾たる到底望む可からざる者なりとす、然しながら實際未だ曾て大州と小州との間に利害を異にし、隨つて爭論を生じたるが如き事あらざるなり、但し斯く諸州ともに同數の議員を出すの個條あるに乘じて、彼の奴隷使役黨は、南北戰爭前三十年の間、頻りに奴隷使役の區域を擴めんと熱心せり、是れ奴隷を使役する州を新たに多く作りて、少なくとも元老院に於て反對黨と同數を保つとを得、且つ之に由て奴隷の使役に反對する立法を妨げんが爲めなりしなり、

諸州を別々の共和國として各之に代議士を出さしむる此方法は、種々の

に代議士を出さしむる此立法は代議院の撰擧せらるゝ基礎と相異なる一の基礎を元老院に與へたり

伊太利の元老院

普魯西の貴族院

西班牙の元老院

日耳曼の聯邦會議院

佛の元老院

英の上院

米國の方案は歐洲大陸に行はるゝ方法よりも舊く且つ一層善美

有益なる結果を生じたり、即ち是れ他の國會議院(代議院)が由て撰擧せらるゝ基礎と相異なる一の基礎を元老院に與へたる者なり、夫れ兩院を以て成立つ立法部を有する國民は皆其兩院に各々特殊なる性格を與ふるに足るほどに十分彼此相異なる撰擧法を案出するの困難あるを經驗せり、伊太利の元老院は王の敕撰したる人を以て成立つ、普魯西の貴族院《ヘルレンハウス》は一部分は敕撰に係り、一部分は世襲、一部分は公撰なり、西班牙の元老院議官は一部分は世襲、一部分は官吏、一部分は公撰なり、日耳曼帝國の聯邦會議院は衆王國、侯國等の委員を以て成立す、佛蘭西は間接撰擧を以て元老院議官を撰任す、英國に於ては上院の議員は今日世襲權によりて其の席を保てり、凡て英國上院の古躰を一新せんと主張する人々は下院の議員を撰むが如き直接撰擧法に由らすして、上院の力を增し且つ之を實際に有用ならしむべき方法を案出するに苦しめり、亞米利加の方案は、獨り歐洲大陸に行なはるゝ何れの方法よりも舊きのみならず、亦一層善美なり

なり

米國方案は元老院をして自ら剛强にして集合的性質に於て代議院と異ならしめたり

米國方案は州的政府と國民的政府との間の連鎖を形つくれり

元老院議員の撰擧法

とず、何となれば是れ啻に單純なるのみならず亦自然なればなり、即ち亞米利加の政治上の事情に根抵し且之に適應すればなり、亞米利加の方案は即ち其れ自身に於て剛强にして且つ其の集合的性質に於て彼の一層平民的なる議院(代議院)と異なれる一團躰(元老院)を構成し得たり、加之亞米利加の方法は又ハミルトンが豫期せる如く州的政府と國民的政府との間の連鎖を形づくれり、即ち元老院は國民的政府の一部なれども、其の議員が元老院に席を占るは、州立法部の已れを撰擧するに因るなり、但し斯の連鎖たる純粹無雜の利益とは謂ふ可らず、何となれば此事たるや諸州の立法部に於て、國民政黨(合衆共和兩黨の如き者)をして勢力を得せしめ、且つ彼等の爭をして益熱度を増さしむればなり、元老院に於ける各議員の投票發言は、二大政黨に取りて甚だ肝要なる者なるが故に、勢ひ已むを得ず彼等は元老院議員の由て撰出せらるゝ各州立法部に其の多數を制せんと相爭ふに到るなり、諸州立法部に於ける撰擧法は初めは

一人の元老院議員を撰む爲めに數月間の爭をなす

各州の法律の定むる所に任せられしが、其の曖昧及び隱謀を生ずること大なるを以て、一千八百六十六年に一の聯邦的法律を通過したり、其箇條に云く、一州立法部の各院(元老院及代議院)に、先づ別々に聯邦的元老院議員の撰擧の爲めに投票す可し、若し兩院の撰擧同一の人に落ちざるときは、兩院の多數一處に會合して聯合投票をなすべしと、斯の如き法律の下に於てすらも、元老院議員の撰擧は長き激しき爭の種となると間々之れあるを免かれず、即ち少數者は百方多數者の撰擧を妨げんと計り、斯くして其元老院議員の席を長く空虛ならしむ、近頃もイルリノイ、インデアナ及びニウジヨルセイに於て立法部は僅か一人の元老院議員を撰む爲めに數個月間烈しく相爭そへり、

間接撰擧を以て元老院議員を撰むの制は、外國批評家の讃歎する所となり、彼等は元老院議員が立法部行政部として他に優れる唯一なる十分なる源因を此中に發見すと信ず、余は今より此の批評の正當なるや否やを

元老院議員の撰擧はりの實間接撰擧にあらす州立法部より撰擧せらるゝの實を失へり

元老院議員たらんとを望むものは自ら己れを人民の前に推薦す

黨會に於て元老院議員候補者を撰定す

穿鑿せんとす、但し其前に先づ元老院議員の撰擧は殆んど間接撰擧の實を失ひたるとを觀察するは無益の事ならずと思はる、彼等は今猶ほ名義上は州立法部より撰擧せらる、實に憲法の明文に依れば然からざるを得ざるなり、元來州立法部ある者は當時其州に勢力を得居る黨派の占領する所にして、其の黨は黨會《カツカス》を開きて、候補者を決定す、而して其人は遂に撰擧せらる、如何とあれは黨派は必ず多數の賛成する所に與すればなり、今や黨會の決議は大抵常に黨派の幹事たる人々が預め定むる所なり、時としては元老院議員に缺員を生ぜんとするに臨みては元老院議員たらんとを望む人々は自ら己れを人民の前に推薦す、是に於て、彼等の姓名は其州の官職に對する自黨の候補者を指名する爲めに開かるゝ其州の黨會に於て討議せられ、而して其會に於て投票を以て元老院議員に指名せらるべき自黨の候補者を撰定す、此投票は其州の立法部の內外に該黨員を束縛す、元老院議員に缺員の起るに先だちて開かるゝ立法部員の撰擧會

大抵の州に於ては立法部の有する撰擧の自由は甚た狹小なり元老院議員の撰擧權策士の手中に落ちたり

に於て、同立法部に椅子を占めんと望む人々は、彼等もし撰擧せられなば、元老院議員の候補者中の誰れに投票を與ふべしと明言するを常とす、時としては又元老院議員志願者(固より其州の錚々たる政治家なる者)は己れを賛成せんが爲めに設けられたる其の州立法部員の候補者に勝を得せしめんが爲めに撰擧の遊説に出で、彼等の權利を主張するとともに又己れの權利を主張し、斯く互に其の利益を交換するなり、固より余は敢て諸州とも盡く其立法部をして元老院議員たる人物を撰擧せしむると云ふは名義上に止まりて、其實は該州立法部の撰擧せらるゝ時既に此事は確定せられたる者なりと一概に斷言するに非ず、境遇事情變する事なきに非ず、互讓の策或は必要ならん、然れども大抵の州に於ては立法部の有する撰擧の自由甚だ狹小なるは概して眞實なりとす、實際は人民否な寧ろ人民を籠絡し、人民の名を以て運動する策士《ワイアプルラ》なる者が州立法部員を撰擧するに當りて既に此事(元老院議員に何人を撰擧するかと云ふ事)を定

成文憲法をしてすらも實際の政治力の下に屈折せさらしむるは困難なり

元老院議員は一己人とーして投票す

一己別々に投票するか故に一州より出てたる二人の元老院議員反對せる兩黨に分屬するを得べし

其實例

了するなり、間接撰擧法をして其最初の目的に適ふ樣に行なはれしむるとの困難夫れ斯の如く、甚たし、成文憲法即ち剛憲法をしてすらも實際の政治力の下に屈曲撓折せざらしむるとの困難夫れ斯の如く大いなり、

元老院議員は一己人として投票す、即ち其與ふる投票は、彼れ自身の投票にして、彼れの州の投票にあらず、一千七百八十九年前に在りし舊聯邦の公會に於ては然らざりしなり、獨逸帝國の現在の聯邦會議に於ては然らず、諸州ともに其出す議員の數は、其の州の人口に比例して相同じからざれども、各州ひとしく一躰として投票するなり、亞米利加元老院議員は之に反して、一已別々に投票するが故に、一州より出でたる二人の元老院議員、反對せる兩黨派に分屬するを得べし、是れ二大黨の勢力相平均して、多數を制する時機兩方の間に往來せるが如き州より撰出せられたる元老院議員の塲合に於て屢々起る所なりとす、例ばオハイヲにして一千八百八十六年に一人の元老院議員を撰擧すると假定せよ、デモクラット黨當

元老院議員の任期の長さ

時該州立法部に多數を制するが故に、元老院議員に撰らまるゝ者は、必らずデモクラット黨の人たるべし、然るに一千八百八十八年に於てオハイヲの他の一人の元老院議員に缺員を生じたりとせよ、此時にはオハイヲにけ於る兩黨の權衡は已に一轉して、立法部に多數なるはリパブリカン黨なり、故に此度はリパブリカン派の人撰擧せられ、其の同僚なるデモクラット黨の元老院議員に反對して發言投票せんとの志を懷きて華盛頓府に赴く（元老院に出席する）なり、是の事實は元老院議員をして其州の立法部に對して獨立ならしむるに於て、與りて大に力あるものなり、何となれば州立法部員は其在職の期短きが故に（州立法部兩院中の大なる院の議員は通例二年を限りとす）元老院議員が其任期六個年の大半中再撰の望をかけ得る者は、現在の州立法部に非ずして、未來の州立法部なりとす、是れ元老院議員を獨立ならしむるの傾ある所以なり、

元老院議員の任期の長さは、一千七百八十八年に於て最も熱心に攻擊せ

六年の任期は長きに過きす

任期の長きより生せし結果

小州撰出の議員は大州撰出の議員よりも再撰せらるゝこと多し

られ、最も熱心に辨護せられたる憲法條欵の一なりとす、或人は論じて曰く、六年の長任期は元老院議員をして己れを撰擧したる立法部を忘却する危險なる貴族的の人間たらしむるに到るべしと、其甚しきに至ては、州の立法部に其州撰出の元老院議員を召還するの權を有せしむべしと主張したる者さへもありしなり、併しながら經驗の示す所に依れば、其の六年の任期は决して長きに過きざるなり、其の任期の長きは、亦元老院議員をして代議院議員よりも、容易に再撰せらるゝを得せしむる原因の一なりとす、此結果たるや平民主義の理論家の感情を傷くるにも拘らず、大に國家のために利益ある者なりし、小州撰出の元老院議員は、大州撰出の議員よりも再撰せらるゝこと多し、何となれば小州に於ては、大州に比して功名心ある人々の競爭鋭どからず、政治の變化少なく、其人民は一度信用して撰擧したる人に固着するの度更に强ければなり、凡て斯くの如き小州より撰まれたる元老院議員は、自州の立法部の上に己れの勢力を保持する

元老院議員の年齢

元老院議員の勢力は彼れの才能經驗及品行に循て上下す

と一層容易なるを見る、且又若し其の州にして財富の勢力に支配せらるゝものならば、彼れの富有は大州に於るよりも幾層の勢力あるべし、但し古來小州の中には、ペンシルウェニアの大州の如く一箇の人に長く久しく支配せられたる者未だ曾てこれあらず、ペンシシルウェニアにてはシモン、キヤメロンなる者三回再撰せられて、都合十八年間元老院議員たりし事ありき、近時に於て最も屢ば再撰せられたるは、ロードアイランド、ヴェルモント、及びデラウェアルの如き小州撰出の元老院議員ありとす、元老院議員の年齢は、平均存外に若かし、其の議員の四分の三は六十歳以下なりとす、元老院議員が代表する州の勢力は、彼れが元老院にて振ふ勢力に關係を有する者にあらず、彼の勢力は彼れが才能、經驗、及び品行に循つて上下するのみ、前にも述べたる如く小州撰出の元老院議員は、屢長らく其の職に居り、且其の位置も安全なるが爲めに、彼等は屢最も勢力ある者の中に數へらるゝなり、

元老院は永續的團躰にして常に徐々と變化し漸々に新陳交代す

永續的團躰たらしめたる目的及其結果

元老院内に於ける勢力の權衡轉移するを甚だ遲緩なり

元老院は永續的團躰なるを以て歐洲の上院に類し、英國殖民地及び米國聯邦諸州に存する上院に異なれり、元老院は單一なる人民撰擧によりて創設せられたる諸團躰の如く一時に悉皆改易する事なく、常に徐々と變化し、漸々に新陳交代をなす、其樣恰も一の湖に數多の小河新鮮なる水を送り來りて漸々に其流出づる水を補ふが如し、此組織たる元老院をして米國民の外交政略を處理掌管するに適すべき永續的團躰たらしめんとの目的に出でしあり、然るにこれが爲めに元老院に於ては種々の口碑傳説を生じ集合的精神を起し來りて、終に尊嚴と自尊の風習を馴致する事とは成りぬ、此結果たる固より偶然に出ると雖ども、其價直は更に幾層の貴きを見るなり、新撰元老院議員は常に小數なるが爲めに容易く從來の風習に同化せらるゝなり、且又同院内に於る勢力の權衡は固より諸州の立法部に於て此黨若くは彼の黨の多數を得るに循ひて、此黨より彼黨に轉すると雖も、其の轉徙するや彼の一時に直接に全數を撰擧せらるゝ團

元老院の立法權は只一點を除くの外代議院の立法權と同一さ其一點とは何そや

元老院修正の權を使用して課稅の事に干涉す

躰に於けるよりも甚だ遲緩なり、隨て又其政略も急遽に變更せらるゝの虞少なきなり、

元老院の立法權は只一點を除くの外、代議院の立法權と同じきが故に、後章に至りて之を記述すべし、但し其一點なる者は金錢上の議案に關はる制限是れなり、租稅は只人民の直接なる代議士の徵課すべき者なりと云ふ原則に本づき、且彼の既に數州の憲法中に採用せられし英國の古說に倣ひて、米國憲法は「租稅を徵課するの議案は總て代議院之を發すべし、但し、元老院は他の議案に於ける如く之れが修正を呈出し得べく、若くは修正を加へて之に同意するを得べし」と云ふ條欵を具へたり、代議院が嚴に其發案權を守護して分毫も犯されざらんと務むると同時に、實際に於ては元老院は大に修正の權を使用し、課稅の事に關して常に下院と爭論す、特に租稅金を分配適用する事に關して其爭一層熾んなり、開會期として一も果は爭論に至り、商議に至り、互讓に至らざるは無し、元老院の立法的

元老院には院內辯論の閉闔に關する條項、辯論又は演說の時間の長短を制限する個條等一切之れあらす

之あらさる理由

元老院には妨害障碍なし

順序手續の最も顯赫たる元老院委員の組織につきては、後章に之を細論すべし、此外元老院には種々の注意すべき規則あり、然れども一々之を此に記載するに遑あらず、但し是等の規則の中には、院內に於ける辯論の閉闔(代議院の下に詳說す)に關する條項、若くは辯論又は演說の時間の長短を制限するに關する個條等一切之れあらざるなり、是れ元老院が此の如き規則の助を借らずして善く其の事務を整理するを誇る所以なりとす、想ふに此事たる、只其の集會する人數の少なきに由てのみ然るにあらず、又常に其の議員の中に充實する尊嚴の念及び全院の意見が各議員の上に及ぼす勢力に由て然るを致せるなり、元老院に於ては、各人皆親しく其の同僚と相知るが故に、凡そ品格を重んずるものは皆他の議員を畏憚し、各々自身の利害に關はる事として、鋭意同院の道德的勢力を維持せんと務む、故を以て彼等は容易に元老院の價格を世間に落すが如き極端の手段を取ることを無し、近來に至るまでは彼の米國方言に所謂フヰルバスタ

議員の數增加し議事の捗り方困難に赴くも元老院は之か爲めに辯論を制限するの規則を採用せさるべし

其理由

リングと稱する妨害障碍(代議院の下に詳說す)の如きも、代議院に於ては常に見る所なれども、元老院の靜肅なる空氣中には殆んど知らざりしなり、數年前デモクラット黨の元老院議員が己等の痛く反對する議案の通過を礙ぐる爲めに之を使用したりし時には、世間の非難を蒙むらざりき、是れ其數リパブリカン黨に多く讓らざるデモクラット黨の元老院議員が惣躰に之を贊成したればなり、然るを以て又人民は斯くデモクラット派全躰を擧つて之に贊成を表せしむるには必ず大なる理由の存するあらんと信じたり、是を以てデモクラット遂に勝を制して、リパブリカンの多數を壓倒したり、元老院議員の數增加するに循ひて議事の捗り方以前に比すれば一層困難に赴くと雖も、元老院の之が爲に辯論を制限するの規則を採用するが如き事は萬々なかるべし、何となれば元老院は自ら規則の助なくして斯く圓滑に迅速に議事を結了し來りしを誇り、自家の善良なる風儀と代議院の諠噪なる樣子とを比較して滿足すればなり、一千八百八十

元老院には如何にして可否の決を取るか

三年の冬期開會の際、議事規則は十分に改正せられたれども、此種の新則を加んとの發言は毫もあらざりしなり、

元老院に於ては、可否の決を取るには、英國國會に於けるが如く別室に元老院議員を分ちて其の數を計るが如き事をなさす、字母の順に(伊呂波順に)議員の姓名を呼ぶを法とす、憲法の明文に依るに出席議員五分の一の請求あれば、其議事に於ける可と否との數を日記に記入せざる可らず、各元老院議員は其の姓名を呼ばるゝに應じて然り(アイ)若くは否(ノー)と答ふ(アイは可とする詞、ノーは否とする詞なり)、但し又可否の投票(發言)を爲さゞる樣元老院の許可を請求し得べし、彼若し他の議員と偶合したる時は、己が名を呼ばれたるとき、我は斯々の某議員と偶合せりと答へ得べし、然る時は則ち免るさるゝなり、何人も同問題に關して同日の中に二度以上演説するを許されざるなり、

元老院行政上の議事に取かゝる

偖又元老院は行政上の議事に取かゝるときは傍聽席を一掃し、戸は閉ざ

時は傍聽を禁す
議事の秘密は實際行われす

ゝしむ、而して議員は凡て議事を秘密にして他に漏さゞるの義務を有す、若し他に漏すことを有る時は議院より放逐せらるゝを規則とす、然れども實際に於ては、新聞社の探訪者は容易く其秘密會議の議事を明らかにするを得るなり、議院より放逐するの罰は未だ曾て實行せられたるとあらず、且時としては元老院議員自身すらも其同僚の院內の所爲を世に公けにするを以て利益なりと考ふることも無きに非ず、故に秘密の漏るゝも深く怪むに足らざるなり、前頃元老院內にも已に議事を秘密にする事、特に官吏任命の議事を秘密にする事に反對する一の運動ありし、又國人一般に公開は議院を淸潔ならしむるの益あるべしと信ず、然れども元老院內の黑羊とも稱すべき人々は己れの動作の惡きが爲めに暗黑を愛して秘密を贊成す、但し方正潔白の議員も亦現制度を以て元老院の權力及び尊嚴を維持するに利ありとして、同じく之を贊成す、

第十一章

行政的及び立法的團躰としての元老院

元老院は又行政院なり

元老院は單に立法院なるのみならず、兼て又た行政院なり、實に昔日に於ては其行政的職掌は他の職掌に比して一層重要なる者と考られたるが如し、ハミルトンが國民的行政權は大統領と元老院とに兩分せられたりと斷言したるが如きは、亦以て彼が行政部として重を元老院に置きたるを知るべし、元老院の行政的職掌に二種あり、一は條約を是認するの權、一は大統領の呈出したる官吏の指名を確定するの權是れなり、

元老院の行政的職掌に二種あり

條約に關する大統領及び元老院の職掌に就ては既に上に（第六章を見よ）

元老院は其外國との條約を確定し若くは拒否するの權を以て一般に外交政略を支配す

大統領に取ては元老院多數中の重なる人特に外交委員をして目下の商議の摸様を常に與かり知らしむるを以て最も得策とす

元老院の歡心を保つは大統領に

記述したる事あれば、此には只元老院は其外國との條約を確定し若くは拒否するの權を以て一般に外交政略を支配すと云ふを以て足れりとす、大統領は往復中の外交商議を元老院に通知して之れが助言を聽くも、亦既に完結したる條約を交附するまでは秘して之れに何をも語らざるも、一に其欲する所に任す、古來大統領は或は其商議若くは條約の性質に依り、或は己れ(大統領)と元老院の多數との親疎の度に依りて、時としては此の方を取り、時としては彼の方を取れり、然れども大統領に取ては、元老院の多數中の重立てる者等をして、特には其外交委員をして、目下の商議の摸様を常に與り知らしむるを以て最も得策とす、如何となれば大統領は斯くして元老院の脈を引き見るを得べく、又如何なる種類の條約を以てせば元老院の認可を得らるべきかを預知すべく、而して之れと同時に、又己れと己れの協力者(元老院議員)との間に親密の度を進むるを得べければなり、元老院の歡心を保つは大統領に取りて最も大切なりとす、何とな

取て最も大切なり

元老院秘密會議を開て外交問題を議す

元老院か外交政略を支配するより生する大功

外交の事悉く元老院に諮詢する

れば元老院は他の諸議會と同しく、其力に及ぶだけの告知及び權力を悉とく得んと求むる集合的自重自尊の精神を有すればなり、元老院は秘密會議を開くの權あるに因て、秘密會議を開きて大統領より交附せられたる外交通知書を議するを得べし、故に其一層重要なる者の如きも、最初外交委員に交附せられたる後、時としては世間に漏るゝの不利なくして元老院内に討議せらるゝを得るなり、勿論重大なる事件は長く其の秘密を保つ能はず、外交委員を以てするとも猶早晩漏れざるを期す可らず、「エルダル、エダ」（スカンテナビアの古事記の一）に載たる古諺に曰く「汝の秘密を一人に語れ、二人に語る勿れ、若し三人知らば全世界知る」と、實に之を謂ふなり、

元老院が斯く外交政略を支配するの事は、平民政府、否な一切の自由政府が外國との交渉に於て往々出遇ふ所の彼の懼るべき困難を排除するに大功あり、若し外交の一擧一動盡く先づ元老院に諮詢せざる可らずとせ

時の危險

行政部秘密に條約商議を行ふ時の危險

元老院をして時々其條約の商議に參與せしむるに由て是等の危險を減少せり

ば、國民は勢ひ已むを得ず又手を出して之に喙を容れん、而して又之れが爲に同盟國を得、若くは條約を結ぶの好機會を失ふに至らん、之に反し、若し又行政部にして秘密に條約商議を行ふことを許されんか、同じく危險の虞なきに非ず、即ち之を支配する集會(元老院惣躰を謂ふ)は行政部の締結したる所を拒絶し、爲めに外國の不信用を來たし、外國をして條約を締ぶことを好まざらしむるの危險を生ずべし、然らざれば又國民は自國の行政官の成したる所なれば躰面上之を拒むを宜しからずとして、自ら善しとせざる條約をも批准するの危險を生ずべし、然れども元老院をして時々其條約の商議に參與せしむるに由て是等の危險減少せり、何となれば元老院は批准の權を握る團體(元老院議員全躰)の意見の如何なるべきかを行政部に告知らせ、且つ前以て彼の團體の同意を保證すればなり、斯く條約を有効ならしむる爲めに元老院の批准を要するの事は、米國をして二面の約定を爲すの弊を免かれしむ、但し此事たるや米國と條約を締ばん

米國制度の下に於て外交政器に必要なる膽勇と神速とは如何にして期せらるゝや

如何にして外交政器の恒一を保つべきか

答て曰く亞米利加は歐羅巴にあらず

とする他の諸國をして多少不快の感を起さしむると無きに非ず、例へば元老院が一千八百六十九年のレベルデ、ジョンソン條約の批准を拒みて、英國に不快の感を懷かしめたる如き是なり、歐洲政事家は或は問はん、斯の如き制度の下に在ては、外交政略に勝利を制するに必要なる膽勇と神速とは如何にして期せらるべきか、若し元老院の外交委員會長にして第二の外務卿(即ち所謂國務卿)たるが如き實あらば、如何にして外交政畧の恒一を保つべきかと、余は之に答へて言はん、亞米利加は歐羅巴に非ずと、蓋し合衆國外務省の處理すべき問題は、舊世界に於けるよりは甚だ少なく、且つ概して甚だ簡單なり、亞米利加共和國は始終堅く大西洋の彼方に獨立して毫も他國に向て其手を出す事なし、此の元老院をして外交事務を監督せしむるの制は、行政部をして成功の期し難き籌策を運らすの念を減殺せしめて、隱に其外國に對する冒險の嗜好を薄くし、以て米國をして同盟保護及び其他諸般の責任を以て國境外の葛藤に加はることを免

不干渉の外交政略を實行するは米人に取りて甚た容易なり

外交の範圍内に在る純粹の行政事業は元老院の支配し能はさる所なり

元老院は條約を修正するを得へ

がれしむ、是れ實に此制度中の大功德なりと謂ふべし、而して又此不干渉の政策を實行するは亞米利加人に取て甚だ易き事なりとす、彼等は己れの半球に安立して更に同盟を得るの必要なければなり、强大なる數多の歐洲隣國を咫尺の間に有し、印度帝國を萬里の遠洋に有し、世界の全面に散布する植民地を有する英國の境遇は、大にこれと異なれり、併しながら英國の事情は斯の如く異なりと雖も、他日必らず英國に於ても、行政部が今日外交に關して有する所の殆ど無限なる自由を制限せんとする問題の呈出論議せらるゝの日あるべし、其時に於ては亞米利加元老院の此實例は英國人の精細に講究するの價直ある者ならん、但し此に尙一考すべき者あり、即ち外交の範圍内に於て爲さるべき動作の中全く純粹の行政事業(例せば軍兵及船艦の運動の如し)なる者も少なからず、而して此種の動作は元老院の支配し能はざる所なりとす、

元老院は條約を修正するを得べく、之を修正したると往々にしてこれあ

く之を修正したるを往々にして之れあり

元老院條約を批准するの方法

此方法は少數に大權力を與へ黨派心を以て外交政略に對せしむるの危險を增長す

り、而して其の修正したる上は之を大統領に返附するなり、元老院は自ら條約案を草して大統領に呈するを得べく、又條約案を調成せんことを大統領に請求するを得べし、是皆法律の禁ぜざる所なり、然れども實際には斯の如き事なし、條約を批准するには出席元老院議員三分の二の贊成投票を要す、此法たるや煩背ある少數に大權力を與ふる者にして、合衆國の歷史に數度顯はれたるが如く、元老院若くは元老院內の一派をして狹隘なる黨派的精神を以て外交政略に對せしむるの危險を增長す、若し外國と締結せられんとする條約にして、多寡に拘はらず一群の州の利益を害する時或は害するならんと想像せらるゝ時は、其の條約は是等の州より出たる元老院議員の爲めに廢滅に歸せしめらるゝことあるべし、是等諸州撰出の元老院議員は自黨に屬する他の元老院議員に向ひて、若し此條約を排斥し、更に進んで此上の商議に際しても大膽なる攻擊を試むるあらば、彼等が撰出せられたる地方の黨勢は一層好景氣を呈すべしと言を巧

條約を破るは大統領の政府を辱かしむる者なり

人民の嫌惡を來すは只極端の場合に限れり

一團の元老院議員の上に責任を定むるは困難なり

にして説かん、是に於て天下の公道若くは一國の利益よりも寧ろ心を自黨の爲めに用ふるが如き元老院議員等は、之を聞て直に之に應ず、特に彼等の黨派が大統領に反對する時の如きは、更に喜んで之に應ずべし、何となれば條約を打破るは、以て大統領の政府を辱かしむる者なればなり、彼等の黨派若し多數の方を制したりと假定せよ、其條約は必ず拒絶せられ、其差掛りたる疑問の落着は恐く無期限に延期せらるべし、斯く惡意を以て事を爲す黨派は世間に聲價を落とすに至るべしと思はるべけれども、人民の嫌惡を來すは只極端の場合に限れり、總躰人民は外交事務に無頓着なるが上に、外交事務につきて是非の判斷を下すが如きは亦其甚だ不熟錬なる所なるを以て、余が茲に述べたる罪過の如きは、之を犯すも大抵咎めらるゝ事ある無し、且又一團の元老院議員の上に責任を定むるは、行政官の上に之を定むるよりも一層困難なり、行政官は通例外交上の紛紜の續く間は苦しめらるゝが故に一日も早く之を落着せんと急げども、元

撰擧に勝を得んが爲めに外交政略を利用するの習慣は獨り米國に限らず

元老院官吏指名確定權を楯として大統領に對したる實例

老院は全く斯の如き事には痛痒相關せざるを以て、外交の困難中よりして自黨のために利益を吸ひ出すべき望ある間は、長らく其の事の續かんとを好むなり、固より撰擧に勝を得んが爲めに外交政略を利用する習慣は、獨り亞米利加に限るに非ず、吾人は英國に於て之を見たり、佛國に於て之を見たり、君主國たる日耳曼に於てすら之を見たり、然れども亞米利加に於て元老院に條約批准權を有せしむる事は、特別に斯の如き習慣の實行を誘導し、且容易ならしむるの門戸を開きたる者と謂ふ可し、

元老院の他の職掌、即ち大統領の交附したる官吏の指名を確定するの爭は、已に大統領の權力に關する章中に之を論じたり、元老院は聯邦的恩典の一大塊を自ら己れに有するの望を堅ふするが爲めに、如何に此確定權を使用せしや、大統領に反對する多數は如何に此權利を楯として大統領を苦しめ且つ妨げ得るやは余已に彼の章に於て之を詳説せり、最近の出來事につきて之を例せんに、去る頃大統領クリーヴランドと元老院のり

大統領をして黨派心より濫に官吏を罷免せさらしむる良法

パブリカン多數との間に恩典に關する爭論起れり、即ち元老院は大統領に向ひて、凡そ前官吏を罷免して、其空缺せる地位に新官吏を指名する時は、其指名とゝもに、又前官吏免職の理由書並に此事に關して行政官の手中に存する書類を盡とく元老院に送附せんとを請求したり、大統領は、元老院には斯の如き事を要求すべき法律上の權利なしと言ひながらも、尙其免職の理由を陳述する丈けは悦んで之に應ぜんとする色ありしが如し、然れども其他見を許す可き者に非ずと思惟したる文書をば斷然交附する事を拒絶せり、是に於て元老院は苦情を鳴らし種々の決議をなせり、然れども無論大統領を强て承諾せしむるの權なければ復如何ともする能はざりし、或る元老院議員は主張して曰く、黨派心よりして濫りに官吏を罷免するの弊を矯正すべき良法は、元老院をして現今の如く秘密なる行政會に於てせず、公開の會に於て公然と官吏指名の可否を討議せしむるに若くはなしと、是れ實に大統領をして其の不當の指名を爲せし時に

元老院の撿制は幾分か大統領が恩典を濫用するを防止すれ共十分ならす

元老院の多數大統領に反對なる時に於ても其多數は大統領の惡き任命に同意す任命の責任は大統領に在り

は衆人の前にて非とならしむ可く、元老院をして其前官吏免職に至當の理由なしとして新官吏の指名を拒絶せし時には公衆の前にて是とならしむべき最も適當なる方法なるが如し、然るに亞米利加の輿論が官吏指名の如き重要の事務を論するに秘密會議を以てするを許すは歐洲人が見て爲めに一驚を喫する所なり、

元老院の撿制は、以て大統領が恩典を濫用するを防止し得るか、然り、幾分かこれを防止するや明らかなり、然れども望む程には十分ならず、元老院の多數にして大統領と同黨なるときは、官吏の任命は通例自黨の利益を第一として、大統領と元老院の多數との間に熟議を以て定めらる、又元老院の多數にして大統領に反對ある時に於ては、其の多數は大統領の最も惡しき任命にさへも同意せんとす、何となれば此の如き任命は大統領及其黨派をして一國人民に信用を失はしむればなり、又次回の撰擧爭の時に非難攻擊の倔强なる種となればなり、任命の端を開く者は大統領なるが

元老院か官吏任命に干渉するの職掌は今日は格別緊要のものに限らす

故に、輿論の責に當る者も亦指名する大統領なり、確定する元老院に非ざるなり、既に斯の如くなるが故に、元老院の此行政的職掌(任命確定の權)は今日尚憲法の貴重なる部分なるや否や殆んど疑はしと謂ふべし、是れ元と大統領が高等の官職を盡く己れが一味徒黨の者即ち己れの道具に與へて自ら壓制者たらんとするを防がんが爲めに設けられたりしなり、然れども斯の如き危險は曾て存せりとするとも、今は早過ぎ去れり、此行政權なしとするも、國會は功名心の熾なる大統領を防制すべき他の方法を有するなり、想ふに官吏任命に關する責任の愈々己れの一身に歸するに循ひ、又た其の圍繞せらるゝ秘密の勢力の愈々減少するに循ひて、大統領の任命は益々善美の觀を呈するに至るべし、又他方に於ては元老院が官吏の任命に與かるは、是れ兩箇の撿制支配を設くる者なるを以て、此二者互に相摩擦して事務の遲延を來すあらんと想はるれども、實際はさのみ甚だしき者に非ず、即ち内閣員の任命は勿論の事として(元老院の爲に)確

元老院司法上の職掌は高等法院として代議院に彈劾せられたる人を審問するに在り

古來彈劾せられたる者大統領ジョンソンの外合せて六人

定せられ、外交官の任命も拒絶せらるゝことと稀なり、元老院の多數が行政官に反對なるときは、「小喧嘩」の起ることと屢なり、然れども行政機關は、由や圓滑に運轉せずとするとも、其の運轉は十分國家普通の事務を行ふに足れり、

元老院の司法上の職掌は、高等法院として、代議院に彈劾せられたる人を審問するに在り、合衆國の裁判長之れが議長となるを法とし、有罪と決するには元老院議官三分の二の投票無る可らず、大統領に關する審問の手續は、已に第五章に之を陳べたり、彼の手續は、他の官吏並に聯邦判事にも同じく適用せらる可し、古來彈劾せられたる者は、大統領ジョンソンの外合せて六人ありし、即ち

四名の聯邦判事、此中二名は放免せられ、二名は有罪とせられたり、其の一名は平生酒に沈湎するが爲め、他の一人は一千八百六十一年の脱聯者(南部諸州の反者)に與したるが爲めに斯く罪せられたるなり、聯邦裁判官を

政治的問題は大審院に於てするよりも元老院の高等院にて之を審問するを善しとす

元老院議員は法庭の裁判官とな

罷免するには只彈劾の一法に由るの外なき事は後章に於て頓て之を說くべし、

一人の元老院議員、彼は裁判權の缺けたるが爲に放免せられたり、如何となれば元老院は元老院議員の職を以て米國憲法第二條四節中なる「文官」に非ずと判決したればなり、

一の軍務卿、彼は彈劾未た實際に施こされざる前に其の職を辭し、無官職の一私人にして彈劾せらるべき者に非ずとの理由を以て之を免かれたり、

斯の如く彈劾を實行するの跡甚だ稀なれども、決して之れを廢す可らず、且又政治的原素の常に離れる事件をば大審院をして之を審判せしむるよりは、元老院の高等院にて之を審問するを却つて勝れりとす、何となれば若し大審院をして政治上の問題を判決せしめば、之れが公不公につきて大審院は世人の是非する所となる可ればなり、元老院議員は大抵有名

るに毫も愧る所なし

なる法律家なり、故に法律上の知識を以て論ずれば彼等は法庭の裁判官となるに毫も愧る所なしと謂ふ可し、

米人は元老院を以て米國憲法の奏功中の一となす

元老院の創立せられたる目的五個

第十二章

元老院の運轉及勢力

亞米利加人は元老院を以て米國憲法の奏功中の一となし、憲法創定者の智慧及び卓見の記念となすに足る者と考ふ、外國の觀察者も亦屢々斯の如き稱讃を反復したり、想ふに外國觀察者は米人に比すればこれが眞狀に精からざるを以て一層盛んに之を讃歎したるか如し、

元老院の創立せられたる目的、元老院の當さに達す可き目途はアレキサンドル、ハミルトンが反對者に答ふる爲めにフェデラリスト新聞に揭げたる五個の書翰中に明示せらる、其の目的は五個にして下の如し、

第一　第二　第三　第四　第五

（第一）大となく小となく、各州をして盡く國民的政府の一部分に同數の代表者を出さしめ、以て諸州に於ける獨立の精神を慰安する事、

（第二）其の人數適宜に、其の議員經驗に富み、大統領が官吏任命、條約締結の權を行ふに當りて、彼れに助言し、彼れを撿制するに適すべき一個の議會を創立する事、

（第三）代議院の急激輕剽を防制し、人民の激怒の暴發、若くは輿論の劇變を警戒する事、

（第四）其の經驗饒かに、議員たるの期限長く、他に比すれば人民撰擧の外に獨立するの割合多くして、以て國民の政府中に堅固不動の一要素を形つくるべき人々より成立てる一團躰を設立し、之をして外國政府の眼中に一定の性格を維持せしめ、且つ內外政略の恒一永久を保たしむる事、

（第五）行政官の權力の濫用を防ぐ爲めに必要なりと考へらるゝ療法なる彈劾事件の審問に適する一の法院を設くる事、

元老院は後に及て意外の地位を國民的政府中に有するに至れり

元老院は偶然の僥倖を以て出來たる者なり

是等五個の旨趣は、皆多少十分に其の目的を達し得たり、而して元老院はハミルトンが當時殆んど望むことを敢てせざりし地位を國民的政府の中に有するに至れり、一千七百八十八年にハミルトン書して曰く、「人民の直接代議士に對しては何一として權力を爭ひ得る者なし、元老院の憲法上の權力さへも之には敵する能はざるへし、只明達靈慧なる政策を顯はし、國家の公益を尊重し、以て人民全躰の愛慕と贊助を代議院と分取するを望むの一あるのみ、」

元老院は果して國家の公益を重んずるの點に於て代議院に勝るや否や、或は疑はるべしと雖も、元老院は確かに國事を整理するに於て一層大なる伎倆を顯はし、而して智力の卓越なるを以て、由や人民の愛慕を得ずとするとも、人民の尊敬を得たるは明らかなり、

憲法創制者の手に成れる此の名作(元老院)は、實は偶然の僥倖を以て出來たる者なり、然れども此事たるフェデラリスト新聞が之を言ふの必要な

憲法會議に於ては只情實上より元老院を創設したるのみ

しとして無言に附せし者にして、又亞米利加人が一般に未だ確認せざる所なり、一千七百八十七年の憲法會議に於ては、誰れか此彼等が熟議の結果として最後に出現し來れるが如き元老院の理想を最初より心に懷き居りし者あらんや、是れ全たく大州と小州の相反對せる要求を調和するの必要に迫られて同會議の手中より生じ來りし者なりとす、蓋し各州をして同數の代表者を元老院に出さしむるの讓與は、小州をして人口に從て代表者を代議院に出すの制を甘諾せしめたる所なり、而して代議院の中に今日含有せらるゝが如き民主的權力の辨護者と、大統領の中に今日含有せらるゝ如き君主的權力の辨護者との間に數回の互讓を爲したる後、終に元老院に賦與するに其れをして今日の如くならしめたる所の品質と職掌とを以てせり、偖此の彼等が殆んど不知不識の間に完備せしめたる事業の終局を告るに及んでや、憲法會議中の重なる人々は、其の成績の甚た善美なるを悟りて熱心に之を辨護せり、今日より之を見るに其議

憲法創制者は元老院を以て首として行政的職掌を有する一團躰と考へたり

元老院は初め議員の數少ふして行政事務を取るに適せり

元老院議員は當初己れの州より派遣せられたる公使の如き思をなせり

論實に肺腑より出でたるが如し、然れども彼等が元老院に就て懷きたる概念は、其の實際に現はれ來れる所に異なれり、彼等は立法部の一派として之を創制したれども、之を以て第一に首として行政的職掌を有する一團躰と考へ做したり、其の初めに於ては實に此の如くなりし、諸州の委員が州別に投票したりし舊盟邦《コンフエデレーション》の公會《コングレス》の先例、及び其の以前殖民地の尙英王に屬するとき、殖民地の知事の諮問に應ぜし行政會議《カウンシル》の先例は、元老院に固着して離れず、元老院議員の心に侵染して之を化動せり、初めに於ては元老院は二十六名より成れる一小團躰にして、一千八百十年に於てすらも只三十四名の議院を有せしのみ、其行政事務を執るに不適當ならざる團躰なるを知るべし、其の議員たる者は各々己れの州より派遣されたる公使。の如き思ひをなし、助言及び訓示を己れの州の立法部に求むるを常とせり、降て一千八百二十八年の如き近時に於てすら、一元老院議員は或る方案に反對して激論したる後、公然明言して曰く但し我が州は之

元老院創設せられてより最初五年間は重に行政の事務を取れり

元老院か立法部として勢力あるは一朝一夕に然るにあらす

を贊成するならんと信ずるが故に我は之に同意の投票を爲すべしと、元老院は其創立せられてより最初の五年間は、戸を閉ぢ傍聽を禁じて會議を開き、重に官吏任命及び條約に關する機密の事務を取り、大統領の内閣員と秘密の商議を爲したり、其の代議院に倣ひて常置委員を設くる事は一千八百十六年まではあらざりき、元來常置委員は行政官の出席せざる團躰に於ては、立法事務を處理するに缺く可らざる機關あることと代議院の經驗に由て明らかになれる者なりとす、元老院が立法躰として代議院に劣らず活潑にして勢力あると今日の如きは、變遷發達の長年月を經て此の如く成りたる者なり、此の進步たるや(後に精しく說くが如く)合衆國の剛憲法の下に在てすらも出來得べからざる者にあらず、何となれば憲法上元老院の權限を規定する諸節の言語は甚だ廣漠として汎說に止まれはなり、然れども元老院は其の立法上の權力を獲るに於ても、更に其行政上の職掌を失ふ事なし、もつとも條約に關する事務は外交事務常置委

行政上に就き元老院は世界獨歩なり

元老院の奏功とは何の意ぞや元老院は政府内に重力の中心を創造せり

元老院の奏功は消極的に在て積極的の事業に少なし

員の助言に依て之を行ふこと多しとす、又た其行政上の職掌については、是れ世界に獨立して他に其比を見ざる者と稱すべし、歐洲諸國に於ても、英國殖民地に於ても、民選的團躰をして直接に行政事務に干與せしむること米國元老院に於て見るが如くする者絶て有ること無し、

但し元老院の奏功とは畢竟何の意ぞや、他なし、是れ憲法創制者の大目的を達するに於て其功を奏したりと稱す、即ち政府中に重力の中心を創造せり、一方に於ては代議院の民主的浮躁を矯正し、他方に於ては大統領君主的功名心を撿制するに足るべき權力を制作せり(元老院を指す)、此權力たる者(元老院)は二者(代議院と大統領)の中間に立つが故に勢ひ兩方の競爭者にして、又通例兩方の反對者なり、代議院は元老院の同意なくしては、何事をも完全すること能はざるなり、大統領は元老院の抵抗に由て打破らるゝことを得るなり、是等は皆譬へば消極的若くは禁制的成効と稱すべき者なり、善良なる立法案を呈出するに於ても、或は又代議院より回送したる

米國憲法全躰の精神

元老院は代議院の如く直接に人民に撰まれ直接に人民の爲めに談論せさる故に代議院よりも勢力微弱なる可しとの臆斷は誤れり

法律案を改良修正するに於ても、凡て積極的の事業に於ては、元老院の功を奏せし所更に少なし、然れども亞米利加憲法全躰の精神は、活動に超て堅固を尙ぶに在り、政府の全組織上に變動を生ずるを防ぐの力を養成して、諸團躰の有爲の勢力を犧牲に供するに在り、元老院は自ら其の位置を卓越ならしめ、人をして尊敬の念を起さしむるに於ては其功を奏したり、元老院は政治界に於ける國民の最も才能あるものを網羅し、智力上の最上權を確立し、才能ある人々が權威を以て國人に談ずるを得べき好地位を備へたり、

是等の奏功は何の原因に歸すべきか、抑も元老院は代議院の如く、直接に人民の中より起らず、直接に人民の爲に談論せす、直接に人民に瞻望せられざるが故にハミルトンは元老院は代議院よりも勢力微弱なるべしと臆斷せり、是れ自然に起るべき思想にして毫も怪しむに足らず、如何となれば亞米利加に於て元老院が代議院に對する位置と、英國に於て上院が

元老院は代議院に比して毫も微弱ならず

元老院と英國上院との比較

今日世襲の議員より成立つ議會は無勢力なり

下院に對する位置とを比較して類推すれば、一層人數多く、一層人民に近き議院は、他の一方なる小議院を壓倒するに至るべしと思はるればなり、實に一千七百八十七年の人々は常に斯の如き類例を心裏に有したりしなり、然れども元老院は其の姉妹なる代議院に比して毫も微弱ならず、道德上に於ては却てこれよりも多くの勢力を有するの實を示したり、是れ此類推の誤まれるを明かにするに足れり、何となれば英國の上院は世襲にして、元老院は代表的なる者なればなり、今日に於ては世襲の議員より成立つ議會は、其議員如何に才能ありとも、如何に富裕なりとも、如何に社會に勢ありとも、迚も人民の爲めに談論する人々(人民の代議士)の有するが如き大なる權威を以て談論するを得るもの一もこれあらざるなり、ミラボーがウェルサユ(佛國の地名)なるサル、デ、メヌ(館名)に於て語れる有名の語「余輩は人民の意志に從て此處に在り、銃鎗の外は何物も余輩を此より逐退くる能はざるなり」とは、現時一般なる感情の風潮を明言する者な

元老院は直接に人民より撰まれされ共人民を代表する者なり

或る元老院議員は數百萬人の爲めに談論し數百萬人に責任を有す

元老院か他國の上院に比して其

り、憾むらくは英國人の早く此に着眼せざりし事を、彼等時世に後れたる英國の學者輩は今日やうやく彼等の上院の短所は其勢力の强さに過るが爲めにあらずして、其弱きに過るが爲めなる事、及び代議的にあらざる議會は今は最早勢力を有する能はざる事を醒悟しつゝあるなり、夫れ元老院は直接に人民に撰擧せられずと雖ども人民を代表する者あるは明かなり、元老院は其人民に直接せざるが爲めに蒙ることあるべき損失をば諸州の如き古く且つ力ある衆共和國を代表するの利益を以て償ひ得て餘あり、新約克若くはペンシルウェニアより出たる元老院議員の如きは、數百萬の人の爲めに談論し、且數百萬の人に對して責任を有す、米國元老院議員が古へより永續し來れる普魯亞貴族、若くは其の所領全郡を蓋ふ所の英國貴族に比して遙かに勝れる勢力を有するは、決して怪しむに足らざるなり、

是れ元老院が他國の上院に比して、其の勢力の强盛なる第一理由なり、即

勢力の强盛なる第一の理由

第二の原因

小團躰は大團躰よりも善く、其議員を薰陶するの力を有す

小團躰中には辯論の自由を妄用するの傾向少なし

ち是れ人民に撰擧せられ、隨て又た人民に對して責任を有すると云ふ廣大鞏固なる基礎の上に搆造せらるゝなり、第二の源因は其の議員の數少なくして團躰の小なるに存す、小團躰は大團躰よりも善く其議員を薰陶するの力を有す、何となれば各議員は一層大切なる關係を有し、一層多く爲すべき事を有し、獨り己れの委員たる事務のみならず、議院全躰の事務にも一層速かに通達し、共同の動作を生ずるに己れの動作の與て力ある を感ずるの念一層活潑なればなり、小團躰中には辯論の自由を妄用するの傾向一層少なし、黨派心は或は大團躰に於けるが如く同く熾んならん、然れども如何に嫌ふにもせよ是非常に相會せざるを得ざるが如き人に、對しては自然親密の交情を保たんと欲する者なるに因り、又元老院の權勢を維持するにつきて一同に利害の念を共にするに因りて、其の黨派心は和らげられて激しきに至らず、元老院議員は速に同僚を一々に識るに至るべく（最初元老院議員は僅かに二十五人）、また同僚が己れを何と思ふ

任期の長より良結果を生せり

かをも直ちに知るに至るべし、彼は同僚の意見に感じ易し、彼は公衆の前には何如に難問を呈出し得るとも、同僚の前には難問を試むるを好まず、斯の如く元老院は幼穉の時に當りて、其の事務を討議し處理するに於て、大團躰に望まれざるが如き善習慣を形れり、而して是等の習慣は元老院の成長するに及んでも保ちて失なはず、又た其割合に年限の長きは良結果を生じ來れり、六年の期限は歐洲に於ては短しと見ゆれども、亞米利加に於ては、代議院及び殆んど諸州總躰の議會の撰擧せらるゝ期限の二個年なるに比すれば長しと謂はざるを得ず、又亞米利加政治の變化迅速なるに比しても同じく長しと謂ふべし、元老院議員は十分に己れの事業を學習するの機會を有し、又其之を學習したる事を證明するの機會を有す、元老院議員は一層己れの撰擧人に對して獨立なるの狀あり、此事たる政治家輩が輿論とし云へば其一時の微風をも透さず捉へて洩さゞるが如き亞米利加に於ては、其利たること自ら明かなり、即ち元老院議員は己れ

元老院の奏功の一大原因

の州を周行して遊説演説を爲し、地方政治家の間に己れの勢力を保たざるを得ざるの勞を少しく(只少しなれども)免かれたる者と謂ふべし、
元老院議員の數少なきと其年限の長きとは、此外にも亦同院の性格上に一の大切なる影響を及ぼせり、是れ即ち元老院の奏功の一大源因と稱すべき同院議員の卓越せる智能を長養するに與りて力ある者なり、凡そ元老院の事を記する歐洲人は、皆元老院を組織する議員の才能あるを喋々し、多くは皆デ、トクビールに傚て斯の才能を以て複選擧の功に歸したり、即ち州立法部より元老院議員を選擧するの法は、人民の直接選擧を以てするよりも、最も適當なる人を發見し選擧する爲に一層の便法たることを證明したりしと想像せらる、然れども余が前に述たる如く、元老院議員の選擧は實際は人民選擧となり、州立法部の職掌は今や只其既に黨派内の幹事等が撰定し、且つ黨會に於て多分批準したる所の人名を帳簿に記入し、且つ儀式上該選擧を完成するに過ぎざるなり、但し此の如き近年の發

元老院は最も才力あり最も功名心ある人を集むるの引力を有す

代議士の地位を以て元老院に進むの踏石となす

米國元老院議員のオ力と代議院のオ力との比較

元老院は其議員の政治的能力を改良進歩せしむ

達は全く之を措き、滿百年間に於ける元老院の歷史を閱し來れば、元老院をして斯く才能の淵叢たらしめたるは、最も才力あり最も功名心の熾んなる人々を吸集すべき引力の元老院內に存せしに由るに外ならざるを明らかに知るべし、元老院議員は代議院の議員に比すれば、權力も多く、品位も高く、就職の年限も久しく、一層獨立なる地位に立てり、是に於てか聯邦政治家は皆元老院議員たらんとを志し、代議士の地位を以て米國の上院とも稱すべき元老院に進むの踏石と見做せり、されば米國元老院議員平均の才力が代議院の才力に勝るは、恰も歐洲の內閣員平均の才力が立法部の平均の才力に勝ると同じうして、更に驚くべき事あらざるなり、加之元老院は又その議員を薰陶して之れが政治的能力を改良進步せしむ、夫れ緊要にして且入組たる行政事務を執りて、小團躰の中に數年間其の職を奉ずるは、之を國會議場の他の一隅に屯する代議士の群中に領相接し肩相摩して多年を費やすに比すれば、其の利益蓋し相倍する者あらん、若し元老院に入り來れる人にして已に聯邦政治家の平均に超越する者あらざる時は、元老院は直に其の人を訓錬して卓越ならしむ、然れども前にも述べし如く、自然陶汰は概して政治世界に流れ入りたる一國最良の才力を元老院に集むるに至る、由や此撰擧をして撰擧所に於て、人民の直接に撰擧する者ならしむるも尚自然陶汰の作用亦等しく此に出ること疑なかるべし、

最近六十年間の重なる人々は多くは元老院議員たり

最近六十年間の重なる人々は、多くは元老院議員に入りて席を占めたり、彼の一千八百二十五年より一千八百六十年に至るまで、州權及び奴隷の問題につきて喧しかりし退屈極まる議論中に時々稀ながらも、燦然たる光彩を放ちし幾多の有名なる演說も元老院內にて爲されたり、是等の議論の一、即ち一千八百三十年の初に於て、ダニエル、ウェブスターをして、堂々たる憲法辨護論を演說せしめたる者の如きは、其の後久しく「元老院中の大議論」と稱せられたりき、

「元老院中の大議論」

第四十八回國會の元老院議員

第五十回國會の元老院議員

元老院議員たる人に要する性格

第四十八回の國會(千八百八十四年中)に席を占めし七十六人の元老院議員中、三十一人は曾て代議院の議員たり、四十九名は嘗に諸州立法部に勤めたる者なりしと云ふ、第五十回の國會に於ては、元老院議員の二十九名は曾て代議院にあり、四十九名は州立法部に在りし者なり、曾て裁判官若くは州知事たりし者も多かりし、曾て諸州の黨會に其の席を占めたる者も多かりし、大抵皆嘗に幾何か公務に從事したる者なりし、凡そ元老院議員たる人は此莊嚴なる議場に入るの前、先づ頗る公務の經驗を有せざる可らず、又下等社會の人情にも通する所なくんばある可らず、然れども經驗なるものは悉く利益あるものにあらず、實地の經驗は人をして善行に上達せしむると同じく又惡行にも熟達せしむる者ありとす、凡そ元老院議員となる人が由て訓練せらるゝ地方政治及び代議院に於ける事業の習慣熟練は、一切の人物をして機巧と敏捷とを發達せしむると雖ども、惡人物に對しては又不良の結果を生じ來り、其人の意見を狹隘ならしめ隱

元老院の議場の有樣は如何

謀の嗜好及び才智を之に與ふるに至るなり、

元老院の議場は半圓形なり、議長たる合衆國の副統領は、半圓形を横ぎる弦線の中央に少しく隆起せる大理石の臺上に其の椅子を安んじ、衆元老院議員は皆同一の中心を有する半圓形に於て席を占めて盡く議長に向ひ、各々モロッコ柔皮を以て蔽へる安樂椅子に腰をかけ、其前に一脚の寫字檯を設く、元老院の地牀の大さは殆んど英國下院の面積に齊とし、然れども其四面に大なる傍聽席の設ありてロッビ(應接間の如き者)の上を後へに廣がれる故に、議場の上部及び空間の全面積は英國下院に踰ゆると遠し、是等傍聽席の一は合衆國の大統領の用に供し、他は婦人、新聞記者及び一般人民の用に供せらる、議員の椅子及び寫字檯の後邊に廣き空處あり、議員等此に外國人を案內して、其處なる長椅上に坐して談話す、外國立法部の議員は此處に入ることを許さる、議場は傍聽席に人なき時は殊に些少の反響を起すなり、故に大抵の演說家は聲を張りて語らざる可らず、議場

元老院議員發言する時の摸樣如何

デモクラット黨は議長席の右に座しリパブリカン黨は其左に座す

來觀者か議場に臨みて起す感覺

たる天井の破璃間より日光を洩し來るが爲めに兩方の翼に窓を穿たず、而して其中に大理石の高壇を設くるが故に場內何となく寒冷の光景を呈すれども、其壁上に二三の繪畫を懸くるを以て稍之に温煖の活氣を與ふるに似たり、

元老院議員は常に議長を呼んで「ミストル、プレシデント」(議長足下)と云ひ、他の議員をば其の撰出の州名を以て、或は「オハヨ出の元老院議員」若くは「テンチッシー出の元老院議員」といふ、若し二人の元老院議員同時に起立するときは、議長は其一人を州名に依て呼び、例へばミンチソタ出の元老院議員發言すべしといふ、デモクラット黨の元老院議員は初より常に議長席の右に坐したりと見へ、リパブリカン黨の元老院議員は其の左に坐す、然れども前に言へる如く兩黨面を對して相向ふ事なし、來觀者が議場に臨みて起す所の感覺は、其事務的嚴肅(商賣風の眞面目)の觀を呈する事にして其嚴肅たるや質朴なれども品格高し、議場の光景は一個の人民會議所

英國上院の議場と元老院の議場との比較

と謂はんよりは寧ろ諸國公使の會議所たるの趣きあり、英國上院は消摩せる屋頂を有し、歷代諸王の肖像を畫ける窓を有し、莊嚴ある寶座を有し、假髮を被りて毛包の座に就ける上院議長を有し、細布の袖(法衣)を着けたる僭正の座席を有し、大議論の際に下院議員が群り集る所の欄を有するが故に、米國の元老院に比すれば、一入華麗にして外觀恰も畫の如くあるのみならず、其光景たる宛然がら中古の時代を現世界に移せるが如き趣きあるを以て、遙かに強く歷史的想像を刺激喚發するの力ありとす、之に

元老院は當世風なり峻酷なり實際的なり

反して、元老院は當世風なり、峻酷なり、實際的なり、此の如く又元老院内の辯論は英國代議院に於ける良好の辯論と比肩するに足る者稀なり、然しながら元老院に於ては又彼の英國上院が每會期中只二三夜を除くの外、常に呈するが如き無頓着の光景、老耄然たる怠惰の狀を顯はすと稀なり、元老院議員の面貌は靈慧活潑にして、恰も世間の何たるを學び知て人事の容易ならざるを悟れる者の顏色に似たり、元老院の議場は特に國家の

元老院の辯論は常に情理に近くして且つ實地を旨とす

の大事を處辨する爲に特に區別したる處なるが如く見ゆるなり、元老院の辯論は常に情理に近くして且つ實地を旨とするの傾あり、是其議論を聽く人の寡數なると、元老院の性質とより考ふれば、さも有るべき事と謂ふべし、其中の演説は、代議院に於て爲さるゝ者よりも、短かくして温和なり、何となれば集會の大なるに從て議論益激しきを加ふる者なればなり、元老院議員の辯論中最も價直なき者は、彼等か或る重要なる問題に關して其の預め作りおける演説を持出して公衆の前に滔々雄辯を鬪かはする日、即ち所謂シヨウ、デイ(觀物日)に於て聽く所の辯論なりとす、何となれば斯の如き演説を以て聽衆を感動説服するの力あるものと信ずる人なければなり、想ふに其勝敗を爭そふ所の問題の如きは、必らず或は委員會にて既に決定せられたるか、或は又多數を制する黨派の協議會にて已に決定せられ居る可ければ、是の如き長談雄辯は只元老院外の國民に向つて能辯を示すの虚式のみ、此の如き日に於ては又演説者は、英國々

元老院議員の演說は只空中に發砲するのみ

元老院議員たる人の身分

元老院議員の多數は大抵法律家なり

會に於て爲さるゝが如く、己れに先つて演說せる人々の議論に對して答辯駁擊を試むること至て稀なり、各元老院議員は十分に彫琢したる演說にして、前に人の述べたる所にさのみ關係もなき者を徐ろに取出して、只管空中に向て發砲す、實に此の如き演說は集合せる人々を說き伏するが爲めに爲すものにあらす、誰れも然かせんとは夢にも思ふものなし、是れ只己れの持說を公衆の前に披露して名聲を維持せんが爲めに爲す者のみ、

元老院は今や多くの巨富家を有せり、或る人は富めるが故に元老院議員となれり、而して斯の如き者の數次第に增加するを見る、又僅かの人々は元老院議員たるが故に富を致せり、其餘の人々は、法律若くは商業上に於て志を得たる其の才能に由て斯くは政事界に於ても亦頂巓に達したるなり、元老院議員の多數は古來大抵法律家なり、其中或者は大審院に於て代言の業を爲すなり、時としては富有の長養する所と想像せらるゝ元老

元老院は米國社會の各部分を盡く代表する者なり

元老院議員は社會の名譽を享受す

院議員の貴族的の傾向に對して苦情を唱ふる者あり、又元老院議員が華盛頓府の新街に華麗なる住宅を搆ふるを非議する者もなきに非ず、富者を以て成立てる米國元老院に於ては固より貧乏人のみを以て組織せる元老院に於るよりは、財産家資本家等の階級に對して一層同感の情を表するの跡あるは余が承認する所なれども、余は亦之に附加して言はんと欲す、米國元老院は英國或は普魯亞或は西班牙或は嗹馬の上院の如く決して階級的團躰(例へば上院は貴族の階級の人のみ集合するを以て自然貴族的階級の團躰なるが如し)にあらざるなり、元老院は其の組織に由るも、又其法律上の委任に由るも、共に實地亞米利加社會の各部分を盡く代表する者なり、是れ大に輿論に倚賴し、且つ其の輿論に倚賴するとを深く感ずるが故に、富者の利益を計りて法律を立るが如きは其の夢想だもせざる所あり、然れども元老院議員は或る社會上の名譽をば享受して辭せず、是等の社會的名譽は是までに亞米利加に起りたる官吏的貴族《オッヒシャルアリストクラシ》の現象

ゼファルソン九泉の下何とか云はん

亞米利加の政治世界に於て最も願はしき者は何ぞや

に最も近き者として見るべし、即ち元老院議員及び其夫人は私の饗筵に於ても、公けの儀式に於ても、共に一私人は言ふに及ばず、代議院の議員にも先だち、之れが上に坐するを許さる、ゼファルソンにして若し斯く歐洲に於ける位階の如き者を己れの平民政治國にも導き入れんとする企圖あるを知りしあらば、必らず墓中に轉輾するならん、然れども官職は一時のものにして、其位階は官職と與に消ゆるなれは、是等の社會的名譽は有害のものにあらず、却つて是等をして觀るに足る者とならしむるの本は米國一般なる社會的平等の中に存すと謂ふ可し、但し斯る小利益は措て論ぜざるも、再撰せらるゝの望ある元老院議員の地位は、亞米利加の政治世界に於て最も願はしき者と謂ふべし、是れ人をして其要むるだけの權力および勢威を得せしむる者なればなり、此地位たるや世間、公衆をして耳を其人に傾けしむるの益あり、是れ大統領若くは其他の内閣員等の官職よりも一層期限長く、勞する所一層小なく、官途希望者のために煩らはさ

元老院議員は歐洲著者の理想する如き大人物にあらざるなり

元老院議員は只伶俐活潑なる人々の一群なるのみ

るゝ事(尙大いなれども)大統領に比すれば一層少なし、亞米利加の事を記する歐洲の著者は、餘りに元老院を理想視するに過ぎたり、卽ち彼等は其搆成と職掌を感賞するの餘り、遂に其中の役者も亦一々其の役割に適する者ならざる可らずと想像せり、彼等は多くの亞米利加人が元老院を贊美する言に勵まされて益此傾向を顯はせり、昔しエピルスの王ピルスの公使羅馬に至り、同府の元老院を歎賞して諸王の集會と呼びたれば、羅馬人は之を反復稱言して飽くことと無りしと云ふ、此の如く風雅なる亞米利加人にして、代議院の喧騷を愧る者は、頻りに元老院を贊歎して、政事家及び聖賢人のオリンプス(マセドニアとテッサリアの間にある山岳にして天神地祇の居處と古來言ひ傳ふ)なりと誇稱す、然れ共元老院は決して此類のものにあらざるなり、是れ只伶俐活潑なる人々の一群にして、皆各々亞米利加政治の常法に從て先頭に切拔けたる者に外ならず、而して其中の多くは戰爭中の疵瘕を身に負へり、彼等の中に隱謀

元老院議員には賄賂を取るものあり

不道德の議員を如何ともする能はず

家なる者多し、實に彼等は其權力を妄用するの機會を多く有てり、彼等元老院議員は裁判官の任命及び確定に與りて力ある者なれば、此の如き人々を大審院の代言人として用ふる所よりして、時としては惡評の傳播したる事もなきに非ず（但し元老院は自ら一千八百八十六年に法律を立てて國會兩院の議員が鐵道會社其他土地下附の事につきて、聯邦的立法の影響を蒙るの事あるべき諸集合躰の爲に、聯邦的法庭に代言人として出るを禁じたり）、元老院内には又賄賂を取るの機會ありて、不道德家は此機會に乘じて貪欲を縱まゝにすることを偏く人の知る所なり、此の如き人物は幸に少なし、然れども南部及び西部の數州に於て其立法部が如何に腐敗せるやを考ふれば此の如き不道德の議員あることを疑ふ可らず、而して其の他の元老院議員は、如何に斯る人々の爲めに耻づるとも、是非彼等と事を與にし、彼等を同等として待遇せざる可らず、政治上の惡德の傳染せるは立法躰中に於けるほど迅速なるは無し、如何となれば人民に選擧せ

詐僞姦計は黨派的忠義なる外衣の下に蔽はる

元老院と英國上院との比較

られたる者を拒絶して發言せざらしむる事は爲し得べき所に非ればなり、汝如何ほど一身上其人を嫌惡するとも、彼は人民の撰べる者なれば如何ともすべからず、彼は國政に與るべき權理を有す、彼れ若し勝敗の機に臨み、分裂投票に際して汝を賛成し汝を救はゞ、汝は彼に對して有難く思はん、汝は彼が相識りて見ればさのみ惡き人にもあらざるを發見せん、人は謂ふ、彼は盛大なる饗宴を張りて人を饗すと、或は曰く、彼は善良なる妻を有てりと、斯くして終に詐僞姦計は黨派的忠義なる外衣の下に隱蔽せらるゝに至るべし、

又才能の點に於ては、元老院は英國上院に比べても利する所ある可らず、何となれば彼の集會には二十名ばかりの英敏特達なる人々及び同じく二十名ばかりの尋常一樣なる人々ありて常に之れに出席し、其外に又議員あれども只時々出席するのみにして、議事に眞に與ることなき世に名を知られぬ人々の一大群衆ありて之に加はればなり、若し又元老院を以て

元老院と英國下院との比較

元老院の功德に關する最公平なる判斷

英國下院に比較せば、余輩は謂はんとす、元老院議員七十六名の平均の才能は英國下院中の最良なる人々七十六人の才能に勝らざるなりと、實に英國下院內には才力の種類一層多く、且つ勞力の幅員一層大なりとす、之に反して元老院は亦法律上の知識と實際上の怜悧とに於て英國下院に超越す、下院は文學上及び歷史上の問題に付て好辯論をなし得る人々を一層多く有ち、元老院は人民を奮勵皷舞するに適する演說を爲し得る人々、若くは大商社の事務を整理し得る人々を一層多く有てり、實に此の後者は米國國會塲裡に最も普通なる所の智能なりとす、余が知る所によれば、元老院の功德に關する最も公平なる判斷は、一の鋭敏烱眼なる亞米利加の著述者(ウッドロー、ウヰルソン)の言ひたる所(千八百八十九年コングレシヨナル、ガバルンメントと稱する書中に見ゆ)にして、其の言下の如し、元老院は正に其撰擧の方法及び此國(米國)の公共的生活の境遇に恰合して作られたる者なり、其議員は諸州立法部の普通に服從する所の自

元老院は米國の政跡に由て政治界に招致せらるゝ最良の人物を包含す

元老院議員は代議制中の一層下等なる分派中より撰拔す

元老院は代議制の頂巓なり

然淘汰(天然選擇)の法則に依て、錚々たる政治家中より選拔せらるゝ故に、元老院は必らず我國(米國)の政體に由て政治界に招致せらるゝ最良の人物を包含するならん、若し是等の最良なる人物にして善からずんば、是れ我國の政體が是等に勝れる善良の人物を政界に餌誘する能はざるに因るなり、決して米國が一層善美なる人物を出さず、若くは出す能はざるに由るにあらず、實に元老院は、言ふまでもなく、只公共服務の一部分(頗る大なる部分なれども)たるに過ぎざるなり、若し其服務の一般の狀態にして政治家を飢やし、且つ人民煽動者を肥すが如き者ならば、元老院に滿る者は人民煽動者のみなるべし、何となれば之れに非れば實際に用なければなり、元老院の爲めに特に養成したる一種特別の政治家あるべきに非ず、必ずや代議制中の一層下等なる分派內より撰拔して之に充てざる可らず、如何となれば元老院なる者は只代議制の頂巓たる者なればなり、凡そ河水は其の源よりも勝りて淸きと能はず、

元老院は米國政治界の最も完全なる生産物を包含するものなり

元老院は他の浮躁輕擧を節制して安固ならしむるの權力なり

二大政黨と元老院の多數

此の如く元老院は代議院の最良なる人物よりも勝れたる人物を有つと能はず、若し代議院にして劣等の智能を吸集するに於ては、元老院も亦同種の者を以て滿足せさる可らず、斯の如く元老院は望まれ得るほど善良ならずとするも、事情の許すかぎり善良なりと謂ふべし、實に元老院は我が政治界の最も完全なる生産物(其物は如何なる者なるにもせよ)を包含する者なりとす、(國會政治論第百九十四頁を見よ)

元老院が亞米利加の憲法制度中に保つ所の位置は、同制度の殘部を悉く記述し了るまでは十分に理會する能はず、然れども此一事だけは此に斷言し得べし、即ち元老院は曩日も今日も全躰に於ては他の浮躁輕擧を節制して安固ならしむるの權力なり、然れども歐洲政治上の用語を以て、直ちに元老院は貴族主義、或は非民主主義、若くは保守主義を代表せりとは言ふ可らず、彼の歷史上に著明なる二大政黨は代り代りに元老院の多數を制したり、而して其勢力の差も此最近十年間に於ては殆んど伯仲せり、

元老院は斷然代議院に反對したる事あらず

元老院も亦二大政黨の指揮を奉ず

輿論の動搖變遷が元老院に及ぼす影響は漸々徐々として急激な

最初よりして、國民の分爭を惹起せるが如き大問題に關しては、元老院は未だ曾て久しく斷然と代議院に反對したる事あらざるなり、元老院は奴隷使役擴張の問題に就ても、代議院に勝れる智能を顯はしたること無し、前にはリンコルンに兵馬の大權を掌握せしめ、後には國會とアンドリウ、ジョンソンとの爭論に際して大統領の權力を減削し、以て憲法の意味を牽强するに於ても、元老院は代議院と同じく鋭意熱心して、殆んど猶豫狐疑する所あらざりしなり、輿論の動搖變遷は一として元老院の上に影響し來らざるはなし、又元老院は代議院と等しく、決して人民の意志に敵對することを敢てせず、是れ元老院も亦代議院と同じく二大政黨の指揮を奉ずればなり、此政黨は時の輿論に服從し、且つ之を利用せんと求むる者なるが故に此の如き現象を呈するに至ると知るべし、

但し輿論の動搖變遷が元老院の上に及ぼす影響は、代議院に於る如く急激ならず、元來元老院は二年毎に其議員の三分の一を改撰するの制なる

らず

元老院は世間の激動を鎭する堅固なる城塞なり

元老院議員は代議士よりも一層民主的なるの度低し

元老院は聯邦政府中の撿制及權

が故に輿論の影響は漸々徐々として此に臨むを常とす、是を以て元老院に於て其の未だ滿潮とならざる前に、早くも國中は已に干潮となり始むるとも之れなきにあらず、抑も元老院は世間の激動を鎭する堅固なる城塞なり、是れ單に元老院議員の多數がいつも將來に四年間議員たるの期限を有し居りて、其年限内に輿論の或は變ずることあるべきが爲めのみならず、元老院議員は一箇人としても代議士よりは力ある者なるを以てなり、元老院議員は意見に於てならず、氣風に於て、代議士よりも民主的なる度低し、何となれば彼等は一層自負心を有すればなり、一層名譽を重んずればなり、人民の心情(一時の輿論)の如何に變じ易すき者なるかを經驗に由て發明し、前後恆一なる政略の如何に有益なる者なるかを熟知すればなり、是故に元老院は常に代議院よりも善く其の體面を保てり、元老院は國民の感情に反比して言へば、寧ろ國民の判斷を一層十分に發表したる者と謂ふ可し、此の意味に於ては元老院は(英國國會に就て言はるゝ如く)

憲法創制者か元老院に望みたる三大職掌中第一の職は最早緊要の事にあらす

第二の職掌は其弊害其利益に等し

第三の職掌は今猶善く之を盡し居れり

衡なり

聯邦政府中に「撿制及び權衡」を形づくれり、憲法創制者が元老院をして盡さしめんと望みたる三大職掌中、其の第一なる者即ち小州の權理を安固にするの職掌は、今日は最早緊要の事にあらず、州權の限界は今や已に確乎として動かす可からざればなり、又其第二の職掌即ち條約及び任命に就て行政部に助言し或は行政部を撿制するの事は、其の弊害殆んど其の利益に等し、然れども其第三の職掌は今猶善く之を盡し居れり、即ち彼の單一にして議員の數多き集會(代議院)が、急激狂烈なる一時の輿論の激昂に降服せんとするの傾向癖習は、元老院の爲めに制止せられて其甚だしきに至らざるなり、

代議院は人口を基礎として國民を代表す

諸州は代議院の組織に重要なる關係を有す

撰擧區の分割

第十三章

代議院

代議院《レプリゼンタチヴハウス》は通常約してハウス(院)と稱し、元老院が諸州を代表するが如く、人口を基礎として國民を代表す、

然れども代議院の組織に於てすらも諸州は重要なる關係を有す、憲法の條款に曰く「代議院議員の數及び直税額は各州に其の人口に應じて分配賦課すべし」と、此條款に依て國會は最近十年間平均の人口に比例して、各州の撰出すへき議員の數を定め、議員の由て撰擧せらるべき撰擧區の如きは各州の決斷に一任せり、今日は是等の撰擧區は其の大サに於て同等

ゲルリマンダリング方法

一州代議士の數を增したる時州の立法部にて改めて其州を國會議員撰擧區に分配するを得さるときは之を如何する

「一般の代議士」

なり、由や悉く同等ならざるとも殆んど同等なり、然れども撰擧區を劃するに當りては所謂「ゲルリマンダリング」方法なる者を使用する十分の餘地の存するあり、州中に勢力を得たる政黨は此方法を自黨のために利用せざること甚だ稀なり(ゲルリマンダリングとは一千七百八十七年の憲法會議の議員たり後に一千八百十二年に合衆國の副統領たりしエルブリジ、ゲルリなる者の創意に係る區劃法にして、區の長短廣狹を自黨贊成者の在否に循ふて隨意に己れに利なる樣に劃定するの方法を謂ふなり)此に一州ありて、代議士を出すの數に增加を生じたるに、其州の立法部に於て改めて其州を國會議員撰擧區に分配するを得ざるが如き時には、其增加すべき議員は普通撰擧の法に依り、該州全体の撰擧人より撰擧せらる、之を名けて「一般の代議士《レプリゼンタチヴアツトラージ》」と云ふ、近頃一の州(メイン州)は其の代議士を斯の方法に依て悉く撰擧したり、又他の州(カンサス州)は普通撰擧法によりて四名の代議士を撰み、撰擧區によりて三名を撰みたり、各撰擧區は勿

代議院議員欠員あるときは如何

一千七百八十九年の代議院議員は僅に六十五名なり

今日代議士の數三百二十五名代議士と人口との比例

論全く一州の境域内に在り、代議院議員に欠員あるときは州知事布告を發して新撰擧を行なはしむ、又議員にして辭職せんと欲する者は知事に辭表を差出すを法とす、

一千七百八十九年に會したる最初の代議院は、只六十五名の議員を有せしのみ、其意たる人口三万人毎に議員一名を出さしむるに在しなり、人口の増殖し、新州の加入するに從ひて議員の數は益増加せり、最初に於ては國會は議員の數を人口に比例して定めたり、故に代議院の議員は大に増加せり、然れども後日に於ては餘り速かに其の數の増加せんことを恐れ、從前の如く精密に議員を人口に比例するが如き事をせずして議員の數を定めたり、今日に在ては代議士の總數三百二十五名なり、故に一千八百八十年の人口調査表によれば、人口十五万四千三百二十五人に議員一名の割合なりとす、コロラド、デラウェアル、チワダ、オレゴンの四州は各只一名の代議士を有し、他の四州は只二名を有す、然るに新約克州は三十四名、ペン

テルトリー及其の總代

代議院議員を撰擧するの撰擧權は州立法部の代議士を撰擧すると同一なり

今や殆んど普通撰擧行はる

撰擧權の制限

シルウェニア州は二十八名の代議士を有す、是等の職員の外、八箇の領地《テルリトリ》より一名宛出る總代《デリゲト》(委員)なる者ありて之に加はる、是等の領地は、米國の西部に於て自治政府の如き者を立てをれども、未た州とは成らざる地方を謂ふなり、是等諸領地の委員は國會に列し且つ發言す、然れども未だ憲法の認むる所とならざるが故に、投票するの權なし、彼等は其實只代議院が法律を設けて此に出席するを許し、發言するを許したる人々に過ぎざるのみ、

代議院議員を撰擧するの撰擧權は、各州ともに其一層人數多き州立法部の代議士を撰擧すると同一にして異る所なし、最初は撰擧權は州に依りて大に異なれり、今や何れの州に於ても殆んど普通撰擧とも云ふべき方法の偏ねく行はるゝを見るなり、然れども諸州とも己れの隨意に撰擧權を制限するの權を有す、而して多くの州に於ては現に犯罪者、貧人、無學者等に撰擧權を與へざるあり、嚮に第十四回の憲法修正(千八百六十八年に

合衆國中地方の異なるに從て撰擧權の廣狹亦た異なれり

代議院議員は二年毎に撰擧せらる

毎第二回國會代議士の撰擧は大統領の撰擧と同時に起る

通過せる者)を以て、諸州代議士撰擧の基礎は反逆其他の罪の爲めに非ずして撰擧を奪はれたる男市民に對して低減せられたりしが、又第十五回の修正(一千八百七十年に通過せる者)に依りて、「合衆國市民の投票權は人種、膚色(黒人を謂ふ)若くは曾て奴隷たりし事の爲めに拒絶し若くは制限するを得ざる者」とあれり、故に諸州ともに其の撰擧權を擴張せんとするの傾向强し、然しながら國會議員を撰擧する撰擧權の廣狹等は彼此大に相異なるを得べし、實際合衆國中地方の異なるに循つて、又撰擧權も或る點に於ては彼此相異あるを見るなり、

代議院議員は二年毎に撰擧せられ、其撰擧は常に一千八百八十四年、一千八百八十六年、一千八百八十八年等の偶數の歳に行はる、斯くの如く毎第二回國會代議士の撰擧は大統領の撰擧と同時に起るなり、米國憲法を稱贊する人々は此の組織中にも亦彼の大好物なる所謂「撿制《チエツク》」なる者を發見すと思へり、如何となれば此法たる新大統領に與ふるに政治上恐らくは

代議院は通例其撰擧せられたる時より一個年を經るにあらされは集會せす大統領は此期よりも早く臨時召集をなし得べし

臨時召集を以て不吉となす

彼れと同臭味あるべき國會を以てするのみならず、又人民をして大統領の政畧を賛助し若くは之に反對し得べき他の代議院議員を送り、以て二年内に其大統領の行爲に對する是非の意見を發表せしむる者なればなり、大統領は直に代議院を召集し得ると雖、代議院は通常に於ては、規則正き順序によれば、其撰擧せられたる時より一個年を經るにあらずんば集會せざるなり、但し大統領は此の期よりも早く之を召集し得べし、即ち一千八百八十八年十一月に撰まれたる代議院は一千八百八十九年十二月までは集會することとなし、然れども一千八百八十九年三月に前代議院が閉會を告げて後久しからずして、大統領が臨時開會を要してこれを召集するに於ては何時にても集會するを得べし、此の臨時召集は一千七百八十九年以來只十回之を行ひしのみ、而して其の召集の結果たるや屢之を召集せる大統領に不利を來したるが故に、今は臨時召集を以て不吉となすの迷信起るに至れり、但し已に撰擧せられたる代議院を、十二個月間組

新代議士の撰擧せられて後殆んど四個月間舊代議院は依然其職を行ふ

撰擧入費

撰擧入費一萬弗に上るとあり

米國代議院議員一名の撰擧入費は通例英國の一

織もせず、議長もなしに放棄するは甚だ不便なるを以て、新國會は其の撰擧後六個月以内に法律上集會し能はざるやと云ふの疑問起りて、往々辯論を闘かはしたることも無きに非ず、然れども其實米國人は然のみ深く國會を愛せざるが故に、此上更にこれが開會の期を長うせんことをば敢て望まざるなり、兎に角今は新代議院議員の撰擧せられたる後、殆んど四個月間舊代議院は依然集會して其職を行なふ、是れ實に現制度の奇妙なる結果なりとす、

撰擧入費は區より區と大に其多寡を異にせり、時としては、特に田舍の地方よりも不正の消費一層多くして、一層發覺し難き大都府に於ては、其費用一萬弗若くは之よりも以上の金額に上るとあり、時としては又其の費金の甚だ輕少なるとあり、法律を以て撰擧入費の報告を要むることなきが故に、入費の平均額幾何あるやを知るに由なし、想ふに米國代議院議員一名の撰擧入費は通例英國の一郡の撰擧入費(千百磅乃至千二百磅)より

郡の撰擧入費よりも少なからん

候補者は甚た富めるにあらされは撰擧入費全額を支出するを要せす

賄賂

賄賂の爲めに撰擧を彈劾するとは甚稀なり

其理由

も少なからん、候補者は甚だ富る者にあらざるよりは、固より己れの財嚢より其費金の全額を支出するを要せず、其の地方の朋友の寄附金を仰ぐこと屢なり、時としては又其州に於ける黨派の撰擧資金の中より補助せらるゝ事あり、撰擧費用は大抵正當に使用せらる、例へば集會に、印刷物に、廣告に、周旋に使用せらるゝが如し、而して又書記若くは撰擧場の如きは總て公費を以て支辨せらる、賄賂は都會に於ける撰擧區中には珍らしからず、田舍の撰擧區中にも之を行ふ者なきに非ず、然れども賄賂の爲めに撰擧を彈劾すると甚だ稀なり、何となれば之を審問し之を判決すべき權を有する代議院は、撰擧の後一年を經るにあらざれば集會せざるを以てこれが有無の證據を得るの困難大に增加すればなり、且つ又代議院議員は只二年の期を以て撰擧せられたる者にして、其審問は恐らくは第一期開會の全部に亘るべきが故に、其審問の結果は只其人を第二期の開會に放逐するに止まるべし、此の如き結果の爲めに貴重の時を費して、其の撰

代議院議員の年齡

代議院議員の身分

法律家代言人最多し

大鐵道家は國會に入ると殆とあ

擧の是非を論ずるは得策にあらざるなり、時としては田舍に於ては、投票する爲めに遠くより到れる撰擧者は無代にて飮食するを常とす、而して誰も之を非難する者なし、又或る州に於ては撰擧日に際し、酒を賣る塲所を悉く閉しむるを法とす、此の如く其爲す所彼此同じからざるなり、代議院議員の中には年少の人少なく、老人は猶更に少なし、其の大多數は四十歳より六十歳の間にあり、院内には法律家代言人等甚だ多し、第五十回の國會即ち一千八百八十七年より一千八百八十九年に渉れる國會に於ける代議院を分析するに、其の二百三名の議員、即ち殆んど全員の三分の二は法律家として敎育せられ、若くは代言人として業を營む者あり、勿論是等の人々の多くは法律の業を擲ち、全く政事に身を委ねたり、之に次て數多きものは製造、商業、農業、銀行、新聞紙等に從事する人々なり、然れども是等の職業より出身せる人々の數は、孰れも四十名を踰ゆること無し、陸海軍の將校、合衆國の文官等は代議士となるを得ず、大鐵道家は國會に

るなし

代議院内の法律家中州の代言社會の牛耳を執るもの甚稀なり其理由

入ること殆んとある無し、鐵道家は米國中の最も勢力ある者なるを思へば是れ實に意味深き一大事實なりとす、又代議院内の法律家の中其各自の州に於て代言社會の牛耳を執る者は甚だ稀なり、其理由は兩方ともに同じ、即ち議員となりて華盛頓に住居すれば、孰れの大都府の法庭に於ても代言の業に從事する能はず、隨て代言に由て莫大の利を得る人々は、概して代議院に入る爲めに己れの職業を犧牲とするか如き事をせず、又鐵道の支配人若くは會計者は其業に心を奪はれて、迚ても議員たるの職務を行ふの遑ある無し、但し鐵道家の國會に在らざるは、決して鐵道の勢力の國會に存せざるを示す者にあらず、何となれば内部よりするが如く外部より立法部に勢力を及ぼすは、鐵道會社の如き者に取りては甚だ容易なればなり、

鐵道家の國會に入らさる理由

代議院議員の教育、學力

代議院議員は大抵普通學校に於て少時の教育を受たる者なり、西部撰出の議員は殆んど殘らず此の如き人なりとす、但し全議員の一半、若くは半

代議院議員の履歷

撰擧せらるゝ時職工たりし人は殆んどあるなし

數以上は亦大學校に入りて其業を卒へたる者なり然し乍ら是れ必ずしも歐洲に於て意味する卒業と同一なるに非ず、何となれば米國の小さき大學校の中には英國のグランマ、スクール(古語を重に敎へ傍ら近頃は普通の科學を授くる中學校の如き者)に毫しも勝らず、獨逸のギムナジウム(中學校或は大學預備校の如き)ほどは善からざる者あればなり、彼等代議院議員が其履歷を調製して國會人名錄《コングレシヨナル、デレクトリ》に登記せしむるを見るに、彼等は通例其大學校にて學位若くは卒業證書を得たるを言ひ、又は大學或は中學の敎育を受けたるを說けり、其の多數には非るが如くなれども、其の中の頗る多くは己れの州の立法部に議員たりし人々なり、富有ある人々は割合に少く、甚だ貧き者も極めて僅かなり、又撰擧せらるゝときに職工たりし人は殆んどある無し、勿論議員として代議院に坐する間は職工たる能はず、己れの職業を取るべき時間を有せず、又其年俸は己れの需要に應じて更に餘ある可ければなり、工匠輩の國會に入るを禁ずる事情絕へて

職工社會は己等の一人を國會に送らんことを望むの心なし

代議院議員の尊稱

代議院の權力は理論上は純乎たる立法的權力なり

英國の下院より借り來れる狀貌

之れ無しと雖ども、職工社會には己れ等の一人を國會に送らんことを望むの心なきが如し、

代議院議員はオノレブル(尊きと云ふ尊稱)の稱號を與へらる、此稱號は單に(英國に於けるが如く)院內に於て彼に與へらるゝのみならず、院外の世界に於ても一般に亦然せらる、例ば書信の宛名に此稱號を用ふるが如し、此稱號は諸州の元老院の議員、聯邦及び諸州の高等官吏、及び裁判官の總て與へらるゝ所あるが故に、然のみ高貴なる者とも思はれざるなり、

國會の諸權力を全躰として品評する事は、後章に之を讓るべし、其中代議院の諸權力に關しては、是等は理論上純乎たる立法的權力なりと謂はゞ足れり、代議院は元老院の行政事務に干與すること無し、任命の確定、條約の批准につきても、何の關係する所もなし、但し其代りに代議院は租稅に關する議案を呈出する權及び官吏を彈劾する權を獨占す、是れ其州憲法を經て、英國の下院より借たる所の狀貌なりとす、代議院は又選擧の際に

毎國會は各二個の開會をなす

長期の開會

短期の開會

代議院の運轉する總命數は十個月乃至十二個月なり

議案は長期の開會より短期の開會まで引續く

一の候補者が大統領撰擧者の過半數の投票を得る能はざる場合に於て、大統領を撰定するの權を獨占す(第五章を見よ)、此の甚だ重要なる權力(大統領の撰定)をば一千八百一年及び一千八百二十五年に於て之を使用したりき、

臨時開會を別にすれば、毎國會は各二個の開會を爲す、一を第一或は長期と呼び、一を第二或は短期と呼ぶ、長期の開會は新國會議員の撰擧せられたる後其歳の秋に於て始まり、基督降誕日《クリスマス》に休むのみにして、翌年の七月若くは八月まで引續く、又短期の開會は七月の延期の後、十二月に至りて之を始め、翌年の三月四日まで續くなり、此の如く代議院の運轉する總命數は十個月乃至十二個月なり、議案は英國々會に於ける如く各會期の終に於て消滅する事なし、長期の開會より短期の開會まで引き續くを法とす、然れども凡て代議院の開會日たる三月四日に至るまでに通過せざりし議案は直に死して消滅す、會期は法律を以て確定せられて、隨意に延長

するとを能はざればなり、(但し元老院の呈出せる議案は時の經過に由て消滅せす)是の故に一の國會の最後の一週間若くは二週間には事務を捗らせんとして恐ろしく鋭意熱心するを見るなり、

代議院は正午に會し、四時若くは六時まで開會するを常とす、但し會期の末に及びては、一層是等の時間を延ぶるなり、時としては又何か障礙の起れる時若くは又會期の終に迫りて代議院と元老院と大統領の間に使者の往來頻繁なるが時には、徹夜して開會す、

代議院內の議事の慣例及び規則は種々の點に於て元老院に異なれども、其の數多くして今一々之を記するに遑あらず、是等慣例規則を學ばんには、勉强家なる議員たりとも一會期の全躰を之に費やすを要すと云ふ、余は只其の米國政治上の觀念を解明し、米國々會と英國々會との異同を指點するに足るが如き者を採擇し、特別に緊要なる二三の點に論及するに止む可し、委員に關する事件は別に一章を設て之を記述すべし、

代議院の開會

議員の宣誓

監守長の職務

笏を以て議員の雜遝を鎮む

笏とは如何なるものぞ

議員は凡て(憲法の明文に從ひ)合衆國の憲法に忠信なるべき宣誓をなさゞる可らず、又た書記、監守長(其解は後に出づ)、門監及び郵便長も同じく之を爲さゞる可らず、

監守長《サージエントアツトアームズ》は代議院の會計主任官にして各議員に其の俸給及び旅費を拂ふ、又た代議院の權力を表する徽章なる笏《メース》を守り、且つ院内の秩序を保つの職務を有す、即ち非常の場合に臨ては、彼れ此の笏を携へて其の喧噪する議員の雜遝する中に入り、以て場内の秩序を復するを常とす、斯の權威の徽章たる笏は英國下院に於けるが如く代議院移て委員會となるときは、其の置かるゝ場所より動かさるゝなり、此の笏たる羅馬古代のファスセス(斧の柄に若干の棒を束ねし者にて權力の徽章なりし)に擬して、黑木の若干の棒を束ねて製し、中程及び兩端に於て銀環を廻らし、其の各棒の一方の端は鋒尖の狀を成し、他の一方の端には銀毬を附し、其の銀毬の上には方に飛揚せんとする銀製の鷲を安置す、米國人が斯く笏を作れるは英國

前代議院の書記假議長となる

議事は毎日祈禱を以て初む

席順は抽籤を以て定む

最も議員の好まさる座席

の先例に依る者なれども、平民政治の米國に於ては勿論之れに王冠を施こす能はざりしを以て、斯くは羅馬の旗章によりて鷲を附するに至れるなり、

前代議院の書記《クラーク》は議長の撰擧せらるゝまで、假議長の資格を以て其の職を行ふ、此時に於ては議員は彼を呼びて發言し、彼は議塲の秩序に關する問題を裁決す、

議事は毎日祈禱を以て初む、其の祈禱僧は英國に於ける如く議長の任ずる所にあらずして、代議院の任ずる所なり、而して其僧は何れの教派よりも自由に撰まれ得るなり、且つ英國にては今日も尚時としては下院の前にて僧に說教せしむることあれども、米國代議院には初より斯る事絶てなかりしが如く見ゆ、席順は開會の初に抽籤を以て之を定む、但し年長の議員は抽籤の前に其占めたる席上に己れの帽を置て之を其儘に有つことを許さる、是長者を優待するなり、議長席の極左極右は共に最も議員の

總体議員は嚴格に黨派別に循て分座するにあらず

議員は帽を脫せざる可らず

各議員は議長に對して發言す如何に他の議員を指呼するや

好まざる所なり、彼等は大抵己れの朋友若くは同州より出でたる他の議員と相接して坐せんことを求む、デモクラット黨は重に議長席の右に座を占むれども、惣体議員は嚴格に黨派の別に循ひて分坐するにあらず、是れ其罵詈嘲謔をして他國の議院に於るが如き演劇的の效果に乏からしむる所以なり、即ち何人も英國に於けるが如く「彼方に並居る紳士」など輕蔑嘲弄の指を反對黨の議員衆に指す能はざるなり、又各議員は議場内に在る間は帽を脫せざる可らず、

各議員は議長に對して發言す、只議長に對して發言するのみ、直に他の議員に向て發言せず、他の議員を指呼するには姓名を以てせずして、只、例せば「ペンシルウヱニア撰出の紳士」と稱し、其議員の代表する區名の如きは特に示さゞるなり、按ずるに「ペンシルウヱニア」州撰出の紳士二十八名あるが上に、又英國下院に用ひらるゝが如き形容語(博學《ラーチッド》なる、優艶《ガルラント》なる、ライト、オノレブル)を用ひざるが故に、指呼する議員を區別するの便十分あらず、凡

て議員は通例己れの席に在て演説發言す、然れども書記の寫字臺若くは議長席に接近する場所より意見を演るを得べし、何人も議長と發言し居る議員との間を通ることを得ず、是れ亦英國の習慣を保存せる者にして奇と稱すべし、

如何にして議事の可否決を取るか

議事の可否決を取るには最初(一千七百八十九年四月十七日の規則)は英國下院の舊慣に從て議長席の左右に分れ行けり、此法の不便利なるを發見するに及んでや、一千七百八十九年六月九日の決議を以て現行の方法を定めたり、此方法によれば、諸議員は已れの座に起立し、議長先づ之を數ふ、然れども議長自ら其の計數を疑はしとなすか、若くは定數の五分の一

現行の可否決の方法

(即ち全院の十分の一)より計數を要求する時は、議長は二名の計數者を指名し、之をして中央の戸口の左右に立たしめ、彼等の間を通過する議員を計數せしむ、定數の五分の一若し然り及び否の發聲を以て決を取らんと請求すれば之に從ふ、書記頓て全議員の姓名を悉とく呼びあぐれば、各

議員は其發言を變するを得べし

可否の投票は國會の記錄に記さる

許多の議員は己れの朋友又は重

議員は己れの名の呼ばるゝに應じて然り或は否と答へ、或は「發言せず《ノーヴチート》」と云ふ、一たび全議員の姓名を呼び了るや、第一の點呼に答へざる人々の發言を促す爲めに、再び全議員の姓名を呼ぶ、此時に於て議員は其の發言を變ずるを得べし、次回の點呼に於て既に已れの姓名の呼びあげられ了りし後議場に入來れる議員は可否を發言する能はず、然れども機會に乘じて起ち、己れ若し出席しをらば其動議に贊成(若くは反對)すべしと言ふと屢あり、凡て是等の發言(可否の投票)は國會の記錄に記さる、其中には又た發言(投票)せざる議員及び相稱せる議員の姓名をも列記す、

議事にして重要なるものある時は、發言投票せる議員の姓名を記錄に留むるの必要なること論を俟たず、但し斯く議員の姓名を呼て決を取るの法は時としては議員に如何なる發言をなさんかと熟考せしむる時間を與ふる爲めに用ひらるゝとあり、而して議員の姓名を呼びをる間に許多の議員は已れの朋友又は重立てる人々の助言を得ん爲に彼此と奔走し、

立てる人々の助言を得ん爲めに奔走す

三百二十五名の姓名を呼ぶには一時十五分時を要す

議事の進みを障礙するの道具なり

何人も動議の發案者にあらざるよりは同問題に關して一度以上發言するを得ず

演說は一時間を以て限りとす

全院委員會を開く時は五分時に制限するを得べし

第一の點呼の時に已れを呼ぶに答へず、第二の點呼を待て發言せんとす、三百二十五名の姓名を呼ぶには一時十五分間を要するが故に、斯の如き多くの時間を費やす方法は、議事の進みを障礙するの極めて大なる具たること明らかなり、但し此方法は然か用ひらるゝこと屢あり、何となれば是れ本議事の討論に於て請求ぜられ得るのみならず、又延期を求むる動議につきても同じく請求せられ得ればなり、是の規則は憲法第一條五節の明文に本づく者なるを以て、代議院は之を變易する能はず、

何人も動議の發案者にあらざるよりは同問題に關して一度以上發言(論議)するを得ず、本動議の發案者は論辯せんと欲する各議員が意見を陳べ了りたる毎に之に答辯するを許さる、

演說は一時間を以て限りとす、但し全會の一致を以て之を延ばすを得べし、又全院の委員會を開く時に於ては、只五分時間に之を制限するを得べし、余の知る所に依れば、此の時間規則は運用宜しきを得て、通常辯論をし

議員は自由に已れの演說時間の一部を割て他の議員に與ふるを得べし

冗長なる若くは妨礙的なる辯論に對する大療法

て其時間の長さにまで延びしむるの傾を呈せず、凡そ議員は自由に已れの演說時間の一部を割て他の議員に與ふるを得べし、是れ實際常に行はるゝ所なりとす、斯く已れの時間を他に與ふるには、其演說し居る議員言ふべし、「余は五分間余の發言權《フロ－アル》をオハヨ撰出の紳士に讓る」と、其他も凡て之に同じ、斯の如く一たび發言權を得たる議員は大に院內の辯論討議を支配し得るなり、

冗長なる若くは妨礙的なる辯論に對する大療法は、彼の所謂預問《プリーピアス、クエスチヨン》なる者なりとす、此事たる即ち「今より大趣意の疑問に取かゝらんか」と發問する者にして、此の問の發せらるゝや、直に凡ての議論を收め、代議院は其の問題に向て直接に投票をなす、斯く大趣意の疑問に取り掛らんといふの動議に就ては討論するを許さず、然れども此法たる決して委員中より本議案を衆議員に報道する所の議員をして答辯を以て其議論を結ふを得ざらしむる者に非ず、斯の辯論を終閉するの事は、議長の許可を要せずして

預問は必要なり

何人も之か動議を發するを得、而して之を決するには多人數を要せず、只出席議員中の多數之に同意すれば足れり、代議院より之を委員會に附す可く指令するや(如何となれば代議院が委員會と變じたる上は此に之が動議を起すこと能はざる例なればなり)、各修正の動議者は五分間の辯論を許され、又之に反對して第一に發論權《フローアル》を得たる者(即ち第一に發論するの機會を得たる者)にも同じく五分時を與へ、其の他の人には一切發言するを許さず、凡て議員は動議を起すに當りては又之れと同時に彼の「預問」を請求するを常とす、是れ之に就て議論百出して收拾す可らざるに至るを預防せんが爲めなり、

預問(プリービアス、クエスチヨン)なる手段を以て辯論を終閉するは、殆んと日として有らざるは無し、而して又議事の進歩に缺く可らざる者と考へらる、故に余は未だ曾て議員若くは官吏の中に之を無用と思ふ者あるを見ざるなり、元老院議員等は遙かに小さき己れの議院に此法を採用するこ

預問の濫用せられざる所以は何ぞや

とをば拒むと、雖も、代議院の如き大なる集會には、此法なかる可らずと説くに至りては皆其意見を同ふす、此預問法の濫用せらるゝ事なきやと尋ぬるに、余に答ふる人々は大抵其濫用せられたる事極めて稀なりと言へり、又一人職務上三十年間代議院に關係し、其十四年間は同院の書記たりし紳士は、余に語りて、彼れは未だ曾て一度も其の妄用せられたるを知らずと云へり、其妄用せられざる所以は、一は人民の不贊成に遭はんとを恐るゝの念あるに因り、一は十分なる公明なる辯論を愛するの情、院內に滿つるに由りて然る者と信ぜらる、此公明正大を好むの情は時として院內の多數をして、自黨の議員が請求したる預問を拒ましめ、若くは又其大體を贊成しをるが如き動議に對して請求せらるゝ預問を退ぞけしむる事あり、彼等は曰く「何人と雖も誠心實意を以て立派に問題を討議せる人は決して預問法の適用に遇ひて其說を止めらるゝ事なし但し又歳入支出《アップロプエー》議案《ション、ビル》の如きは此方法なくしては到底通過し得べからず」

フヰリバスタリングと稱する障礙跡を絶たず

現行の制より一層フヰリバスタリ

議事の進歩を速かならしむる爲めに斯くの如き勢力ある機械あるに拘らず、亞米利加にてフヰリバスタリング(其解は元老院の下に出づ)と稱する障碍の如きは決して跡を絶たず、此妨礙たる通例討論を延期する事につき、若くは休會をなす事につき、若くは可否の然《エー》り及び否《子ー》を呼ばしむる事につきて續々動議を起し來り、以て之を行ふなり、斯くの如き一の動議と他の動議との間には必らず規則上若干の事務(議事)なかる可らずと雖も、一の發論をなすも亦「事務」なれば、此の規則に應ずると極めて易々たるのみ、固より是等の妨礙的動議につきては一切發言演說するを許さずと雖も、是等の動議は相續いて多くの時間を消費せしむるを得べし、而して若し此の妨礙を試むる小數の勢にして强盛ならば、其の妨礙は由や討議中の議案を打敗る能はずとも、多數を强て多少の互讓を爲しむるとを得べし、上に述たる憲法の條欵(第壹章五節)あるが爲に、代議院は此事に關しては己れ自身の議事手續すらも自在に變改する能はざるなり、現行の制よ

ングを消滅せしむる力ある規則を採用せざる理由

妨礙の禁遏法に二種あり

りも一層彼のフ非リバスタリングなる妨礙を消滅せしむるに力ある規則を採用するに至らざる所以は、一は該條欵の動かす可らざるに因り、一は小數をして自ら不同意を表せしむべき若干の手段を開放するは更に安全なりとの思想、及び斯の如き手段を濫用するに際しては相當の禁遏法なきに非すとの信念に本づく者なり、是等の禁遏には二種あり、其一に曰く、此の如き妨礙は其時小數と成りたる黨派の人々が殆ど全數を盡して之を行ふにあらずんば直に敗れん、又眞に重大なる問題に於けるに非ずんば、代議院の斯く大なる一部分が一致連合して妨碍を試むるが如き勞を取ることと有るべくもあらず、例へば、二三年前十七八名の議員ありて已れの反對なる議案に向つて始終妨礙を試みたり、然れども彼等の數不十分にして其の企遂に敗れたり、之れに反し曩に南北戰爭の後南部諸州に再建政策《リコンストラクションポリシ》を執行せんとするに當りて、當時小數なりし堅固なるデモクラット黨は一致して之に反對し、終に彼の南部諸州中の五州を武力政府の下

國會政治家の黨派熱は兩大黨中の温和なる君子の爲めに冷やさる

妨礙亦利なきにあらず

に置んとするの議案を打破するを得たり、其二の禁遏なる者は人民の非難攻擊を慮るの恐懼之れなり、國民若し黨派的妨礙の爲めに公共の事務停滯し、須要なる立法遲延するを見れば、其震怒を其の妨礙の先導者箇々の上に洩し、且之に一致したる黨派全躰を責罰するに至るべし、黨派心如何に熱度熾んなりとも、兩大政黨中には亦常に温和なる君子なきに非ず、此の如き人々は、假令法律上許るさるべき反對手段たりとも之を濫用する者ある時は之を疎んじて與せず、而して是等の人々は次回の撰擧來るに臨んで、投票上に勢力を及ぼし得る者なるを以て、彼等の意見を尊重するの念は國會政治家の黨派熱をして爲に冷かなるを致さしむ、斯の如くなるを以て世人一般に謂へらく、妨礙《フ井リバスタリング》なる者は、非常極端なる塲合に於ては、彼の預問《ブリーヒアスヘクヱスチヨン》を以て辯論を終閉するの制より生ずる濫用の弊害に對する防禦なるが如く、社會の制裁明鑒は又彼の規則上に漠然放任したる許多の機會を妄用するの害惡に對する防衛の具なりと、曾て代議院の多數と

米國々會議員は英人が壓制に過ぐとなす議事法に向て不平を鳴らすを少なし

亞米利加人の自制力と好機嫌とは代議院内の少數が其多數の擅制に服するの上に現わる

小數とに共に先導者たるの大經驗を有せる一人の舊代議院議長は余に告て曰く、是等の規則は、全躰を通觀して考ふるに、凡そ規則と稱する者のあり得るだけ、殆んど完全の域に近き者と謂ふべしと、是れ職掌柄代議院内の事は何によらず皆有益なりとなす者に似たり、余輩は總て久く一の制度を運用したる人々は其の功徳のみならす、其の弊害にも亦愛着する者なるを知る、但し米國國會議員が己れの從つて支配せらるゝ議事法—英人が觀て以て壓制に過ぐと爲す者—に向ひて不平を鳴らす事は、英國國會議員が其年ふりたる名高き一團躰(下院)の一層寛和なる(嚴刻ならざる)手續に向ひて苦情を唱ふるよりも、更に少なきを見るなり、余想ふに、亞米利加人の自制力と好機嫌とは、其代議院内の小數が自ら甘んじて其多數の擅制に服するの上に就て尤も善く之を見得べし、是れ彼等は之を以て凡そ奇偶勝敗の法則に依る者となし、己れの幸運も亦程善き時に運り來るべしと思ひて自ら慰めをるなり、若し彼の辨論閉止(即ち預問)の法を

米國代議院と英國下院とは其の性質を異にす

代議院は委員會を以て事を行ふ

全代議院は只委員會より呈出せる議決を投票に由て登錄するのみ

全代議院の眞實に討論熟議する所は歳入の問題のみ

代議院全躰委員會となりたるとき

華盛頓(米國代議院)に於て用らるゝ如く嚴重にウエストミンスター(英國下院)に於て施行するあらば、是れ下院の生活上に革命を起す者と謂はざるを得ず、然れども米國代議院は英國下院と大に其の性質を異にす、下院と同じく代議院は(若し主治躰と見做し難しとすれば)立法躰なり、然れども代議院は論戰をなす所の團躰にあらざるなり、代議院は其許多の委員會を以て事を行なふ、而して委員會に於ては如何なる辯論も閉止の權力を以て之を禁遏することと無し、而して全代議院は只委員會より呈出せる議決を其の投票に由て登錄するに止まるのみ、其外に爲すべき事とては多からず、但し唯一つの問題、歳入の問題、即ち徵税及び支出は全代議院の眞實に討論熟議する所となるなり、支出議案を議するに當りても、議事を捗取らする爲に、屢々例の「預問」なる者を用ふと雖も、凡て允當なる意見の盡く陳へ竭されたる後に非れば之を用ふること殆んど稀なり、

代議院全體擧りて委員會と成りたる時の議事規則は大體に於ては英國

きの議事規則如何

下院に於ける同樣の規則に類す、然れども斯くの如き委員會の長は(通例英國に於るが如く)常置財政委員《ウエーズ、アンド、ミーンス》長なる者に非ず、其時に臨んで議長の指名したる人を以て之に充つ、全院の委員會に於ては、發言せんと欲する各議員の盡く其說を吐き了らざる內は、何人といふとも同一問題につきて再度發論するを得ず、

代議院の秘密會議

代議院は大統領より機密に涉る通知を受けたる時、若くは又一の議員が秘密を要する事件を通知せんとすと告ぐる時に於ては、何時にても秘密會議をなすの權力を有す、然れども此權力は用ゐられたると稀にして、近年は絕て之を用ゐたるとあらず、院內に發せられたる言語は、一々速記役の筆記する所となりて、盡く國會議事錄に載て世に公けにせらる、而して其大なる傍聽席よりは曾て人を拂ひたることあらず、

代議院に呈出する議案の數は毎歳平均七千に踰ゆ

代議院に呈出さるゝ議案の數は甚だ夥多しくして、毎歳平均七千に踰ゆ、

第三十七回の國

第三十七回の國會(一千八百六十一年より六十三年に至る)に於て提起せ

會に呈出せられたる議案

第四十六回の國會に呈出せられたる議案

草案の增加は元老院より代議院に於て大なり

第四十九回の國會の議案

英國下院ニ呈出せらるゝ議案

米國々會立法的權能は狹少にして英國々會の比にあらず

られたる議案の全數は一千二十六にして、其の中六百十三は代議院より出たる議案にして、四百三十三は元老院の議案に係れり、第四十六回の國會に於ては議案都合九千四百八十に上ぼり、其七千二百五十七は代議院より出で、二千二百二十四は元老院より出たり、以て草案の增加は元老院に於けるよりも代議院に於て大なりしを見るべし、第四十九回の國會(一千八百八十五年より八十七年に至る)に於ては代議院の議案の數更に增加して、一千八百八十六年の七月まで已に一万二千九百六種に上れり、此外に又兩院合幷の議決案二百七十七ありき、英國下院に於ては一千八百八十五年の會期に提出せられし議案都合四百八十一にして、其中二百二は公共的草案《パブリク、ビル》、二百七十九は一己的議案《プライヴエト、ビル》なりしあり、固より亞米利加は英國よりも遙かに大なる國なり、然れども亞米利加に於ては公共的議案及び一己的議案に關する立法事業の重なる部分は諸州に屬するが故に國會の立法的權能は狹小にして英國國會の比にあらず、米國國會に呈出さ

米國々會に呈出せらる丶議案は國家一般に關する法律規則を定むるものにあらず

通過する議案ハ廢棄せらる丶議案の三十分の一に上らず

米國に於て廢棄せらる丶議案ハ第三讀會に達する期を失なひて自ら消滅する者甚多し

る丶議案の大多數は、英國に於て一己的若くは地方的及び一身的議案とも稱せらるべき類のものなりとす、即ち是等の議案は國家一般に關する法律規則を定むる者にあらずして、只格別なる場合に適合する規則なるのみ、是の如き者の中には、聯邦政府に對して要求する所ある人々を滿足せしむるの議案、又は南北戰爭の際北軍に從ふたりと確言せらる丶人々に養老金を給するの議案其の多きに居る、故に議案にして通常の私法に關する者は甚だ少なし、是れ彼の問題は殆んど全く州立法部に屬すればなり、通過する議案の廢棄せらる丶議案に對する比例の甚だ小にして僅に三十分の一にも上らざるは固より多言を要せず、英國に於ける如く亞米利加に於ては殊に議案は直接に廢棄せらる丶よりハ、第三讀會に達する期を失なひて自ら消滅に歸する者甚だ多し、即ち之を調査する所の委員會は故らに之れが調査を長びかせ、時日の不足を口實として之を第三讀會に報告する事をせざるなり、由や時日の不足は委員等が斯く之を報

種々の議案は多く或る特別なる人々若くは場所を滿足せしめんか爲めに呈出せらる

議案中富裕なる會社を脅して賄賂を取るを目的とするものあり

告するの期を失ひたるを恕すべき十分の理由とするに足らずとするども、代議院議員は互に相辯難攻擊するを好まざるが故に、直接の廢棄よりは寧ろ此消滅方法を擇べり、曾て華盛頓府に於て人の語るを聞くに、通過するの見込を以て呈出する議案は至て少なしと云ふ、種々の議案は多くは或る格別なる人々、若くは場所を滿足せしめんが爲に呈出せらるゝ者にして、是等の議案の鄭重に討議す可らざることは院内に於て善く了知せらるゝ所なり、但し時としては之れよりも一層恕し難き事情なきにあらず、大商社、特に鐵道會社の如きは、屢々其の土地下附のため、或は其他の事件よりして聯邦政府と關係を有するに至る、是に於て是等會社の特許の一部分を削がんとする議案、若くは是等の會社に競爭す可き他の會社を立て、或は此の如き會社を助けんとする種々の議案國會に現はるゝあり、然れども其の眞實の目的は此に在るにあらずして、只是等の富裕なる會社を脅かして賄賂を取らんとするに在り、而して會社に於ては又之に

代議院の議案を打破るに賄賂を以てす

應じて賄賂を出すなり、如何となれは此の如き議案を打破らんために所謂前廳員《ロッピ》(前廳員とは代議院の前廳即ちロッピに來り居て委員會なる代議士を勸誘し或は之に忠告し、斯くして己れの、若くは己れを遣はせる者の贊成し或は不贊成する議案の通過又は廢棄を計る者を謂ふ此種の人人の中には婦人も亦ありと云ふ、凡て之をロッビストとも稱す)なる者の不正なる勢力を使用し、若くは又公然と其是非を辯論に爭ふよりは賄賂を出して是等の發議者を籠絡するは、却て費用の少なき者なれはなり、是を以て數多の大會社は常に華盛頓に一團の前廳員を設けおきて、己れに對する各種の立法的攻擊(或は只賄賂を絞取んとする者、或は地方に人望勢力を得んとする者等)を防がしむるを常とす、

大會社は常に華盛頓に一團の人を派出して己れに對する立法的攻擊を防く

英國下院の議長は如何なる者か英國下院の議長は只公平なるを要す

代議院議長の名稱及び性質は有名なる英國の標本に倣へる者なり、然れ共其の職務の性質は大に其の標本に異なるに至れり、英國下院の議長は其公平なるを以つて知らる、彼は實に一の黨派に撰まれたるものなり、英

國に於ては多數は則ち黨派と稱すべければなり、然れども彼は其議員たるの椅子を離れて議長の席に往く道に於て、從來の黨派の連絡及び同情を悉く振おとして後ろに擲ち去る者と信ぜらる、一たび假髮を戴き議長服を着るに及んでは、彼は最早何の政治上の意見をも有す可らず、而して己れの政友にも、從來己れの反對黨たりし人々にも、最も年高なる若くは最も勢力ある大臣にも、最も年少なる若くは人望少なき議員にも凡て全く同等の待遇を施さゞる可らず、議長の職務は規則を實行し且つ討議中に秩序と禮儀とを保たしむるに限ざる、三四の議員同時に起立せるとき發論すべき人を撰擇するも亦其職務中に存す、是等は大緊要の職務にして、彼れの地位は尊嚴の大なる者なりと雖も、其職務も、其地位も與に政治上の權力を含有せざるなり、議長席を己れの黨より占むると、反對黨より占むるとは英國議院內の政黨に取ては大なる差違あるに非ず、議長は固より己れの支配する有樣の何如によりて、下院全體の調子及び効力を上

下院議長は己れの黨派に助を與ふるを能はす

米國代議院議長は莫大なる權力を自黨の爲に用ゆ

發言すべき議員を呼ふに自黨の議員を先にす

事務の整理に關する議長の權力

議長は自黨の領袖輩に助言を與

下するを得べし、然れども法律の如く嚴重なる一個の習慣ありて、議長が私の助言を以てすら己れの黨派に助を與ふることを禁ず、凡そ國會の法則につきて彼が人に告知するも妨げあしと思ふ所の者は其何たるを論ぜず、悉とく各議員の請に應じて之を告知すべくして、決して其間に偏頗ある可らず、

亞米利加に於ては議長は莫大なる政治上の權力を有す、而して其の權力を自黨の利益の爲めに用ふるとを許さるゝのみならず、其然るべきは人々の期する所たるなり、發言すべき議員を呼ぶに當りて、彼は自黨の議員を先にす、明かに規則を以て定められざるが如き秩序の點に就きては、自黨を益する樣に之れを裁斷す、事務の整理に關する彼れの權力は甚はだ大にして、彼は屢々議案若くは動議を捗らせ或は滯らせ、以て之れが運命を決し得るなり、彼は院内に於ける黨派間の辯論には口を容れずと雖も、私かに自黨の他の領袖輩に助言するを得べく、又實際助言するなり、自黨

ふ

議長は院内に席を有する黨派中の最拔群なる議員なり即ち黨派の首領なり

議長の特權中最緊要なるものは常置委員を指名すると之れなり

議長は委員會長をも指命す

議長は代議院に多數を制する黨

の領袖輩黨會を開きて差掛りたる問題に對する自黨運動の方針を決斷する時には、彼は之に出席し且助言を與ふ、彼は概して院内に席を有する黨派中の最も拔群なる議員にして、其の大なる信用を以てこれが政畧を指導する所より言へば、又實に之れが首領なりと謂ふべし、但し彼が特權中最緊要なるものは上に述たる數多の常置委員會を指名することと之れなり、第一の國會(一千七百八十九年四月)に於ては、代議院は無名投票を以て其各委員會を設定せんと試みたり、然るに此方法甚だ惡結果を生じたるを以て、一千七百九十年正月には左の規則を立てたり、曰く「代議院に於て特別に他の方法を撰ぶにあらざれば、各種の委員會は凡て議長之を指名すべし」と斯の規則は以後次々の國會に於て會期毎に採用せられたり、是に於て議長は各國會の初めに於て是等委員會の各委員を悉く撰拔するのみならず、又各委員會の長をも撰定し、斯して己れが善しとする人に其事務の指導を委託するなり、議長は勿論代議院に多數を制する黨派よ

派より撰まれ委員會は其の黨に便利なる樣に組織せらる

委員會の組織如何は大問題に對する代議院の方針を察すべし

緊要なる委員會長の地位は最勢力ある地位なり

議長情實に圍繞せられ困難と心配とを以て已れの權力を行ふ

り撰出せらるゝを常とし、而して委員會は其多數を占る黨派に多數を得せしむる樣に組織せらるゝなり、立法は言ふに及ばず、代議院の權內に入るが如き施政上の管轄は凡て是等の委員會に屬するを以て、是等委員會の組織何如は實際重要なる大問題に對する代議院の動作如何を決するものと謂ふべし、緊要なる委員會の長の地位は最も勢力ある地位なるが故に之を與ふるは恩典の極めて大なる者にして、代議院議長は之に由て以て贊助を自身及び自身の黨派に牽き寄せ得べく、以て己れの朋友に酬ふ可く、以て政治家をして高地位に攀上るの機會を得せしむ可く、或は實際彼等が國會に奔走するの生活に終りを告げしめ得べし、但し代議院議長とても、是等の地位を授與するにつきては決して自由自在なるに非ず、彼は議長に撰擧せられんが爲めには、領袖たる諸議員及び己れの朋友に約束を結ばざる可らざるの勢に迫らる、而して斯の約束を償ふと同時に又た大切なる種々の團躰の希望若くは種々の意見をも斟酌せざる可ら

議長が委員を指名するは一の權なり

議長は合衆國に於ける第二等の勢力家なり

議長は平時に於ては大統領にも勝るの權力を振ふ

一國會の歷史中最大切なる點

議長が委員を撰定するは歐洲の

ず、或る數州の驩心を得んが爲めには、其州撰出の重なる議員に委員の位置を與へざる可らず、或る部分の利害休戚に掛念を起さしむるが如き指名を避けざる可らず、是等の情實彼を圍繞し、彼をして困難と心配とを以て己れの權力を行はしむ、然れども要するに議長が委員を指名するは一の權力なり、其の權力たる伎倆あり功名心ある人の掌中に在れば、甚しく擴張せらるゝが故に、議長たる者は、假令合衆國に於ける第一等の政權所有者たらずとするも、之を第二等の勢力家と呼ぶは強ち過大の事に非ず、實に彼は平時に於ては大統領にも勝る勢力を以て人々の運命を左右し、國事の方向を指導す、只其勢力を振ふの歳月大統領よりも短かく、且つ其權力の世界に認めらるゝ事彼よりも鮮なきのみ、

代議院議長が諸委員會に議員を分配するとは、議長自身の撰擧に次で、一國會の歷史中最も大切なる點にして、最も衆人の注目する所なり、議長は己れの撰任せらるゝや二週日の間は歐洲の首相が內閣を組織すると等

首相が內閣を組織するに等し

議長は一大政黨の首領にして又一議會の議長たり

議長は出來る丈の手段を盡く用ゐて自黨の利益を計るべきにあらず

議長は反對黨に對して多少公平なる處置を施さゞる可らず

議長乃の職務を怠る時は人皆之

しく、拮据黽勉斯の委員の撰定に從事す、其比較たる此に止まらず、代議院內の重なる委員會の議長は歐洲の內閣員とも謂つべき者なるが故に、議長は自ら一大政黨の首領にして、又一議會(代議院を指して歐洲の內閣會議に比す)の議長たりと謂ふべし、

代議院議長は凡て出來得べきだけの方面に於て、自黨の爲めに力を致すことを期望せらるゝと雖も、彼は何事にまれ出來る丈の手段を盡く用ひて、之れが、利益を計るべきに非ず、議事の整理に於ても、委員會の組織に於ても、反對黨に對して多少公平なる處置を施さゞる可らず、彼は一切の疑點をば自黨の利益となる樣に裁決し得れども、公然と反對黨の不利益になる樣に議院の規則を枉ぐることを爲す可らず、彼は反對黨に向ても相當に辯論を許さゞる可らず、彼は反對黨に向ても委員會に其の代表者を出すことを許さゞる可らず、是等の諸點に就きて、議長の職務を劃定するは固より能はざる所なり、然れども彼が其職務を怠る時は人皆見て之を知る

を知り非難の聲囂々として起る

議長の俸給

議長の座位

なり、例へば近時の代議院議長に於けるが如し、彼は常に只己れの朋友のみに辯論することを許し、普通なる黨派上の競爭を一變して、他黨を勢力にて壓制し去らんとしたるが故に、到る處非難の聲囂々たりしなり、

議長の職たる甚だ尊とし、彼は一年に八千弗の俸給を受く、是れ亞米利加に取りては大なる俸給なりとす、座位を以てすれば、彼は大統領の次に位し、大審院の判事と同等の位置に立つ、近頃華盛頓の交際社會は議長の夫人が、是等判事の夫人に先つて座位を占めんことを要求したるが爲めに時ならぬ風波を生じたり、此要求たる民主國に於ては甚不祥なる者なるを以て、公然たる決斷もなく曖昧の中に調和し去られたり、

英國人が代議院内に英國下院の再現せるを見んと期するは迷妄たるを免れす

代議院と下院との生活及精神は全く相異なれり

第十四章

代議院の運轉

英國人は代議院内に英國下院の再現せるを見んと期す、此思想たる決して理由なき者に非ず、何となれば彼は代議院が英國下院を摸範として作られ、下院の規則及び言詞を借りて之を用ゐ、下院の議事法を己れの師として之を先例の府と見做すを知り居ればなり、但し此思想は迷妄たるを免れず、固より類似の點はこれ無きに非ず、然れども亞米利加代議院の運轉するを視察したる英國國會議員は、其類似の點よりも寧ろ反對の點多きを感ず、是等兩團躰(代議院と下院)の生活及精神は全く相異なれり、

代議院の集會室の構造

其大さは下院の三倍に踰ゆ

傍聽席

議員席及議長席

代議院の集會する室は、國會議事堂(カピトル)の南翼にして、元老院及び大審院は其北翼に位す、代議院は長さ百三十九呎(凡そ曲尺一尺に當る)廣さ九十三呎高さ三十六呎にして、其の地牀の面積はウェストミンステルホール(古王宮にして英國至高の法庭に充つる者)に等しく、其の大さ英國下院の三倍に踰ゆ、日光は天井を通して引かれ、四面には奥深き傍聽席ありて小聽(ロッビ)の上を經て背ろに亘り、以て二千五百人を容るゝに足る、院内の比例其宜きを得たるを以て、始めて之に入るに當ては其非常に廣大なるを感ぜず、唯他の極端に在る人々が小さく見へ、尋常の音聲が微かに聞ゆるのみなるを見るに及びて後、漸く其建築の壯大なるを覺るべし、議員の席は議長を中心として曲線狀に列す、而して議長の椅子は美麗なる大理石を以て作られ、議場に少く凸進せる大理石高座の上に設けらる、書記及び笏(前に見ゆ)は議長の正面に當りて下方に在り、書記の正面に速記役あり、其右に監守官(其解前に出づ)あり、各議員は回轉する安樂椅子に憑り、椅

議場に入て第一に感ずるはその喧噪なる事なり

米人の聲は議論に於けるほど耳にさわりて不愉快に聞ゆるとあらず

議場の不躰裁

子の正面に廣き寫字臺を備ふ、是等の椅子の後に一の欄杆あり、欄杆の後に空處あり、外國人も此に伴なはれ得べし、此處には壁に背て長椅子横はり、規則上喫烟を禁じあれども、皆之を顧みずして外國人すらも喫烟す、議場に入りて、第一に感ずる所は其喧噪なる事なりとす、其音響たるや恰も激浪怒濤の岩に碎くるが如し、寫字臺の蓋を上下するの音、鐵筆の紙に磨する音、通路に沿て趨る所の利發なる小童、給事を呼ぶ拍手の音處々に起る多くの足音、議席と傍聽席にて談話する低聲、是等相和して一の騷がしき響をなし、議長鋭く彼れの槌を以て叩くも、辯士鋭く其の聲を張るも、人をして之を聽きとらしむると容易ならず、余は未だ曾て米人の聲が此議場に於けるほど耳にさはりて不愉快に聞ゆるを見しことあらず、但し人をして亂雜を感ぜしむる者は是等の音響のみにあらざるなり、往々三四の議員同時に起立し、議長の注意を引かん爲めに各々大呼するとあり、又他の議員は靜坐するに厭きて起て欠伸し、西士の來觀者は、丈高く、肉瘦

議場廣大にして聲院内に貫徹せす

議員中辯論に耳を傾くるものは極めて少なし

議員は辯論に注意するよりも寧ろ談話すること、物を書くこと、新聞紙を讀むこと等に從事すること多し

せ、極めて平氣なる顔色にて、欄杆に己れの腕を安んじ、捲煙草を口にしながら、傍若無人に議場の様子を觀測す、辯論討議の場に取りて、之れよりも更に見苦しき有様ありとは想われざるなり、曩に代議院が今よりは遥かに小さき室に集會したる時は、辯論一層活潑にして、實地に近かりしと云ふは實にさも有りなんと思はれて、毫しも驚くべきに非ず、

現今の議場は甚だ廣大にして錬磨せる雷聲を以てするに非れば、院内に貫徹せざるのみならず、其衆多の寫字臺と椅子とは、辯論者をして宛から人よりも器具に對して發言するが如き想あらしむ、而して又議員中にも其辯論に耳を傾くる者は、極めて數少なきが如く見ゆ、米國代議院の議員は英國下院に於て議員のなすが如く、議場を去りて小廳に赴くことをなさずして常に議場に坐しをるなり、然れども彼等は辯論に注意するよりも寧ろ談話すること、物を書くこと、若くは新聞紙を讀むこと等に從事すること多し、辯論を聽とるは容易の事にあらず、只鋭利なる音聲にして始めて場内

代議院に於ては只大聲を發して聽かれんと務むるの一方に全力を盡すか故に智力を運用するの餘地なし口頭演説を廢して筆述演説を取る

の囂々たる喧嘈に打勝ち得ればなり、時としては非常に有効なる演説を新聞紙上に評して「某氏の演説は議場の各處より聽く者を引寄せたり」といふとあるを見る、蓋し聽者は其坐する處に居ては、迚も演説を聽とる能はざるが故に、己れの席を離れ、通路に輻輳して演説者に近かんとするなり、亞米利加の著述者言へるあり、曰く「代議院に於て演説するは猶アストル、ハウス（新紐克の富豪アストルの名を以て建たる建物にしてアステル館と號す）の前なる踏石の上よりブロードウェー（車馬の輻輳する往還路の名）を奔る乘合馬車中の人々に向て演説を試むるが如し、才智美にして普通の能辨を有する人々は、絕望の歎聲を發して曰く、代議院に於ては只大聲を發して聽かれんと務むるの一方に全力を盡すが故に、智力を運用するの餘地は絕てあることと無しと、故に是等の人々は止を得ずして、自然に口頭演説を廢して筆述演説を取るに至り、或は常に默して何をも言はざるに至る、而して其緘默を破りて口を開くを恐るゝこと愈々大いなり、」

秩序を得るか爲めに好說を失ふ

寫字臺を置くの得失

凡そ人は至大の聲を以て恪靜の思慮を談說すること難く、入込みたる方案を辨明すると難し、蓋し演說者の發聲機關は其人の態度に反動し(影響し)、其人の態度は其演說の材質に反動す、若し又無遠慮なる多數、若くは徒黨がましき小數に向つて、雷轟叱咤せんと欲するとも、彼等にして汝の前面に列坐する事なく、實際代議院に於けるが如く、汝の周圍若くは汝の背後に散在するに於ては、彼等を一齊に雷擊すること容易ならず、亞米利加人は之を以て不秩序(亂雜)の出來事を防ぐ者として却て利益なりと考ふ、米人の思想或は是ならん、然れども秩序の領分に於て得る所は、演說の領分に於て之を失ふなり、寫字臺は議員をして書信を認むるを得せしめて、以て議事に不注意ならしむるの失あれば、之を設くるは誤なりと認めらる、然れども斯く大抵殘らず寫字臺を取り去ることを善しとするにも拘らず、之を取り去るの議案通過すべしとは何人も思はざるなり、(實に一千八百五十九年には之を取除くべしと決議したれ共翌年に又之を本に復

塲內の喫烟は英人を驚かすに足る

議事の妨碍

喝采

代議院の可否決を取る方法は英國法よりも一層簡便にして善し

米國にて決を取る方法は人を强

したり)大なる傍聽席は亦音聲を散らすの害あれども、公衆は斯の如き大傍聽席を好めば、之を變じて小さき室となさんとせば恐らくは怒らん、塲內の喫烟は英人を驚かすに足る、然れ共英國々會の兩院に於て帽を被るとの米人を驚かす如きに及ばす、可否決を取れと呼はり、或は大呼して議事を妨ぐるとは、英國下院に於けるよりも多からず(余が傍聽に往きたるときは彼れよりも遙かに少なかりし)、喝釆は英國よりも一層注意して之を與ふ、亞米利加に於ては常に然り、又「ヒヤ」「ヒヤ」(謹聽)と呼ばずして、米國にては手を拍ち、寫字臺を叩くなり、

各黨派を起立せしめ、初めに然りと呼ばしめ、後に否と呼ばしめて決を取るの方法は、人々を左右に別室に分ち遣るの英國法に比すれば一層簡便にして善し、但し代議院半數の五分の一を要求し得べく、且つ屢要求する方法即ち全議員の名簿を讀あげて一々に可否の返詞を求むるの法(前章に詳なり)は英國の方法よりも一層緩慢なりとす、米國に於て決を取る此

て投票せしむるとなし

代議院には好演說少なし

演說者は已れの書きたる所の一部分を朗讀して其の全躰を報告者に送る

の兩法は與に英國の法の如く演劇的ならず、何れも人を强て投票せしむることと無し、人もし投票(發言)せざらんと欲せば起立するを要せざればなり、議員の名簿を讀む時にも已れの名に答ふる事を避け得べく、或は又た議場外に逃れ去るを得べし、

代議院には好演說少なし、是れ單に雄快なる言語中に價直ある思想を含蓄する好演說稀なりと謂ふのみに非ず、何となれば何れの集會に於ても好演說は稀なればなり、然れども代議院に於て緊要なる問題に關して演べらるゝ演說の中、前以て作りおきたる者の如きは、辨明或は議論とは成らずして、精錬豪邁なる一片の雄辯と成り了らんとするの傾向あり、其作者たる人は已れの書たる所を唯一部分だけ朗讀して、直ちに其全體を報告者(國會の記錄を編輯する者)に送ると屢なり、是れ實に智慧ある所爲と謂ふべし、而して其の國會の記錄中に悉皆印刷せらるゝや、更に又多くの之を刷行して已れの撰擧者に配布す、斯の如くして撰擧人は皆喜び時間は

大に節約せらる、（蓋し斯く之を記錄中に印刷するの許可を得ることは甚だ易し、）

代議院に事務的の好討論少なきは代議院を圍繞する事情の宜からさるに由る

代議院に事務上の好討論多からざる事（即ち實際の問題に關して發演せられ、衆議員の心と心との磨礱に由りて之れ（實際の問題）を鍛成するに至るが如き許多の簡短なる演說發論の多からざる事）は、議員中に才力乏しきが爲めに然るにあらず、全たく代議院を圍繞する事情の宜からざるが爲めなり、實際の業務の大概は常置委員の手にて爲さる、而して代議院の時間は多く無用の討論に消費せられ、議員は皆明確なる歸着を得ることを能はざるが如き廣漠たる問題に身を委ぬ、斯の如くして現はれ來る演說の中には事實の所藏所として價直ある者固より鮮からず、然れども其討論の全體を觀察すれば凡て無益にして生氣なし、之に反し、代議院が常置委員より報告せられたる議案を議するために、全院の委員會を開くに當りて一人の發論時間を五分に限る時に起る五分間宛の辯論の如きは、往

代議院の業務は大概常置委員の手にて爲さる

討論の全躰は凡て無益にして生氣なし

最も多く注意を惹起こし最良く討議せらるゝ問題は課税及金錢支出に在り

政治的雄辨を鍊り政治的智慧を演ずる場所としては代議院は元老院に劣り歐洲の下院に劣る

代議院の討議は輿論を敎導し若くは左右するの力至て少なし

往活潑に適切に有効なるとあり、最も多く注意を惹起こし、最も良く討議せらるゝ問題は、課税及び金錢の支出にして、就中河江及び港灣の改良、聯邦用館舍の建築等の如き公共の工事に對する金錢の支出を以て其の最たるものとす、議員の大概は此種の事務を以て國會に取ての最大要務と爲すなり、實に此事務たる權謀家をして絶妙の伎倆を顯はさしめ、又軟弱なる良心に向て最も猛烈なる誘惑を呈する者なりとす、但し政治的雄辨若くは政治的智慧を演ずる劇場若くは學校としては、代議院は單に元老院に劣るのみならず、歐洲に於ける大抵の下院(衆議院)にも亦劣り、代議院は亦本國亞米利加に於ても然のみ尊敬せらるゝ者に非ず、代議院の討議は甚た短簡に華盛頓の諸新聞紙、並にヒラデルヒア及び新約克の各新聞紙上に報道するのみ、而して是等の報道は廣ろく讀まれざれば、輿論を敎導し若くは左右するの力至て少なし、

但し是れ固より唯立法部の職務の一部分のみ、蓋し其事務を見事に整理

代議院か公共の事務につきて爲す立法は其量極めて乏しく其質概して平凡なり

代議士は撰擧人よりも速に動かんとを試む可らす

歐洲視察者が代議院に對する杞憂

する議會にしても、其中に才氣の赫々として觀るべき者多からざることあり、然れども代議院が公共の事務につきて爲す所の立法は、其量に於ても極めて乏しく、其質に於ても概して平凡なり、加之代議院は眞實緊要急迫なる問題に遇へば、只其周圍に小戰を試むるのみにして、成るべく之に對することを避けんとし、正面より是等の問題に當り、若くは進んで之に決斷を下すが如きは甚だ稀なり、人若し此事を以て米人を詰るあれば、米人は乃ち之に答へて曰ふ、今日此の如き問題の國會の手中に横はる者極めて少なしと、又曰く、米國に於ては代議士は撰擧人よりも速かに動かんことを試むべからずと、此の第二の説は特に其實相を穿てる者と謂ふべし、此思想たる殆んど其極に達し、終に國會をして輿論を導くことを求めずして却つて輿論に從ふことを其義務と感ぜしむるに至れり、但し之れが爲に實際今日までに崇むれる害はさのみ大ならず、然れども歐洲の視察家は之を見て杞憂の念禁ずる能はず、謂へらく、國會は今後或は重大なる國

何れの集會にても演說は傍聽人に聽かせんとて演へらる

代議院は一層此傾向を有す

議員中一人も心に贊成せさる如き動議を全會一致にて可決する事あり

家の危難に當るの力なからん、今も早や既に國民の政治思想を敎導するの義務を盡す能はざるならん、

何れの集會(議會)に於ても虛假、託言等夥しくして、衆くの演說は明らかに傍聽人に聽かせんとて演べられ、多くの議案は鄭重の討論を求るが爲に出るにあらずして、只世間に流布せられんが爲めに出るのみ、是れ吾人が預め熟知せざる可らざる所なり、併ながら米國の代議院は同等の他の議院よりは一層斯の方向に自由放恣の運動をなす者と見ゆ、其傍聽席は甚だ大いにして二千五百人を容る、但し代議院は恰も亞米利加國内の各黨各派の盡く塲内に參會せるが如き樣を呈して談論し投票(發言)す、(余は傍聽席に向て談論投票するといはず、傍聽席は之を聽きとり能はざればなり)代議院は議員中一人として心に贊成せざるが如き動議をも全會一致にて之を可決する事あり、如何となれば此事たる反對を試るほどの價なき者として何人も之に異議を唱へざればなり、此習慣は時として抵抗或

は詰責に出遇ふこと無きに非ず、例へばラスケル（獨逸の代議士にしてビスマルクの大反對者）の死に際して、獨逸國會に、弔詞をおくらんとの議決に對してビスマルクが反對を試みたるが如き是れなり、斯の如き議決は實に無害なりとは雖も、啻かに餘計の事にして、且つ唐突の恐なきに非ず、他國に例なき所爲は動もすれば他國の誤解する所となりて、之れが爲に怨恨を激成することあるを免かれざるなり、密告者ケーリの殺害人オドンナルの死刑を停止せんことを英國政府に請ふの議決は、二三の愛蘭人種の議員の外は何人も之を希望するものあらず、是等の議員すら此議決の効能あるべしとは思はず、只儀式上の事として代議院の採用する所となりしのみ、一千八百八十六年代議院に提出せられたる一議案、即ち亞米利加通商同盟の如き者を作らん爲に、大西洋外の諸共和國より委員を招きて、通商上の公會を開かんことを大統領に請願するの議案は、意外にも英領西印度バハマ、ジャマイカ等に一驚を喫せしめ、延て英國下院内に眞面目な

米國の政事家は空虛なる世辭、華麗なる文辭を以て書きたる動議案若くは撰擧的意見書を懷中に藏し置きて之を群衆中に散布するを常とす

代議院の才力は英國下院に比して優劣何如にぞや

米國人は代議院議員を下等視す

る種々の質問を誘起するに至れり、然るに亞米利加に於ては却て此議決に意を留る者極めて僅少なりしなり、亞米利加の政事家は其懷中に空虛なる世辭、華麗なる文辭を以て書きたる動議案若くは撰擧的意見書を藏しおき、之を群衆の中に散布するを常とす、是たゞ或る黨派の人々を悅ばせんが爲にするに過ぎざれども、海外の諸國に於ては之を以て眞面目の問題と爲すと無きに非ず、此に至りて米人が喫驚するも亦可笑し、何となれば代議院は外交政畧に何の責任をも有せず、又己れの尊嚴を感ずるの念少なくして萬國交涉上の事務に適用するに內國撰擧會の習慣を以てすればなり、

代議院の運轉に注目し、應接所に於て議院に談話するに於ては、英國人は自然に代議院の才力は、英國下院に比して優劣何如にぞやと自ら己れの心に問ふに至るなり、其の亞米利加の朋友は既に彼をして代議院の大に劣れるとを預期せしめたり、即ち彼等(朋友)は好んで國會議員を下等視す、

代議院議員と下院議員との優劣

英國々會に多く現はれたる二種

學識あるニユーイングランド人、及び新約克人が之を蔑視するは智力上之を輕蔑するが爲めにして、己れの優れるを顯はさんとして、知らず識らず歐洲人に談話するに當りて言の斯に至るなり、一層粗野なる西部の人々が斯くするは國會議員をして己れ等自身よりも卓越せしめ、若くは卓越するが如く見へしむるは、共和主義の平等に反すとなすを以てなり、故に己れの聞きし所を悉く其儘に信ずる外國人は、代議士の中に敏慧聰利の人物(尤も其才力は狹くして限りあれども)の頗る多きを見て却つて驚くこと無きに非ず、想ふに代議士の事務上の才は之を平均すれば一千八百八十年より八十五年までの英國下院の議員に下ること無かるべし、代議院内には英國の議院に常に光を放つが如き大才物あること無し、又高等の教育を受けて其嗜好を發達し、思想を濶大にしたるが如き人物も甚だ少し、斯の如き人々の缺乏せるは代議院の平均をして下らしむる所以なり、然れども今まで英國々會中に多く顯はれたる二種の人物―即ち只

の人物は殆んど全く代議院に之れなし

代議院議員は政事家たるを求めず

議員の威儀態度は雅馴ならされ

金力を以て政治世界に入り來りたる暗愚なる暴富者、及び恐らくは之れと同じく無學無識にして、政治の何物たるを知らず、又政治に頓着なく、只其家の莫大なる財產の力によりて郡若くは(一千八百八十五年前までは)小町より撰出せられたる、才子風ある年少者—殆んど全く代議院に之なきを以て、其平均は之れが爲めに上るべし、米國々會議員中に是等二種の人物の如く才智の度低きものは甚だ少なし、何となれば米國々會議員は大抵皆活潑と敏捷とを以て立身の途を開きたる者なるを以て「始終」人及び事物の知識を積みもて行けばなり、見識の廣き、政治問題を洞察するの器量に至りては、代議院議員は己れが出て來りたる階級、即ち第二流の法律家、農夫、稀には又商人及び小製造家の上に越ゆることありとも思はれず、彼等は歐洲にて用ふる意味の政事家《ステーツメン》たらんことを求めず、彼等をして敏捷活潑ならしめたる立身出世の途上には、政事家たるの才力度量を鍊るの機會至つて少なければなり、彼等の威儀態度は雅馴ならず、雅馴なる交

さも亦粗野なるにあらず

米國々會に用ゆる言語及ひ一般の禮儀の標準は最近數十年間絶へず高まり英國下院中の是等の標準より低卑なりとは思れず

米國代議院と歐洲の衆議院の間に存する最著明なる相違は米國代議院の要素の同性同質なるに在り

米國に於ては六人の代議士中五

際社會に生活せざればなり、さりとて彼等は粗野なるにあらず、亞米利加の政治界に奔走する者は、凡て叮嚀快活ならざる可らざれはなり、米國々會に用ゆる言語及び一般の禮儀の標準は、此の最近數十年間絶へず高まり來れり、余は其の今日英國下院中なる是等の標準より低卑なりとは信ずる能はず、如何となれば、同數十年間英國下院に於ては是等の標準次第に低くなり來りたればなり、時々佛國議院を紛亂するが如き、南北戰爭前米國々會に流行せしが如き、亂暴混雜の光景は今日毫も之れあるを見ざるなり、

之を要するに、米國代議院と歐洲の衆議院との間に存する最も著明なる相違は、米國代議院の要素の同性同質なるに在りとす、歐洲に於て各種の人物こと〴〵く立法部の渦中に吸ひ込まれ、貴族となく、地主となく、法律家となく、醫師となく、商法家となく、技術士となく、新聞記者となく、學者となく、皆此中に入る、然れども亞米利加に於ては六人の代議士中五人は純

人は純乎たる專門政治家なり

功名心ある國會議員は次回の選擧に己れの座席を失はんことを恐れ枕を高ふする能はず

米國々會議員の再撰せらるゝ比例

乎たる專門政治家にして、是等の政治家は上に記せる歐洲の諸階級の如く判然劃定せられたる一階級をなす者あり、亞米利加人民は各國よりの移住民を以て成立ち、且つ一大陸中に廣がりをると雖も、大抵の歐洲大國の人民よりも一層一樣同性に化し去るの傾向多し、此特性は其の立法部に就て明らかに之を見るを得べし、

功名心を懷ける國會議員《コングレスマン》(此名稱は元老院議員をも抱括すれども通例代議院議員を指す)は不安の念に惱まされて枕を高うする能はず、次回の撰擧に己の座席を失ふの恐大なればなり、一千七百八十八年に於て初よりの一々の州立法部を見しに、其議員の半は毎に新議員なりき、此平均は聯邦立法部に於ても今日まで維持せられ來れり、一千八百八十二年に撰まれたる第四十八回の國會に於ては、三百廿五名の議員中第四十七回の國會に座を占めたる者は只百四十八名のみ、第五十回の國會に於ては再撰者の比例稍々大なりし、但し三百廿五名の議員中以前の國會に座を占め

英國々會議員の再撰せらるゝ比例

代議院には黨派あれとも首領なし又た政府若くは反對黨あるなし

たりし者は只二百六名のみ、英國に於ては國會より國會と再撰せらるゝ議員の比例は遙かに大いなり、彼の議席再分配案施行の後に招集せられたる一千八百八十五年の國會の議員中前國會即ち一千八百八十年の國會に席を有せざりし者三分の一を占めたりしは一新事と稱せらるゝ程なり、米國代議院の議員の斯く絶へず新陳代謝するは、其の立法上の効力に如何なる影響を及ぼすかは、何人も一見して之を明らかにするを得べし、余は最後に英人が最も奇怪なりと考ふる代議院の狀貌を述ぶべし、代議院には黨派あり、然れども其黨派には首領あらし、其中には政府若くは反對黨あるなし、又た首領若くは鞭策者《ホッヰップ》あるなし、內閣員、聯邦的官職を奉じ若くは聯邦政府より俸給を受け居る人は其議員たるを得ず、院內の多數が大統領及び其內閣に反對するを得べく、且屢之に反對することは米人の見て以て奇怪となさゞる所なり、何となれば彼等は立法部は行政部と判然相分かれざる可らずとの理論を以て行けばなり、一人の內閣員も

代議院には政府黨を代表する官吏的代表者あらす

院内の多數が一の首領を有するとすれは其首領は議長なるべし

最も緊要なる委員會長は代議院の首領の位置に最も近き者なり

出席せざるが故に、代議院には當時行政々府の綱紀を握る黨派を代表する官吏的代表者あらず、又非官吏的代表者も之れあらざるなり、議員中には一人として其討議中に發表したる意見に他の人々を服從せしむる如き者なきが故に、又た衆議員を誘ひて投票せしめ、定數の議員を已れの味方にし、人民をして其黨派の方針の向ふ所を知らしむる樣に注意するが如き義務を有する人物もあること無し、

院内の多數が一の首領を有するとすれば、其の首領は議長なるべし、議長は最も才力あり最も勢力ある人として多數より撰まれたる人なればなり、然れども議長が討議に關係するは稀なるが故に(議長は議長席を離れ、他の人を已れに代へ置て自ら討論するを得べけれども)、最も緊要なる委員會の長即ち財政委員會の議長は高等の地位を占め、何人よりも代議院の首領の位置に最も近き者と謂ふべし、然れ共彼れの權力は英國首相の爲して以て一般に討議の方向を指導するが如く、常に彼をして自黨最良

小數者は特別に首領を撰ます

少數の黨派に於ける議長の候補たる人其首領たる姿をなすとあり

代議院は首領なくして何如に運轉するか

の辯論家を交々引き出して討論上に同心協力せしむること能はざるなり、

小數者は特別に首領を撰ます、又實に彼等の中には實際第一の人物と仰がるべき閱歷を有する人あらざるなり、唯彼等が名譽上《コンプリメンタリ》の指名《ノミネーション》を與へて、自黨に於ける議長の候補者として出たしたる人先づ首領たるが如き姿をなすのみ、併ながら此名譽は然のみ大ある事に非ず、一千八百八十三年の十二月に開る國會に於て、前國會の議長たりしオハイヨ州のケイフア氏は、デモクラット黨の多數が撰擧したるケンタッキー州のカリースル氏に反對して、リパブリカン黨より斯の如き名譽指名を受けたり、然るに其後間もなくリパブリカン黨員はケイフア氏を首領として待遇するを嫌ひ、彼れが或る動議を立てたるとき彼を笑ふべき小數者中に捨て去れり、

果して斯の如くんば、代議院は如何にして運轉するか、

米國代議院は佛蘭西若くは獨逸の議院の如く多くの黨派を有せす

代議院は英國下院の如く行政的團躰にあらす

米國代議院にして若し佛蘭西若くは獨逸の代議院の如く、四五派の政黨に分かれをりて、其中一も確乎たる多數を制する能はざる者たらしめば、到底運轉し得ざるべし、然れ共合衆國に於ては政黨の數少なし、其團結力は鞏固なり、米國には通例只二個の黨派あるのみにして、其の勢力殆んど相匹敵するを以て、代議院內の多數は佛國に於ける如く幾多の小團體に分るゝ能はず、是を以て黨派一般の感情の表明せられたる國民的大問題に就ては、凡て多數も小數も共に如何に投票すべきやを知り、其の投票も隨つて亦確實にして必らず投票すべき所に投票す、

代議院にして若し英國下院の如く立法部たると與に又幾分か行政的團躰─其の協力贊助に由て政府の日々の事務行なはるゝ者─たらば是首領たる人々及び鞭《ホヰツプ》策者(自黨の議員を鞭策して其主義綱領に本いて投票せしむる人々)なしには決して運轉するを得す、然れども代議院は斯の如きものにあらず、代議院は政府を創設し若くは制馭し若くは破壞するこ

代議院銀問題、萬國版權問題、一般

とを爲さず、政府は一切人民の直接命令に由て生ずる大統領の權內に存するなり、

或は之に答へて言はんとす「然るも猶代議院は緊要なる職務の盡すべきあり、立法の事業は之れより出來り、金錢の供給は之に屬す、是れ關稅を定め、文武諸官職の費金を投票し、傍らに又經驗上政府の運轉中に發見する各種の弊害を矯正するの方案を立つ、果して首領たる人々も無く、何の組織も無くんば、如何にして是等の需めを滿足せしむるや」、

歐洲人の眼中には代議院は是等の需めを滿足せしむるとは見へざるなり、固より必要なる金錢の供給を投票す、然れども其投票宜きを得ずして、時としては餘りに多く、時としては餘りに少なく之を與へ、且其投票したる金額の濫用を防ぐべき適當の保證を得ることをせず、

曾て多くの歲月の間、關稅の問題及び通貨問題につきて久しく暗中に摸捉したり、其の創制したる有用の法律は甚だ少なく、銀問題、萬國版權問題、

の破産法の制定の如き重大なる問題を放棄して顧みず

英人は之を見て代議院の首領なきに源因すとなす

英國に於ては下院に起れる一切の過失につきて時の內閣其の責に任す

米國には責任者なし

一般の破産法の制定の如き重大なる實際の疑問をば、一方に放棄して更に之を顧みざるなり、英人は之を見て常に謂へらく、代議院內には首領と稱すべき人々なきが爲めに何人も事務の懈怠議案の失敗、公金の濫用等につきて責任を負ふことなくして、遂に是等の缺典を生じ來れりと、即ち曰く「英國に於ては下院に起れる一切の過失につきては時の內閣其の責に任ず、夫れ內閣員は多數を有する者なるが故に、其の欲する所を爲し得べき筈なり、故に若し其の政策妨礙せられたりと辯解し、下院の議事手續不都合にして、到底其求むる所を成すこと能はずと分疏せば、然らは何ぞ之れが議事法を變更し以て其欲する所を爲さゞるやとの返答に遇ひて口を箝せられん、彼の多數なる者は若し國會の効力を大ならしむる爲めに非すんば、果して他に何の用かあらん、亞米利加に於ては是と等しき詰責を蒙らさるべき人絕てある無し、もつとも多數者にして著しく狂愚邪僻の行あれば、爲めに其全躰上に世間公衆の不信用を來たし、次回の大統

國會內の弊害は首領なきに起因する者ならずや

米國政治家は答て曰く國會か前記の問題を決定せさるは首領なきに由るにあらすと

米國にては是等の問題に關する意見區々として

領撰擧若くは國會議員の撰擧に際して失敗を取ること無きに非ず、但し責任をして適當に効力あらしむるには之を二三の卓抜著名なる首領の上に歸せざる可らず、思ふに此の如き人々―國家の仰望する所、尋常の議員の服從する所たる者―の缺乏は國會に非難を招く所の過失の由て起る源因ならざるか、即ち國會の猶豫狐疑、前後撞着、其常なき所の變化、其小徒黨に降服するの不面目、其尊嚴の念に乏しき事、其難問題に畏避する事、其賄賂を行なふの傾向ある事等は、皆是れ此の如き人物の有らざるに起因する者ならずや、

斯の評言を二八の米國政治家に呈したるに、彼等は左の如く答へたり、曰く「國會が前記の諸問題を決定せざるは首領なきに由るにあらず、是等の問題に關し米國中に意見區々として一致せざるの情態、國會中に反射し來りたるなり、多數は己れの欲する所を斷行する程に十分の勢力を有せず、是れ只に抵抗を表すべき數多の機會、議事法中より涌出るに因るのみ

一致せず從て國會之を議決する能はす

國會は國民よりも迅く進むへきに非す

歐洲人か立法部に關する觀念さ米人の其觀念さは大に相違せり

委員會の制ありて歐洲の政黨組

ならす、又殊に是等の問題を決着せしむべき明白なる刺擊、若くは命令の未た國民の意中より出來らざるに由るなり、國會は國民よりも迅く進むべきに非ず、米國民にして若し其意を告知せば國會は決して之に應じて動くことを怠らざるべし」と、此答は代議的團躰及び一般國民のそれぞれの位置と義務について米國人が懷く所の觀念と、從來歐洲人が懷ける所の觀念との大相違を指點する者にして、其價直實に此にありて存すと謂ふべし、歐洲人は立法部を以て統治する階級に屬するものと考ふ、亞米利加に於ては斯の如き階級一もこれあらず、歐洲人は立法部は國內の最良なる人々を以て成立せざる可らずと考へ、亞米利加人は國內の中庸の人物あらざる可らずと考ふ、歐洲人は立法部は國民を導かざる可らずと考へ、亞米利加人は立法部は國民に從はざる可らずと考ふ、

若し又た組織と稱すべき者絕て無んば三百三十八の集會は只亂民の集合たるに過ぎざるべし、是に於て委員會の制起りて歐洲の政黨組織に代

織に代用す
委員會に附せられたる事件討議の爲め代議院に來る時には其委員會の長は此時の首領として待らはる

用するに至れり、此委員會の制度は次章に之を說明すべし、此には只左の一事を述ぶべし、凡そ委員會に附せられたる事件（凡て議案は皆然せらる）にして討議に附せらるゝ爲めに、代議院內に來るときには、其の委員會の長は、此時間中首領として待しらはれ、其事件に就て何事をも知らさる議員は、彼れの演說、若くは彼れが私に與ふる助言によりて導かるゝなり、若し彼れの助言にして利益とならざるか、或ひは彼れが反對黨に屬するが故に疑はしとすれば、彼等（該事件に何事をも知らぬ議員）は其議案を托せられをる議員に（若し彼れが自黨に屬するときは）請て、其指敎を得、或は又其委員會の他の議員、若くは彼等が信用する或る朋友に就て其指敎を求む、此の如くなるを以て緊要の問題に就きて不意に辨論の起るときには、衆議員は屢如何に投票すべきかに惑ふこと無きに非ず、而して可否決の將に取られんとするや、彼等は「然り」及び「否」を呼はしめんとの動議を其中の或る人に起さしめ、此の緩慢なる方法の行はれゆく間に、彼等は己れの

勝敗黨派の上に重大の關係を及ほす者ならしめは多數の請求に應して暫の休會をなし各黨派直に黨會を開く

爲すべき擧動に就て先輩の助言を求むるに奔走し、若し第一の點呼に間にあはざれば、第二の點呼に於て彼等の投票(即ち然否の發言)を與ふ、若し其勝敗にして黨派の上に重大の關係を及ほす者ならしめば、多數の請求に應して暫時(例ば二時間)の休會をなす、斯く代議院休會するや、各黨派は直ちに黨會(コーコス)を開き(議長或は此事を告知す)、戶を閉して其問題を討議す、然る後代議院再び開會し、各黨派は其黨會にて議決せる所に從て確實に投票す、是等の便方あるに拘らず、尙不都合の投票珍らしからず、

代議院は强盛なる民主國の實力

余は已に元老院の深沈なるに比べて、代議院の喧囂なると、始終動搖して混雜を極るとを說き、又其議事法に於ても、一己の議員の態度風采に於ても與に品位なきとを說けり、但し是等の缺點あるにも拘はらず、代議院には猶一種森嚴にして犯す可らざるの威風なきに非ず、世界に顯赫たる大洲の立法部たるに愧ざる所の者其中に存すと謂ふべし、

常に喧騷の絕えざる斯の鼠色の大公館(代議院)銳敏熱心なる面貌を具ふ

を表明す

此民主國は他の世紀に於て世上開明人類の一半を形くるへき天命を有す

歐洲の諸國會已に衰頽するの節に獨り挺然特立するものは代議院ならんか

る此の群衆(衆議員)衆足の出入來往して止まらざる此光景、傍聽席より注目して、其勢力を議場内に及ぼす所の斯の不遜なる公衆、是等は總て一として觀者の心に向て、此の強盛なる民主國の實力を顯はさざるはなし、實に此民主國(平民政治の國)たる、必らず他の世紀(後世)に於て世上開明人類の一半を形づくるべき天命を有せり、由や其人々は偉大ならずとするとも、其民主主義の勢力影響は實に絶大なりと謂ふべし、其世界の運命に關係を有すること實に少小ならざるなり、亞米利加に於て通例吾人が屢感ずるが如く、此代議院に於ても亦余輩は其現在よりも寧ろ其未來を推想して、感歎轉た禁ずる能はざるあり、想ふに今後遙遠の未來に於て此公館(代議院)は歐洲の諸國會既に衰頽して聲もなく名もなきに至らん時に、獨り挺然特立して如何なる怕るべき大なる爭ひの舞臺となることあらざらんか、嗚呼米國の將來は實に望多き者と謂ふべし、

恒に自由政府に伴ふ重なる困難は大なる集會を快捷圓滑に運轉せしむるの點に存す

此困難に打勝つ爲めに試みられたる三種の方法

第一の方法

第十五章

國會の委員

恒に自由政府に伴ふ重なる困難は、大なる集會(國會の如き議會を謂ふ)をして、立法の目的にせよ、行政の目的にせよ、快捷圓滑に運轉せしむるの點に存す、余輩は數千の市民より成立せし古昔の人民集會、即ち古のアテンス若くはシラキユースの集會の如きものに就て此困難を認めたり、又近時諸國の一層小なる代議的集會に就てこれを見たり、此困難に打勝つ爲めに三種の方法已に試みられたり、其一は甚だ僅少なる而して割に單純なる問題のみを(此の如き)集會に托して、其の餘の問題をば悉く一層小く

第二の方法

一層永續する團躰若くは行政官に委ぬるの法是れなり、是れ羅馬に行はれたる方法にして、彼處に於てはコミシヤ（人民會議）は只知事を撰擧して法律を通過する爲めに招集せられたり、而して其の法律たるや簡單明白にして、一纏めに下附せられ、議會は只單に可若くは否と云ふのみにして之を修正することを得ざりき、第二の方法は明かに分割せられたる數箇の黨派を以て集會（議會）を組織し、其各黨をして一人若くは數人の首領を戴き、且つ之に導びかるゝ者たらしむるに在り、其組織既に此の如くなるが故に、大抵の塲合に於て、又大概の目的の爲めには、其衆議員の陣列隊伍は彼等をして自身の意見を吐露するを得ざらしめ、只大隊の兵卒が大將の一令の下に進退するが如くならしむ、故に各黨の進退は一に首領の指揮に由るのみ、是れ女王アンの時代の頃より以來英國に行はれたる方法なり、此法たる其初に於ては盛んに賄賂を行ひて運轉せしめたる者にして、此賄賂公行の弊風一掃せられんとするに及びて、始めて世界の歎賞する所

第三の方法

となれり、此方法は近來歐洲諸國及び英國殖民地の國會中に再び其の形を現はし來れり、第三の法は多少第二の方法と合併し得る者にして、其組織たるや集會を分て數多の小團躰となし、之に對して或は最後の決定を爲さしむるが爲め、或は只調査して全院に報告せしむる爲めに、立法上及び行政上の諸疑問を諮詢するに在り、是れ即ち許多の委員を設くるの制にして、之を狹くしては英國に行はれ、之を廣くしては佛國に用ひられ、其の最も熾に行はるゝは合衆國なりとす、此の委員制の規則及び其運轉の如何を畧述するは、米國國會の性質及び聯邦政府の立法部と行政部との關係を了解するに極めて必要なるものなりと思はる、

一千七百八十九年國會の初めて開かるゝや、兩院與に州立法部が從來然かありて今猶然るが如く役人的議員を有せず、又首領を有せざりしあり、元老院は重に行政事務に力を用ひ、一千八百十六年までは何の常置委員を置かざりし、併し乍ら代議院には議案の討議すべきあり、課税案の起草

初めに於ては委員會の數甚少なし

代議院益廣大なる政治問題に力を用ゆるに至れるか故に小事件は委員會に放任せらる

代議院が其の監視する所掌握する所の領分を擴むるは委員を増設するに在り

すべきあり、經費の難問題、特に國債に關する問題の考究すべきありし、然れども代議院は英國の大臣の如く其職務を以て種々の方案を起草し、且つ之れが粗造の材質を製作して成形に化し以て政治機關を運轉する人々を有せざるが故に、終に委員を設くるの止むを得ざるに至れり、但し初に於ては委員會の數甚だ少なくして、一千八百二年に於てすら只五個なるを見る、代議院の議員其數を增し、事務益多きを加ふるに及んで、更に委員會を增加することゝなれり、而して代議院歲月を追ふて益々廣大なる政治問題に力を用ふるに至れるが故に、小事件は益々是等の撰拔したる團躰(委員會)の手に放任せらるゝに至れり、凡ての立法部の如く代議院も亦常に其監視する所、其掌握する所の領分を擴めんことを求む、而して之を爲すに最も容易なる手段は更に委員を增設し、以て新らしき眼と手とを己れの用に供するに在り、又其議員は英國下院に於ける同時代の議員の如く富優なる懶惰人にあらず、彼等は活潑有爲の人々にして自ら事に當ら

議員は代議院にて盡く辨論する能はされとも委員會にては凡て發言するを得へし

數多の委員會を設けて各々別々なる問題を擔任せしむるをさなせり

んことを願へり、但し彼等盡く代議院に於て辨論せんことは到底能はざる所なり、然れども委員會にては凡て皆發言するを得べし(前章全院委員會とあるの段を參觀せよ)總て永續する團體の中には早晩一の組織起らざるを得ず、而して代議院に於ては一の首長たる委員會を創設して英國內閣の如く、之に萬端の事務を監督せしむるか、或は又數多の委員會を設けて、之をして各々別々なる問題を擔任せしむるか、兩者其一を擇まざる可らざりしが、遂に其後者を採用するに至れり、是れ單に有益なる分業法と見ゆるが爲めのみに非ず、亦共和的平等に適ふ者として之を採りたるなり、故に此法熾んに行はれて、今日の精緻なる委員制徐々と成熟し來れり、

今委員制を記述せんとするに當り、余は巨細の事實を重複して讀者の厭倦を招かざらんために、此に代議院及び其諸委員會を取れり、何となれは委員制は元老院に於けるよりも代議院に於て尤も十分に發達したれば

一千八百八十八年元老院の委員會四十一個あり委員及委員長の撰任

委員會の人員

元老院議員は一個以上の委員會に列す

特撰委員

なり、但し元老院に就ても數言を述ぶるは或は誤解を防ぐに益あらんか、一千八百八十八年には元老院に四十一個の常置委員會あり、是皆一國會の年期に循ひて二年間に撰任せられたる者なり、彼等委員會及び其委員長は元老院議長より撰まるゝにあらずして、元老院自ら投票を以て之を撰任す、實際彼等は多數ある黨派の秘密黨會に於て撰拔せられ、然る後元老院中の儀式的投票によりて撰任せらるゝなり、委員會は各三名より十二名までの議員より成り、七名及九名なる者を以て最も普通なりとす、凡て元老院議員は一個以上の委員會に列し、中には四個若くは四個以上を兼ぬる者あり、委員長は元老院の任ずる所にして、委員の自らより任ずる所にあらず、此外に又た一の特別なる目的の爲めに立てたる特選《セレクト》委員ありて、只一會期の間其職を保てり(一千八百八十八年には此の如き委員會都合七ッあり)、凡て呈出せられたる議案は其第一讀會及び第二讀會(是は勿論の事として行なはるゝ)を經るの後、一常置委員會に交附せられ、常置委

第五十回期の國會に於て代議院の常備委員は五十四個あり

委員會の人員

代議院の各議員は盡く孰れかの一委員會に列なる

特撰委員

最緊要なる常置委員

員は之を調査し修正して元老院に報告するなり、

第五十回期(一千八百八十八年)の國會に於て代議院には五十四個の常置委員會あり、是即ち常規に循て撰任する者にて、毎國會の初めに於て設けらるゝなり、各委員會は三名より十六名までの議員を以て成立ち、十二名及十三名なる者を以て最も普通なる者とす、代議院の各議員は盡く孰れかの一委員會に列なり、而して僅少の人々は又一個以上の委員會に列なるなり、是等の委員會の外に、又時の須要に應じて格別なる問題を處辨する爲めに特選委員會なる者を時々に設くるあり、第四十九回の國會には斯の如き委員會七つありたり、委員會の完全なる目錄は此章の終りに掲げ出せり、其中最も緊要なる常置委員は下の如し、財政委員、支出委員、撰擧委員、銀行及通貨委員、會計委員、河港委員、司法委員(私法上及び法廷上の諸變更を包含す)、鐵道及運河委員、外務委員、海軍委員、陸軍委員、公有地委員、農務委員、請求委員及び政府諸部局(陸海軍等)の經費に關する數箇の委員、

委員會の議員は代議員議長の指名する所なり

各議案は悉く是等常置委員會に交附せらる

代議院の第一讀會第二讀會に討議なし

議案を何れの委員會に交附すへきやの疑起りて數箇の委員會間に爭論を生するとなきにあらす

各常置委員會の議員は毎國會の初に於て代議院議長の指名する所にして、二會期の間其の職を保つ、特撰《セレクト》委員會の議員も亦代議院にて該委員會を設くる事に決したる後議長之を指名す、但し特撰委員會は只其一會期の間續くのみにして解散す、第一に指名せられたる議員は委員長たるべしとの例規を追ふて、代議院議長は又其諸委員會の長を盡く撰拔す、

各議案は悉く是等常置委員會の一に交附せらる、即ち凡て議案は其の第一讀會も第二讀會も共に勿論の事として之を開くを許すと雖も、之につきて討議すること無し、何となれば呈出せらるゝ議案の數莫大にして、一々に討議する暇なければなり、而して其第二讀會を終るや否や普通の規則に循ひて之を一の委員會に委托す、但し議案を何れの委員會に附托すべきやにつきて疑の起ること往々にしてあり、何となれば一の議案にして二若くは二以上の管轄に通屬する所の一問題に係はる事あり、又た一部は此管轄に屬し、一部は彼の管轄に屬するが如き事件を包含すること

此爭論は代議院總躰の投票を以て決定す

委員會の前に提出せらるゝ議案は廢棄せらるゝこと多し

あればなり、斯る場合に於ては數箇の委員會の間に爭論起りて、激論分裂を生ずる事なきに非ず、如何となれば其議案の運命は之を交附せらるゝ委員會の性質に因て定まればなり、即ち發案者の朋友の手に落れば無難に通過し、之れが敵黨の手に落れば廢棄せらるべし、斯の如き爭論は代議院總躰の投票を以て之を決定す、

凡そ議案は代議院にて討議せらるゝことなく、况んや又毫も其主義の如何を明かにせらるゝ事なくして、直に委員會の前に曳出さるゝが故に、其贊成せらるゝや否やは更にわからずして、宛がら冥府に於て亡靈が身を慄はして閻魔王の前に立つが如し、是を以て其多くは不幸なる運命に遭遇するを免かれず、委員會は其議案に關する證據を取ることあらん、之れが贊成者及び反對者の意見を聽くことあらん、委員會は常に其發案者に就て之れが說明を聽くことを爲すなり、如何となれば議案を呈出したる議員にして其委員會に席を占むる事は稀なるを以てなり、又其議案に利害

委員會は隨意に議案を修正し又た廢棄するを得べし

代議院に呈出せらるゝ議案の二十分の十九は委員會の爲に殺さる

委員會の調査報告を促かすの動議を代議院に起すを得

の關係を有する議員等は、代議院に於てせず、故らに其委員會に來りて其處に己れの事情を述ぶ、是れ代議院は己れの説を聽くべき時間を有せず、又之を聽くを欲せずと知り居ればなり、委員會は隨意に議案を修正するを得べし、彼等は固より公然と之(議案)を廢棄する能はざれども、或は之を不可とする報告をなし、或は國會會期の終に臨むまで之を報告することを遲延し、或は絕て之を報告せずして實際を廢棄し得るなり、

凡そ代議院に呈出せられたる議案の二十分の十九は是等の手段によりて死滅し去るなり(此の死滅たるや其議案の多數が自ら價する所にして然のみ遺憾と云ふべからず)但し此の如く議案の中途にして廢棄せらるゝ光景は、爲に發案者をして其發議案の形躰と本質とに意を用ふること少なからしむるの弊を生ずるの傾向なきに非す、もつとも委員會をして速かに其議案の調査を報告せしむべき動議を代議院中に起こすことを得、而して委員より報告したるとき、代議院は勿論其の議案(委員が修正し

委員會の議事は通例之を秘密にす

假令公開するも新聞紙は簡略に之を記載するに止まる

委員會の報告書は只議事の模樣の大畧を載するに止まるのみ

たる者)を最初の形躰に復するを得るなり、然れども是等の便法は其目的を達し得ることと至て稀なり、何となれば彼の不忍耐にして既に重荷の下に苦しむ所の代議院をして、此の上更に其の肩に物を擔はんと決心せしむるに足る程、若くは又委員會の議決を破壞するの勇氣を起さしむるに足る程に十分なる熱心注意を激發し得るが如き議案は甚だ僅かなればなり、委員會の議事は通例之を秘密にす、もつとも議案に就ての證據を取るには屢議場を公開する事あり、然れども其事件公衆の注意を惹起すが如きものにあらざるよりは新聞紙は之を報道せず、議決に至りたる事柄すらも只最も簡畧に之を記載するに止まること屢々なり、凡て委員會より公然代議院に報告するまでは、委員會の議事に喙を容るゝは規則の許さゝる所なり、而して其報告書たるや通例議員等が如何に投票(發言)したるを記さず、或は只其議事の摸樣の大畧を載るに止るのみ、凡て議員は代議院に立て意見を述るに當りて此上何事をも漏すを得ざるなり、

委員會の議案に對する權力は極めて大にして際限なし

代議院の通過せらるへく若くは討議せらるへき法律案の性質は委員會の組織如何に由て定まる

立法より寧ろ行政に從事する委員會

質問の權は諸省の動作を撿制す

凡そ委員會は例規上議案を呈出するの權なし、然れども彼等(委員會)一には己れに附托せられたる議案の形を變化せしむる事を得、又一には己れが處理せんと求むる問題に關はる議案の己れに附托せられさるときは、人を誘ふて此の如き議案を呈出せしめ、以て之を己れの手に入れ得るが故に、其己れの領分に於ける權力は極めて大にして際限なしと謂ふべし、是の故に總て立法の一分派に關し、代議院に於て通過せらるべく、若くは討議せらるべき法律案の性質は、全たく其立法分派に關係する委員會の組織如何に由りて定まるべし、海陸軍の事務に關はる委員會の如き、又は諸省の經費に關はる委員會の如き、諸委員會は立法よりは寧ろ行政に從事する者なり、彼等(諸委員會)は己れの前に諸省の官吏を招致して、之れが執務方法及び行爲に就て質問するの權を有す、但し彼等は固より權力を有せず、如何となれば諸官吏は只其首長たる大統領に對して責任を有するのみなればなり、然れども斯く質問するの權は、由や諸省の動作を指導

ろには十分なり

政府の行政部と立法部とか互に相接するは重に是の委員を通して接するなり

各省官吏は委員會の質問に應ずる爲めに多くの時間を費やし爲めに執務上に大なる停滯を生ず

委員會は行政部より詳細なる報告を取れども種々の弊害若くは

する能はずとするとも、(命令的の法律を立てゝ以て之に臨み得るが故に)之を撿制するには十分なりとす、而して又各省は時としては或る法律を立ん事を望み、且つ常に金錢を得ん事を望むが故に、立法財嚢の兩權を握る人々と親密の關係を保たん事を欲するの念大いなり、政府の行政部と立法部とが互に相接するは、重に是等の委員會を通じて接するなり、斯く兩者の相接するは、一政府内の最も重要なる事なりと雖も、國民が最も少しく注目する所にして、之が樣子を視察するの手段最も乏しく、

諸行政委員會が各省に對する査察は甚だ嚴密にして、且つ始終止まざるを以て、各省官吏は多くの時間を之が爲めに費やし、爲に其執務上に大なる停滯を生ぜしむ、即ち彼等官吏は啻に屢證據を與ふる爲めに招致せらるゝのみにあらず、又一國會議員が自ら調査し得るが如き事件につきてすらも詳細なる報告をなさんことを要めらる、然し乍ら代議院の諸委員會は必ず種々の弊害若くは官金の私取等を發見し得るに非ず、元老院の

官金の私取等を發見し得るに非らず

議案討議の順序

平均各委員會か其一切の議案を代議院に持出して之を討議に附すへき時間は國會の全開會十個月中に只二時間あるのみ

特別委員は代議院の調査上に不都合なしと認められたる者の中に就て、多くの不正なる所爲を發見することと屢なり、凡そ議案は委員會に於て討議せられ修正せられて後代議院に報告せられ、而して其委員が代議院に召れて出たる時に同院内に於て討議に附せらる、而して其委員中より選ばれ出でゝ報告を爲す議員には一時間の發言を許るす、彼れは此時間の全部を用ゐることは稀にして、其幾分を反對者たる他の議員と己れの朋友たる他の議員とに分與し、而して彼の「預問」(第八章を見よ)と稱する者を動議して其の說を終ふるを常とす、斯くして其の議案の修正に終を告しめ、可否の決を取る前に只一時間を餘すのみ、平均各委員會(二個若くは三個の大なる委員會を除く)が其一切の議案を代議院に持出して之を討議に附すべき爲に定められたる時間は、國會の全開會十個月中に只二時間あるのみなるが故に、代議院內に討議せられ得る議案の極めて少なくして、又各只至極簡單に討議せらるゝのみなる事は言はずして明らかなり、案

委員制の結果如何

委員制は立法躰たる代議院の一致を破るものなり

委員制は最良なる議員衆をして其才能を一立法事業に專用する能はさらしむるものなり

ずるに議案を速かに通過せしむる最好機會は會期の最後六日間に在りとす、此間は規則に本づき三分の二の多數によりて成規の順序を停止することを許せばなり、

此委員制の結果果して如何ん、

是れ立法躰たる代議院の一致を破るものなり、實際法律を制定するの事業は許多の委員會に於て爲さるゝを以て、議員の注意は全く其處に湊まり、代議院全躰の議事に就ては却つて意を用ること甚だ薄し、凡て議員は委員となりて初めて其の眞の務を爲すなり、實に代議院は立法的集會たるよりは寧ろ其の中より委員の撰出せらるべき一大名簿たりと謂ふべし、

此制たる、最良なる議員衆をして其才能を如何なる緊要なる立法にもせよ、一立法事業に專用する能はざらしむる者なり、即ち最も才力あり最も經驗ある人々をば許多の委員會の長に撰任し、或は又二個若くは三個の

委員制は討議辯論を拘束するものなり

最大なる委員會に列席せしむ、殘りて其他の諸委員會を組織する者は只代議院の総兵卒(尋常凡庸議員惣躰)のみにして、其の半は每國會の初めに一新せらるゝ者なり、是の故に各委員會(前述の二個若くは三個の委員會を除く)は凡庸の人々を以て組織せらるゝの外なし、然れば特撰委員を創設するにあらざれば、到底英國に所謂「强委員會」(即ち議員の半若くは半以上は格別に才力ある者を以て成れる者)の如き者を組織する能はず、且又此缺典は代議院内の討議を以て之を補ふこと能はず、如何となれば代議院には此の如き討議を爲すべき暇あければなり、

此委員制たる又討議辯論を拘束す、外國の視察者は皆眞實の討議(歐洲の意味にて)の代議院に起ることの如何にも僅少なるを記るせり、討議の習慣、討議の期望、討議を必要とするの思想は今や全く消滅し、只歲入及歲出の問題上に其跡を留むるのみ、何となれば重力の中心代議院を去りて委員會に轉じたるを以てなり、

委員制は立法事業の結合一致を減ずるものなり

委員制は隱謀及賄賂の勢力を行ふに便なるものなり

是れ又立法事業の結合一致を減ずる者あり、各委員會は己れの議案を以て獨自ら進行して、毫も他に頓着せず、其狀あたかも各別々ある世界の爲めに法律を制定しをるが如し、故に其議會的運動の中に政略あく、順序ある無し、其進行するは偶然なるのみ、箇々の部分は相互關係する事少なく、又其全體に對しても關係する所甚だ少なし、

是れ又隱謀および賄賂の勢力を行ふに便なる者なり、小委員會に於ては各議員の發言は之を買ふの價直あり（金を以て投票を買ふ也）、而して又物議世評を招くの危險なしに之を買得べし、委員會は由や其戶を開いて之を公開したりとても其數五十有餘にのぼれば、新聞紙は迚も議事を報道する能はず、又た國民の眼光は衆委員會の行爲に一々注目すること能はず、而して又其後代議院に報告して討議を開くに當りても、其議事甚だ急促あるを以て、國會議事堂の片隅に於て委員會中に起りし所の不正の所爲を發見するの運びに至らず、但し（後に至りて明かある如く）余は賄賂が

委員制は責任を薄ふするものなり。

賄賂として華盛頓府に(國會內に)熾んに行なはるゝとは思はず、彼處に在ては賄賂と稱すべき者は議員が互に相約し相助けて其の目的を貫かんとするの中に存す、但し委員制の結果として所謂專門ロッビスト(前廳員或は勸誘者、第十三章の終を見よ)なる階級の人々起るに至れり、彼等は男または女にして、其の職たるや議員に面會し、勸告、逼迫、若くは賄賂を以て議員を誘ひ、彼等をして發案者に利益なる公私の議案を通過せしむるに在り、

委員制は又責任を薄うする者なり、英國に於ては、悪しき條例通過せられ、善き議案廢棄せらるゝあれば、其の咎は第一に時の內閣に歸し、次に內閣を贊成したる黨派の上に落ち、最後に之(議案)を贊成し、下院に於てこれが爲めに投票したりと公けに知らるゝ箇々の議員の頭上に蒙らさる、特撰委員會が之を推薦したりとの事實(特撰委員會を通る議案は割に少なし)は內閣及び國會中の多數者の罪を宥すに足らざるなり、然れども合衆國

に於ては内閣の咎むべきあらず、内閣員は國會に出席せざればなり、代議院も亦咎めらるべきに非ず、何となれば代議院は只其委員會の決議に從ふたるなればなり、委員會は割に名の知れざる團躰にして、其の議員は通例咎むるに足らざる人物のみ、委員長は屢有名なる人物なり、然れども人民は五十名の委員長に一々注目するに遑あらず、彼等は只國會あるを知るのみ、彼等(人民は國會が其職務を分托する爲めに撰みたる人々の行爲に一々注意する能はず、又國會に多數を制する黨派の上にも不信用の崇らさるゝ事なし、何となれば彼等とても委員室に在る十一名の委員の擧動を支配する能はざればなり、斯の如く世間公衆の憤怒は向ひて洩らすべき犧牲を見出すと稀なり、而して凡て關係人は怠慢邪曲等のために自身及び自黨を傷くるの恐なきを得るなり、只調査を要するが如き重大の惡評起りたる時に及びて、始めて國會議員が其撰擧人と國家とに對する責任明かなるに至る、

委員制は國會の議事に於ける國民の注意を減ずる者なり

米國には公共の事務を照すの光明及之を導くの智慧を欠く

是れ國會の議事に於ける國民の注意を減ずる者なり、大問題の決すべきありて人心激昂せる時を除くの外、實務の大半は代議院の議場內に爲さるゝにあらずして、許多の委員室及び其の周圍にある應接間に於て執行なはる、傍聽者の面前に於て爲さるゝ所の者は、只幔幕の內に委員會が竊かに決議したる所の事に認可を與ふるに過ぎずと云ふも過言に非ず、實に此認可法たる嚴然たる者なれども、急速にして屢々輕卒の謗を免かれす、是に於てか人民は主人が番頭の上に注がざる可らざるが如き銳眼を以て國會の擧動を視察することを能はす、故に最初世に知れずして容易く通過したる條例にして、二三月の內に重大なる結果を顯はし來るが如き者なきにあらず、爲めに新聞紙をして此の如き議案が如何にして通過せしめられしやを問はしむるに至ることを往々にして有り、

公共の事務を照すの光明及び之を導くの智慧は、國會議塲內の討議辨論の中より出來るへき者なるに、此光明此智慧共に缺けたるは實に米國の

委員制は權力を各委員長特に租稅及大物質的問題に與ろ委員會の長に移すものなり

諸委員長は第二の內閣員たり

權力を分つと愈多けれは權力愈無責任となるなり

不幸なりと謂ふべし、然れども此事につきては、委員會自身に其責を歸するよりは寧ろ委員會を設けて滅却せんと望みたる代議院の缺點に其の責を歸する方、恐らくは一層公平ならん、委員會が代議院の會議のために蓄はへ置く時間は短きに非れは、若し一層便利なる議事法あらんには、相當の討議を代議院內に盡すに十分ならんこと疑ひ無し、

是れ權力を各委員會の長、特に租稅及ひ大物質的問題に與かる委員會の長に移す者なり、彼等(諸委員長)は實際第二の內閣員たり、彼等の前には政府の諸省も戰慄す、且つ彼等は一の郵便局長若くは稅關吏をも任免するを得され共、彼等が監督する行政部の分派の政畧をば、立法に由て決定するを得へし、此權力には必すしも責任の伴なふ者に非す、是れ委員會に於ける一切の事件の如く秘密に施行せらるゝ事多ければなり、且つウドロウ、ウヰルソンが書きたる如く、權力を分つこと愈多ければ、權力愈無責任となるなり、各委員會首領の品格の輕小なるは、其職務をして觀るに足らぬ

委員制は代議院をして夥多なる議案及問題を處理するを得せしめ、行政諸省の動作を精細に査察するを得せしむる者なり

委員會は代議院にて立法に從事せしめ若くは辯論に從事せしむるよりは彼等か熟練し來りて最も長する所に於て彼等を利用する者なり

者とならしめ、以て其擅制を益確固にするに力ありとす、是れ代議院をして、其尋常に包括し得るよりは、遙かに夥多なる議案及び問題を處理するを得せしむる者なり、而して議案を改造し若くは修正するの職務を有する人々をして、證據を取ることを得せしむるの利益あり、是れ歐洲諸國の議院に行はるゝ所の法、即ち下院に於て內閣員に質問するの制度に代へ置ける者にして、行政諸省の動作を精細に査察するを得せしむる者なり、

是れ代議院の議員をして廣大なる議場に於て立法に從事せしめ、若くは辯論に從事せしむるよりは、彼等が熟練し來りて最も長する所に於て彼等を利用する者あり、彼等は敏捷活潑なる事務家あり、委員會に於て談話するには適すれども、濶大なる政策及び議院內の壯大なる辯論には適せす、故に各委員會は善良なる事務的團躰なり、此團躰たるや、國會議員をして彼等が議院に携へ來れる所の智力上の習慣を益々固からしむる者に

是等の弊害あるに拘らす之を維持する理由

米人が委員制に

して、決して國家の大問題を料理するに適せる高尙の地位に彼等の智慧を進ましむる所以に非ず、

要するに此委員制の下に於て代議院は莫大なる事業を速結し、且つ其消極的部分に在ては價直なき議案を殺ろし去ること其數を知らず、若し委員會にして廢せられ、他の組織の之に代る者なくんば、事業は到底爲されざるべし、然しながら其事業の多くの者(一己的議案は大抵此中に在り)は決して國會の前に來るへき者にあらず、此外に殘る所の者の一層緊要なる部分即ち公共的立法に就て之を見るに、亦其議事法宜きを得ず、最も急要ある議案を先きに呈出するの道立たず、又其先きに呈出されたる時にも之を相當に討議するの道ある無し、

是等の弊害果して存するとせば、何故に尙委員制を維持するや、其の維持せらるゝ所以は、之に勝る方法未だ發明せられず、又人々の常に思ふが如く、發明せられ能はぬが故なり、亞米利加人乃ち曰く「余輩は代議

計する意見

總議員の二十分の一も能く第二讀會若くは全院委員會に於て滿足に討議せらるゝを得ず

院中に三百二十五名の議員を有す、彼等は大抵發論に熱心にして、又殆んど皆常に欠席なく出席す、然れども呈出せらるゝ議案は夥しくして、我が二會期中(一は七個月若くは八個月、一は三個月)には總議案の二十分の一も能く第二讀會若くは全院委員會に於て滿足に討議せらるゝを得ず、若し此の二十分の一すらも討議せらるゝとすれば、行政諸省を監督するに供すべき時間あらざるべし、彼の監督自身も亦既に證據を取ることを包含するが故に、代議院全躰に於てせず、委員會に於て之を執行せざる可らず、英國には一の大且强なる委員會即ち時の內閣なる者ありて、一切の重要なる事務を執行し、一己の議員が呈出する議案にすらも注目す、汝の下院は斯の如き委員會なくしては只一回の開會中も運轉する能はず、汝は暫時にても內閣なきときは國會を延期するの事實を見て之を證明し得べし、余輩は斯の如き委員會を有つ能はず、何となれば在官者は一人も我が國會に出席せざればなり、余輩は(英國に於る如く)代議院を首領の下に組織するを得ず、何となれば卓拔の人々も、其の行政部と關係なきに因り、又人民より何の稱號をも得ざるによりて、我等米人の中には然のみ權威を有せざれはなり、又我等は國會の多數を以て最上委員會を創立するを得ず、何となれば是れ不平民的壓制的制度なりとして嫌はる可ければなり、是に於て余輩が取るべき唯一つの方向は此大群衆(代議士の惣躰)を許多の小團躰に區分して別々にそれぞれの事務に當らしむるに在り、其の小團躰は各己れの領分內に於ては大に力あらん、然れども其の領分たるや狹小にして大害を生ずるの恐あるなし、通過したる條例は必ずしも最良なるには非らん、同年に通過したる法律にても或は補綴細工の袈衣に類し、各片ことごとく色合に於ても、地合に於ても互に相異ならん、然れども余輩が多く立法を要せず、且つ普通なる私法の殆ど全領分は國會の管轄外に橫るが故に、其の弊害は汝等歐洲人が思ふよりは更に輕し、余輩若し立法をして容易ならしめば、余輩は立法を餘りに多からしむるに至るべ

委員制は善かれ惡しかれ米國憲法の下に存し得るもの則是れのみ

し、且つ汝が忠告する如く一層明確たる性格を之(立法)に與へんことを試みなば、或は立法をして餘りに大膽ならしむるに至らん、我が現制度は、善かれ惡しかれ、我が憲法の下に存し得る者は只是れのみ、而して現制度が憲法の明文によりて直ちに創立せられたるにあらずして、一百年間の經驗中より自然に發生したる者なるを見れば、自然の運用によりて之を生じたる其の傾向の勢力の如何に强盛なるやを推知し得べし」

代議院常置委員の目錄

第十五章の附記

第五十回期國會初期中代議院常置委員の目錄

撰擧委員、財政委員、支出委員(租稅金分配適用委員)、司法委員、銀行及通貨委員、鑄貨委員、度量委員、通商委員、河港委員、海商及魚漁委員、農業委員、外交委員、陸軍委員、海軍委員、郵便局及驛遞委員、公有地委員、印度人事務委員、領地委員、鉄道及運河委員、製造委員、鑛山及採鑛委員、公有建築物及公有地所委員、太平洋鉄道委員、ミスシッピー河の浚渫及改良の委員、教育委員、勞役委員、民兵委員、專賣特許委員、不能力者の養育金に係る委員、養老金委員、請求委員、軍事請求委員、私有地請求委員、コロンビヤ地方委員、法律改正委員、國務省經費委員、大藏省經費委員、陸軍省經費委員、海軍省經費委員、遞信省經費委員、內務省經費委員、司法省經費委員、工部經費委員、規則委員、會計委員、旅費委員、書籍館委員、出版委員、草按記錄委員、文官改革委員、大統領副統領代議士の撰擧委員、第十一戶籍委員、印度人侵掠物請求委員、空氣及音響委員、火酒關稅委員、

一千八百八十八年一月には七箇の特撰委員會あり

國會の條例に二種あり

第十六章

國會の立法事業

立法は英吉利、佛蘭西及伊太利の國會の如き一國を統治する國會の事業たるよりは、一層特別に且つ格外に米國國會(コングレス)の事務たるなり、故に余輩は米國國會が一の運轉する機關として如何に善美なる者なるかを判斷せんが爲めに、該國會より現れ出る立法の性質如何を吟味せざる可らず。

國會の條例に二種あり、曰く公共的議案、曰く一己的議案、一己的議案は國會の時間の一大部分を占むる者なれども、今此には之を措きて論せず、余

公共的議案に二種あり

輩は直ちに公共的議案を觀察せんとす、公共的議案に二種あり、一は法律若くは其施行に關する所の者、一は財政即ち租稅の賦課及使用に關する所の者なり、余は此章を以て前者に供し、次章を以て後者に充つべし、人々が由て以て立法の事業を觀察するの觀察點たる其の數多し、余は該事業の善惡を試驗するに供すべき數箇の觀察點を指示するに止むべし、即ち國會の立法的方法及習慣は左の肝要なる目的を達する爲に如何なる保證を與ふるかを問はん、

立法的方法及習慣の目的とする七箇の要點

(一)議案の本質の善美なる事、即ち法律を改良し、公益を增進するの傾向、

(二)議案の形躰の善美なる事、即ち排敍宜きに適ひ、其用語精密なる事、

(三)凡て同會期に通過したる條例が彼此互に一致して相悖らざる事、

(四)議案の相當なる調査及び其討議上の淘汰、

(五)議案の公示、即ち廣く之を一般國民に知らしめ、以て輿論を十分に喚起する事、

（六）立法的集會をして如何に輿望に適ふべく見ゆとも、己れが判斷に是とせざるが如き議案をば、斷然廢棄するの正直と勇氣を具せしむる事、

（七）條例の制定につきて、一人若くは一團躰に責任を有せしむる事、即ち善き條例を通過したるときは稱讚を、惡しき條例を通過したるときは非難を歸すべき人物を明かにする事、

前記の個條につきて亞米利加國會の所爲を批評するに當り、英國國會の所爲に之を對照せば其是非善惡一層明白なるを致すべし、故に余輩をして先づ英國の議案及び條例は、余輩が米國々會の事業に適用せんとする此の試驗に對して、如何なる結果を呈するやを觀察せしめよ、

英國の公共的議案は二種に分る

英國に於ては公共的議案は二種に分る、即ち國王の有責任顧問官たる時の内閣より呈出する者、及び一己議員より呈出する者是なり、法律の點に於ても、形躰の點に於て是等兩種の間には毫毛の差違ある無し、凡そ呈出せられたる一議案が是等の兩種の何れに屬するかを知るの方法は、只議

議案の裏面に記載せる姓名如何

により て公共的議案と一己的議案とを區別す

案の裏面に記載せる姓名が、尋常なる一己の議員の姓名なるか、若くは内閣員の姓名なるかを觀るに在り、但し實際に於ては極めて大なる差違あり、何となれば政府の議案は其の裏面に內閣員の責任を有せり、而して又現內閣を職に居らしむる國會多數の重みを有するとも謂ふ可し、內閣は下院の議事時間の半若くは半以上を使用するが故に、己れが呈出したる議案を通過せしむること酷だ容易なりとす、大いなる政治問題を包含する最も緊要なる議案は大抵皆政府の議案なり、故に一己的議案の反對論者は時としては說をなして曰く、下院は發案者たる議員に其の議案を呈出せしむるを許るす可らず、是れ內閣外の人には手に餘る大議案なればなりと、倩此事を預め述へおきて、余輩は是より進んで前記七個の點に論及すべし、

大なる政治問題を包含する最緊要なる議案は大抵皆政府の議案なり

英國議案の本質

(一)英國に於ては尤も緊要なる議案は政府の議案なるが故に、其等議案の是非得失は必ず先づ政府の深慮熟考する所となるなり、實に內閣は謹愼

英國議案の形躰

に謹愼を加ふべき理由を有す、是れ第一等の一議案の運命は彼等自身の運命の係る所あればなり、若し其第一等の議案にして廢棄せらるれば彼等(內閣)は倒る、特別に困難なる議案は通例內閣中の委員之を起草し、然る後ち其の國會に呈出せらるゝ前內閣員全躰にて之を討議す、小議案は凡て國會の首領たる人事務官を參謀として各省中に之を議定す、一己の議員は是等の便利を有せず、然れども其人もし智慧あれば其議案を印刷せざる前に先之を思慮ある三四の朋友に示し、彼等の助言を得、且つ彼等より之を贊助するの約束を得るなり、

(二)英國に於ては政府の議案は政府の起草官之を調制す、此起草官たる、二名の博識なる法律家と數多の補助者とを以て成立す、議案起草の爲めに一局を組成す、一己の議員にして法律家なる者は、屢己れの議案を自ら起草す、法律家ならざる議員は、常に狀師を雇ふて之を起草せしむ、政府の議案の起草は近年著しく改良したり、英國の條例中に見ゆる形躰上の缺典

英國議案の一致

英國議案の調査及討議上の淘汰

は、重に全院の委員會に於て施こされたる修正より起る、如何となれば其等の修正は徃々急速に調制して其中に挿入する事あるが故なり、

(三)同一會期に成れる種々の政府議案は起草官の注意により、又共に等しく同一内閣より發するによりて、互に一致して相撞着すると無し、一己議員の議案には此の如き用心なし、然れども内閣は固より是等の議案にも注目し、凡て同一會期中に通過せられたる、若くは通過せられんとする他の議案と撞着するが如き諸點をば、盡く國會をして之を其議案中より排除せしむるを怠らざるなり、

(四)困難なる複雜したる議案にして政治上(政黨上の)の爭論を惹起さざる所の者は特撰委員に之を委托す、而して該委員は其議案を調査し、之を修正して下院に報告するなり、是等の議案は其後先づ全院の委員會に於て、然る後全院委員より下院に之を報告する節に於て、共に下院内に討議せられ、屢々十分なる辨論を之に費すとあり、斯る議案は近來大委員《グレートコンミッテー》と名く

英國議案の公示

る者に委托することとなれり、此委員たる會期ごとに撰任する少なくとも五十名の議員より成り、格別なる種類の事務を調査するを目的とする者なり、是等委員會の討議は全委員會の討議に代れる者とす、然れども是等の議案は其報告を經るや、更に又下院の前に出て同院の討議を受く、但し衆多の議案は初より特撰委員會若くは大委員會の前に來る事なくして、前記二樣の場合に於て直ちに代議院自身の處分する所となるなり、政治的感覺を激發するか、若くは或る有力者の利害(地主鐵道若くは酒類發賣人の如き)に係はるが如き法律案が力を極めて討議せらるゝ間に、他の議案或は格別の注意を惹く事なしに輕々通過すると謂ふ可らず、事務の莫大に輻輳すると、或る種類の事務が非常に長く討議せらるゝとは、爲めに他の事務をして急促輕卒に通過せしむる事なきに非ず、

(五)時ならぬ時間に起れる討議を除くの外、國會の議事は速かに重なる新聞紙上に報道せらるゝが故に、凡て議案は、一己議員の議案までも、其議案

英國の國會は已れか判斷に是とせさる議案を斷然廢棄するの正直と勇氣とを有ずるや

の爲に影響せらるべき人々に一般に知れわたるに至る、下院には通例第二讀會に於て辯論あり、而して此辯論は世人の耳目を激し注意を招くに至り、往々議員等は前に識らざりし人々よりして、之に關する助言忠告を受ることとあり、

（六）一政府議案は其本來の性質よりして反對黨（即ち內閣の事業を非議して之が不信用を來すを以て已れの利とする者）の攻擊に出遇はざるを得ず、一己の議員の議案については、內閣大臣の中常に之に注目し、其過誤あるを見れば之を修正せしめ、或は之を廢棄せしむるを以て、已れの職務とする者あるは固より疑ふ可らず、然れども此職務は世人が希望し得る程には忠實に盡されざるが如し、但し彼の拒絕せられねばならぬ議案などを安全に通過せしめて以て、已れの贊助者若くは一部分の人の利益を滿足せしめんと欲するが如き誘惑に、往々陷る事ある愚弱なる人性より考ふれば、恐らくは出來得べきだけ十分に盡さるゝ者と謂ふべきか、一己の

英國に於て議案に對する責任如何

中立に居るは即ち實際之を賛成するに同し

議員は通例彼は此、此は彼、相互に人の議案に注目して怠らず、而して下院の規則は彼等をして或る時間に於て異議故障を試み以て議案を打破る事を得せしむ、

(七)下院に於て爲さるゝ一切の事に對する責任は時の內閣の上に止まる、是れ內閣員は下院の多數の首領なればなり、彼等若し一己の議員をして惡しき議案を通過せしむるか、又は一己の議員が善き議案を通過せしめんと試むるを妨ぐるあれば、彼等は理論上自身の呈出せる惡しき條例を通過せしめたると同じく其罪重しとす、是の故に重要なる議案の第二讀會を開くべき動議起こるや否や、成るべく時刻を移さずして內閣員の一人直ちに起立し、內閣は其議案を賛成するか、或は之に反對するか、若くは又中立に居るかを明言するは、內閣の義務なりとす、國に對する責任より之を言へば、中立に居るは即ち實際之を賛成するに同じ、一の組織躰としては反對黨は只大政治問題に意見を吐露するのみにして、其他の諸議案

一國會會期に産出せる條例甚少なきか若くは薄弱なる時は反對黨は懶惰若くは不能力を以て內閣を攻擊す

立法躰として下院に對する苦情

に對しては默然たるべしと預期せらる、又一己の議員等は己れの發言(投票)に對して嚴重に責任を負ふべきは言を須たざる所にして、是等の發言投票は悉く記錄せられて翌朝出版せらる、因より兩黨は其緊要なる議案に對する彼等の擧動如何に依りて、或は國より稱贊を求め、或は汚辱を受く、而して若し一國會會期に産出せる條例甚だ少なきか、若くは薄弱なるときは、反對黨は懶惰若くは不能力を以て內閣を攻擊す、

余が記載したる規則及び慣例は立法に對して貴重なる幇助となる者なり、英吉利及び蘇格蘭の立法の性質は、其全躰に就て觀察を下せば善良なりと斷言すべし、即ち其立法事業の結果たる成法は誠に輿論の希望するが如き者にして、又善く其爲めに制定せられたる目的を達する者なり、下院を立法躰として之に向つて世人が唱ふる苦情の重なる者は、其議事の餘りに緩慢に失すると、其事務の莫大にして多端なるよりして、重大なる問題をも不定に放棄して顧みず、爲めに之をして益々重大とならしめ、隨

つて初に百倍する救治法を要するに至らしむるとに存す、

請ふ余輩をして今右と同樣なる試驗を米國國會の立法に適用せしめよ、左に揭くる所の者は第一に代議院に關する者なり、然れども又元老院につきても同じく眞なる者多し、如何となれば元老院に於ても亦許多の委員會大切なる役を演すればなり、

英國々會と米國國會との間に存する第一の差違

英國々會と米國國會との間に在て、第一に余輩の目を驚かす所の差違は、米國々會の兩院中に政府の議案一もあらざる事是なり、一切の議案は悉く一己的議員の呈出する所なり、如何となれば議員は總て一己的なればなり、英國の政府議案に最も近く類する者は、國會中の多數者の一首領が、其多數者の國會内の黨會に於て議決したる所に本づきて呈出する所の議案ありとす、但し斯る議案の呈出せらるゝは甚だ稀なり、故に余輩は米國々會普通の議案を以て英國の政府議案に比するよりは、寧ろ英國の一己的議員の議案に比較し、而して英國の一己的議案に附隨する所の缺典

第二の相違

米國々會に呈出せらるゝ議案の本質

が、米國の普通議案に同じく附隨するならんを期せざる可らず、第二の相違は、英國に於ては一議案の討議及び修正は全院の委員會中に起り、米國代議院にては十六名以下通例十一名の議員より成れる小委員會中に起ることと是なり、元老院に於ても亦許多の委員會ありて其事務の大概を悉く爲すなり、然れども時としては全院の委員會に於て隨分精細に議案を討議することなきにあらず、

預め是等の相違を擧げおきて、是より余は前に記るしたる七個の觀察點に進むべし、

(一)米國々會に呈出せらるゝ議案の本質の善美なるや否は、全く其呈出者の智慧と用意の如何に存す、呈出者若し自ら安ぜずんば之を已れの政友に謀ることを得べし、然れども其議案をして只其發案者自身の意見或は知識を表出せしむべき何の保證も有るなし、即ち其議案は或は一行政省の整理を目的とせん、然れども呈出者たる議員は其省の巨細を詳にする能

はず、而して其議案通過したる時には、其條欵を實行する事には毫も關係する所なかるべし、又他の一方に於ては、政府の官吏は議案を呈出する能はず、彼等若し己れ等の爲めに議案を呈出せんと欲する一國會議員あるを見ば、其議案の辨明及び保護を一切彼れ議員の手に放任せざる可らず、

米國議案の形躰

(二)凡そ議案の起草は其起草者の苦心及び熟錬の如何に存す、元老院議員の中には老錬なる法律家多きを以て、元老院の議案は概して善く起草せらる、然れども代議院の議案は粗硬曖昧なること屢なり、議案を調制するの任に當り、且つ通過する議案の形躰(言詞排敘等)法理上滿足なる者なるや否やを監察するの職務を有する法律家は行政諸省の間にも國會の中にも絕て之れあらざるなり、

米國議案の一致

(三)同會期中に發する種々雜多ある法律案をして互に相一致せしむる保證は、唯同一事件に係はる議案は、同一の委員に委托せざる可らずといふの一事に存す、但し二三の委員會其管轄の領分を互に相交錯する事あり

て、同種の事柄に係る二箇の議案一は甲の委員會に往き、一は乙の委員會に往くが如き事屢なりとす、是等の二團躰にして若し政畧上の意見を異にするあらば、互に相反對する條欵を載る議案を代議院に報告するあらん、而して是等二種の議案に對しては、之に利害の關係ある議員が非常の熱心を以て之に注目するの外、他に一も之が通過を妨げ得る手段あるなし、然るに之れが爲に生ずる禍害の重大ならざる所以は他なし、呈出せられたる衆多の議案中報告(委員より代議院へ)せらるゝ者は至て少なく、法律となるものは更に一層少なければなり、

米國議案の調査及討議上の淘汰

(四)國會兩院の孰れに於ても、委員會の職掌は、只之に委托せられたる議案を淘汰し修正するのみに止まらず、若し委員會にして、立法を望むときは實際之を變改して新議案となすを得べく、若し又立法を不用なりと考ふるときは、會期の終まで其議案の報告を怠りて以て之を廢滅に歸せしむるを得べし、各委員會は實に其管轄內に横はる事件に對する小立法局た

るなり、此目的を達する爲には、是(委員會)は多くの時間を有するの便利あり、證據を取るの利益あり、又其委員中には同會にて調査すべき問題に關係あり、若くは之に通達するが爲めに擇まれたる者あるの便益ありとす、然れども又一方に於ては、其討議を公けにせざるが爲めに、又其隱謀互讓に傾くが爲めに弊害決して少からず、此互讓たる、政略上の主義(是非得失)を棄てゝ、情實若くは私慾に從ふ者ありとす、黑色にて、若くは白色にて入りたる議案は灰色となりて出て來るあり、議案を呈出したる議員は其委員會に席を占めざる事あらん、隨つて己れの議案を辨護するに由なし、他の議員にして、其事件に通達すれども、該委員會の議員たらざる者は只證據人として其の意見を聽かれ得るのみ、故に委員會にて其議案を討議するに十分の便宜あるにも拘らず、其の議案は往々不滿足なる形にて委員會より出て來り、或は代議院內若くは世間の輿論が之(議案)を通過せしむべき權力を與ふる事なきに因て是れは靜かに握殺さるゝに至るなり、議

米國議案の公示

米國々會は己れの判斷に是させざる議案を斷然廢棄するの正直と勇氣を有するや

案の(委員會より)代議院に返り來るや、委員會の長或は其の委員會の報告員は常に例の「預問」(十三章の中程を見よ)を動議す、此動議の一たび出るや最早修正説を呈するを許さず、是に於て討論は止み、議案は或は速に通過し或は速かに廢棄せらる、但し元老院に於ては討議をなすに一層の好便宜あり、元老院にては時間は一層多く辨論者は一層少なきを以て、委員會の調査を多少眞實に吟味し得るなり、

(五)凡て議案は其呈出せらるゝ、時にも、又其第二讀會にも、共に討議に附せられぬが故に、世人は必ずしも如何なる法律案が國會の前に在るかを知るに非す、勿論緊要なる議案は新聞紙の注目する所となれば、世上に公けにせらるれども、小議案の如きは世間に知れずして通過するなり、

(六)亞米利加人の一般に好性質なる、其立法部議員の互に親切にして相讓るの傾向あるや遂に人民をして一黨派若くは一箇人の利益を害せざるが如き議案をば異議なく通過せしむるに至る、併ながら委員會の中には

米國に於て議案に對する責任如何

此の如き好意は餘り用ひられず、委員會は自身の意見を有して、之を發表すればなり、然れども代議院內には不忍耐は多く見ゆれども、意見の如きは極めて少なし、代議院は委員會より報告し來れる議案の功能を秤るべき時間を有たず、議員衆は凡そ未だ其議案の討議せられたるを視聽せず、彼等は委員會中に起りし事につきては、其の報告に見ゆるの外他に何も知る所なし、若し其議案にして明らかに彼等の黨派の主義に反對せば、院內の多數は之を廢棄すべし、若し黨派問題起らざるに於ては、彼等は委員會の意見を採用するを常とす、

(七)前に述べ來りたる所の事に依て觀れば、大緊要の議案に關するか、若くは直接に黨派の勝敗に係はるの議案に關するの外は、立法に對する責任の有効に落來るべき所少なきや明らかなり、議案を呈出する議員は責任なし、何となれば委員會は通例彼れの議案を變改すればなり、委員會は世人に注視せらるゝこと少なく、委員室の四壁內に起こりたる事の詳細は公

委員制の爲めに呈出せらるべき最良の辨護

委員制は衆多の委員會を以て立

けにせられざるあり、代議院内の兩大黨も責任を負ふことを極めて微かなり、何となれば其れの首領は意見を公言せざる可らざるに非ず、又黨派問題ならざる議案に對する投票は嚴重なる黨派的投票(同黨の人は必ず同樣に投票するを云ふ)たる事殆んど稀なればなり、箇々の議員は無論責任を受くべきものなり、民望にかなふ議案、例へば勞役者に贊成せらる如き政策に反對して投票する一議員は、其れが爲に身に不利を招くことあるべし、然れども彼等箇箇の議員は大抵名もなき碌々たる人物にして、且つ其の半は宛がら河に落ちたる雪片の如く、次回の撰擧に消え失すべきものなれは、此の如き人々の責任は以て人民に對する保證となすに足らざるなり、

此委員制の爲に呈出せらるべき最良の辨護は、之を以て一層甚しき禍害に陷るを避るの一手段として自然に發達し來りたる者となすに在り、此制たる實に衆多の委員會を以て立法事業を營むの方案なり、各委員會は

法事業を營むの方案なり

米國の委員制は共和國時代の羅馬の制度に類す

議案の形に於て種々の意見を受け、之につきて證據を取り、討議を以て之を取捨し、而して其の法律案を調制し、最早細目にわたる修正を容れざるが如き體裁に成して之を代議院に呈出す、而して其の一般の政策(其議案の精神)をば代議院全躰の單簡なる一投票を以て之を採納し、若くは之を廢棄するに任かす、此最後の狀態に於ては、米國の委員制は共和國時代の羅馬の制度に類す、即ち羅馬に於ては人民會議は修正の權なく、只政府の法律案を全體より或は贊成し或は拒非したるのみ、此制度たる、法律をして明白單簡ならしむるの利益ありき、但し羅馬に於ては、議案は唯知事たる者が其官職上の責任を以て發し得たるのみ、故に其議案は割合に少なく、且つ十分の注意を以て起草せられたり、亞米利加立法的委員會の議員は格別に訓錬せられたるにあらず、官職上の經驗あるにあらず、榮辱を身に蒙るの掛念少なく、又彼の重荷に苦しむ所の代議院をして、彼等(議員)の建議に對して必らず投票を爲さしむるを得べき何の手段をも有せざる

一國會期中の立法事業は多數の意見をも小數の意見をも代表するものにあらす

法律案を調制するの目的は議案をして諸黨派の好尚に盡く叶はしめんとするに在り

なり、此と彼との兩委員會の意見の一致投合するは、只雙方に於ける同一黨派員の多數者より生じ來り得るが如き一致投合に過ぎざるのみ、故にウヰルソン氏が説ける如く「一國會會期中の立法事業は多數の意見をも小數の意見をも代表する者にあらず、是れ只代議院內なる雙方(多數少數)の議員を以て、組織せる委員會か推薦したる議案の集合せる者のみ、是れ概して委員會中なる多數人の制定する所にあらずして、全く兩黨より出たる委員の種々樣々なる意見及び希望を調和參雜したる互讓的議決たる者と知らる、凡そ委員會の創意に係る法律案は大抵成る可き丈け之に中立無毒なる性質を與へて、安全平易なる通過をたしかめんとの目的を以て調制せらる、即ち其著明なる目的は之(議案)をして諸黨派の好尚に盡く叶はしめんとするに在り、是故に委員會より建議せられたる政策(即ち議案)の首尾よく通過するも、途中にして廢棄せらるゝも、其毀譽に對しては兩黨何れも獨り專ら之に當るべきに非ず、」

米人何故に斯る不完全なる機關を免るして咎めざるや

立法は國の益自由なるに從て愈困難を益すならん

米國は權勢を嫌ふの念を重んず

前記の事情の外に尙一の事實の加ふべき者あり、即ち代議院は其會期只數ヶ月に止まるを以て、其中に呈出せらるゝ一万二千計の議案の二十分の一をも議決するの遑あらず、隨つて其議案の最大多數をば、其の中に或は最良最善なるものあるにも拘らす、一切討議に附せずして之を棄て、且又衆くの議案をば、一時議事規則を停止して單一の投票を以て之を通過す(每月第一第三の月曜日及び會期の最後の六日間には三分の二の投票を以て此簡易法を實行するを得るなり)、故に此事につきて最も怪しむべきは、立法の宜しきを得ざる事にあらず、極めて實際的なる人民が斯る不完全なる機關を免るして咎めざるに在りとす、今試みに斯の現象を解き明かすに足るべく見ゆる或る理由を左に指示せんとす、凡そ立法は一切の自由國に於て甚だ困難なる事業なり、恐らくは國の益々自由なるに從て愈々困難を益すならん、何ぞや互に相反對するの聲(意見の衝突)は益々其數を增し、之を制すべき權力は愈々其勢を減ずればなり、亞米利加は權

るが爲に屢々實際の便利を犧牲に供したり

米國は萬國民に超絶するの力を有す

勢を嫌ふの念を重んずるが爲に實際の便利を犧牲に供したること屢なりし、

亞米利加は惡き事情を轉じて最良とならしめ、僅かなる材料若くは粗末なる方法の中より最大なる結果を引出すの力に於て萬國民に超絶せり、米國に於ては、多くの事は、其の當さに運轉すべきよりも、或は他の國に於て運轉し得るよりも一層好く運轉するなり、何となれば、米國人民は其の急促若くは輕卒より起るが如き禍害を減輕するに鋭敏神速にして、且つ自助(人を頼まぬ事)の大器量を有すればなり、

此の天資あるを知るか故に、亞米利加人は其の政治機關を改革せずに放棄して自ら安んずるなり、故に大改革を主張する人々は理論家若くは空想家として擯斥せらる、國民の發明力は機械及び貨殖の領分には活潑なれども、政府を運轉するの方法に對しては、其の力を用ふること甚だ少なし、

米國に於て立法を要する事件に立法を缺くも其の害少し

代議院にて通過したる議案の缺點は屢々元老院に於て補正せらる

大統領の拒否權は惡しき議案を殺し去ることあり

米國に於て立法を要する事件に立法を缺くは、英國或は佛國の如く國會を以て唯一無二の立法的團体とする國々に於けるよりも其害の生ずることと寡なし、米國國會の權力は割合に僅少なる事件に限らる、(大抵の立法は州立法部に於て之を爲せばなり、)其の失敗は人民一般の安寧に影響を及ぼす事なく、又普通の法律の施行上に障碍を與ふる事なし、

代議院にて通過したる議案の缺點は屢々元老院に於て補正せらる、是れ元老院は一層議事を閑適に精細に行なへばなり、委員制は元老院に於ても亦其通過したる議案中に柔軟無色の缺點を顯ぜしめざるに非ず、然れども議案の本質にもあれ、又は其の形体にもあれ、一院に於て爲したる過失は、屢他院の修正する所となり、且つ數多の惡しき議案は、兩院の間に意見の相合ざるが爲めに廢棄せらるゝに至るなり、

大統領の拒否權は或る惡しき法律案を殺し去るなり、彼は法律案の形体の缺點につきては頓着する事なし、然れども法律案にして明白に國家の

不利となる者と見ゆれば、之を拒否するは大統領が憲法上の義務なりとす、國會もし此拒否を顧みずして、三分の二の投票を以て再び其議案を通過せば、其責大統領の上にあるに非ずして、全く國會に歸すべし、善良なる大統領は此責任を甘受す、

米國財政議案に二種あり

第十七章

國會の財政

財政は立法中の一種別異にして緊要なる部門なれは、之を記述するには、別に一章を立るを要す、實に何れの國の立法部といふとも、米國々會ほと財政議案の討議に多くの時間を費やす者あらさるあり、財政議案には二種あり、即ち租税を徴課して歳入を獲る者、及ひ公資(歳入)を政府の種々なる費途に適用(支出)せしむる者是なり、現今に於ては國會は間接税即ち、重に海關税及び國産税によりて必要なる一切の歳入を獲るなり、故に課税の議案は實際關税の議案なりとす、國産税は年々に變更する事割合に少

英國に於て此兩種議案を通過するの法は歐洲諸國の法に同しからす

英國下院に於て徴收支出兩議案を通過する方法

一己の下院議員には課税の議案を呈出する者あるなし

なし、

此兩種の議案を通過するの法は、歐洲諸國の法に同しからす、英國—米國が最も容易く比較せられ得る者—に於ては、金錢の徴收及び支出は全く下院の管轄の下にあれとも、下院は其の何れ(徴收、支出)に對しても自ら議案を發するとあるなし、國王の請求あるに非れば、決して金錢を與ふることあらす、又金錢の徴收を命することとあらさるなり、一年に一度大藏次官は過去十二個月(前年度)の歳入歳出の明細なる報告と併せて、將來十二個月(來年度)の歳出の預算、及び課税或は公債を以て其歳出に應する方法の意見を下院の前に呈出す、是等の意見は議案の體に編制せしめて呈出する者にして、下院之を承諾するに於ては、租税を課し、若くは公債を起こすを許す所の議案を之に基いて調制す、下院は無論議案の細目を修正するを得べし、然れとも一己の議員たる者は課税の議案を呈出することと絶てある無し、是れ國庫を充たすの任は一に内閣にありて、他の人々の與り知らさる所なれはなり、凡て歳計豫算は行政諸省に於て調制し、大藏省に於て改刪したる者にて、至極精密に經費の箇條を特記して、三四卷の大冊を滿たし、而して下院の各議員に一々交附せらるゝなり、是等の歳計豫算は全院の委員會にて討議せられ、大藏省及び其他の各省を代表する各大臣之が説明をなすを要めらる、而して其部類に循つて一々別々の投票を以て通過せらるゝ、議員は其中の費目に對して減額を發言し得へし、然れとも之が金額を增加するの議を發するを得す、國王が其の內閣諸大臣の手を經て求むる者の外は一金たりとも公費として投票せらるゝ事なし、國王は實地に要する金額に踰えたる餘分の請求を爲す可らす、故に課税に對する內閣の請求は精密に計算して、只來歳の費用に充つるたけの金額を得るを以て足れりとす、大藏大臣にして若し用なきに人民より餘分の租税を徵收するあらは、恰も實地の費用よりも少なく徵税して不足を生したるが如く、等しく一大失錯と謂はざるを得す、若し一年度の終りに至て

米國の大藏卿と歐洲の大藏大臣との同不同

米國行政部は財政上の立法に關係する事なし

國庫に餘財あらは、次年に於ても經費は同一なるへしと假定して來年度の課税を之に准じて減額す、凡て國會より與へたる信用は悉く財政年度の終に至つて自から消滅す、

合衆國に於ては大藏卿は年々國家の歳入歳出と公債の狀況とを記るし、併せて徵税の制度に關する觀察、及び之が改良に對する意見を載せたる一の報告を國會に送り、又翌來年度中合衆國の公費に要すべき金額につきて、各省にて調制したる歳計餘算書を載せたるアンニュアル、レタル(每歳の書翰の義)を國會に送附す、此點までは米國の大藏卿は歐洲の大藏大臣と相似たり、其異る所は只米國大藏卿は口頭にて陳述及び發議する代りに紙面を以て國會に通知するに在るのみ、然れども其の相似たる所は只此に止まれり、即ち財政上の立法に關する一切の事は、全たく國會及び其諸委員會に於て之を處理し、行政部は此上毫も其事務に關係する事あるなし、

金錢を徵收するの事務は只一の委員會に屬す

財政委員會の職務

金錢を徵收するの事務は只一の委員會に屬す、即ち十一名の議員より成れる常置財政委員會是れなり、其の委員長は常に代議院に多數を制する黨派中の首領株の一人なり、此委員會は種々なる海關稅及び國產稅等を徵收し、若くは存續する爲に要する諸議案を調制して代議院に報告す、大藏卿の報告は代議院より此委員會に交附せらる、但し此委員會は必ずしも其報告を基礎として議案を調制するに非ず、又是(委員會)は公費に供すべき金額の豫算を立てゝ其議案を調成することをも爲ず、其の爲さゞるは能はざればなり、元來大藏卿の書翰中に揭げたる豫算は信據して以て推算の基礎となすべき者を示さゞれば、公費の爲めに消費委員より幾何の供給を發言するや得て知る可らざればなり、其然る所以は更に左の理由による者とす、抑亞米利加に於て過去多年の間徵收したる海關稅の目的は歲入を得んが爲めにあらず、外國の製產物に重稅を課して米國內の製產事業を保護するに在りしなり、現今は衆くの種類の不製品(製造に用ふ

海關稅は米政府の通常費を償ふに餘あり

保護稅の存する間は米國歲入は歲出に超過すべし

歲入議案全院委員會の手に於て討議せらるゝに際しても財政上より之を調査せず寧ろ大製造家工業家等の利害損得如何を調査す

る材料)及び殆んど一切の製造物(書籍及び美術品をも包含して)に賦課する海關稅實に莫大なり、此關稅は以て政府の通常費を償ふに餘あり、軍事公債の殆んど三分の二は已に償還せられて、定まれる出費は現在の關稅を取立て始めたる時に於けるよりも三分の一に減少せり、然れども此關稅は依然として然のみ變改することと無く、剩餘金は年々增加して國庫中に堆積す、故に財政委員は毫も收稅額を歲出に適應せしむるの心あらず、保護稅の存する間は收稅額は常に歲出に超過すべし、而して保護稅は國家の財政に關係なく、只商賣上若くは政治上の理由よりして行はる、歲入議案全院委員會の手に於て討議せらるゝに際しても、是と同一の理由の在るありて之れを純粹に財政上の觀察點より調査することと無らしむ、故に關稅に係る辨論は國中の勢力ある人々(大製造家工業家等)の利害損得にかゝはる條欵に於て最も熾んなり、必要なる金額及び其金額を徵收し得るだけに議案を適應せしむる事などについては然のみ調査を施

財政議案に對し兩院の委員と大藏省との間には何の往來商議をも開くを要せず

財政議案に對し最も責任の大なる者は代議院財政委員會長なり

財政委員會長か自黨に於ける位置

財政委員長モリソン氏の失敗

金錢を消費支出する事務は首と

こす事なし、元老院に於て財政議案(徵税の議案)に對するも亦然りとす、兩院の委員と大藏省との間には何の商議往來をも開くを要せず、最も責任の大いなる人、即ち英の大藏次官佛の大藏卿に最も近き人は代議院財政委員會長なりとす、然れども彼は職務上大藏省とは何の關係も無く、大藏省の官吏と一言を交ふるを要せず、一書を受授するを要せざるなり、但し彼は勿論代議院内なる多數者の贊成を得るを必す可らず、彼は首領株の人なれども首領の一人にあらず、即ち彼は自黨の議員に向つて投票を要むるの權利なし、故に彼れが黨派中の多くの議員は、一千八百八十六年モリソン氏の上に起れるが如く、彼の發案を非として之を失敗せしむる事なしと謂ふ可らず、モリソン氏は財政委員會の長にして、恐らくは代議院議長に次でデモクラット多數中の最も著名なる人なりしならん、然れども彼は海關税則の改革案に於て大敗を取れり、

金錢を消費支出する事務は首として二個の常備委員會に屬す、即ち舊く

して二個の常備委員會に屬す

支出委員會は大藏卿の歳計豫算を採用せす之に對して大なる或は輕卒なる減額を施こすを常さす

河港委員は改良の名義の下に地方的に公費を消費す

より在る支出委員《アツプロプリエーション》(租税適用委員)と一千八百八十三年新に創設せられたる河港委員とに屬す、支出委員は大藏卿より送附し來りたる歳計豫算に據りて端緒を開くと雖も、之をば採用せず、即ち支出委員が調制する所の支出議案は大藏省の歳計豫算に對して大なる、時としては輕卒なる減額を施こすを常とす、河港委員は「内治改良」と呼ばるゝ事業に對する金錢の供給を發案す、是れ名義上は船舶の航行に便する爲に支出すと云ふと雖も、其實際は所謂「改良」なる者を施こさんとする一州若くは數州に向て公金を流出せしむる方便たるに外ならず、此の如くして費ゆる金額は支出委員が節儉して貯はへ得るよりは一層多額なりとす、代議院には又た諸省に關する委員あり、例へば海軍委員、陸軍委員、司法委員の如し、又た養老金委員なる者あり、之に由て浪費する金銀勝て數ふ可らず、是等の委員會は皆他の委員會が發案建議したる所の如何なるを知らず、又顧みず、且又行政部の通知とても己れが聽かんと欲する所の外は毫も之を參考に供

代議院は課税及爲金錢供給の討議を怠ることあらす

元老院に於ける歳入支出兩議案の討議

せんとはせずして、只各々別々に金錢の供給を發案建議す、而して此の如く推薦せらるゝ歳出費途は總て支出議案《アップロプリエーションビル》(租税適用議案)を以て之に應ぜざる可らず、然るに是等の費途の適否は支出委員の調査する事能たはざる所なり、

凡て歳入議案は言ふまでも無く皆代議院の前に來る、而して代議院は、其他の事は如何に怠るとも、課税及び金錢供給の討議をば決して怠ることと無し、是等(課税及金錢供給)は事務の都合の許す限り十分に討議せられ、且つ屢其金額を增加せらるゝ事あり、如何となれば或る目的若くは地方の爲めに金錢の供給を得んと欲する議員ありて、時に或は新條目を之に插入する事あればなり、斯て後是等の議案は元老院に送られ、元老院は直に之を其種々の委員會に附托するなり、元老院の財政委員は歳入を獲るの議案を調査し、支出委員は供給議案を調査す、而して後兩方の議案は元老院全躰の前に呈出せらる、元老院は支出議案を發し得ざるにも拘らす、久

代議院は元老院の修正案を拒絕するを常とす

商議委員を撰任して雙方を調和す

補充議案

米國々會と行政政府との間全く

しき前に早くも已に之を修正するの權利を取り、今や盛んに修正を行ひ、之に新條目を添加し、且つ大に其供給の金額を增すこと屢なり、斯て後議案の代議院に還り來るときは、代議院は其修正案を拒絕するを常とす、然るに元老院は又固く執て動かず、是に於て元老院議員三名代議院議員三名を以て成れる一の商議委員を撰任す、而して此委員は急速に且つ秘密に雙方の間を調和し、通例會期の末日に及んで代議院をして無理無躰に之を採納せしむ、由や此委員の手によりて更に增加せられたりとても、其投票の供給金額は通例不十分にして、政府の諸費を償ふに足らず、是に於て補充議案と稱する者次會期に呈出せらる、是れ政府の諸省に對する第二の供給を包含する者なりとす、

歐洲の讀者は必らず問はん、米國國會は屢〻行政政府と往復商議するとなくして、如何にして此事を悉とく爲すや、又如何にして之を爲し得るやと、固より斯の如き商議往復なきにあらず、內閣員は其各〻の省に十分なる金

商議往復なきにあらず

代議院元老院與に內閣員の歲計豫算に減額をなせば只次會期に於て補充議案を呈出するの外なし

委員會か不正の心より莫大の金額を無用不急の公共工事に費すも內閣員は之に干涉するの機會なく又之に抗論するの權利なし

錢の分配を得んと欲して、委員會長に面談し、委員會の前に出て其省費に對する證據を與ふ、然れども國會自身の內には彼等今日絕て出席することあらず、國會も亦其昔日ハミルトン及ガルラチンを仰ぎて指導を求めし如くに、今日內閣員に向つて指導を求むる事をせざるなり、若し代議院にして內閣員の歲計豫算に減額をなせば、內閣員は元老院に向ひて、其の代議院が廢棄したる條目を舊に復せんことを乞ふ、元老院にして若し彼等の請を退ぞくる時は、只次會期に於て補充議案を呈出するの一方あるのみ、若し一の省は運轉する能はざる程に飢渴するに、他の省は賄賂或は濫費に供するに足る程に多額の供給を得たるが如き事ある時は、人民が咎む可き者は委員會にして、行政部にはあらざるなり、若し委員中互に相讓り相利するの目的を以て、莫大の金額を無用不急の公共工事に費やす如き事を爲すとも、內閣員は之に干涉するの機會なく、之に抗論するの權利なし、內閣員は英國に於ける如く、辭職の脅迫を以て國會を戒むる能はず、

内閣員は辭職を以て國會を脅迫する能はず

米國に於ては歳入を獲るの主義と歳入を消費するの主義とは其間實際何の關係あらず

自由貿易家財政委員會の長たると同時に保護貿易家支出委員會の長たり

海關税より大過剰を生する徴せは米國の財政は夫れ危ひ哉

是れ全内閣辭職するも國會には毫も影響を及ぼさざれはなり、

余が陳べ來れる所は左の如く約說し得べし、米國にては歳入を獲るの主義と、歳入を消費するの主義とは、其の間に實際何の關係あらず、何となれば是等は其の意見の相反對する無しと云ふ可らざる別々の委員會に附托せらるればなり、而して又代議院内の多數者中には其彼此相撞着する所を察して、其中の此或は彼を一般に行なはれしむるを得るが如き首領たる人々あらざればなり、第四十九回の國會(一千八百八十五年—一千八百八十七年)に於ては熱心ある自由貿易家徴税方法を發案する財政委員會の長となり、之れと同時に、熱心なる保護貿易家歳入を分配する支出委員會の長となれり、

一年度に消費せらるべき豫算額と徴收せらるへき豫算額との間何の關係もあることとなし、若し高き關税よりして年々に大過剰を生するの事なかりせば、米國財政の破裂は到底免かれざるべし、

行政官吏の財政上に關する知識及經驗は只委員會の前に於て是等官吏に質問して以て之を利用し得るのみ

議員が私の目的の爲めに國庫を空乏にするの傾あるも之を撿制するの道殆んど有るなし

租稅收入の多寡、及び其徵收に際して不時に生ずる利益若くは損失に關する、又は歲出各種の性質及び其の比較上の利不利に關する行政官吏の知識及び經驗は、只委員會の前に於て是等の官吏に質問して以て之を利用し得るのみ、彼等官吏の意見は國會の首領たる者が之を代議院內に陳述する事あらず、或は又彼れ(首領)に向て發せらるゝ辨論(是には彼は其時其處にて答辨せざるべからず)に於て之を試驗する事もある無し、

議員が彼等の朋友若くは撰擧者の爲めに金錢の供給を許し、或は又竊に報酬を受て財政上賣買(賄賂を行ふ等)を爲して以て國庫を空乏にするの傾向ありとても、之を撿制するの道殆んど有るなし、若し支出委員の多數若くは代議院自身にして、其賄賂の臭味あるを疑ふあれば、其發案せられたる供給は拒絕せらるゝを得べし、然れども賄賂の臭味を嗅ぎ出して之を許き以て其發案を破るが如きは特別に何人の職務にもあらず、米國民は財政上の主義の年々に變更し、且つ責任ある首領輩の之を指導する無

米國財政上の結果は不幸の結果なり

きを見て大に惑ひ、終に國會の討議に對する注意を減じ、又國會に對する信用を減ずるに至れり、

其の國家の財政に於ける結果は不幸と謂ふの外なし、米國の思慮ある一公法學者說をなして曰く、國家の會計の借方は一群の人々の手にて整理し、其貸方は又他の一群の人々の手にて整理し、兩群の人々與に世間公衆に對する責任なくして、別々に又秘密に事務を扱ひ、而して名義上責任ある行政官は絶て之に喙を容るゝ事なき間―是等兩群の人々其體は二年每に新らしき人々を以て重に組織せらるゝ者にして、國會開會中を除くの外は更に事務に注目せず、而もして其已に成熟せる方案を公けに議する爲めに費やすべき時間の全躰をば、斯く種々の方案を調制するが爲めに消費し、其結果として莫大なる豫案をば一週若くは旬日間に何の討議をも盡さずして漫に通過する間―凡そ此の如くなる間は、多數を制する黨派は如何なる名なるにもせよ、米國の財政は益々惡より惡に赴きて底止

一公家曰く米國財政の安全なるを得るは一に歳入の莫大なると實際軍備に金を投ずる事なきに因るのみ
或は之に答て曰く此の莫大なる歳入は唯に現制度の下に在て合衆國を救ふの具たるに止まらず亦現制度を現出したる源因なり
世界中金錢を徴收するを困難とせずして之を消費するに困難を感ずるは只米國のみ

する所を知らざる者といふべし、地上何れの國にても、斯の如き事を試むる者あらず、否直に困難を招くことなしには之を試ることを得る者なし、然るに余輩が今日まで安全なるを得るは一に歳入の莫大なると、實際軍備に金を投ずる事なきとに因るのみ、

或は此詳論に答へて曰ん、此の莫大なる歳入は、之を彼の歳入の爲めよりは寧ろ保護の爲めに關税を課するの事實に併せ考ふれば、唯に現制度の下に在て合衆國を救ふの具たるに止まらず、亦現制度を現出したる源因なりと謂ふべし、關税にして單に租税の目的を以て課せらるゝ者なりせば、公費に要するよりは多額の税を課せざるべく、歳出歳入の權衡を保つ良法次で起るべしと、實に然り、米國現今の情態は明らかに例外の事なりとす、世界中金錢を徴收するを困難とせずして、之を消費するに困難を感ずる國は只亞米利加のみ、併ながら批評家の論ずる如く米國々會は優柔緩慢なる習慣を形づくりつゝあり、是れ必らず改良せざる可らざるなり、

米國軍備公債を償還するに迅速を極む

是等の缺典を觀察し、且つ米國の最も賢明なる改革家が英國の模範に倣ひて、米國國會の財政上の弊害を矯正せんと主張し居るを觀察すれば、之れと同時に英國の公法學者が英國下院をして米國國會を師とせしめんと論じつゝあるが如きは、實に奇中の奇と稱すべき者ならずや、想ふに現在の英國制度は恐らくは消費する諸省(行政諸省)の經費、或は其の施政の方法に十分なる國會の支配を及ぼさゞるの非難を免かれざらん、然れども英人の視察する所によれば、米國々會の組織は英國國會の組織よりも經濟上、効力上ともに一層の利益少きが如し、

若し此事にして悉く眞なれば、亞米利加の財政が此の如く昌盛にして、特に軍事公債の如きは之を償還するに期を誤ることなく、極めて迅速にして、一千八百六十五年に於て三十億万弗なりし者が一千八百八十七年には減じて十億万弗となるが如きは畢竟如何なる所以ぞや、此の如き燦爛たる結果を呈するは、米國財政整理の始終宜しきを得たる所以にあらず

米國が軍備公債を償還し得たる源因

日く米國は二十年間大に富を增殖したり

日く米國人民は他の人民よりも遥に多額の間接税を拂ふ

日く海陸軍費なき事

日く非常に高き海關税を維持す

や、

想ふに米國が斯く公債を償却し得たるは左の源因に由れる者ならん、即ち米國の繁榮、米國は只一回商業の不景氣に遭遇したるのみにて、二十年間其驚くべき莫大なる天然の富源を開發し、富に世界各國何れの部分に於けるよりも一層大なるのみならず、又一層善く人民の間に廣布したる富を産出したり、

米國人民の金錢を消費する習慣、　米國人民は他の諸國に於て群民の享受し得ざる程の驕奢品を盛んに使用す、故に其の間接税として拂ふ所のものは他の人民よりも遥かに多額なりとす、聯邦的歳入は海關税及ひ國産税によりて之を得るが故に、人民として其直接税を拂ふよりも租税の重きを感ずると一層輕からしむ、

海陸軍費の無き事、　米國には歐洲諸國を惱ます海陸軍費あるなし、

非常に高き海關税を維持する事、　之に利害を置く夥多の人々與論の贊

ると

成を得て國會に勢力を及ぼし以て之を持續せしむ、保護政策の是非は姑く置きて考ふるに、米人が此の如き高き關税を持續するは公債の償却せざる可らずとの信念に出たるよりは、寧ろ保護政策を賛成して此に至れる者といふべし、而して其莫大なる剩餘は此の如く公債を減少せしむるに至れり、

歐洲人は軍事公債の斯く速に償還せられたるを讃め且羨みて謂へらく米人は理財の伎倆拔群卓絶なりと、但し眞に米國人民の行爲中に稱賛すべき所のものは、彼等が金錢を徵收すべき方法を撰擇したるの智慧にあるに非ず、其戰亂中よりして直に前例なき程の重税に甘服したるに在りとす、製造家の利益（眞實或は假定）は當時に立てられたる此關税の維持を固うせり、而して天は人民に消費力（驕奢力）を與へて、海關税を非常に莫大ならしめ、以て其の餘を爲し遂げたり、

此に記載したる國會財政法の下に於て、亞米利加は年々數百萬弗を徒費

米國は少年たるの光榮なる特權を有す

す、然れども其の富は甚だ大に、其歳入は自由自在にして、亞米利加は自ら其の損失を感ぜざるなり、亞米利加は少年たるの光榮ある特權を有す、即ち過失を犯しても其れが爲に惱む事なき特權を有せり、

米國々會を二院に分ちたるは强

第十八章

兩院の關係

最初の盟邦《コンフェデレーション》の下には只一院を置きたるのみなりしに、一千七百八十九年の憲法を以て合衆國に兩院を置くに到りたるは、歐洲人が通例是れ只英國に摸倣したる者なりとなす所なり、

而して學識ある一著者の如きは、若し英國にして佛國の三族會議(貴族僧徒平民)の如く三院を有し、或は瑞典の國會の如く四院を有せしならば、幸福を享け利達を極むる英國の先例に倣ひて、三院若くは四院の立法部世界中に涌出したるならんとさへ言ふに至れり、但し國會を二院に分ち且

ち英國の先例を崇敬したるに由るにあらす寧ろ他に好理由ありて存す

憲法會議が國會を二院に定むるに就き二個の確乎たる理由を抱けり

主義及理論上の理由

立法部を二院に分つ重なる利益

之を二院に止めたるは强ち英國の先例を崇敬したるに由るに非ず、寧ろ他に好理由ありて存したりしなり、米國が英國の先例を崇敬したる確かなる實例として擧證すべき者は既に夥多にして、此上更に他の例を穿鑿するを要せざるなり、米國最初の十三州の中只二個(ペンシルヴェニア及ジオルジア)を除くの外は悉く二院を有したるの事實は姑く措て論ぜざるも、一千七百八十七年の憲法會議は之を二院と定むるにつきて二個の確乎たる理由を有せり、即ち主義及び理論上の理由及、目下便宜の理由是なり、

立法部を二院に分つ重なる利益は、其一院が他院の急劇を制し、失誤を正すを得るに在り、但し此利益なるものは多少の遲緩を價とし、又權力の分割より生ずる薄弱を價として買はざるを得ず(遲緩及び薄弱の弊を免れざるを謂ふなり)若し立法部にして三院若くは三院以上より成立するとあらば其の利益は殆んど增加せずして、其遲緩及び薄弱は酷だしく增長

二院は二院以上に於て殆んと出來難き方法を以て相與に運轉せしめらるゝを得べし

目下便宜の理由　國會を二院に分つは當時小州と大州との間に暴發せる爭論を調停するの方法を供するものたりしなり

すべし、二院は二院以上に於て殆んと出來難き方法を以て相與に運轉せしめらるゝを得べし、諺に曰く二人は好伴侶、三人は皆無と、是れ之を謂ふなり、若し三院ありとすれば、其の二院は必らず心を合せて陰謀を企て、且恐らくは結合して第三に反對すべし、主義の一致を破らずして法律を通過するの困難、責任の歸する所を確定するの困難、公衆の警戒注意を保つの困難は二院を以てするも猶且つ甚し、況んや三院若くは四院を以てするに於てをや、

是等の考の外に又實地の道理の存するあり、即ち國會を二院に分つは當時小州と大州との間に暴發せる爭論を調停するの方法を供する者たりしなり、即ち大州は其各自の人口に比例して國會に代議士を出さんと主張し、小州は獨立共和國として各州同數の代議士を國會に出さんと主張せり、然るに雙方ともに二院を設立するの方案に由て滿足せり、如何となれば其一に於ては前の主義(人口に比例して代議士を出すこと)を施こし、他

米國兩院各自の性格は全く歐州の所謂上院下院の性格に異なれり

元老院と代議院との間には格別の相違あらず米國兩院は何れも齊しく人民全躰を代表す

の一に於ては後の主義(各州全數の代議士を出すこと)を施こし得ればなり、米國は元老院については一聯邦の形を存し、代議院については一國民となれり、第三の院を立つるの必要は毫もこれあらざりしなり、

兩院各自の性格は全く歐洲の所謂上院下院の性格に異なれり、歐洲に於て兩院の間は、通例之を組織する人品の異なるより政治上其の色を異にするを常とす、即ち上院は貴族社會或は富豪、或は高等官吏若くは國王及び朝庭の勢力を代表し、而して下院は群民を代表す、元老院と代議院との間には斯の如き相違あることなし、雙方共に齊しく人民を代表す、人民全躰を代表す、人民の外何をも代表する者なし、箇々の議員は社會の同樣なる階級より撰まれ來るものにして、元老院に於ては代議院に於けるより一層富者多し(議員の數に比例して)と雖も、金錢の勢力は勝りて大なるにあらず、兩方共に同樣なる社會の勢力を以て形つくられたり、元老院議員の社會に於ける尊榮は其の職務期限と與に消ゆるなり、兩方共に同一な

一層怪しむへき一現象

三十八州中の九大州は代議院に於ては元老院に於けるより十六倍の勢力を有す代議院は未た曾て大州の機關たりし事ならす元老院亦未た曾

る感情に支配せられ、齊しく己れが輿論に倚頼する者なるを感ず、其一(代議院)は未だ曾て英國下院の如く一般人民の寵愛物たりし事あらず、他(元老院)は英國上院の如く一般人民の厭悪者たりし事あらざるなり、

恐らく一層怪しむべき所のものは、米國國會の二院が其の撰擧せらるゝ方法の異なるに拘はらず、感情及び政略の反對を現はさゞりしことゝ之れなり、代議院に於ては大州勢力を有し、三十八州の中九大州(四分の一に及ばす)は惣員三百二十五名の代議士の過半數(百六十三人以上は過半數なり)を出せり、然るに元老院に於ては、是等の九州は惣員七十六名の中只僅かに十八名を有つのみにして、全數の四分の一にも足らざるなり、他の辭を以て之を言へば、是等の九州は代議院に於ては元老院に於けるよりも十六倍の勢力あるなり、然れども代議院は未た曾て大州の機關となりし事あらず又之が(大州)利益の爲めに力を致したるとあらず、元老院も亦未だ曾て小州の城廓となりし事あらざるなり、是れ他なし、亞米利加の政治

て小州の城廓となりし事あらず米國政治は未た曾て小州大州の敵對に由て運轉したるをあらず

元老院と代議院との相違

は未だ曾て是等二群の共和國間(大州小州)の敵對に由て運轉したるが如き事あらざればなり、固より諸州の權利に關する問題、及び國民的政府の權力を擴張するの廣狹に關する問題は合衆國の歷史中一大要部を占める者なり、然れども小州は州の權利に特別に熱心なるべしと思はるゝに拘らず、元老院に於て之を固持するの傾向は、代議院に於けるより酷だしきに非ず、奴隷爭論の際に於ては、代議院は然らざりしも、元老院は一時奴隷維持者の支配する所となれり、是の時に於ては元老院は勿論諸州の主權を主張して之が爲めに辨論したり、然れども此情態は全く偶然の事にして、其の一時の源因と與に消へ失せたり、

此二團体(元老院及代議院)の間に存する眞實の相違は元老院の事を記述するに當りて已に之を指示したり、其の相違たるや元老院の一層少數なる事と元老院議員の才力の多少優等ある事と、其の行政上の職掌が箇々の議員の上に形くり、且全院の內に既に形くれる所の習慣とに歸すべき

歐洲に於て第二院に反對の論點二ッあり

代議院は最才能ある人を有したれはとて今より遥に事務の整理すろとは思われす

代議院の過失は人才の欠乏にあらすして重に其手續方法の善か

者なりとす、

第二院（上院貴族院元老院等）の利益如何の問題頻りに辨論せらるゝ歐洲に於ては、之（第二院）に向つて呈出せらるゝ反對の點二ッあり、即ち其一に曰く、第二院は第一院即ち人民代議院より人才を奪ひ去るの弊あり、其二に曰く、第二院は立法の進歩を妨げ、次て政府の車輪をして其の運轉を停めしむるの失ありと、想ふに是等二點の是非は亞米利加の經驗に由て幾分か明かなるを得るに至らんか、

米國元老院が代議院中より其の最も才能ある人々を吸收する事は眞實なりと雖とも、代議院が其等の名士を有したればとて其事務を行ふに當りて、今よりも遥かに善美の觀を呈すべしとは思はれず、此言たる或は前後矛盾せるが如くなるべきも、其實は然らざるなり、代議院の過失は箇々の議員の間に才力の缺乏せるに由る者に非ずして、重に其手續方法の善らざるに由り、特に其首領なきに由る者と謂ふべし、是等の缺典は二十名

らさるに由り特に其の首領なきに由る

元老院の功德

元老院と代議院とを合して一となさは如何

兩院の間に生する衝突

若くは三十名の才力ある人を加へたりとて救治せらるべきにあらず、諸委員會中若干の委員會は之が爲めに一層勢力强かるべし、隨て其れだけは事務の運轉一層好結果を呈するあらん、然れども全体として之を觀れば、代議院は(其規則及習慣現在の如くして續くと假定すれば)、挺然國內に一層强大なる(元老院に比して)權力を振ふ者となるべくもあらず、之に反し、元老院の功德は重に其の代議院より吸收したる人才を訓錬して、更に數層有爲の才とならしめ、而して其の高才に與ふるに一層の好結果を呈すべき發達運動の地を以てするに在り、若し元老院と代議院とを合して一と爲さば、代議院を改良するが爲に得る利あるよりも元老院を失ふが爲に損する所却つて多かるべし、否な其損失甚た大なるべしと余は信ずるなり、何となれば此の如く合併したる團体は代議院の性質を有すべくして、元老院の性質をば之を失ふ可ければなり、

兩院の間に衝突を生ぜしこと屢なり、雙方ともに嫉妬心ありて、動もすれ

兩院何れも他の一方より來れる議案を變改せんと欲す

元老院は代議院議案二十を拒絶するも猶其一を拒絶するか如し

重大なる問題に就き兩院互に反對の意見を取りて行政機關の運轉を停むる如きは多からす

ば爭端を開かんとす、孰れも他の一方より來れる議案を變改せんと欲す、而して特に元老院は代議院の愛子たる租税適用議案(支出議案)をば遠慮なく攻撃す、一院に於て一議案を通過したるの事實は、他院を誘ふて同じくこれを通過せしむるの効少なし、元老院は代議院議案の二十を拒絶することと猶其の一を拒絶するが如くにして毫も猶豫するの色なし、但し重大なる問題につきて雙方意見を異にし、確執を生じ、以て行政機關の運轉を停むるに至るが如き事は多からず、此の如き事は、由や之あるとも、其評論は華盛頓府に限りて、同府外に激昂を來たし、驚愕を起すが如き事殆んど稀なり、何となれば國人は從前の例を記憶して、其確執の必らず調停和解せらるべきを信じ、若し輿論の非難攻撃を受くるに至らば、一院必らず讓りて從ふべきを知ればなり、行政政府は別に害を蒙らずして運轉す、之が爲に起り得べき最も惡き事とも云ふべきは、四個月後に難なく通過し得んも知れぬ議案を今此に廢棄するが如き者のみ、是等の衝突の中に在

意見衝突の中に在ても兩院の間には然のみ敵意の存するとなし

其理由

米國人は眞劍勝負を觀望するよりも寧ろ擊劍勝負を觀望し居るものなり

米國兩院の爭論は主義の反對に出るにあらずして寧ろ職務に關

ても兩院の間には然のみ烈しき敵意の存すると無し、是れ爭論の源因深からざるに由るなり、時としては自重自尊の念混入して之をして此に至らしむるあり、時として此院若くは彼院にもして自黨の利益を計りて此に至る事あり、其源因たる大凡そ此の如きのみ、歐洲に於ける同種の爭に際して、階級的感情(貴族と平民の階級的感情)より起る激烈なる爭論の如きは毫もこれあらず、是れ米國の兩院の間には更に階級の區別あらざればなり、故に米國人は眞劍勝負を觀望するよりも、寧ろ擊劍勝負を觀望し居るものゝ如し、

余は元老院と代議院とが斯く性格を同じうする事を詳記す、是れ歐洲人を驚ろかすべき事實、即ち何れも負けず劣らず同樣に全國民の爲めに論議するの權理を有する同格の二權力(元老院及代議院)か、相提攜して事務を治むるの事實を解明かすものなればなり、彼等(兩院)の爭論は主義の反對に出るにあらずして、寧ろ職務に關し人物に關して起るものなり、兩院

し人物に關して起るものなり兩院は同一主人の從僕のみ

英佛伊に於ては平民議院は行政政府と甚た密接の關係を有す

故に兩院間の爭たる一方の對手は必らす行政政府にして至極危急なる結果を含畜す

世界中大國にして其兩院の眞に同等同樣なるは只北米合衆國あ

は國民の中に在て勢力を爭そふ二箇の原素にはあらず、全く同一主人の從僕にして、其主人の一喝は以て彼等の爭論を鎭むるに至れり、

但し英吉利、佛蘭西、伊大利の如き國々に於ては、平民議院は行政政府と甚だ密接の關係を有する者なることを記憶せざる可らず、行政政府は實際平民議院が就職せしめ且つ贊助する者なればなり、故に斯の如き國に於ける兩院間の爭たる一方の對手は必ず行政政府にして、至極危急なるべき結果を含畜するものとす、其の爭の激烈なるは固より自然の數なり、英吉利の上院若くは伊大利の元老院に取りては、時の內閣(即ち國の防禦及平和に對する責任を有し、且つ代議院の爲に推戴せらるゝ內閣)の願望に反對して之が立法を拒絶するは、是れ殆んど米國に於て元老院と代議院の間に起り得べき何れの衝突よりも一層重大なる事件なりとす、

世界中の大國にして其兩院の眞に同等同格なるは只北米合衆國あるのみ、若し其立法部にして其兩院の一若くは雙方の創造せる者ならしめば、

ろのみ

兩院各其意見を主張して屈せさるときは之を調停するの方法如何

代議院元老院を强迫する一法

或は又兩方ともに主權者たる人民と親密に相接しをるに非んば、此の如き制度は到底運轉するを得ず、又永續する能はざりしならん、

兩院各々其意見を主張して屈せざる時は通例各院より三名宛の議員を出して商議委員會を設くるを常とす、是等の六人は秘密に會議を開き、通例互讓を爲して事を落着せしむ、故に雙方ともに名譽を傷つけずして交々綏くを得るなり、若し其爭點にして歳入の支出(政府の各部局に分配適用する事)に關する者なる時は、代議院が供給せんと發言せる少額と、元老院が望む所の多額との中間を取て其金額を定む、若し互讓策にして行なはれずんは、其爭は一方の屈從するまで引續くべし、或は又延期となつて終りを告げん、然る時は勿論其議案は失敗して消滅すべし、一時代議院は支出議案(歳入分配適用案)に追加するに普通の立法案を以てして、元老院を强迫して屈從せしめんとせり、斯く金錢を供給するの議案に加ふるに普通の立法案を以てするに於ては、元老院は或は其の不贊成ある追加案

両院の爭に於ては概して元老院の方勝つ

を採納するか、或は其議案の全體を拒絶して行政部に必要の經費金を給せざるか、此二者の中一を擇ばざるを得ざればなり、此事一千八百五十五年と同五十六年とに起れり、然れども元老院は確乎として動かず、代議院終に降服するに至れり、此計策は嚮に(一千八百四十九年)元老院が其の代議院に返附せんとする支出議案に奴隷使役贊成條欵を附加したるを以て始まれる者なりしが、後に兩院とも一千八百六十七年に於て大統領アンドリウ、ジヨンソンに反對して此計策を使用したり、

兩院の爭に於ては、概して元老院の方勝利を得て、代議院の方屈服す、但し又之に反する事實も固より絶無と云ふには非ず、元老院は議員の數少なければ、其多數を合從し置く事一層容易し、其議員は一層經驗に富めり、元老院は又代議院の暫時にして交迭するに引かへて其體永續するの利益を有す、元老院は代議院に對して直ちに勝利を得る能はずとも次回の新代議院に對して其意見を貫き得べし、

然るに代議院は其閉會解散の期限前に迫れるを以て斯の如く持重して待つ能はず、且又代議院は元老院の內情を知らざれども、元老院議員の中には曾て代議院に席を占めし者多きを以て、元老院は善く代議院の內情を知りて其弱處に攻擊を加ふるを得るなり、

英國の讀者が心中に印し置かさる可らさる三個の點

第十九章

國會を汎論す

斯く國會各院の組織及び運用を吟味せし後、余の當に爲すべきは兩院に通じて適用すべき觀察、及び兩院の歐洲代議的集會より異なる狀態を指示するに足るべき觀察を爲すに在り、英國の讀者は三個の點を心中に印し置かざる可らず、此三個の點たる前數章に詳述する所を通讀するに際して、讀者或は之を忘却したるならん、第一米國國會は英吉利、佛蘭西、伊太利の國會の如く主權を有する一議會にあらず、人民に非れば變改し能はざる憲法に服從して立つ者たることと是れなり、第二米國國會は行政政府を任命し若くは罷免する能はず、行政政府は直接に人民に撰擧せらるゝ者たることと是なり、第三米國々會の立法的動作の範圍は三十八個の州政府存在するが爲めに制限せらるゝことと是なり、是等州政府の權力たる國會の權力と同じく基礎鞏固にして、國會の力は之を減殺する能はざるなり、

國會議員の撰擧は法律及習慣に依りて地方的に制限せらる

一、國會議員の撰擧は法律及び習慣に依りて地方的に制限せらる、即ち憲法に依れば、各代議士及び各元老院議員は撰擧せらるゝに際し、己れの撰擧せらるべき州の住民ならざる可らず、加之州法律に由て、衆くの州に於ては、又習慣に由て總ての州に於ては、凡そ代議士たる者は己れの撰擧せらるゝ國會撰擧區の居住人たらざる可らざることとゝ、確定せり、尤とも大市に於ては己れを撰擧する區より異なる區に住居する人にして、時としては撰擧せらるゝが如き例外の事なきにあらず、然れども斯る例外の事は極めて稀なり、此の制限たる歐洲人をして一驚を喫せしむる者なり、

國會議員の撰擧を地方的に制限する意見の米國に行わるゝ源因如何

第一の源因

如何となれば是れ一方に於ては、候補者に對して其撰擧の區域を制限して自由に撰擧團體を四方に求むる能はざらしめ、他方に於ては撰擧團躰をして己れの中に居住せざる者をば、如何なる才能の士なりとても之を撰擧するを得ざらしむるの不便なかる可らずと歐洲人は考ふればなり、然れども亞米利加人は之を以て極めて道理ある事として疑はず、故に余は此法の論難すべきを承認する人物甚だ少なく、最も敎育ある階級の中にも此の如き人至て稀なるを見る、然らば斯る意見の行はるゝ源因は何ぞや、

第一、其の源因は諸州の存在するに在り、是等諸州は最初數多の政治社會に分かれ、今猶獨立して事を辨ずる所多く、他州の住民を以て殆んど外國人視するに慣れたり。ペンシルウヱニア人は肯て言はんとす、新約克人は新約克に忠義を盡すべき者なり、彼はペンシルウヱニアの市民として感想すること能はず、故に適當にペンシルウヱニア州を代表するを得ずと、

此感情たる同情の躰を以て、此理窟たる類推の躰を以て州自身の諸郡、諸市、諸撰擧區にまで擴まれり、州的感情は更に又た地方的感情を發養したり、地方的感情より之を見れば全く其の地方内に住居し、之を以て己れが市民たる權利を行用すべき政治的郷國と爲し、以て其の地方の感情に浸染したる人にあらざれば、如何なる者も適當の代議士とは思はれざるなり、

第二の源因

第二、國會の議事に對して利害を感ずる所は、多くは金錢の徵收及び消費に關係す、海關稅の變革は一地方の工業に影響を及ぼすとあるべし、或は又た一地方は或る地方的工事の爲め、即ち築港若くは運河の便を開く事のために公金の分配を得ん事を請願するとあるべし、此兩者の何れの場合に於ても其土地の住民の外は、何人も適當に其地方の必要を了解し、若くは熱心に之れが要求を辨護する能はずと考へらるゝなり、

第三の源因

第三、政治家たるの大伎倆は米國々會議員に望む所にあらざるが故に、凡

往時州立法部に於て撰擧區を小

そ撰擧區に於ては己れの境域を踰えて他に代議士を求めざる可らずと聞くを以て、却て一の恥辱なりと考ふるならん、且又國會議員の地位たる俸給を受る者なるが故に、人民は善き事(俸給を受るが如き事)は他郷人に與ふるよりも寧ろ自郷の人に與へざる可らずと感ずるなり、凡そ政黨は地方の政治的運動(演說、遊說等)に由て維持せられ行く者なれば、此の運動に對しても酬ゆる所なかる可らず、

昔しフェデラリスト新聞(憲法制定の際ハミルトン氏が發行したる新聞紙)が三万の住民に對して代議士一人を出すは、十分に民主的需要を滿足せしむ可しと論じたる章に就て一閱し來れば、更に又た他の思想の浮み出るを覺ゆ、當時一種の論者ありて謂へらく、代議士の數を多くするは各小區にまでも其意見を國會に陳述貫徹するを得せしむるを以て、眞に民主的政躰に適ふ者なりと、該記者(ハミルトン)は此類ひの人々に對して論鋒を向けたるなり、實に此の如き代表法は當時州立法部に現存したりし、人

さく區別する代表法行われたるを以てその習慣人民に感染して之を國會議員撰擧に及ぼしたるなり

英國の習慣は米國の習慣に異なり

英國の郡に於て代議士たらんとする者は其の郡内の土地を所有せさる可らすといふ格言一千八

民の習慣は是等の州立法部に於て作られたること明かなり、是等の州立法部に於ては勿論各市各町ことごとく其中の一人を代表者として之に出席せしめたり、茲に彼等(人民)國會に議員を出す事となるに及びても亦此習慣に從かへり、他州人他郷人は己れを彼等に知らしむべき手段を有せざりし、又自ら進んで彼等の代議士とならん事を望まざりしなり、英國の習慣の之と異なる所以は、單に十八世紀について之を言へば、市町賣買の行はれたるに由らずんばあらず、此賣買の行はるゝに及んで、其の土地に關係なき他方の候補者或る勢力家の力に賴てこれが議員となり、或は腐敗せる集合体より、若くは少數なる撰擧人より議員たるの座席を買ひたりしなり、斯くの如くして他方の人も亦善く何れの市町をも代表し得るとの思想漸々に成長し來れり、然れども郡に於ては、凡そ代議士とならんとする者は其郡内に土地を所有せざる可らずといふ格言―昔時の法律に於ては土地所有上の資格を要したり―或は己れの撰擧せらるゝ郡

百八十五年まで遺れり

米國の地方的制限は地方自治の十分に發達して人民の慣習中に深く根させる自由國に於て自ら然るへき所の者なり

中に住居せざる可す、然らざれは少なくとも朝櫛るときに窓より其の郡を臨み得る處に住せざる可らずといふ格言、一千八百八十五年まで遣れり(余は曾て一の候補者—其人の家は彼が代表しをる郡の外に在て其郡に接して立てり—が自身の事を辨護して今此に掲げたる最後の格言の如き事を口に出せるを聞けり)、是に由て觀れば英國の法は特別の源因によりて起れる例外なるが如し、而して米國の所業(撰擧を地方的に制限する事)は地方自治の十分に發達して人民の慣習中に深く根ざせる自由國に於て自ら然るべき所の者なり、亞米利加人民が政治思想を作り得たるは其地方政府に就て之を學び得たるなり、彼等は其小區域内に成長したる習慣を以て州議會(州立法部)及び國民的議會(國會)に適用したるなり、此現象たるや、舊世界の何れの國民よりも更に勝りて遷住常なく、移轉極り無き國民(米人民)の中に存立するが故に歐洲人を驚かすこと幾層の深きを加ふるなり、今上に記述したる所は余が此奇妙なる現象につきて余

米國人中には撰擧を地方的に制限するを以て政治政度の缺點となすもの極めて稀なり

撰擧を地方的に制限するの結果

が與へ得る最良の解説なり、然れども是等の解説も尙ほ余が此の地方的感情の强烈なるにつきて懷く所の驚訝を解散する能はざるなり、此感情たる絶西の新立州に於ても、マサチュセッツ、ウ井ルヂニアの如き高古の共和國に毫も劣らざるなり、米國に於る此慣行につきて最も意を留むべきは、米國人の中に之を政治制度の缺點として評論する者極めて稀なるに在り、米國政治制度は其何れの部分に於ても是非の論評を蒙らざる無れども、歐洲人を一目に驚かして弱點の殊に大なる者と感ぜしむる此の點のみは、何の攻擊にも出遇はずして今日に至れり、是れ事の自然にして怪しむに足らぬ者と見做さるればなり、

其結果や不幸たるを免かれず、此事をして只一州內に於ける住居の制限たらしむる間は其意明白なり（此州の居住者は彼州の代議士となる能はずと云ふが如き是なり）、實に元老院議員は其の州より出たる全權公使の躰をなしたり、今日と雖も幾分か此躰を存ず、彼は其州の立法部の撰出す

英國に於ては國會議員か其撰擧區に住せさるか爲めに不利を生したるをなし

る所なり、故に彼は此州の市民にして彼州を代表するが如き事を能せず、北西諸州の如く其工業上の大利害を全く同うする諸州の群團あるにも拘らず、甲州に住居して乙州より撰出せられたる代議院議員の如きすらも、何れの州に忠義を盡さんかと迷ふとなきにあらず、然りと雖ども一州の一部に住する人が同州の他部を代表するが如きを妨くべき何の理由ありて存するや、例へばヒラデルヒア人がピッツボルグの爲に撰まれ、ボストン人がマサチュセッツの西なるレノクスのために撰まるゝが如きは何の害かあらん、

英國に於ては國會議員が其撰擧地に住せざるが爲めに其の地方の利益を主張するに熱心を缺き若くは成功を缺くが如き事實發見せられざるなり、否此の如き議員は一層成効の大なること屢なり、是れ其撰擧者が己れの區內に求め得る人よりは一層人物上勢力强ければなり、而して又利害の衝突(其居住地と撰擧地との間に)あるに際しては、彼は常に己れが第

米國にて撰擧を地方的に制限する弊害二重あり

一に力を盡す可きは其の撰擧區の爲めにして、其住居する土地の爲めに非ざるを感ず、

米國の此法たる其弊害は二種ありとす、即ち劣等の人々撰擧せらる、是れ米國中には政事家を產せざる多くの部分ありて、此部分には一人も―何れにしても國會に入らんと欲する者の中には一人も―政治的才力の水平線上に卓立するものゝあらざればなり、而して卓絕せる才力と熱心とを有する人々は國會に入るを妨げらる、斯る人物は重に舊き州の大都會に產出すれども、是等の大都會中には是等人物の殆んど總てを容るゝに足るべき餘地あらず(其撰出すべき議員の數に限あればなり)、さりとて國會に入るべき他の門戶は開かれざるなり、ボストン、新約克、ヒラデルヒア、バルチモール等の諸都會は其現に出す議員の數に六倍若くは八倍多くの善良なる議員を出だすを得べし、斯の如き人物は其の住地より國會に入る能はざるが故に、遂に之に入ること無し、斯く國民は彼等を用ふるの

米國の國會議員は年俸、旅費、筆墨料を給せらる

利益を奪ひ去らるゝなり、加之立身出世の途また遮斷せらる、將來に望ある政治家にしても、其居住地の輿論の少しく變動するが爲め、若くは恐らく彼れが餘りに獨立にして其地方の策士(牽線者)の意を損するが爲めに、其の座席(議員たるの)を失ふに至ることあり、斯る時は彼れ英國に行はるゝが如く他の選擧區より選擧せられ能はざるが故に、萬事此に休するなり、彼れの政治的生活は頓に終を告ぐ、而して獨立に傾ける他の若き人々は彼れの運命に鑑みて、自ら戒むるなり、由や州の法律を變革するとも此弊を除去する能はざるべし、蓋し其地方の人の外は何人をも撰まざるの習慣は其の根底する所甚だ深ければ恐らくは斯る制限法律の廢止されたる後までも長く存して滅せざるべし、實に此習慣たるや斯る法律の存在せざる州に於ても同じく熾んに行はるゝなり、

二、　元老院議員及び代議院議員は現今各々年俸五千弗を受く、且華盛頓に來往するには一哩二十錢の旅費を給せられ、外に筆墨料として百二十

公務に從事する者には總て給料を拂はさる可らす

米國に於て議員に給料を拂ふへき理由は英佛に於けるより一層强し

其理由

五弗を給せらる、米國に於ては議員の年俸は勿論の事と見做さる、是れ職工の徒をして議員たるを得せしむる爲に之を給するにあらず、只公務に從事する者には總て給料を拂はざる可らずといふ一般の理論に基けるものなり、米國に於ては議員に給料を拂ふべき理由は英吉利若くは佛蘭西に於けるよりも一層强しとす、何となれば合衆國の大抵の部分より華盛頓府に抵るの距離は甚た遠く、且つ該府に逗留するを要すると甚だ長くして、何人も國會に座を占る間は己れの職業若くは事務に從ふ得はざればなり、議員たる者若し社會に務むるか爲めに其の生活の道を失はゞ社會は之を彼れに償はざる可らず、蓋し富豪にして利得多き職業を營むを要せず、若くは其職業を妨げらるゝの償を要せざる如き種類の人は今日すら割合に其の數少なくして、憲法創制の際には殆んど之れ無かりしなり、世の冷評家は他の理由を以て國會議員の俸給を辯護して曰く、「彼等之を得ざれば、一層惡く之を竊むべし」、而して拿破翁が戰爭をして戰爭自

米國に於て議員に俸給を與ふるは善良の士の政治界に入るを妨くるものにあらす

身を支持せしめし如く、彼等は政治をして政治自身を支持せしむるならんと、議員俸給の事たる善きにもせよ惡きにもせよ、其必要なるは明かなるを以て、何人も之が廢止を談ぜざるなり、故に此事(議員に俸給を與ふること)の米國に存在すればとて、之を(英國の如き)閑暇にして富有なる大階級(貴族等)を有する小國に採用すべき理由となすに足らざるなり、實に歐洲諸國の情態は亞米利加の情態に異なると甚だ大なるが故に、何人も立亞法的事務に報酬を與ふる事を贊成する爲め、若くは之に反對する爲めに米利加の經驗を引證すべきに非ず、米國に於ては善良の士は其俸給五千弗を受るに於て毫も良心に愧ぢざる事、恰も英吉利の公爵が大臣として其俸給を受るに於けると同じ、故に議員に俸給を與ふるは善良の士の政治界に入るを妨ぐる害物なりとは余の信ぜざる所なり、議員に俸給を與ふるは議員自身をして唯委員若くは總代人たるが如き感を起さしむるの傾向を助長するものなり、然れども其の傾向たる、他に深く根底する所

議員に俸給を與ふるは專門政治家の一階級を支持するに與りて力あり

議員に年俸を拂わさるも專門政治家は存在せん

議員に年俸を給したりとて職工を導て代議士たらしむるを得ると難し

米國々會議員の年俸を增さんと

あり、是れ（議員に俸給を與ふること）專門政治家の一階級を支持するに與りて力ある者なり、何となれば其の俸給たる繁榮を極むる法律家若くは商人の歳入に比すれば些小なるに拘らず、專門政治家の重に出で來る階級の人々には一の獲物たるなり、然れども英國の著述者が之を以て專門政治家を製造する源因となすは誤れり、此階級は議員が俸給を拂はれざるも存在したるならん、又た俸給が廢せらるゝとも永く續て存在するならん、之に反し、英國の有給議員辨護者が喋々する利益、即ち數多の職工を導て代議士たらしむるの利益は（米國にては）今日まで然のみ希望せられず、又絕へて其の利益を享受せし事なし、斯の如き人物が候補者として亞米利加に現はれ出づるは稀なり、近頃まで職工の階級は已れを以て特別なる利害を有する一種の團躰なりと考倣したるとあらず、或は又斯の如き團躰として運動したるとあらざりしなり、

一千八百七十三年に於て、國會は多くの官職の給料を增加する一條例を

して失敗せる一例

國會議員の在職期は概して短かし

元老院議員は數回再撰せらるゝこと多し

代議院議員は再撰の望少なし

通過し、其中元老院議員及び代議院議員の年俸をば五千弗より七千五百弗に引き上げたり、諸官職の増額は皆將來に向つて施行せらるべき者なりしが、國會議員の俸給のみは過去に溯りて増額せられたり、斯く國會が殆んど二十万弗を彼等自身に分配する此の鐵面皮なる所爲は大に世の憤激を惹起し、爲めに聯邦判事の俸給にかゝる事の外其條例は全く次回の國會にて廢止せられたり、此事はバックペイ、グラブ(過去に溯て増額する事を謂ふ)として世に知らるゝなり、

三、國會議員が其の職に在る歳月は概して短かし、元老院議員は時としては二期三期若くは四期の間引續きて其州の立法部より撰出せらるゝ事なきに非ず、もつとも彼等の中の最も錚々たる人物も政黨の勢力權衡を一變するが爲め、若くは一反對者の隱謀を逞うするが爲に、其地位を奪はるゝ事なきにあらざれども其數回再撰せらるゝこと多し、然れども代議院議員は其歛上に安らかにして落さるゝの虞なしと感ずることと至て

議員たるの座席は輪番に回り持すへき福祿と見做さる

既に議員たるとは再撰の理由にあらずして却て他人に其輪番を

稀なり、彼れ若し其黨に缺く可らざる程卓絶せる人物なるか、若くは彼れの撰擧區内の重なる政治的牽線者(策士)と親密なる關係を有するならば、彼は東部、中部及び南部諸州に於て三期若くは四期即ち六年若くは八年引續きて國會議員たるを得べし、此上に超ゆる者は殆んど稀なり、西部に於ては議員たるもの非常に幸運なるに非れば此にすらも達する能はず、彼處に於ては議員たるの座席は輪番に回り持にすべき福祿と見做さる是れ一の俸給を有すればなり、是れ一錢の旅費を要せずに人をして華盛頓府に到りて二回の冬二回の春を彼處に過さしめ、幾分か該府なる華麗の世界を目撃せしめ、此に歐洲派遣の公使と與に肩を摩せしむる者なればなり、故に地方の首領株なる人々は皆此の議席に戀着の眼波を注ぎ彼等が之を享受すべき順番に就て多少彼等の間に約束をなすなり、故に英國に於るが如く人の已に議員たりと云ふを以て之が再撰の理由となす事なく、却つて是れ其人を措きて他の人に其順番を回はすの理由とせら

同はすの理由とせらる

官職輪迭主義今猶無學者を眩惑す

國會に於て人物を教育するとは

るゝなり、官職輪迭主義たる百年前ゼファルソン派のデモクラット黨が尊信せる所にして、今猶ほ無學なる者を眩惑して其利益を喋々せしむ、是れ彼等は之を以て平等を認むる者となし更に特別なる知識若くは熟練の價直を知らざればなり、彼等は古代のアテンスの民主黨が抽籤を以て知事たるべき人々を撰むを好みたると同樣の理由を以て此官職輪迭法を好めり、即ち謂へらく、是れ平等を認め、且つ之を實地に適用したるものなりと、故に功名心の熾なる國會議員は日夜己れの再撰に心を勞し、其力にして能すべくんば、其地方の事業の爲めに聯邦の公金を獲、且つ指名會議を支配する其地方の策士の親屬及び朋友の爲に官職を求めて以て再撰の望を固うせんとするのみならず、亦休暇の間は黽勉拮据其撰擧區を廻りて之が歡心を得るに汲々たり、高尚ある功名心を萎靡せしめ、一種の完全なる政事家の發成を妨ぐるもの未だ此の習慣より甚しきはあらず、想ふに國會の政治界に於ける程經驗の事務上に有用有益なる人事は他に多

行われず

最後に述へたる弊害は國會開期の短かきか爲に益甚しきを致す

くあるべくもあらず、是れ(國會の政治に從事するは)自ら一種の敎育たるなり、此敎育に於ては、伶俐なる西部の米人は若し十分長く華盛頓府に留まる(即ち國會にある)を許されあば必らず迅速なる進歩を遂くるならん、併し現今彼は之を許されず、何となれば上に述べたる如く殆んど毎國會の半は新人物を以て組織せらるればなり、而して又舊議員は其再撰を得んと百方苦慮するが爲に、政治問題を眞面目に考究するの時間をも意思をも有せざるなり、是れ即ち國會議員たる者は全く其の撰擧者に倚賴服從せざる可らずといふ説より來れる者、又政治は學術にあらず、技藝にあらす、又た農業商業の如く經驗を積で學び得べき職業にもあらず、只自然に人性に具はれる者にて、凡そ普通の人情を有する人は何人も同じく之に適するを得るといふ妄想より出でたる者なり、

四、　最後に述たる弊害は國會開期の短かきが爲めに益々甚だしきを致すなり、二年の期は短きが如しと雖も、憲法の創制せられたるときに當て

二年の期は初め長きに過ぐるとして反對せられたり

當初の州憲法は大抵皆一年を以て立法部の會期と定めたり

「年々の選擧終る處には壓制始まる」

フェデラリスト新聞二年の期を辯護す

國會開會と大統領選擧との關係

は長きに過ぐるとして熱心に反對せられたり、諸州が英王の支配權を脱したる時に創定したる州憲法は、大抵皆一年を以て立法部の會期と定めたり、只極端なる民主主義を持せるコンチチコット及ロードアイランドの二州にて之を六ケ月に定め、サウスカロライナにて之を二年に定めたるのみ、此主義たる共和政治に取りて甚だ緊要なる者と考へられ、「年々の選擧終る處には壓制始まる」の格言は遂に諺となりて俗間に行はるゝに至れり、是に於てフェデラリスト新聞の記者は已むを得ずして論じて、云く二年の任期は長しと雖も、是れ議員をして合衆各部の法律に通じ、事情に明かならしむるに必要なるが上に、國會の狹小なる權力は一方に於ては行政部の爲めに注視せられ、他方に於ては州立法部の爲に注視せられ居るが故に、二年の歲月は以て自由を害するに至らざるべしと、今や二年の期限は以て大統領に適當の撿制を加ふるものなりとして是認せらる、一千八百八十四年の秋大統領の選擧と時を同うして選まれたる國會は一千

代議士たる者輿論に服從し輿論の向ふ所を察して運動すると米國に於けるほど甚しきはなし

八百八十五年の十二月に開會す、而して其次の國會は一千八百八十六年に選擧せられ、一千八百八十七年に開會して大統領の四年期の終りと相合するなり、斯の如くして人民は若し望むならば大統領が是まで爲し來れる政策に不賛成なることを發表するを得るなり、或は又曰く斯く屢〻選擧をなすは、人をして時の政治に注意を怠らざらしむる爲めに必要なりと、或は又一層説を進めて曰く、賄賂を行るの誘惑は長き任期に居る議員の善徳に打勝つべしと、亞米利加人の意見盡く一に出る場合に於て、一外人がこれに不同意を唱ふるは僭越なるに似たり、然れども最初米人が懼れたりし危險は虚妄にして疑心暗鬼の類なりし事は之を言ふも不可なかるべし、世上何れの國に於ても其の代議士たる者が輿論に服從し、輿論の向ふ所を察して運動することと米國に於けるほど甚だしきは無し、今はオレゴン若くはテキサスより出でたる議員の公務上の動作、投票及び演説はヴ井ルジニアの議員が一千七百八十九年に注目せられ得たるよりは、

米國兩院の議員の數は米國の人口に對し歐洲諸國の所行に比して小なるが如く見ゆ

一層密に其の撰擧人より注目せられ得るなり、而して撰擧を屢するは則ち經驗なき議員を容るゝ所以なれば、之が爲めに國會の効力を減するなり、

五、　亞米利加兩院の議員の數は一方に於て之を米國の人口に比例し他方に於て之を歐洲諸國の所行と比較すれば、歐洲人の目には如何にも小なるが如く見ゆ、英吉利の上院は殆んど五百六十名、佛蘭西の元老院は三百名を有するに、米國元老院は僅に七十六名を有するのみ、また米國代議院は英吉利下院の六百七十名、佛蘭西代議院の五百八十四名、伊太利代議院の五百八名に對して只三百二十五名を有す、

但し亞米利加人は彼等の兩院は何れも已に大きに過ぐるに至りたるには非るかと疑ふ、彼等は最初に於ては元老院に二十六名、代議院に六十五名を有したるのみ、此數たる當時少きに過くるとして非難せられたるに拘らず、善く運轉して事務停滯せず、議員の堂に滿る今日よりは無益の談

米國代議士の住民に對する比例は今や十五萬四千人に一人の割なり

代議院議員の數四百を踰ゆ可らす

議員の數は各國の特別なる境遇に應して增減すへきものなり

米國々會議員は大概に歐洲の立

論、無用なる虛觀遙かに少なかりしなり、代議士の住民に對する比例は初め三萬人に對して一人なりしが、人口增加するに從ひて益〻低落して、今や十五万四千人に一人となるに至れり、今や賢き人々の意見たる、代議院議員の數四百名に上るに及んでは其の增加を停止せんとするに在り、何となれば彼等は代議院が已に秩序の紊亂に惱むを知り、且つ餘りに大なる數に至らば到底整理する能はざらんと恐るればなり、議員の數たる各國の特別なる境遇に應じて增減すべきものにして、代議的集會の大さに就て一般普通の法則を設くるを得ず、又た之に關する一國民の經驗は他國に取りて何の價直もあらざるなり、試みに一般普通の原理を以て之を論ずれば政治學者は肯て謂はん、亞米利加の議院の此上更に其の數を大に增す可らざるか如く、英吉利の下院は其數を增すよりも寧ろ減ぜざる可らずと、

六、　亞米利加の國會議員は大概の歐洲の立法部の議員よりも一層勉强

法部議員よりも一層勉强して出席するなり

米國々會に於ては各定數を得ると他に比して困難ならす

英國に於ては定數を得るを困難なり

米國に出席議員の多き源因は憲法中に記載する定數の高きに由らん

又その源因は多くの議員の住家華盛頓府を距るを遠くして家に還るを能はさると國會開會中己

して出席するなり、議員の大多數は單に會期の間華盛頓に堅く留まるのみならず、常に國會議事堂中に在り、議事の續く間は各自の屬する院內に席を守りをると屢なり、故に米國々會に於ては兩院各其の半數を以て定數となすに拘らず、定數を得ると他に比して困難ならず、然るに英國に於ては上院の定數只三名なるが之に出席する貴族は通例三十名に滿たず、又下院に於ては多くの議員の提案日に於ても、又政府の提案日に於ても、午後八時より十時まで其僅か四十八の定數を得るに困難を感ず、米國にて出席議員の多きを致したるは必らず憲法中に記載する定數の高きに由るならん、其他の源因は多くの議員の住家の華盛頓府を距る事甚だ遠くして、暫時の滯留のために旅行して家に還る事能はざると、國會の會期中に己れの職業を營む議員の甚だ少なきとに歸すべきなり、法律家たり、商賈たり、製造家たる議員は彼等の業務を仲間或は社員に托して國會に來る、但し議員の多くは只是れ專門政治家たるのみ、華盛頓は貿易も無く

に職業を營む議員甚少なきに由る

國會議員の多くは只是專門政治家のみ

一國の益々民主的なるに從ふて議員の出席益〻多くなり撰擧人の願望に對する議員の注意は益々周密になるなり

米國々會議員と英國國會議員との比較

製造もなき都市なれば、政治上若くは半政治上の隱謀の外他に利得ある職業とては有ると無し、如何となれば大審院に要する所は只數名の重なる代言人に過ぎざればなり、抑も一國の益〻民主的なるに從ふて議員の出席は益〻多くなり、撰擧人の願望に對する議員の注意は益〻周密になるなり、英吉利に於ても撰擧權を擴張する每に啻に下院の性格に變化を生じたるのみならず、亦通常出席する議員の數を增し、議員をして彼等を撰擧したる人民の各願意に聽從するの熱心を增さしめたりしなり、米國國會議員は其多くの時間を消費しても己れが撰擧者の爲に官職を求めざるを得ざる苦しき義務を除けば、其職務は時事問題に追隨して一步も後れざらんと務むる英國々會議員の職務ほどは重からざるなり、其會議は英國下院の會議の如く長からず、又た晩きに至らず、起り來る疑問も亦斯く雜駁ならず、讀まるべき靑表紙(議員の投票議案等を盡く記錄したる者)も一層少なく、書信の往來(官職に關する者を除くの外)も一層煩雜ならず、

元老院議員の地位は代議院議員の地位よりも一層負擔重し

頭角を顯はす機會國會中に乏しきは政治界に米人を引き入るゝ力なき理由の一なり

元老院議員の地位は代議院議員の地位よりも一層負擔重しとす、是れ彼れの一選擧區に止まらず、其の全州彼に對して直接の要求權利を有する爲めのみならず、亦一小團体の一人として一層大なる一己の責任を身に引受け、只一の委員會に止まらずして二個若くは二個以上の委員會に列するが爲めなり、

七、政治的生活をして概して亞米利加人を誘ふの力なからしむる所以の理由は、後章に於て別に之を詳論するの價直あり、故に此には只頭角を顯はすの機會國會中に乏しきは是等理由中の一あることを明らかにすべし、代議院の議事細則を學ぶには新議員に取りては少くとも一會期を費やさざる可らず、十分に服裝したる辨論は院中に稀なり、新聞紙上に報道する院中の演說は簡畧にして且之を讀む者少なし、最も重大なる業務は諸委員會に於て爲され、其の爲されたる事は世間に知れず、又其の中には何の出來榮をも生ぜぬ者多し、何となれば委員會にて討議を凝したる議

何れの處に於ても代議院に於けるほど速に少壯政治家の熱心を冷やかならしむることあらず

案にして、代議院の投票にだも出遇はざる者多ければなり、代議院の重要なる委員會に於ける地位(委員會に列する事)は恩惠を以て賜はるべきものなり、而して獨立の氣象ある人は之を代議院議長に請ひ求むるを屑とせざるなり、固より才力、熟練及び勤勉を以て長く國會に働らけば、終には必らず名聲を擧るに至るべきこと他處に於ると異るなし、然れども大抵の人は國會に長く留まること能はず、凡そ議員たる者は强盛なる地方的勢力を有するか、若くは自黨の爲に著明なる功績を立るありて、始めて二期若くは三期と相續いて國會に留まるを得るのみ、故に何れの處に於ても代議院に於けるほど速に少壯政治家の熱心を冷やかならしむることあらざるなり、勞して功なき所爲、只其回轉するを記するの外何事をも爲さざる轡軸を廻すが如き勞力、若くは編輯者が必らず沒書にするに定まれる寄書を草するが如き勞力は、何事よりも最も鋭氣を挫くものなり、是れ功ありて報酬なきよりは一層落膽の度を强うするものなり、何となれば

公益の爲に盡す勞苦は通例代議院に於ては何の報酬もあるなし

元老院は代議院議員か最大功名の地なり

米國にては有爲の若年國會に入らんと望むもの少なし

此事たる(無報酬)少なくとも其被害者の自重心を傷つくるものなればなり、抑も公益のために盡す勞苦は通例代議院に於ては何の報酬もあるなし、否な此事は世上の各代議院に於て凡て然りとす、然れども撰擧區の人若くは朋友の金錢上の利益の爲に盡す所の勞力は報酬あり、是れ人々に感謝の念を起さしむればなり、是れ獎勵と敏捷との名を得ればなり、是れ再撰の約束を得ればなり、否な恐らくは元老院に榮進せしめらるゝの約束を得ればなり、實に元老院は代議院議員が最大功名の地なりとす、權力も、名譽も、且つ富すらも彼の頂巓(元老院)に宿るなり、然れども細く紡がるゝ此生活(代議院議員に例ふ)は美麗なる褒賞(元老院議員に例ふ)の獲らるゝ前に通例絶ち斷らるゝなり、余が初めて亞米利加に赴くや、余は若年の人々の間に求めたる朋友中の最も才力あり最も功名心ある人々に向ひ、彼等は國會に入らんと目指すや否やを問へり、然るに數多の人々の中殆んど一人も之を欲するの色をあらはさず、英國に於ては大學校の業を卒

代議院議員は餘り結構なるものにあらす

代議院議員は宛ら收賄者たる嫌疑の下に在るか如し

富める人は交際社會に入るか爲めにとて立法部に入るを求むるものなし

へたる人々は自然に之に望をかくるあるに、米人の之に冷淡なる凡そ此の如し、是に於てか余は彼等の事情を了解し、且つ謂へらく、國會内の生活の失望と煩苦とは遙に其引力に超過するが故に、國家に盡す大義務心の之を誘ふに非れば、何物も博雅の人才をして進んで之を取らしむるに足らずと、法律、敎育、文學、商業、理財、若くは鉄道事業等は有用、快樂若くは立身の點に於て一層良好なる望を眼前に呈するなり、

代議士は華盛頓府内に於ては元老院議員及び聯邦判事の爲に頭を押されて、華盛頓府外に在ては大なる社會上の特待を受くる事なし、彼れの意見は尊重せらるゝことあらず、彼れは宛から一見收賄者たる嫌疑の下に在るが如くにして、議員は腐敗せる者なりとの讒言に對して、己れの潔白なるを證明すべき重荷を身に負ふと感ずるに似たり、是の故に富める人々は英國に於ける如く彼等が交際社會に入り得るが爲めにとて、立法部に入らんことを求むるが如きこと無し、彼等は國會に入りたればとて、他に

交際上の掛引は米國政治世界に勢力ある者にあらず

大統領候補者を國會の中に求むる事をせず

米國々會は政治的生活の焼點にあらさるなり

復得べからざるが如き門戸(交際社會に入るの)を見出すこと無るべし、又米國には歐洲の立法部の議員が、殊に議員の妻孃が交際社會に振ふ如き勢力を用ゐるの機會あらざるなり、勿論一元老院議員を手に入るれば利なきに非ず、因て先づ彼れの夫人を手に入るゝは善かるべし、然れども交際上の掛引は亞米利加の政治世界に勢力ある者にあらざるなり、

英國に於ては其の首相を國會の中に求むるを常とすれども、米國に於ては其大統領候補者を國會中に求むる事をせず、身を立て名を揚べき機會は米國國會の中には極て少なし、國會議員は己れを人民の耳目に顯はす能はざるなり、之を要するに、米國々會は佛蘭西、伊太利、英吉利の立法部の如く政治的生活の焼點にはあらざるなり、此事は從來常に斯の如くありしが今日も依然として尙然り、國會は以前にありしよりも、諸州に對しては一層勢力あるに到りたるに拘らず、何れの方角にも其の手を擴げて行政部の領地を蠶食したるに拘らず、未だ人民の注意を一層多く引くに到

元老院にも代議院にも首領と認められたる人々あらず

らず、人民の敬愛を一層深く強むるに到らざりしなり、

八、元老院に於ても、代議院に於ても、首領と認められたる人々はあらざるなり、米國々會には現内閣員の出席する無し、前内閣員の出席して反對黨を率ふる無し、又た英國々會中の愛蘭國民黨の議員がパーネル氏に從ひ、佛國代議院の極左黨がクレマンソー氏に從ふが如く、各派の人々が戴く所の領袖たる人々もあらざるなり、語を換て之を言へば、緊要なる分裂投票(採決)の近づかんとするを議員に告知すべき、若くは又其採決に臨みて如何に投票すべきかを議員に注意すべき一定の手段存せざるなり、英國々會の議事法を熟知する人には是れ如何にも解す可らざるが如く見えん、彼は乃ち問ふ、果して然らんには如何にして議事少しにても運ぶや、如何にして黨派は首領もなく、鞭策者もなくして、其一黨派たるを感せしめ得るか、

余は鞭策者の事を説けり、請ふ余をして此立憲政府の機關の肝要なる(然

英國下院の鞭策者

鞭策者の職務五個あり

れども英國に於てすら然のみ重視せられざる)部分につきて一言を述べしめよ、英國下院に在る各黨派は其の首領の外に、首領が己れの副將として撰びたる一の下院議員を有す、此議員を名けて鞭策者と云ふ(原語ホウヰパルイン若くは約してホウヰプと云ふ者は、元は狐獵に於て後るゝ犬を鞭ち進むる人を謂ふなり)、鞭策者の職務たる(一)緊要なる採決の來るに際して、自黨に屬する各議員に之れを告知する事、而して若し下院內若くは下院の邊に議員の居るを見ば決を採るに至るまで之れを院內に留め置く事、(二)如何に投票すべきかを自黨の議員に指示する事、(三)若し出席して投票する能はざる者ある時は、之れが爲めに對偶《ペアル》を得る事(他の議員と耦して共に投票せしむる事)、(四)黨派の分裂投票ごとに自黨の議員の數を計る事、(五)黨中に存する意見を探りて之を忠實に其首領に申告し、首領をして彼れが呈出せんと欲する議案に對して、己れの黨派全體が如何なる贊助を與ふべきかを計るを得せしむる事、凡そ議員にして己れの意見なき

内閣の爲めに働く鞭策者の職務

內閣の鞭策者常に出席して注意を怠らざるにあらずんは政府の車は一日も運轉するを得す反對黨及第三若くは第四の黨派にも皆一の鞭策者を要す

問題に對して、如何に投票せんかと迷ふときは鞭策者に來りて之を諮る、一議員大なる理由あるにあらず、又た投票を對偶せしむるともなさずして、鞭策者が故らに彼れを招きたる緊要なる議決に與からざるは、自黨に背いて投票したるに次ぐの重過なりとす、又內閣のために働く鞭策者は更に一步を進めて議院全體に注意せざる可らず、即ち若し政府の事務討議せらるゝに當りては出席者をして常に議員の定數に滿たしめざる可らず、且又多數を制する樣にせざる可らざること勿論なり、即ち政府議案の採決に際して、多數を內閣員に與へ得るに十分なる衆多の贊成者を常に身邊に有せざる可らず、內閣の鞭策者常に出席して注意を怠らざるにあらずんば、政府の車は一日も運轉するを得ず、何となれば內閣員は直に彼等の信用を墮とし、彼等の辭職を致すべき不虞の失敗に陷るの危險に遭遇すればなり、之と同じく反對黨及び第三若くは第四の黨派も、皆一の鞭策者を有するを必要とす、何となれば只鞭策者ありて初めて彼等は一

一の新しき黨派組織せらるゝに當りて其の第一着の運動は一の鞭策者を指名し之に由て其黨派の存在を確め且明らかにするに在り

米國々會は鞭策者なくして如何にして事を爲し得るや

此の疑問の答は三重なり

の黨派として運動するを得べく、彼等贊成者を指導すべく、採決に當りて彼等の十分なる力を現はすを得べければなり、故に一の新らしき黨派組織せらるゝに當りては、其の第一着の運動は、一の鞭策者を指名し、之に由て其黨派の存在を確め且明らかにするに在りとす、而して其黨員は此鞭策者に就て諮問し、又鞭策者は其の黨派の取るへき適當なる策略につきて黨員の意見を聽くべし、是等の鞭策者は英國の國會軍の紀律を維持するに極めて緊要なるよりして、英國政治家が米國々會を觀るに際して第一に發するの問は、鞭策者は何處に在りやと云ふ是なり、而して之に次で發する所は、鞭策者なくして如何にして事を爲し得るかと云ふにあるなり。

此の疑問の答は三重なり、(一)鞭策者はウェストミンスター(英國々會)に於ける如く華盛頓(米國々會)に於て必要あらず、(二)鞭策者に代るべき者發明せられたり、(三)國會は鞭策者の缺乏によりて困む、即ち鞭策者に代れる發明

米國々會中の議決は英國下院に於ける如く緊要ならす

物の不十分なるよりして困しむなり、

米國々會中の議決は英國下院に於ける如く緊要ならず、下院に於ては一議決を以て內閣員を辭職せしむるを得べし、米國々會に於ては只或る議案を可決し、若くは否決するに止るのみ、一條約を拒絕し、若くは或る高等官の任命を拒絕する元老院の議決すらも、行政部の任期を破りて辭職せしむるが如き事なし、故に多數に取りても其の全力を常に院內に備ふるの必要あらず、又小數の黨派に取りても投票に勝利を得たればとて、別に大なる獲物あるにもあらず、

但し時としては或る黨派の大利害に關する問題の起ることあり、例へば黨派が依て以て其の政畧上の重なる意見を實行せんと欲し、或は恐らく依て以て人民の歡心を得んと欲する一議案、若くは依て以て反對ある行政部を毀害せんと期する動議の呈出せらるゝ事あるべし、此の如き場合に於ては、自黨員の投票を盡して勝利を爭はざる可らず、故に先づ其黨派の

元老院黨會及代議院黨會

餘りに獨立なる議員はその地位危ふし

一國會中の最緊要なる黨會は開會に先ちて代議院議長たるへき自黨の候補者を撰擇するに在り

集會を開きて熟議す、此の如きを元老院にては元老院黨會と云ひ、代議院に於ては代議院黨會と云ふ、此集會に於て其黨派の呈すべき姿勢を密議し、其取るべき方針に就て投票す、此投票によりて其黨派の各議員の束縛せらるゝは、恰も英國に於て議員が鞭策者を以て通達せらるゝ首領の要求に束縛せらるゝが如し、但し黨派の決議に從はざる者は勿論只社會上の裁制を以て罰するのみにて、國會自身に於ては之を罰するを得ず、然れども餘りに獨立なる議員は之が爲に其地位を危うす、何となれば華盛頓府に在る該黨の幹事は其議員の撰擧區に在る同黨の幹事と通信商議す可く、而して後者は多分次回の撰擧に於て再び彼を指名するを拒むべければなり、一國會中の最緊要なる黨會は開會に先ちて代議院議長たるべき自黨の候補者を撰擇するに在り、議院內の多數を以て撰擇するは無論撰擧するに同じとす、議長の意見及傾向は委員會の組織を決斷し、隨て立法の方針を決定するが故に、彼れを撰擇するは最も緊要なる一事件な

黨會よりその命令を發せさる時には議員は己れの隨意に投票するを得

小問題に於ける分裂投票の結果

り、是を以て其撰擧に先ちて先づ隱謀及び遊説に數週間を費やすを常とす、斯く黨會を開らくの所爲は、英國下院等に在りて仰望せらるゝ首領の職に代用する者にして、且つ一層民主的平等に適應するが如く見ゆる利益を有す、何となれば同黨派の各議員は米國の黨會に於て理論上共に同等の重さを有すればなり、是れ政畧の方針を一定すへき時、若くは黨派全體を特別なる黨派的投票に糾合すべき時に用ゐらるゝなり、然れども是は固より日毎に若くは議案毎に用ゐられ能はさるなり、故に黨會より其の命令を發せざる時に於ては、議員は己れの意に適ふ如く、否な寧ろ己れの撰擧人の意に適ふべしと考ふる如く自由に投票し得るなり、彼れ若し其事件の何たるを知る所なければ、朋友の助言を受るを得へく、或は自黨の或る錚々たる名士が如何に投票したるかを聞きて其如くに投票せん、兎に角彼れの投票は如何なるや定かならず、預め其の去就を期し難し、因て小問題に於ける分裂投票の結果は極て不定なり、國會の動作に一貫し

は極めて不定なり

一定の觀念國會の行爲を一貫し且つ其投票中に發表するとあらさるなり

議員が小問題に就て有する自由は各黨派中に矛盾と分裂の生するを預防するの大切なる結果を生したり

たる政策なきは常置委員の權力あるに由ると雖も、此事亦其の一理由ならずんばあらず、國會中の先達たる人々も割に權力少なきが故に、又首領たる者が普通の問題に於て己れの黨員を糾合すべき手段なきが故に、一定の觀念國會の行爲を一貫し、且つ其の投票中に發表することあらざるなり、其運動たるや極めて不齊なりとす、

斯の如く議員が小問題に就て有する自由は、各黨派中に矛盾と分裂の生ずるを預防するの大切なる結果を生じたり、世には其相觸るゝ事密ならずして却つて其凝聚の堅固なる物質あり、新たに降りたる雪は險崖の上にすらも平滑なる表面を呈す、然れども其の溶解して再び結氷するに及んでは、罅隙分裂直に現はる、寬く締り少き車駕は粗惡なる道路にも堪ふべし、然れども堅牢ある車駕は却つて破壞するを免かれず、是故に重大なる意見の相違も、其政黨の一致を破ることなくして國會の黨派中に存在するを得るなり、如何となれば重要なる分裂投票(可否の採決)に際して(此の

国會の黨會は國會に出て來る黨派問題の數及大に從て或は多く或は少なく開かるゝなり

如き者は一會期中に其數甚だ少し反對黨に向ひて堅固なる鋭鋒を呈するの外、他に何も必要なる者なければなり、國會には重大なる討議少なきが故に、一の意見を持する人々も其辨論を以て自黨中の他の意見を持する人々を激し、之をして起立して己に反對せしむるが如き事殆ど稀なれば、黨派一致の光景は更に容易く維持せらるゝなり、且又議員中緊要なる問題に就て己れの黨派の大體と意見を異にする者あるとも、容易に之に反對もして投票するとをせず、何となれば其理由を説明し辨護するの演説を院中に爲すべき機會甚だ少なければなり、

國會の黨會は國會に出て來る黨派問題の數及び大さに從て或は多く或は少なく開かるゝなり、危急の時に於ては又眞の首領に服從するが如き形跡を生じ來り、以て黨會の足らざる所を補ふとあり、例へば代議院と大統領アンドリュージョンソンと相爭ふに當り、サドス、ステンブン氏が首領と仰がれて代議院の多數を指導したるが如き是なり、元老院は代議院より

米國代議院は重大なる黨派問題に對しては黨派團躰たるを毫も下院に讓らす

も一層其の議員總躰の平等を保持するに熱心なり、孰れの元老院議員にても其の特絕なる才力及び經驗の勢力を別にしては他に何の權力をも有すと謂ふべからず、元老院黨會は其の數四十名以上より成立つこと稀なるが故に其の數二百に上り得る代議院黨會より一層善く運轉する團躰たることは言を俟ざるなり、

歐洲の讀者は米國々會の黨派組織に關して、前に述べたる所に於ける外見上の矛盾撞着によりて或は惑ふならんか、即ち彼れ問ふて曰はん、米國代議院は英國下院より一層强き黨派團躰なるか、若くは一層弱き黨派團躰なるか、黨派心は一般亞米利加人民に於けるよりも、國會に於て一層强よきか、若くは弱きか、

余は其の第一問に答へて曰はん、代議院は重大なる黨派問題に對しては黨派團躰なること毫も下院に讓らず、斯る問題に對して自黨に反對して投票したる議員は英國議員よりも黨派中の名譽を失ひ、議院內の座席を

黨派の運命に關係なき普通の問題に就ては米國代議士は英國議員よりも黨派の束縛を受くると少なし

立法部も亦之を指導する者之を支配する者なくんはあるへからす

失ふと一層確かなり、是れ元老院に於ても代議院に於ても共に等しく然りとす、然れども普通の問題黨派の運命に無關係なる問題に就ては、米國代議士は英國議員よりも黨派の束縛を受くると少なし、何となれば彼は演説を以て己れを導くべき首領をも有たず、又內密の訓令を以て己れを導くべき鞭策者をも有せざればなり、外見上の利益は黨派に關係なき問題に就て獨立なる判斷を用ふべき領分の一層(英國に比して)廣大なるに在り、眞實の損失は立法の微弱となり、不一致となるに在り、此結論は我が立法部(英國下院)中より黨派を一掃せんと望む人々に取りては如何にも苦々しき者なるべし、凡そ議會は畢竟是れ人々の群集なるのみ、群集に智多ければ、其の意見の分るゝこと愈其の數を增し、一致を得るの困難愈大なるを致す、立法部も亦他の群集の如く之を指導する者之を支配する者なくんばある可らず、其の功德は其の議員の獨立なるに存せず、却て其の意見が首領たる人々の上に反應するに在り、小事件に於ては悅んで彼等

國會中の黨派心は弱きか如く見ゆれどもその實然らす

今日亞米利加に於て候補者は主義を代表せす只黨派を代表す

に順服するに在り、而して其獨立して順服せざる如きは只大問題に際して最早確立せる權力(國王政府などの權柄)にも、又は特別なる智識(首領などの熟練知識)にも其盡すべき尊敬を盡すに暇あらざる時に限る者と為すべし、

以上の解説は亦第二の疑問にも答ふる者なり、黨派心は人民一般間に於けるよりも國會中に弱きか如く見ゆ、然れども是れ全く人民が撰擧に際して決斷する所は、常に官職に對する諸候補者の間に撰擧を施こすの問題たるに由て然るなり、是等は確かに黨派の性質を帶る問題なりとす、何となれば今日の亞米利加に於ては候補者は主義を代表せず、只黨派を代表すればなり、人物に關する投票國會に起る時には、常に國會は嚴重なる黨派的投票を與ふ、人民もし黨派の領分に明かに含入せられざる問題に對して投票するに於ては、其の投票は必らず國會に現はるゝと同様なる現象(投票種々に分かれて一に歸せざる事)を呈するならん、米國に於て黨

派の生命を形づくるとも稱すべき彼の合同の運動をなすの習慣は亞米利加制度の何れの部分にも齊しく熾んなり、然れども英國に於ては國會中に内閣及び反對黨の存在するが故に、亞米利加に於て黨派外に放棄せらるゝ多くの問題までも、黨派運動の圜環内に投入せらるゝなり、此事たる米國々會をして黨派心に浸染することを英國々會よりも少なきが如く見えしむ、然れども其の實は然らざるなり、

第二十章
國會と大統領との關係

憲法には官吏が國會に於て演說

代議院及び元老院は其立法體たる間は共に同樣の權力を有し且行政部に對して共に同一の關係を以て立てり、故に余輩は此の二者を合して論ずるを得ん、否な寧ろ讀者は余輩が一立法部として代議院に就て述たる所は元老院に就ても亦同じく然ることを信じ得べきなり、元老院は又た半行政議會にして大統領に助言し且つ彼を撿制するの職を有す、然れども之に關する其の職務は已に余が論じたる所なり(第十一章を見よ)、

憲法は聯邦官吏が代議院若くは元老院の議員に撰まるゝを禁ずれども、

するを禁するの個條一として之れあらす

今日聯邦官吏は一人も國會議場に出席せす

內閣員文書にて報告するの先例

大統領教書を國會に贈りたる先例

官吏が國會に於て演說するを禁ずるの個條は一として之れあらず、實に兩院が其好む所の人に座席及ひ演說の權を與ふるを禁ずるの個條一として有ることと無きなり、併しながら今日聯邦官吏は一人も國會の議場に出席する者あらず、往時に於ては華盛頓國會に臨みて開會演說をなしたり、時として彼は討議の際元老院に止まり、己れの意見を吐露したるとすら之れありし、第一の大藏卿ハミルトンは國民的財政に關する彼が有名なる報告書を調制するに當り、代議院に向ひて彼等は口頭にて之れを述るを聽かんとするか、又は文書にて之を報ずるを受けんとするかを問ひたりしに、彼等は文書にて之を受くることを擇べり、而して此先例は後の內閣員の從ひ由る所となれり、其後一千八百一年大統領ゼファルソンが演說を以てする代りに教書を國會に贈りたるより、是また先例となりて、前者と同じく後々の大統領の尊奉する所となれり、斯の如く今や兩院ともに行政部の一員の來りて演說するをも聞くことあらざるなり、委員會は內

内閣員は惟證人として質問に答ふる爲に委員會に出席す

國會と政府との間には直接の交通なく相互の倚賴及共同の運動は絶へて之れあることなし

内閣中には曾て國會に席を占めたることなきものあり

其實例

大統領は必らずしも其黨派の首領にあらず否其最も卓越なる首領株の一人にてすらもあらざるなり

大統領が國會に

閣員の出席を請求して彼れに質問するを得べし、然れども彼(內閣員)は惟證人として、質問に答ふる爲に出席するのみ、己れの事情を陳述し且つ論議するが爲めにあらず、故に國會と政府との間には直接の交通少なく、他の國會國に存するが如き相互の依賴及び共同の運動は絶てこれあることと無し、且又內閣員の中には曾て國會に席を占めたる事なくして國會の氣風と習慣とには全く暗き者も亦あるべきことを記憶せずんばあるべからず、クリーブランド氏の現內閣員中の三名は未だ曾て兩院の孰れにも席を占めたることあらず、大統領自身も亦彼れの黨派より投票せられて其職には就きたれども、必ずしも其の黨派の首領と云ふにあらず、否其の最も卓越ある首領株中の一人にてすらもあらざるなり、故に彼は自黨に屬する國會議員の評議會をも支配せず、又其の政畧をも指揮せざるなり、彼が敎書を國會に贈りて其の希望を發表するも、其の國會に於ける効力は必らずしも重なる黨派新聞紙の一論説の効力に勝らざるなり、國會に

贈る教書の効力は必らすしも重なる黨派新聞紙の一論説の効力に勝らさるなり

大統領及其内閣は兩院に於て共に公然認識せられたる代辯者を有たす

大統領か國會議員に其の勢力を及ほすへき手段は只恩典を用ゆるの一あるのみ

は彼が立法を要するとして注意を喚起したる一事件を聽納せざる可らざるの義務あらざるなり、實に年々歳々彼が呈出する意見は、已れの黨派が兩院に多數を制する時にも、又其の事件が黨派問題の外に橫はる者なる時にも、通例忽諸にせらるゝなり、

大統領及び其の内閣は兩院に於て共に公然認識せられたる代辯者を有たず、一元老院議員若くは代議士は彼等(内閣)と親密なる交通をなすことあらん、彼等が依て以て運動せんと欲する機械たることあらん、然れども是の如き議員は恐らくは内閣の機關たることを公言せんよりは、寧ろ之を否むことを撰ぶならん、大統領が國會の議員に其の勢力を及ぼすべき手段は恩典を用ゆるの一あるのみ、彼は彼等(議員)及び彼等の朋友に官職を與ふるを得べし、彼は彼等の利害に關係ある議案を認可し或は拒否するを得べし、

彼れの内閣員は彼等の欲する所の人々に利益ある契約を爲すを得べし、

大統領若くは内閣員の國會に於て攻擊せらるゝありても何人も之か行爲を辨護するの義務を有たす

米國大統領は立法部を先導指揮

此權力たる莫大なれども、秘密あり、何となれば、其の用ゐられたること發露するに於ては議員をして公衆より擯斥せられしめ、行政部を惡名醜聲の中に陷らしむること有る可ければなり、公然たる關係を絕つの結果は隱秘なる勢力をして益其の勢を增さしめたり、隱秘なる勢力たる、勿論之を正當の目的に用ゆるを得れども、暗黑中に行はるゝが故に嫌疑を招かざるものは稀なり、大統領若くは一內閣員の國會に於て攻擊せらるゝありても、何人もこれが行爲を辨護するの義務を有たず、其攻擊に遇ふ官吏は辨護書を贈るを得べく、又は一議員をして己れの事情を陳述せしむるを得べし、然れども此の法たる歐洲國會制中に存する利益を缺くものなり、歐洲國會制に依れば、攻擊せらるゝ人は其種々の非難攻擊を辨破し、以て更に新疑問に答ふるを恐れざるを示し、新論點に接するを辭せざるを顯はすなり、斯の如く米國に於て行政部が國會中より全く除き去られたるは、則ち行政部が立法部を先道指揮するの權力及び討論駁議以て其の

するの權力及討論駁議以て其行政上の行爲を辨護するの權力を奪ひ去られたり

國會は大統領又は其內閣員に向ひ或る所置を取んとを要請し若くは彼等か已に爲したる處置を責むるの議決を通過し得れとも是等の議決は彼れの任期を短縮し若くは彼か運動の自由を限制し得さるなり

國會の兩院は何れも委員會に命して內閣員を召喚し且つ質問せ

行政上の行爲を辨護するの權力を奪ひ去られたるなり、

次に國會の權力が行政部の上に出る事を說かん、國會は一院にても、或は兩院合同しても、大統領又は彼れの內閣員に向ひて或る處置を取ん事を要請し、若くは彼等が已に爲したる處置を責むるの議決を通過し得べし、大統領は斯の如き議決に從ふを要せず、否な之を顧る事すらも要せざるなり、是等の議決は彼れの任期を短縮し若くは彼が運動の自由を限制し得ざるなり、若し其の議決にして一內閣員を責むるもの若くは彼れの解職を願望するものならしむるも、大統領には之を度外に置て採用せざるべき理由ありて存す、內閣員の所爲は法律上內閣員の所爲にあらずして、大統領自身の所爲なりとす、故に大統領は彼れの助言者(內閣員)を罷免して自ら責任を免るゝをなさゞるなり、

國會の兩院は何れも委員會に命じて內閣員を召換し且つ質問せしむるを得其の內閣員たる者は法律上出席するを拒み得れども未だ曾て之を

しむるを得

内閣員は遁辭を以て委員會の質問を避くるを得へく又巧に事實を隱秘して彼等に追跡の端緒を得さらしめ得べし

國會は大統領の要求する立法を拒むを得へく又た斯く彼を苦しめ惱まし彼れを强て己れの望みに順はしむるを得べし

拒みし事あらず、委員會は彼を招きたる時にも彼に質問するの外は更に何をも爲す能はず、彼は遁辭を以て彼等の質問を避るを得べく、又巧みに事實を隱秘して彼等に追跡の端緒を得ざらしめ得べし、彼は己れが思ふまゝに事を爲さんと彼等に公言するも罪を獲ることなし、彼は一起一倒只其の主大統領に由るのみ、

國會は大統領の請求する立法を拒むを得べく、又た斯く彼を苦しめ惱まし、彼れを强て以て己れの望みに順はしむるを得べし、但し斯の如き策略に動かさるゝ者は是れ只臆病ある大統領のみ、否らざれば或る目的を達するが爲めに大に立法を熱望する大統領のみ、

國會は大統領若くは内閣員に對して今まで彼れの自由なる意思及び判斷に任せ來れる種類の運動を爲す事を要求し、若くは止むる事を要求するの議案を通過するを得れば、即ち官吏の爲に若干の行爲を巨細に規定し實際彼等(官吏)を束縛し去らんと務むるを得るなり、大統領は多分賢明

大統領が已れを束縛する國會の立法を以て背憲の處置なりと論じて之に服從せざる時彼れ果して正當なるや否やを判斷するは大審院なり

大審院之を判決して大統領の敗訴と爲すあらんに大統領尚之に服從せずんば此上は彼を彈劾するの外なし

彈劾は國會の武

ある行政政署に撞着するとして斯る議案を認可せざる可し、併し彼れ若し之に署名するか、或は國會彼れの不認可に反對して兩院三分の二の多數を以て、是等の議案を通過することあらば、更に是等の立法は國會の憲法上の權限內に存するものなるか、若くは又憲法が大統領に與へたる自由運動の領分を蠶食したる者として無効なるかの疑問生ず可し、大統領(若くは一內閣員)若し是等の立法を背憲の處置なりと論じて之に服從せずんば、彼れ果して正當あるや否やを決斷するの方法は、只裁判手續上に於ける法律問題として之を大審院の判決に一任するの外ある無し、但し是れ常に爲され能はざる所なり、若し此事にして爲され、而して大審院之を判決して大統領の敗訴と爲すあらんに、大統領尚之に服從せずんば此上は彼を彈劾するの外なきなり、

彈劾の事たる已に前に述べたる所ありしが、是れ實に國會の武庫中に在る最も重き大砲なりとす、只其れ餘りに重きが故に普通の用には供する

庫中に在る最も重き大砲なり

彈劾は醫師の所謂英雄藥の如き極端の療法なり

彈劾は國會と行政部との同心協力を保つに功あらず

能はざるなり、是れ恰も其の位置にすゆるには込入たる機械を要し、之に火するには莫大なる彈藥を要し、狙を定むるには大なる的を要する百噸の大砲の如きなり、譬喩を易て之を言へば彈劾は醫師の所謂英雄藥《ヒロイクメヂシン》（臟腑を轉倒するが如き劇劑を謂ふ）の如き極端の療法にして官吏の犯せる政治的罪惡（國事犯賣國叛逆の類）に對しては用ゆるに適すれども、小過を罰するには適せざるなり、一千七百八十九年以後是れ只一たび一大統領に反對して用ひられしのみ、彼時に於ては其の大統領（アンヅリユー、ヂヨンソン）二年間絕へず不穩の言語を以て、國會を輕蔑し且つ之に抵抗し、爲に政府全躰の機關をして兩權力（大統領及國會）の衝突に由て劇しく震撼せしむるに至りたれども、元老院は其の罪案一も明らかならざるが爲めに終に彼を有罪と定めざりしなり、斯の如く彈劾は行政部と國會との同心協力を保つに功あらず、實に彈劾は之を保たんが爲めにせる者にはあらざりしなり、

國會は官吏の解職を强て實行せしむるの力なし

是に由て觀れば國會は官吏の解職を强ひて實行せしむる力なきや知るべし、國會は委員會を設けて彼れ(官吏)の行爲を審査し、斯く彼を驅て辭職せしめんと試み得べし、之が職を解かんとを大統領に請求するを得べし、然れども彼れを保護し、彼れ其の職に固着するときは他に施すべき策なし、彼れは勿論彈劾せらるゝを得、然れども何人も蒸汽槌を以て棗實を毀たざるが如く、亦何人も只其不能力なるが如き、若くは緩慢に失するが如き小過失に對して彈劾を試むる者あらざるなり、斯く余輩は一歐洲人を驚かす所の結果を發見するに到れり、即ち國會は如何程までも官吏を審問するを得べく、彼等を非難攻擊するを得べく、彼等を指揮する爲に規則を制定し得べしと雖も、到底彼等を罷免するを得ざるなり、是れ猶ほ一會社の支配人等が株主の任じたる者なればとて已れ等が最早信用を置かざる理事者を是非なくも使用し續くるが如しと謂んか、

國會は金嚢の權力を有す即ち金

國會には自由國に於て久しく國會主權の城塞と考へられたる權力即ち

錢を徵收し且つ之を國費に適用する主一の權利を有す

公租を徵收し且つ適用するとに就き行政部の權力如何

大藏大臣の職は委員の手に托せられ兩院の相互に關係なき數箇の委員會に分割せらる

金嚢の權力ありて存す、國會は金錢を徵收し且つ之を國費に適用する主一の權利を有す、國會が國民的財政を整理するとは明らかに立法部を行政部より分離するの法を解き明すものなり、已に前章に述べたるが如く、公租を徵收し、適用する所の此の最も緊要なる事件に於て、行政政府は議案を呈出し且つ之を監督するの事なく、各省をして其の要する金額を得せしむる事、金錢をして用なき處に徒費せざらしむる事、成べく困難少なく費用少なき方法を以て歲入を徵收する事、年々精細なる財政上の權衡を定むる事、歲出の主義をして年々一貫永續せしむる事等に至ては更に何の爲す所も無く、却つて其の國會の外に置かれたるが爲めに一方に於ては勢力を奪ひ取られ、他方に於ては責任を奪ひ去られたり、英國の用語を借りて之を言へば大藏大臣の職は委員の手に托せられ、兩院の相互に關係なき數箇の委員會の會長の間に分割せらる、英國の經驗に依て殊に有責任なる一內閣の知識、熟練及び經濟上の廉潔を要すると知らるゝ一

金嚢の權力は如何程までに國會をして大統領を支配せしむるか

國會は金錢の供給を拒みて大統領か望む所の或る計畫を妨くるとを得へし

大統領若し憲法上の職掌の範圍內に止りて國會の勸告する所と

團の事務は、勢力あれども責任なき數箇の委員會及び名義上は責任を有すれども其の實適當の方法組織なきが爲めに、其の責任の怜れにも微弱なる元老代議兩院に委托せらる、

是に於てか左の疑問次で起るべし、曰く金嚢の權力は如何程までに國會をして大統領を支配せしむるか、答へて曰く歐洲諸國に於るよりも之を支配すること遙かに少なし、國會は金錢の供給を拒みて大統領が望む所の或る計畫を妨ぐるとを得べし、大統領もし戰爭に從事せんとするとも、憲法に從へば彼は戰を宣する能はず、如何となれば宣戰の權は國會に屬すればなり、—國會は必要なる軍費に投票する事を拒みて彼を困しましむるを得べし彼若しゼファルソンの豪華なる大膽を再演して一新領地を購買せんとするとも、彼等は購求金の供給を否むを得べし、然れども彼若し其憲法上の職掌の範圍內に止まりて、彼等(國會)が勸告する所と背馳する進路を取ることあるとも、例へば彼等の再三懇請するにも拘らず、外國

背馳する進路を取るも國會は手を空ふして之を傍觀するの外なし

普通の供給を拒みて以て政府の機關を停止するは大統領よりも寧ろ遙に國及國會を害すべし

の牢獄に呻吟枯槁する亞米利加市民の釋放を要求することを拒み、若くは一の州政府が其州の擾亂に際して聯邦政府の干渉を請ふに之を放棄して其の擾亂を鎭定することを拒む事あるとも、彼等は手を空うして之を傍觀するの外なかるべし、普通の供給を拒みて以て政府の機關を停止するは大統領よりも寧ろ遙かに國及び彼等自身(國會)を損害すべし、世俗の語を以て之を言へば、彼等は其の面を惡むが爲めに其鼻を切り去るに同じかるべし、彼等は法律上彼れの年俸を給するを否む能はず、何となれば是れ憲法の彼に與ふる所なればなり、彼等は彈劾に志を得るに非れば外に彼を白館(大統領官宅)より追ひ出す能はず、又は聯邦官吏總躰の服從を要むる彼が尊號(大統領たるの)を彼より奪ひ去る能はざるなり、是の故に國會は普通の立法(其立法の憲法に背く者なるが爲め、又は三分の二の多數を得る能はざるが爲めに)に由て大統領を攻撃する能はざるが爲めに、金權を使用して彼を强迫するに當りては、英國下院か同樣の塲

國會金權を以て大統領を强迫するに當り支出議案に附加案と稱する者を附加する附加案を用ゐたる實例

合に於て爲すが如く、金錢の供給を悉皆拒絶して彼を壓せんとせず、支出議案(經費金供給議案)に附加案《ライダ》と稱する者を附加して以て之を壓せんとせり(附加案即ちライダは英語にて駕者と云ふ意なり、如何となれば本議案と追加案と相衝突する時には附加案必らず本議案に凌駕すればなり)、二十餘年前に代議院は公費の爲めに、金錢を供給する議案中に全く別種の事件を插入するの習慣を開きたり、是等別種の事件たる、普通の方法を以てすれば之を通過する時間國會に之れなかりしなり、一千八百六十七年國會は當時其公然爭鬪を開きゐたる大統領ジヨンソンに對して此の計策を用ゐ、即ち軍兵の督理を最高の將官(グランド將軍)に委托して、實際之れか總督たる權力を大統領より奪ひ去るべき一個の條欵を軍費供給議案に附加したり、大統領は此議案たる假令彼れ之を拒絶するとも、必ず三分の二の多數を以て彼れの拒否に拘はらずして通過せらるべしと知りて、之に屈從したり、是に於てか已に弊害の少からざる此習慣は愈鞏固になれり、一千八百七十九年國會の多數は同樣の鋒を用ひて、彼等が通過せんと欲する米國南部に係る或る法律案に、大統領ヘイズが反對するを壓倒せんと企てたり、即ち彼等は是等の法律案を軍事、立法、司法三個の支出議案に附加したり、兩院中の小數は此添加に反對して劇しく戰ひたれども遂に擊破せられたり、然るに大統領は三個の議案を盡く拒否せり、是を以て國會は已むを得ず是等の附加案を除きて本議案を通過するに至れり、次期の國會に於ても同樣の形を以て爭鬪再發したりしが、大統領金錢議案を拒否したるが故に、國會をして是非なく其の添加したる條款を捨つるに到らしめたり、此勝利たる勿論國會中に多數を占る黨派が三分の二の多數を得る能はざるより起れる者にして、是れ行政部と立法部との間の疑問を落着せしめたる者と考へられたり、是また立法部をして同樣の策略を用ふるの勇氣を永久に挫折せしめたらんも知る可らず、大統領ヘイズは其の拒否文書に於て、金錢議案に他の事件を附加する事

今や附加案を用ゆるは多くの州に於て憲法を以て禁遏せらる

支出議案中に就て其全躰を拒否するをなしに一二の個條を拒否する樣に合衆國憲法を修正するの利

の凡て非なるを痛論したり、是事たる確かに大弊害を起こしたるものなり、今や多くの州に於ては憲法を以て之を禁遏せり、近頃大統領は、州知事が或る近頃の改正憲法によりて許されたるが如く、支出議案中に就て其全躰を拒否する事なしに一二の個條を拒否するを得る樣に合衆國憲法を修正するの極めて望ましき事なる所以を述て國會の注意を促したり、斯る修正は概して有識の希望する所なり、何となれは是れ行政官をして今日是等の議案中に潜入する賄賂の臭味ある許多の條款を削除するを得せしめ、而して之と同時に又其議案中に記載せらるゝ必要の公費の供給を失ふの要なからしむればなり、此の變改は小事の如く見ゆれども、之を採用せば、從來內閣員の國會に出席せざるより生じたる弊害を矯正するに足らん歟、而して又た此事たる地方の事業に徒費する莫大の出費を減して、國民の爲に一年に數百萬弗を省き得べし、然れども憲法を修正する事は甚だ困難なるを以て、黨派問題を包含せざる一修正すらも、賢人智

者の一齊に之を贊成するに至りて後も尚久しく採用せられずに依然として遺ることと無しと云ふ可らず、

米國々民的政府の根本たる特性は其の立法行政司法の三部の分立に在り

第二十一章

立法部及行政部

亞米利加國民的政府の根本たる特性は其の立法、行政、司法の三部の分立に在り、此分立たるやヒラデルヒヤ憲法會議が主として成就せんと求めたる功德にして、亞米利加人が常に彼等の憲法により最も完全に保持せらるゝと信ずる所なり、歐洲に於ても、亞米利加に於けると同じく、人々皆な立法と行政とを別物として談ずるに慣る、然れども其の性質を一考せば、理論上此の二部を解剖して分離するは容易の事に非ざるを見るべく、實際上之を分離し置くは倘更に困難あるを見るべし、余輩は先づ一國民

世の所謂立法部

世の所謂行政部

の內治上に於て此二者の關係する所を吟味せんとす、其外交上の關係は之を後に讓るべし、

人民は通例謂へらく、立法部と稱する者は、例へば人の死するに當りては彼れの子供は等しく彼れの財產を相續分配すべしと云ふが如き、或は有罪と宣告せられたる盜賊は禁錮を以て罰せらるべしと云ふが如き、若くは製造家は其の商標を登錄するを得べしと云ふが如き、一般の法律規則を立る一箇の團躰なりと、彼等は又謂へらく、行政部なる者は是等の法律規則に從ひて、例へば罪人を獄に繫ぎ、商標を登錄し、郵便を傳達し、警官及び兵士を徵募し且つ之に給料を與ふるが如き事務を執行ふ人若くは人々なりと、財政に於ては立法部は租稅を課し、行政部は之を集めて國庫若くは銀行に納め、以て立法部の命を待つなり、立法部は法律を以て金錢を投票し、而して之を一の特別なる目的に充つ、行政部は國庫若くは銀行より金錢を引出して之を其目的に適用す、或は兵士に給し、或は橋梁を作る

開明國に於ては行政部自身も亦是れ法律を以て創造せる者のみ

凡て行政部は其各種の動作に於

が如き即ち是なり、

開明國に於ては、行政部自身も亦是れ法律を以て創造せる者のみ、其の存在も其權力も共に法律より出て來るなり、時としては佛蘭西に於けるが如く明白に且つ正式に然ることあり、即ち佛蘭西共和國の大統領は憲法に依て創造せられたる者なり、時としては英吉利に於けるが如く、正式上は然らざるも、其の實際は然ることあり、英國の王位たる習慣及び信仰の殆んど未だ法律に結晶せざりし茫乎たる往古に淵源す、英國國會は屢々王位の歸すべき人物及び一族を決斷したる事あれども—今日英國の王位は王位繼紹法と稱する條例に由て保有せらる—未だ曾て一法律も人民の服從を要むべき權利を王位に賜予せんとしたる者あらざるなり、然れども實際英王の權力は國會の隨意に存し、或る場合に於ては國會は其の權力を制限し、時としては又其の權力を默認す、故に余輩は英國につきても其他の立憲帝國につきても、又共和國につきても齊しく言んとす、行政

て總て法律に從はさる可らす

行政部の權力の廣狹は法律か制定せらるゝ疎密如何に存す

若し法律の文言汎説たるに止まらは行政部は廣濶なる自由撰擇の領分を有す

部は、其の各種の動作に於て總て法律に從はざる可らず、即ち法律若し動作の特別なる方針を指示するとあらば、行政部は其の方針を取らざる可らず、法律若し特別ある方針を禁遏するとあらば、行政部は之を避けざる可らず。

故に行政部の權力の廣狹は、法律が制定せらるゝ疎密如何に存す、即ち法律が行政部に許す自由運動の區域の廣狹如何に存するなり、若し法律の文言汎説たるに止まらば、行政部は廣濶なる自由撰擇の領分を有す、例へば若し法律にして單に各輸入製造品に一割の從價税を課すべしと命ずるに止まらば、何人を以て何處に於て之を徴收せしむるか、又は如何なる主義を以て之を計算するかは一に行政部の擇ぶ所に任す、若し法律にして單に一郵便局を設くるに止まれば、行政部は書翰及び小包の遞送料を定め、且つ之を取受り及び配達するの規則を定むるを得べし、是等の場合に於ては行政部は己れの自由の意思を用ゐ且つ隨意に手段を撰むべき

法律若し甚た細密なる個條を以て官吏を規するとあらは是れ行政官の自由運動の區域を狹むるなり

凡そ自由國に於ては立法部は其の領分を擴張し行政々府を已れ

大なる領分を有す、權力とは他にあらず、只人が自己の意志を以て他人の意志を制馭し得る區域を謂ふのみ、故に法律が首長たる者に與ふるに廣濶なる自由運動の領分を以てすれば、彼は勢力あり、何となれば法律は國家の全權力を以て彼れの意志に衣すればなり、之に反して法律もし官吏に向て是を爲すべし、彼を爲す可らずと命令して、甚だ細密なる個條に亘ることあらば、是れ行政官の自由運動の區域を狹むるなり、彼れ一己の意志及び撰擇は已に消滅せられたり、彼は最早國家に於る同等なる一權力とは思はるゝを得ず、彼は只一の從僕となれり、立法的頭腦の命令を行ふ一の手となれり、否余輩は立法部の手中に在る一の器械となれりとさへも言ひ得るなり、

立法部は人民が依て以て重に彼等の權力を主張したる團體なりしが故に、總て自由國に於ては、其立法部は、人民直接の集會たると、代議士の集會たるとを論ぜず、等しく其の領分を擴張し、行政政府を已れに服從せしめ

に服從せしめんと力めたり

人民直接の立法部として行政部を服從したるの實例

んと力めたることを見るなり、彼等は種々の手段方法を以て之を爲したり、古希臘の諸共和國に於ては市民總體の集會は啻に一般に適用すべき規則を制定したるのみならず、又た宣戰講和の事をも掌れり、即ちスパクタリア(島名今日のスハギア)に向て遠征軍を發し、クレオンを其の總督となせり、俘虜の斬殺を命し或は之が赦免を行へり、實に彼等は直接の命令を以て其政府の公務を大抵皆整理處辨したり、而して此等の命令たる悉く法律なりと謂ふべし、即ち是れ其主權者たる意志を宣言したる者なりしなり、是れ實地其の政府と稱すべき者なりき、アテンスの行政首長たる官吏は大將と呼ばれし者にして、實は戰場にて兵を將るの外別に大なる權力を有する事なかりし、羅馬の國體の如きは、同じく複雜煩疊なる者なりしにも拘はらず、希臘よりは遙かに發達して學理に適ふ者なりしが、是れすらも尙一方に於て賢こくも行政首長に大なる自由運動の領分を與へながら(もつとも行政首長は元老院に協議せざる可らず)他方に於ては

人民行政部を撰み外觀上大權を行政部に與ふれとも其の實は人民の意の儘にするの方法

英國に於ける民權の爭は初め法

實際行政上の動作と稱すべき緊要の法律—例へばポンペイをしてミスリダテス征代の大總督たらしめたる法律の如き者—を時宜に應じて通過することを立法部に許したり、羅馬人は一般の立法と特別の立法との間に區別を立てざりし事毫も希臘共和國に異る所あらざりしなり、人民が立法部として直接に統治し、行政首長をば受動的機械たらしむる此の方法は、大國には應用し難し、何となれば市民一同に一議會として集る能はざればなり、又立法部が代議的なりとも其員數夥多しき處には殆んど同樣に之を應用し難し、是に於てか英國及び英國に摸倣したる國民は之に異る方法を取れり、即ち人民(即ち資格を具ふる投票者)は行政部をして外見上廣大なる權力を以て運動せしむ、然れども實際彼等は此の行政部を撰み、常に之が進退をして彼等の意の儘ならしむるが故に、行政官は彼等(立法部)が欲せずと信ずる所を冒して事を爲すを敢てせざるなり、英國に於る民權の爭は初め法律最上權に對する爭として起れり、是れ國

律の最上權に對する爭として起れり

英國國會は內閣員か已れに服從するに慣れたるを信して幾分か彼等の運動を自由にせり

王の諸大臣をして英國の舊慣及國會にて通過したる法律を尊重せしめて、以て王の特權を檢制せんとするの爭たりしなり、而して習慣は常に維持せられ、法律の範圍は絕へず擴りたるが故に、行政部は次第に其領分を狹められ、其自由運動の權力は制限せられ、遂に「法律の治世」と適當に呼るゝ憲法特殊の主義確立せられたり、即ち法律―古の習慣及び國會にて通過せる條々―は常に必ず國王及び其の輔弼の自由運動の權力に勝つべき者と定まり、王の臣僕(諸大臣)の所爲について是非を判つは一私人の行爲に於ると異なる事なかるべしと定まれり、此事一たび成就するや行政部は隨分轡索を施され、內閣は下院の意に隨つて其の職を保つに至れり(下院の隨意に罷免せらるゝを謂ふ)國會は最早嚴密の立法を以て王の諸大臣の自由運動を羈絆せんと求むるに意なし、何となれば內閣員は國會に服從するに慣れたるを以て、之が自由運動の危險なきは既に國會の信ずる所となりたればなり、國會は實に近年他の極端に其帆を轉じ從前國

英國の王位は未だ曾て一旦溶解して再び鑄成されたることあらす

現實の行政部即ち時の內閣は實地上莫大なる利益を保持す

會の立法を以て爲し來りし衆くの事を、今は內閣が條例、方案、閣令等を以て之を處理するに任せて顧みざるなり、

人或は問ん、此事果して斯の如しとすれば、世人が英國の行政部を以て分立せる一大權力なりと爲すは如何にぞやと、此答たる二重なり、第一に英國の王位は未だ曾て一旦溶解して再び鑄成されたることあらず、其の外形其の外觀に於ては常に立憲制度中の獨立にして尊嚴なる部分として永續し來れり、國會は未だ曾て王の特權の或る部分、例へば爵位を與ふること、貴族を創造すること、官吏を任命する事杯の如きに就て直接に撿制を施さんと主張したることあらず、今日に在ては何人も王の特權は何々を包含し、何々を包含せずと明細に說くこと能はず、第二に、現實の行政部即ち時の內閣は法律上然らざるも實地上莫大なる利益を保持す、即ち現內閣は總ての立法に關して發案の權を有し、財政上の立法に就ては發案權を獨占す、是は小さくして善く組織せられたる一團躰にして、大きく

して、組織の密ならざる團體(即ち上下兩院)の間に位するが故に、其の勢を大に是等兩院の上に及ぼすを得るなり、僧官并に文官の恩典は悉く內閣の與ふる所なり、內閣は下院の怒を來す樣に恩典を濫賜せざれども、猶其恩典を與ふるに於ては大に主義の嚴ならざる所なきに非ず、國會の開期中內閣は下院の時間の大分を使用し、時としては(一千八百八十七年に於る如く)之れが時間の全體を使用す、故に其の好む所の法律案を先にして、其の嫌ふ所の動議を延べ若くは避くるを得べし、國會の開かれざる時間は殆んど半年に互るが故に、此多事なる世界に立つ大國の緊急なる事件は內閣をして已れの責任を以て、重大なる決斷を爲すの止むを得ざるに至らしむ、且又內閣中には人民の想像を奪ひ、信用を擔ふ所の數人の名士を網羅するか故に、此事たる內閣員の勇氣を鼓舞して國會に抵抗せしめ、或は國會を責讓せしめ、屢々國會の最初の感情に對してのみならず、其の沈思熟慮して得たる希望に對してすらも勝利を得せしむ、抑も英國の內

英國憲法の圓滑に運轉する秘訣

此秘訣は普魯亞及新獨逸帝國の憲法中に再現せり

普魯亞及獨逸帝國に於てはその內閣は英國に於けるよりも割に

閣の剛强なるは單に內閣が下院に隔心なく依賴するが爲めに彼の團躰(內閣員は大抵之に屬する者なるを忘るゝ勿れ)の反對を惹起せざるに因るのみならず、亦非常なる塲合に臨みて行用すべき他の權力を有すればなり、即ち內閣は國會を解散して其の意見と下院多數の意見との是非を判斷せんことを人民に請ふを得べし、斯の如く人民に訴ふる事は時として好結果を見ることあり、兎に角此の權力は何れの時に於ても內閣の利器たるなり、

內閣、下院及び惣撰擧に際して力を見はす國民、此三者の間に維持せらるゝ隱微なる權衡(平稱)は英國憲法の圓滑に運轉する秘訣なりとす、此秘訣たる二個の著明なる憲法中に再現せり、此二憲法は亞米利加若くは英國の公法學者が今日までに講究したるよりは一層精密に講究すべき價值あるものとす、即ち是れ普魯亞及び新獨逸帝國の憲法を謂ふなり、普魯亞及び獨逸帝國に於ては其の內閣は英國に於けるよりも割に勢力强大な

勢力强大なり其の理由

普の内閣員は王の名を以て國民に訴ろ時は十中八九は國民を己れの味方となし得ろと疑なし

獨逸立法部が行政部を制する能はさるは何に由りて然るか

り、是れ帝王は啻に一層廣濶なる法律上の權力を保有するのみならず、亦人民の上に一層强大なる德義上の權力を保有すればなり、即ち彼等人民は英人よりも自由制度を運轉するの經驗少なく、且つ己等は兵卒にして帝王は軍兵の總大將なることを暫くも忘れざるが故に然るなり、普魯亞の内閣員は王の名を以て國民に訴る時は、十中八九は國民を己れの味方となし得ると疑なし、故に彼は假令解散せずして國會を蹂躪するとも國民は猶大に激昂することなかるべしと堅く信じて、時としては立法部に順ふことを拒む、是れ此の法を解き明かす例外の一なりとす、斯く獨逸立法部が行政部を制する能はざるは、憲法によりて然るに非す、行政部が王權の强盛を頼みて時々憲法に順ふことを拒むが爲めに然る者なりとす、以上觀察し來れる所は内治の政略なり、外交事務は之と其趣を別にし、適用に於ては汎漠に、文言に於ては詳密ある法律を以て預め規定し能はざるなり、其内治の政略と異る所は重に此に存す、統治權を有する議會は外

古昔の共和國に於て議會は外務省たりしなり

其の實例

今や外交事務は之を處理するに堪能錬達なる一群の人を以てせさる可らさるに到れり

交事務を己れの手に握るを待べし、古昔の共和國に於て議會は斯の如く爲して、自ら其共和國の外務省たるの觀を呈せり、アテンスの議會は外國公使を受け、戰を宣し、條約を結びたり、是れ己れの如き他の共和國と交渉するに際しては十分に能く其の目的を達したれども、マセドニアのヒリップ王の如き機敏ある外交家と相爭ふに當ては失敗を取れり、羅馬元老院は屢々莫大の經驗と伎倆を兼備せる人に於るか如き熟練を以て羅馬の外交政略を行なひたり、然れども時としては王政國の君主が顯はすべくもあらぬ猶豫狐疑を顯はして外交政略上に一着を輸せる事なきに非す、但し現時諸國の外交上の關係は甚だ夥しく且つ繁疊なるに加へて貿易上の疑問之に纏れ入るが故に、今は之を處理するに堪能錬達なる一群の人を以てせざる可らざるに到れり、大なる人民議會は通常の事務すらも整理するに必要なる時間と知識とを有する能はず、況んや其迅速と秘密とに成功を托する複雑なる外交事務を取るに於てをや、其不適當なる

佛英の如き民主國に於てすらも外交事務は内務よりも遙か大に之を時の内閣の自由權に放任するに到れり

は言を俟ざるなり、故に佛蘭西、英吉利の如き民主國に於てすらも外交事務は內國事務よりは遙か大いに之を時の內閣の自由權に放任せざる可らざるに至れり、佛蘭西は宣戰の權、條約締結の權を代議院の領分內に收留す、英吉利に於ては古傳故例に固着することの深くして、此二權―宣戰の權及び條約締結の權―を全く國王に委任す、但し前者は言ふに及ばず、後者といへども大抵は國會の贊成承諾を以てせざる可らざるを例とす、固より行政部は內國の政務に於るが如く同く立法部に對して明かに責任を有し、同じく立法部の指揮に服從せざる可らず、佛蘭西及び英吉利の如き諸國に在る立法部が、萬國交涉事件に於て行政上の職掌を自ら行ふ能はざる事、又は法律を以て行政部の指導たるべき規則を制定する能はざる事は、行政部に與ふるに廣濶なる自由運動の領分を以てせざるを得ざらしめ、隨て又之れに與ふるに頗る大なる權勢威力を以てせざるを得ざらしむ、此威權を撿制するの手段は只立法部に小外交委員を設け、立法

人民の意思熾に行はるゝ處にては立法部はその勢力をして全能的ならしむるを得べし

之を爲し得る第一の方法

第二の方法

部の開會せざる際にも、之をして會議を開くを得せしむるに在るべし、此極端なる手段は佛蘭西及び英吉利も未だ取らざる所なり、何となれば内閣は常に立法部内の多數に倚賴するが故に、外務省の政策は立法部内の多數の思想と感情とに背馳するの虞なきが如く見ゆればなり、

是等の觀察を合衆國に適用する前に、余輩をして先づ余輩が此に達したる歸結の梗概を言はしめよ、

余輩は發見し得たり、凡そ人民の意思熾に行はるゝ處にては立法部は即ち人民自身なるか若くは人民を代表する者なるが故に、人民自身の力を以て之を撿制するにあらずんば、其の勢力をして全能的ならしむるを得るなり、此事たる二個の方法を以て爲し得べし、第一、古代の共和國の如く凡そ事件の起るに隨ひて一々之が爲めに命令を發し、絶へず其の諸官吏を指揮し、斯く彼等をして何の自由運動の權能も有せざる從僕たらしむるを得べし、第二、想像し得るだけの多くの場合を掲げて預め之が爲めに

凡て立法部は皆その權力を皇張して行政部の領分を蠶食するに至るなり

行政部が立法部より併吞せられ

精密なる法律を制定しおき、斯の如く同じく諸官吏の運動を束縛して彼等に何の意思も行ふに由なく、何の權勢も振ふに途なからしむるを得べし、

余輩は又觀察し得たり、凡そ立法部は皆其の權力を皇張して行政部の領分を蠶食するに至るなり、又立法部は之を爲すに大なる便益を有す、何となれば次々の立法部は以前の立法部が行政部の上に施したる足械を毀つを許すこと殆ど稀なればなり、

斯く爲しもて行けば其正當(自然)の結果たるや、國家の一權力たる行政部を消滅せしめ若くは之を吞滅するに到るべし、即ち行政部は宛がら銀行の書記が支配人に於ける如く只立法部に服從する奴僕となり了るべし、萬一斯の如きこと起らざるあらば、其原因は概して下に揭ぐる事情中の一若くは二三の中に存すと知るべし、

立法部が行政部に與ふるに立法部に反對して國民に訴ふるの權を以て

さる原因における第一種の事情

する事(英吉利)

第二種の事情

人民が行政部に對する古來の尊信の念篤きが爲め、若くは兵卒的從順の習慣行なはるゝが爲めに行政部をして立法部を蹂躪するの勇氣を起して憚る所なからしむる事(普魯亞)

第三種の事情

外交政略の緊要及び行政部の手中より之を奪ふことの困難は甚だ大にして、行政部は之れが爲めに其一般の尊重を增すべき勢力を獲ることあり(普魯亞、英吉利、及幾分か佛蘭西、)

今余輩をして亞米利加憲法の創制者が行政部立法部の關係を如何に定めたるやを視察せしめよ、彼等は痛く强大なる行政部を懼れ、最後の決斷權をば人民の代表者たる立法部に與んと欲したり、彼等は余が希臘方法と名くる所のもの即ち行政部立法部を混じて一集會となす所のものを採用するを得ざりき、何となれば國會は制限せられたる權力を有する一團體たる可かりしを以てなり、國會を絶えず開き置くは不便ならん、同等

行政部は立法部より任命せらるべしとの說は憲法會議にて排斥せられたり

其理由

憲法會議の人々は大統領を弱むるの道を取れり

の權力を有する二個の議院に分つは、國會をして氣力と快捷とを以て統治するに不適當ならしむるならん、彼等は亦立法部をして己れに服從する行政部を用て統治せしむる英國の制を採用せざりし、一千七百八十七年のヒラデルヒア憲法會議に於ては行政部は國民政府の最上權たるべき立法部に任命せられ、且つ之に對して責任を有する者とせられざる可らずと主張せられたり、然れども此建議は退ぞけられたり、何となれば憲法會議員の多數は「民主的輕躁浮動」を恐れたればなり、即ち立法部が孰れにしても强大に過ぐるに至らんことを恐れ、爲めに立法部を撿制して權衡を保つべき反對の權力を立てんことに熱心せり、憲法會議の人々は大統領を獨立せしめ、彼及び彼れの內閣員を立法部より離れしむるを以て、彼れが立法部を腐敗せしむるを防ぐと與に彼の勢力を强むるものなりと考へたり、但し彼等は亦彼を弱むるの道を取れり、彼は英國行政部が享有する發案權を失ひたり、彼は英國の王が有する如く立法部を解散して

米國行政部は英國行政部よりも一層十分に立法部に併合せられたる者なり

大統領は高等警察官の如き者なり

國民に訴ふるの權力を有たざるなり、斯の如く行政首長(大統領)は立法部の手中に在て之が情けに由て立てり、立法部はオデセイ(ホーマルの詩)の中に於てヘペストス(鍛冶の神)が情夫情婦の兩人(アレス及アフロデテ即ち自分の妻及び之が密夫)に鐵網を打かけたるが如く、大統領の周圍に法律の密網を張り、彼が自由運動及び一己の意志を消滅せしめ、彼をして最早政府の一部分たる能はず、主人の監察指揮の下に働らく奴僕に過ぎさらしむるを得へし、是れ米國行政部が英國の行政部よりも一層十分に立法部に併合せられたる者と謂つべし、何となれば英國の首相は孰れにしても一首領と謂はざるを得ざるなり、恐らくは國會の多數が彼に(首相)に必要なるが如く、彼も國會の多數に取つて必要なる者ならん之に反して大統領は高等警察官の如き者となり了らん、四年間は其の職を移さるゝの虞なしと雖とも、國會に對しても、人民に對しても、之を如何ともすること能はざるなり、

憲法會議の人々は立法部の爲めに行政部の蠶食せられんとを恐れ大統領に拒否權を與へて其權力を强めたり

大統領は拒否權を得て判然たる立法部の一部分となれり

米國行政部は行政部として其の權力を强うせるにあらず只立法部の一部分として之を强ふせり

憲法會議の人々は斯の如き所謂行政部が如何に微弱なるやを或は看破せざりしならんと雖ども、彼等は功名心の盛なる立法部の爲めに行政部の蠶食せられんことを恐れ、立法部に對して大統領の權力を强めんと決意したり、即ち大統領に拒否權を與へて其權力を强めたり、此拒否權たる國會三分の二の多數を以てするにあらざれば之が効力を奪ふこと能はざるなり、大統領に此拒否權を與ふるに當りて、彼等は其の初めの所爲に後戻《アトモドリ》せり、是より先きに彼等は既に大統領と內閣員を國會より分離せり、然るに今彼等は其の形こそ異なれ、彼に立法の職掌(拒否權)を與へたるなり、即ち彼は立法部の判然たる一部分となれり、但し其の爲す所は只消極的の目的の爲めのみ、彼は議案を起すとを得ず、只之を拒否するを得るのみなり、斯の如く行政部は行政部としてに非ず、立法部の一部分として其の權力を强ふせり、而して立法部は已に同等なる兩院に分割せられたるが爲めに其の勢力を減じたるに、今又更に兩院三分の二の同意を得ざる

兩院同心一致し大統領に反對する政黨兩院に三分の二の多數を制する時は行政部は殆んど全く勢力なし

進路に於ては、動もすれば由て以て遮ぎらるべき此拒否權に遇ふて愈々勢力を減殺せられたり、

兩院同心一致し、大統領に反對する政黨兩院に三分の二の多數を制するに於ては、行政部は殆んど全く勢力なし、大統領が此の如く無勢力なるは或は宜きに適へる者ならん、何となれば兩院に於ける斯の如き多數は、恐らくは人民の輿論の彼に反對するの非常に熾んなるを示す者なるべければなり、此に最も注意すべきは斯る塲合に於ては「諸權力の權衡」なる者全く消失し去るの事實なりとす、立法部は斯の論端を發したる原理—即ち行政部は自由國に於ては己れの意志を運用すべき餘地を毫も有せざるまでに制限せられ得る一官職たるに過ぎずといふ原理—の爲めに、行政部を呑滅したるなり、

國會の勢力は法律を通過する權理に存し、大統領の勢力は法律を拒否するの權理に存す、然れども余輩が已に觀察せる如く外交事務は立法の範

立法部か外交事務に當るへき二ツの道あり

圍内に推込むこと能はざる者なり、然らば亞米利加立法部は如何にして外交事務に當るべきか、之を爲すの道二つあり。一は英國に於ける如く外交事務を行政部に委任し、英國々會が王及び内閣の上に享有すると同一なる間接の撿制力を國會に與ふるに在り、米國にては此の道を取るを得ず、何となれば大統領は國會の外に獨立し、四年間は其職を動かす可らざればなり、他の道は希臘の人民議會の如く國會自身に外務省たるか、若くは外交事務を執る爲めに其議員中より外交委員を設くるに在り、但し此法は大統領をして其國民を代表する官吏たるの地位に附隨する職掌を失はしむる者として反對最も激烈なりしを以て、遂に雙方相讓りて中道を取る事となれり、即ち外交政畧に於ける發案及び外國との商議は之を大統領に委任し、宣戰の權は之を國會の權內に掌握し、條約締結の權は之を元老院に收留せり、斯の如く一部分の權力は大統領の手中に落還ることを許されたり、此權力たるや外交問題が若し英佛の政治界に於るが如く

憲法上大統領に與へたる職掌一さして立法部の長腕の得て達せさるなし

米國行政部の實力は平常に於ては只一の拒否權なるのみ

米國の政治上に同じく大部分を占むる者なりせば、大いに大統領の地位を高むるに至りしあらん、併し外交問題は他に比して然のみ緊要の事にあらざりし、一千八百十五年後は特に然りしなり、

人或は曰ん、行政部が立法部に反對して己れの威權を維持する爲めに勢力を引き出すべき源因の尙他に存するありし、即ち行政部に是非とも伴ふべき者として憲法上大統領に與へられ、國會の權力外に置れたる種々の職掌是れなりと、然れども細かに吟味し來れば、是等の職掌の中立法部の長腕の得て達せざる者一として有るなし、大統領は軍兵の總督なり、然れども兵卒の數及び編隊は法律を以て定めざる可らず、大統領は官吏を任命す、然れども元老院は彼等を拒絕するの權を有し、國會は被任命者の資格を定むるを得、且大統領及び裁判官を除くの外孰れの官吏の年俸をも減ずるの條例を通過するを得、故に行政部の實力、立法部の蠶食を防ぐべき城寨は平常に於ては只一の拒否權ありとす、語を換へて之を言へば、

米國行政部か行政部として生存するは立法部の職掌を分有するの力に依る

拒否權は隨分賴もしきものなり

大統領は攻擊には然らされとも防禦には强し

行政部が行政部として生存するは、行政部固有の職掌の力に依るにあらずして、其の立法部の職掌を分有するの力に依るなり、是に由て觀れば行政部が其地位を保ち得るは立法部より分離せられたるが爲にあらず、却つて適當に立法部に屬する所の權利を分有するが爲なりとす、

三分の二の多數にて壓倒せらるべき拒否權を賴むが如き權力は或は薄弱なる者と見ゑん、然れども一世紀間の經驗に依て之を見れば、二大政黨の勢殆んど同等なるよりして、兩院屢〻意見を異にするあり、同色の黨派兩院に於て三分の二の多數を制するとは甚だ稀なり、故に行政部は幾分の獨立を保つを得たり、大統領は攻擊には然らざるとも防禦には强よし、國會は憲法上全く大統領に與へられたる褊狹なる範圍内を除くの外は、大統領の希圖を破るを得べく、彼れの內閣員に質問し、之を撿制し、困憊せしむるを得べし、然れども立法部は大統領を驅て己れが彼に行かしめんと望む道を行かしむると能はず、又た國會に不從順なるが爲め、若くは無能

一箇人は一集會と相爭ふに當りて大利を有す

其實例

卓越せる「大統領は國會に對して殆んと必勝の望あり

長年月に亘る爭に於ては議會は一箇人より利益を有す

なるが爲めに彼れの內閣員を罷免すると能はず、一箇人は一集會と相爭ふに當りて大なる便利を有す、彼れの謀議は紛擾すると少なし、彼れの秘密は善く保たる、彼は敵の中間に不和の種を撒くを得べし、彼は一層神速なる攻擊を與へ得べし、ジュリアスシーザルは羅馬の元老院に對して、クロムウェルはロング、パーリメントに對して、共に敵たるに餘りありし、ルイ、ナポレオンすらも一千八百五十一年の佛蘭西國會に對して猶然りしなり、是の故に大統領にして勇氣あり、決斷あり、思慮あり、民望ある人たるに於ては彼の國會に對して殆んど必勝の望あり、何となれば彼は恩典を巧に使用して國會を分裂せしめ得ればなり、不拔の耐忍を以て國會を疲らしめ得ればあり、常に英傑を崇拜せんと欲する衆民の仰望を得て國會を畏嚇し得ればなり、然れども長年月に亘る爭に於ては、議會は官吏特に撰擧せられたる官吏の連續せる者よりも一層の利益を有す、羅馬の元老院は立法部にも非ず代議院にも非れども、コンサル

其實例

議會は不死なり

米國國會は次第に大統領の領分を蠶食して己れの占有物となせ

(羅馬共和國の二人の首長)の權力を蠶食せり、カルテジ國の議會はサッフエテ(カルテジの二人の首長にして年々に撰擧せられし者)の權力を蠶食し、ヴエニス(伊國)の議會はドージエ(伊國共和諸州の首長)の權力を蠶食せり、人々は來りて又往く、然れども議會は常に存して進む、實に議會は不死なり、何となれば議員は新陳代謝して變ずれども、其政畧、其權勢を擴張せんと欲する情、其一たび獲たる所の者に固着して離れさる事等は依然として永く殘存すればなり、微弱なる首長出て剛勇なる首長に繼ぐや、其先首長が熱心に戰ひて獲たる物をも讓與す、然れども議會は其曾て獲たる者をば悉く之を保持して失なはず、議會の壓力は盤石の如くにして、休む所なし、議會は恰も天然自然の進歩に出るが如く常に其の權力を擴張しつゝあり、其の競爭者を覊絆する爲めに新法を工夫しつゝあり、斯の如く米國々會は今日七十年前よりも勝りて人民の敬愛を受くるといふに非ずと雖も、其國利民福を增進すべき一層高大なる能力を發達したりと云ふ

り

憲法創制者の計畫に對する概評

に非すと雖も、憲法上大統領と己れとの間に其の所轄を曖昧にしたる所の領分をば殆んど悉く己れに占有するを得たり、國會にして若し一層其の內部の組織を善美にせしならは、其今日實際に在るよりは、更に明かに確かに政府部內の最上權に化したるならん、

憲法創制者は權力の權衡を堅うせんと力むるに當りて、其孰れの權力にも他を壓倒せざらしめたるだけは其志を遂し得たり、然れども彼等は政府の重なる兩機關の分離より生ずる不便を輕視し去れり、彼等は行政部をして歐洲諸國の內閣員が行政事務を適當に執行するに障礙多くして、且つ困憊を極むる者と感ずる職務―立法部に出席して其の討議を導くの職務―を取るとを免かれしめたり、彼等は激動し易き議會中の勝敗常なき多數者の手中に政府を放棄するとをなさず、行政政畧をして、少なくとも四年間持續せしむるの法を立てたり、然れども彼等は行政部の領分を甚だしく制限し、遂に之をして國を導くと能はざらしめ、否な國內の自

黨だも導くこと能はざらしめたり、彼等は國會議員をして獨立ならしめんと力めたり、然れども議員を獨立せしむるが爲に彼等は歐洲の立法者が如何に政を行ふべきかを學び、如何に行政問題に就て立法すべきかを學ぶの手段を議員より奪ひ去れり、彼等は議員をして學識なくして建築師たらしめ、經驗なくして批評家たらしめ、責任なくして御史たらしめんと定めたり、

舊同盟の下には當時の公會が締結したる條約若くは發布したる命令を實行するの道あらさりしなり

第二十二章

聯邦法院

聯合の鞏固ならざる北亞米利加同盟諸州が一千七百八十八年に相合して一國民となるや、國民的裁判所は國民的政府の必要なる部分たるべしと感ぜられたり、舊同盟の下に在ては當時の公會が締結したる條約若くは發布したる命令を實行するの道あらざりしなり、何となれば諸州の裁判所は彼の微弱なる團躰(公會をいふ)に對して何の義務をも負ふ所なく、又殆んど之を助くるの意もあらざりしを以てなり、然るに今や已に聯邦立法部創立せられ、其法律は直接に箇々の市民を束縛すべくあるを以て、

法律の施行を州裁判所に一任する時は如何

是等の法律を解釋し且適用し、市民をして之に服從せしむべき聯邦裁判所の必要なること明かなるに至れり、若し此に出ずんば他の一方便は法律の施行を諸州の裁判所に委任するに在るべし、然れども州裁判所は多少萬國交涉的の性質を帶たる事件、例へば海軍管轄權、條約に由て生ずる權利等の如きを處理するに適せざるなり、州裁判所は州と州との間に生ずる疑問を決斷する方法を有せず、自州の市民と他州の市民との間に十分公平なる裁判をなすとは信ぜられざるなり、自州の政府の配下に屬するが故に其州が贊成せざる聯邦法律をば忽諸にせざるを得ざるに至らんも知るべからず、由や又聯邦法律を承認するとあるとも猶之に適當の効力を與ふる熱心と權力とを缺くあらん、諸州裁判所は相互に同等にして且つ獨立し、其の誤謬を正し、其の意見を一致せしむべき普通の上告裁判所を其上に戴かざるが故に、彼等は恐くは聯邦憲法及び法律を解するに各自別々の意味を以てするならん、而して其判決の種々に相違するが

州裁判所にては法律の施行を盡す能はさるか故に聯邦裁判所を設くるの必要明かになれり

憲法は只聯邦法院制の大綱を示すのみ

米國の制度中聯邦法院よりも勝りて講究するに價値ある者は甚た稀なり

聯邦法院は國家の平和及福祉に與りて大に力あり

聯邦法院は三級に分かる

爲に法律をして曖昧ならしむるに至らん、是等の理由は新政府の機關の一部分として諸州の外に立べき一新裁判所或は一群の新裁判所を設立するの極めて必要なるを示せり、是に於て十三州(今は三十八州)に在る種々の州裁判所の外に、之と相並んで一の新らしく且入組たる聯邦法院の制を與せり、但し州裁判所が州法律に循つて同州の市民を裁判する事は依然として舊の如く存せり、憲法は只聯邦法院制の大綱を示せるのみ、國會は法律を以て其組織を完成せり、而して其細目は是等の法律に基づく者あるが故に國會は之を改正するの權を保つなり、亞米利加の制度中此の複雜なる司法機關よりも勝りて講究するに價直ある者は甚だ稀なり、其運轉の圓滑なるに於ては之に勝りて稱讃すべき價直あるもの少なし、國家の平和及び福祉に與かりて力あることと之に勝さる者多からず、聯邦法院は三級に分かる、

大審院、華盛頓府に開く

大審院判事の數は最初六名にして現時は九名なり

院長及陪席判事の年俸

法官は凡て大統領の指名する所元老院の確定する所なり

法官は終身官なり彈劾の外其職を動かさるゝとなし

米國法官と英國法官との比較

憲法創制者は裁判所を以て國會

巡回裁判所（出張裁判所）

地方裁判所、

大審院は直ちに憲法第三條第一項に從て創立せられたり、但し其の判官の員數につきては別に明文あるにあらず、最初に於ては其數六名にして現時は九名なり、其中一名は院長にして年俸一萬五百弗を受け、他の八名は陪席判事にして各々一萬弗を受く、法官は凡て大統領の指名する所、元老院の確定する所なり、彼等は終身官なり、只彈劾を以てするの外は其の職を動かさるゝ事なし、故に彼等は英國の法官よりも其の任期一層鞏固なり、何となれば英國の法官は上下兩院の上奏に依て王命を以て之を罷免するを得ればなり、加之英國の法律は只大審院の判事の終身官たるを保證するのみにして郡裁判所若くは他の地方裁判所の判事には及ぶこと無し、之に反して亞米利加憲法の條款は聯邦高等判事にのみならず、下等の判事にも同じく適用せらるゝなり、憲法創制者は裁判所を以て國會

若くは大統領の蠶食に敵して人民及諸州を保護する城寨なりとなせり

憲法會議に法官を終身職としたる理由

法官は高く國會の外に獨立し黨派の外に獨立せり

裁判官の任期を變改せんと企てたるものあり

若しくは大統領の蠶食に敵して人民及び諸州を保護する城寨なりと爲して、裁判所の獨立を鞏固にするに熱心せり、一千七百八十七年の憲法會議は滿場一致を以て法官を終身職とする事を確定したり、何となれば彼等は無能なる法官の長く其の職を保つは、法官を立法部の意の儘に任免すべき者となして、之をして盡く立法部の利器とならしむるに比すれば害惡少なしと考へたればなり、其の結果は彼等の望を滿足せしめたり、即ち法官は高く國會の外に獨立し、黨派の外に獨立せり、而して又其職の鞏固なるに誘惑せられて司法上の義務を破るが如きは殆んど有ること無し、彈劾を用ひたると都合四回、大審院の判事に對して之を試みたるは只一度にして、而かも成功せざりし、裁判官の任期をして四年若くは六年に止まらしめざる可らずと議論したるゼファルソンを初めとして、爾來州判事の任期多くの州にて變改せられたるが如く聯邦判事の任期を變改せんと試むる者少なからず、然れども國會は常に此事に關する憲法修正案

大審院の開會

判決を宣告するには六名の判事出席するを要す

官吏にして官服を着るは只大審院の法官のみ

各訴訟事件は法官全躰にて再度之を審議す

巡回裁判所

現今巡回裁判所開設區都合九個

を拒絶したり、

大審院は毎年十月より七月まで華盛頓府に開かる、判決を宣告するには六名の判事出席するを要す、此規則は法院を二庭若くは三四庭に分開するを妨げて、事務の進歩を遲くするの不利あり、然れども各事件の審理を精密にするの利益なきに非ず、大審院はカピトル(國會議院)中に在りて前に元老院の占めたる議場內に開かれ、法官は黒色の長衣を着す、官吏にして官服を着るは只彼等のみ、否な合衆國の境內に在て僧徒ならずして職服を着るは全く彼等に限れり、各訴訟事件は法官全躰にて再度之を審議す、即ち一たびは多數の意見を確知する爲に之を爲し、頓て命じて其判事の一人をして之を宣告書に作らしむ、而して其の宣告書成りたる時再び之を評議に附し、然る後同法院の判決として之を採用するなり、

巡回裁判所《ソルキット》は「下等裁判所」を設置すべしとある憲法の明文に循て國會の創造せる所なり、現今は巡廻裁判所開設區都合九個にして、年々其の區內

巡回裁判所より大審院への上告

地方裁判所

聯邦裁判所の最下等なるものは地方裁判所なり

地方裁判所の數及判事の年俸

一私人か聯邦政府に對する要求

に巡回裁判所を開く、是等裁判區には各々一名の巡回裁判所判事(年俸六千弗)を任命し、且大審院の判事一名宛を之に加ふ、巡回裁判所は單に巡回裁判官のみにても、若くは大審院より出張する巡回判事のみにても、又は此兩人合同しても、又は彼等の一人其巡回裁判所の開設地にある地方裁判官(後に記すべし)と合同しても、孰れにしても之を開くことを得べし、而して訴訟の金額の甚だ少なき或る事件を除くの外は、凡て巡回裁判所より大審院に上告するを許す、

地方《ヂストリクト》裁判所は聯邦裁判所中の第三級に位して最も下等なるものなり、是等裁判所の數は現今五十五にして、其の裁判官は三千五百弗より五千弗までの年俸を受く、憲法には是等の裁判官及び巡回裁判官は大審院の判事の如く大統領と元老院とにて之を任命すべしとは明言せず、然れども斯の如きは則ち憲法の精神なりとして、其の任命は大統領と元老院とにて之を行ふ、一私人が聯邦政府に對するの要求を審理する爲めに、要求法《コールトオヴク》

を審理する爲に要求法院開設せらる

聯邦法院の裁判管轄に屬すへき部類の事件

部類の一

此條欵は原被兩造の一にして聯邦法律を根據とするか如き訴訟をは凡て聯邦法院に提出せしむ

院《レーム》と名くる特別の裁判所華盛頓に開設せらる、其の判事は五名(各年俸四千五百弗あり)之に服せざる者は直に大審院に上告するを得るなり、

聯邦法院の裁判管轄は左の部類の事件に及ぶ、余は只各部類の性質を明らかにするに極めて必要なるべき事だけを記するに止むべし、是等の部類の事件の外は悉く州裁判「所の管轄に屬するものにして、(下に特記する者を除きて)聯邦法院に上告するを得ず、

一、「憲法、合衆國の諸法律及び其(法律)權力を以て締結したる條約に關して起る法律上の訴訟、並に平衡上の訴訟」、

國民的憲法及び法律をして一切の州法律の上に位せしめんには、國民的憲法及び法律を國民的裁判所の保護の下に置かざる可らず、故に此條欵は原被兩造の一にして聯邦法律を根據とするが如き訴訟をば凡て聯邦法院に提出せしむ、即ち是れ聯邦法律に基ひて其權利を主張する原告をして聯邦法院に出訴するを得せしむるなり、是れ聯邦法律に本いて防禦

する被告をして、若し其訴訟にして初めに州裁判所に提出せられたるならば、之を聯邦法院に移すを得せしむるなり、然れども訴訟にして最初州裁判所に提出せられたる塲合に於ては、若し州裁判所の判決にして聯邦法律を輕視したるの跡あるにあらずんば、之を聯邦法院に移すの理由あるなきこと言ふまでも無し、故に裁判條例（一千七百八十九年の制定）を以て立てたる規則に明記して曰く、「凡そ裁判を受くべき其州の最高法庭若くは平衡法庭に於て與へられたる最終の判決若くは命令を合衆國の大審院に移すべき塲合は下の如し、即ち州裁判所に於て合衆國の條約若くは法律又は合衆國の名を以て行用せる權力等の効力を疑ひ、是等に反對せる判決を下したる時、或は又一州の法律若くは其州の行用せる權力が合衆國の憲法、條約若くは法律に背馳する者として其効力何如を疑はれ、而して其州裁判所の判決之れが効力の確乎たるを主張する時、或は又合衆國の憲法、條約、若くは法律、又は合衆國の下に在て有する委任、若くは合衆國の名を以て行用せる權力等に本いて、權利、特權若くは免除を主張するあらんに、州裁判所の判決が斯の如き合衆國の憲法、條約、法律、委任、權力等に本いて主張せらるゝ權利、特權、免除等に反對なる時、―但し此條例に循いて大審院に其裁判を移すには、州裁判所に於て前記の疑問の一、實地に起り、而して其疑問は度外に置かれたりとの事を特記するか、或は明白に文中に示さゞる可らず、此の如き疑問を起すを得たりとか、又は此の如き疑問を適用するを得たりとか云ふのみにては之を移すの理由となすに足らず若し州裁判所の判決にして斯の如く主張せられたる權利、特權、免除等を承認したるに於ては、裁判條例は此の如く大審院に之を移すを許さず、又州法律の効力を疑ふありて、州裁判所の判決之れが効力の有らざるを示したる塲合にも亦同じく之を許さゞるなり、」

此規則は甚だ繁雜なるが如く見ゆ、然れども其の目的及び運轉は簡明なり、州裁判所が聯邦法律を解釋し適用すべき訴訟に於て、州裁判所もし聯邦法律を重んじて之を適用するあらば、是れ聯邦法律の最上權を承認したるなり、然れば聯邦裁判所に其の事件を移すの理由なきは明らかなり、假令聯邦裁判所に之を移すも、其の聯邦法律の權力を證明するは已に州裁判所にて證明したる所に越ゆべくも非ればなり、然れども州裁判所の判決にして聯邦法律」の適用を拒める如きあらば「其の判決に由て敗を取りたる者其の事件について聯邦法院の判決を仰ぐべきは當然の事なり、是故に其人は之を大審院の前に提出するの權利を有するなり、

斯の規則の原理は聯邦的諸權力の行政上の所行」にさへも適用せらる、例へば此に一人ありて聯邦官吏の爲めに捕縛せられんに、州裁判所は人身保護律に依りて彼を救ふの權なく、又聯邦權力を以て彼を拘捕せる事の果して法律に合ふや否やを吟味するの權なし、何となれば判事長タニーが言ひし如く「聯邦政府及び州政府の權力は、與に同一なる領域内に存在し、施行すると雖とも、相互に別々に獨立して各自の範圍内に動作する別

異なる二主權力なればなり、而して合衆國に與へたる司法權の領分と州裁判所の有する司法權の領分とは全く相異なり、さながら眼目に遮ぎるべき分界及石碑を以て分別するが如くなればなり、」

部類の二

二、「公使、領事等に關する訴訟、」

是等の人は萬國交渉の事務に當る者あるが故に、州裁判所をして彼等の事件を審理せしむるは宜からず、如何となれば州裁判所は國民的政府と何の關係もなく、又其の裁判官は學問品格ともに聯邦判事に及ばざるべければなり、

部類の三

三、「海軍及海上管轄に關はる訴訟」、

是等は單に拿捕船問題を包含するのみならず、又海上の諸契約、及び大海並に合衆國の通船すべき湖水川河の航行に關する處分をも包括するなり、

部類の四

四、「合衆國が原告若くは被告たる爭論」

部類の五

此個條は合衆國をして州裁判所に於て他を訴へ、或は自ら訴へらるゝの必要を免かれしむる爲に、是非とも無る可らざる者なる事明かなり、蓋し國民的政府は州裁判所の判決に服すべき者に非ればなり、聯邦政府に對して金錢上の請求を貫かんとせば、之が爲めには要求法院の設ありて存す、

五、「二州若くは二州以上の間に生ずる爭論、甲州と乙州市民との間に起る爭論、一州市民と他州市民との間に起る爭論、他の諸州よりの付與に係る種々の土地を要求するにつきて同州の市民間に起る爭論、一州若くは其の市民と外國若くは其の市民又は臣民との間に生ずる爭論、」

凡て是等の事件に於ては州裁判所は恐らく偏頗なる裁判所たるべし、否な孰れにしても偏頗なりと見ゆるならん、故に原被兩造に齊しく關係なき裁判官をして之を裁判せしむるを得策とす、斯く公平にして且つ堪能なる裁判所(聯邦法院)に於て裁判を受る事を得るが爲めに、各州の市民は

憲法か人民の前に呈出せらるゝに當りて之に對する第一の異議

然なく望むべからざる商賣上の便益を之が爲に享受するなり、何となれば他州に屬する人々に對して己れの信用を之に由て高むればなり、蓋し他州人は己れが法律上の權利は對手の州なる地方的なる、且つ恐らく偏僻なるべき裁判官の保護の下に在らずして、國民政府に指名せられ、地方的勢力に動かされざる法官に保護せらるゝことを知らば、自ら安心して此に至るべし、

此に揭げたる司法權(裁判管轄)の緊要なる一部分は、後に至りて聯邦裁判所の領分より取り去られたり、憲法が人民の前に呈出せらるゝに當りて、之に對する第一の異議は、凡そ合衆國內の諸州は皆主權を有てる共和國なるに、憲法は之を顧みずして其中の一州をして他州の一私人より被告にとらるべき者とならしめたりと云ふに在りき、一の州をして他の州を被告として出訴せしむる事は、恐くは止むを得ざる者ならん、若し此に出るに非んば如何にしてか紛爭を裁決し得ん、然ども若し一州をして一私

ハミルトンが此異論に應へたる解説

大審院の此點に於ける憲法上の解釋はハミルトンの解釋に正反對す

憲法之か爲めに修正せられたり

人の爲に裁判所に召喚せらるゝを得せしめば其州の權力尊嚴は地を掃ふて去らん、ハミルトン(フェデラリス新聞に於て)此の異論に應へて曰く、憲法中の司法に關する個條は然か解釋すべきに非ず、是れ主權を有する團躰は其の承諾なくしては一己人より訴へらるゝを得ずといふ一般の定説に從ふものとして讀まるべき者あり、蓋し斯の定説たるや言外の意味を以て排除すべきにあらず、之を排除するには特別に記載せる明文なくんばある可らずと、然るに一千七百九十三年に大審院は彼の有名なるチスホルム對ジオルヂヤ州事件に於て恰もハミルトンと正反對に憲法を解釋して曰く、一己人なる原告はジオルヂヤ州を被告とするの權ありと、而してジオルヂア州之に抗辨して召喚に應せざりしかば、大審院は(一千七百九十四年に)該州もし指定日に出庭して答辨するに非れば缺席裁判を言渡さんと脅かしたり、是に於て該州の憤激の聲合衆國中に雷轟し、終に他の諸州をして之を來り援けしむるに至れり、是に因て憲法の一修

大審院の裁判管轄は公使に關する事件及一州が原被一方たる事件に於ては根本的にしてその他の事件に於ては上告的なり

正案(第十一回の修正)出でゝ、國會は之を通過し、諸州は必要なるだけの多數(四分の三の多數)を以て之を採納したり、其の修正に曰く、「合衆國の司法權は合衆國の一州に對して、他の州の市民若くは外國の市民又は臣民より呈出したる訴訟にまでも及ぶ者と解釋す可らず」と、此修正を楯にとりて出訴に遇ふの恐なしに負債の償還を廢せし州も少なからず、

大審院の裁判管轄は公使に關する事件、及び一州が原被の一方たる事件に於ては根本的なりとす(最初よりして之を此に審理するを謂ふ)、但し其の他の事件に於ては上告的なり、即ち下等の聯邦法院より及び(前述の事情に際して)州裁判所より此に上告するを得るなり、其裁判管轄は或る事件に關しては獨占的(州法庭をして喙を容れしめざるを謂ふ)にして、又他の事件に關しては州裁判所の裁判管轄と合動(協同)的なり、是等の問題に關して從來許多の困難なる入組たる疑問起れり、但し是等の事件は詳密の説明を與へざれば到底解し得られざる者なるが故に余は之を此に記

諸州裁判所は國會より裁判權を賦與せらるゝを得す

州裁判所は國會か法律を以て州裁判所に負はせんとしたる義務を受るを拒みたりしこと二三回に止まらざりし

聯邦法院か聯邦法律違犯の諸罪科に及ぼす裁判權は全く國會の法律を以て規定する者なり

述せざるべし、併し乍ら之に就て一言の記すべきものあり、諸州裁判所は國會より裁判權を賦與せらるゝを得ず、何となれば國會は之(州裁判所)を支配する權力を有せず、且つ彼等に裁判權を委任することは憲法の許さゞる所なればなり、故に州裁判所の裁判權は其の聯邦判事の裁判權と合動的なる場合に於ては、是れ州裁判所が自己の權理上所有する裁判權にして、憲法の外に獨立するものなり、故を以て國會が法律を以て州裁判所に或る義務を負はせんと計りし場合に際して、州裁判所が其の義務を受るを拒み之を盡すを背ぜざりしこと二三回に止まらざるなり、

聯邦法院が聯邦法律違犯の諸罪科に及ぼす裁判權は、全く國會の法律を以て規定する者なり「合衆國は其性質上よりして普通法《コンモンロー》(即ち不成文習慣法)を有する能はず、合衆國の諸權力は凡て人民が憲法を以て付予せる者にして、盡とく成文法律の中に存在し、決して他處に就て發見し得べき者に非ず」(クーレイ著プリンシプルズに依る)、

聯邦諸法院の裁判手續は國會の規定する所なり

聯邦法院にて適用する法律は聯邦立法部か立てたる法律の第一にして最上に位する者なり、

聯邦法律にして全く聯邦法院の裁判に與からざる事あり

聯邦諸法院の裁判手續は國會の規定する所にして、憲法中に含有せらるゝ數箇の規則、例へば刑事の審問、(憲法第三條)普通法上の訴訟(修正第七條)等に陪審官を用ふるの權利を明かにするが如き規則に從がふを要す、憲法上に「法律上及び衡平法上の詞訟事件」と明記せられあれば、國會は合衆國內の數州に既に實行せられたるが如く、又近頃英國に實行せられたるが如く、法律と衡平法とを鎔解して一となす能はず、此二者は法官の手にて扱かはるゝと雖も尙其裁判手續を全たく別異にせざる可らず、是れ其一般に信ぜらるゝ所なり。

聯邦法院にて適用する法律は、勿論聯邦立法部が立てたる法律の第一にして且最上に位する者にして、其適用せらるゝに當りてや、何れの州の法律も之に敵する能はず、但し甚だ屢々、例へば一州の市民と他州の市民との間に起れる訴訟に於るが如く、聯邦法律は全く其裁判に與からざる事あり、由や與るとも只第二位に置かるゝ事また甚だ多し、蓋し各州ことで

聯邦法院州法律を適用するに及んては州裁判所の判決を以て其州の法律に關して最も尊重すへき者として之に依らさる可らす

聯邦法律の疑問に關しては州裁判所は聯邦法院の判決に依らさる可らす

とく自身の律法を有するが故に、斯る場合に際しては第一に先づ何れの法律を以て其事件を裁くべきかを決定せざる可らず、而して其事の決定せらるゝに及んでは、之を其事件に適用すること恰も英國の法庭が佛蘭西若くは蘇格蘭に於て契約せられたる結婚の有効無効を斷定するに、佛國若くは蘇國の法律を適用するが如し、孰れにもあれ州の法律(州の法律の中には其州の憲法、其法律、其の普通法を含入す、ルイジアナに於ては其普通法なる者は其佛國風なる民法を謂ふ)を適用するに當りては、聯邦法院は州裁判所の判決を以て、其州の法律に關して最も尊重すべき者として之に依らざる可らず、此原理たる十分に適用せらるゝが故に、大審院は州の最高裁判所の意見と自ら一致せんが爲めに、其曾て州法律に對して下したる己れの判決を取消したることさへもありしあり、但し聯邦法律の疑問に關しては、州裁判所は聯邦法院の判決に依らざる可らざることと固より言を俟ず、

聯邦法院は各其裁判權を執行せしむる爲に合衆國監察と名くる執行官吏一名を附屬せしむ

合衆國監察の職務

監察其職を執行するに抵抗するものあらは如何

各裁判區内には合衆國區檢事と名くる聯邦公訴者あり

聯邦諸法院は各々其裁判權を執行せしむる爲に合衆國監察《マーシャル》と名くる執行官吏一名を附屬せしむ、此官吏は州政府にて有するシェリフ(郡長の如き者)と稱する者に當り、其の職たる罪囚を拘捕し、刑罰を實行し、本主をして所有に復せしむる等の諸事をなして、其附屬する法院の令狀、裁判、及び命令を執行するに在り、彼が其職を執行するに當りて之に抵抗するものあれば、彼は善良なる市民を盡く呼て援助を乞ふの權あり、彼等市民もし之を助くるを欲せざるか、或は之を助くる能はざるときは、彼は之を華盛頓の政府に上申して、聯邦の兵士の助を借らざる可らず、また各裁判區內には合衆國區檢事と名くる聯邦公訴者(即ち檢事)ありて、聯邦法律を犯し若くは聯邦の國庫に納税するの義務を怠る人々に對して公訴を呈出す、是等兩種の官吏は與に司法省の長官たる檢事長の配下に屬す、彼等は相聯絡して聯邦權力の一綱を構成して合衆國の全面を掩ひ、州裁判所の官吏に對し、又州政府を代表する檢事に對して共に無關係にして獨立す、若

合衆國には二個の裁判權あり二種の判事あるに如何にして能く此制度を運轉せしむるか

其解答

一切の困難を排解するの鍵

し州にして聯邦の罪囚を入るゝ爲めに監獄を設くるあれば、合衆國監察は己れの罪囚を其州の典獄に委托す、但し此設なき州に於ては、彼れ自ら其罪囚を監禁するの設をなさゞる可らず、

佛蘭西及び英吉利の讀者は或は疑問を發して言はん、合衆國の土地をして毎寸毎尺ことごとく二個の裁判權を以て掩はれしめ、別々の長上に對して責任を有し、其領分は只想像を以て分劃せられ、其運動は動もずれば衝突する二種の判事、二種の官吏を以て掩はれしむるが如き此極めて複雜なる制度如何にして運轉し得るかと、其答に曰く、是實に實際運轉す、而して百年間の經驗によりて今や圓滑に運轉す、此の制度たるや佛蘭西、普魯西、若くは英吉利の單簡なる制度よりも一層多くの費用を要す、但し裁判官の給料彼れよりも少きが故に、其費用は國庫の負擔よりは寧ろ訴訟人の負擔する所となるなり、然れども此制は爭論憤怒を生ぜしむることと甚だ寡し、何となれば一切の困難を排解するの鍵左の主義の中に存すれ

聯邦法律の適用せらるへき處には聯邦法律勝を制せさる可らす聯邦法律の適用せらるへきとを主張する訴訟人は聯邦法院に向て之か判決を乞ふを得

今日發生し來る困難は州權と聯邦權との衝突より生するにあらす兩權力に等しく敵對する他の諸傾向ありて然らしむる者なり

ばなり、即ち聯邦法律の適用せらるべき處には聯邦法律勝を制せざる可らず、又聯邦法律の適用せらるべきことを主張する訴訟人は聯邦法院に向て之が判決を乞ふことを得るの主義是れなり、代言人及び裁判官の敏捷なると纍積せる先例の夥多なるとは、歐洲の法律家が忖度し得るよりも遙かに容易く是等の適用及び裁判權の疑問を解くことを得せしむ、加之人民が法律を守るの習慣と、聯邦法律及び裁判權の州法律及び州裁判權の上に位するを以て、人民全体の公益の爲めなる者となすの情念とは、人をして一般に聯邦法律の判決に服從せしむるを致すなり、法律の執行特に刑法の執行に就ては、米國の或部分に於ては尙多くの望むべき所(改良すべき所)なきに非ず、然れども今日發生し來る困難は州と聯邦とが主張する權利の衝突より生ずるにあらず、兩權力(州及び聯邦)に等しく敵對する他の諸傾向ありて然らしむる者なりとす、

終りに臨て、司法權と他の二大權(行政立法)との分離に就て一言すべし此

立法の職を司法の職掌より區別するは之を行政の職掌より區別するよりも一層容易なり

立法部と司法部との區別

米國は英國の如く官吏をも普通

分離たる憲法創制者が大に重んじたる點なりとす、立法の職を司法の職掌より區別するは、之を行政の職掌より區別するより一層容易なり、立法部は法律を制定す、而して司法部は事實を審問し、事實の明かになるに及んでは如何なる法律が之を支配すべき者なるかを公言し、以て其法律を適用す、然れども是等二部の職掌の相摩觸する場合なきに非ず、即ち一方に於ては司法部、他方に於ては立法部互に其管轄を爭そふ領分あきにあらず、大抵の國に於ては裁判所は立法部より起り來りたり、否寧ろ英國國會の如く常初司法院と立法部とを兼ねたる主權ある團体が、其司法の職掌の大分を他の人々に委任し、自らは只其幾分を尙ほ保ちたる者なりとす、

種々の點に於て亞米利加は大抵英吉利の主義とする所、實行する所に倣ひたり、米國は英國と同じく歐洲大陸諸國に存在するが如き行政裁判所を別に設けず、官吏をも普通の法庭に訴ふるを許せり、米國は英國と同じ

の法庭に訴ふるを許せり

米國は英國の如く立法部若くは行政部の隨意に貶黜し得さる地位を裁判官に與へたり

米國は英國の如く裁判所の判決をは其或る立法を以て廢せらるゝまで法律として承認するなり

司法制度に關し一の點を除くの外米國は却て英國の後に立てり

く立法部若くは行政部の隨意に貶黜し得ざる地位を裁判官(聯邦法官)に與へたり、米國は英國と同しく裁判所の判決をば、其或る立法を以て廢せらるゝまで法律として承認するなり、一の點に於ては米國は英國の上に一歩を進めたり即ち立法部が公權褫奪、刑罰等に關する條例を通過して以て刑法裁判所の權力を行ふとを禁じたり、此法は英國に於ては今日も尙法律上之を許しありと雖ども、實際は廢止の姿にて殆んど用ふる事なし、他の諸點に於ては、米國は却て英國の後に立てり、英吉利は實際其の國會の一院(下院)を用ゐて彈劾を審問する法院となす事を廢したれども、亞米利加は今猶時としては此職掌を國會の一院に負はしむることなきにあらず、此職たる普通の裁判所には善く適せざる者あれども、政治的集會(國會)が一層善く此職を盡す事は到底望むへからざるなり、英國は國會議員撰擧上の爭論を審問することを普通の裁判所に委托したれども、米國は猶是等の事を國會の委員會に委任す、また公許特免の如き、若くは所有

立法部と司法部との間に所割を爭ふへき三個の領地

者の意志に逆らつて之が私產を取るが如き、一州の權利の幾分を一己人の手中に置く所の特別なる地方的なる議案は、其の外形は立法權の行用たりと雖も、其の實は裁判手續を踐て審理判決するを適當とす、散漫なる意見、私情、ロッピイング(勸告の類第十三章を見よ)等を以てするは宜からず、是皆輿論の支配の十分に行なはれざる處に於て、立法上の決斷を左右する者なり、故に英國は斯の如き議案を國會の委員に委託すると雖も、是等の委員會に命じて裁判手續に類する手續を之に適用せしめ、其呈供せられたる證據に依て之を判決せしむ、米國は斯の如き安全の道を取らず、唯是等の議案を他の議案と同樣に待らはしむ、故に余輩は此に立法部と司法部との間に所轄を爭ふべき三個の領地あるを見る、此の三個は最初悉く立法部に屬したり、米國に於ては是皆今も猶之に屬す、然るに英國は其の第一をば放棄し去り、第二をば裁判所に委托し、第三をば立法的よりは寧ろ裁判的方法を以て處置するなり、此の如き相違の諸點は潛心に講究

するの價直あり、何となれば亞米利加は司法部の領地最も廣く擴張せられたる國なりとの感覺歐洲に遍く行はるればなり、

合衆國政府の現象中最も歐洲人の心に好奇心を起こし最も議論を起し最も稱賛を博し誤解せられたる事の屢なるは大審院の職務なり

大審院の職務は新奇なる考案にあらす複雜なる考案にあらす世界中最單箇なる

第二十三章

裁判所及憲法

合衆國政府の現象中、歐洲人の心に好奇の情を起したることの多き、議論を引起したる事の多き、稱賛を博したる事の多き、誤解せられたる事の屢々なるは、未だ大審院に委任せられたる職務及び大審院が憲法の金匱を守護するに於て盡す所の職掌に踰ゆるものあらざるなり、然れども此事につきては何の秘密もあることと無し、是決して新奇なる考案にあらず、複雜なる考案にあらず、若し之を究むるに其道を得れば、是れ却て世界中最も單箇なる事件なり、

ものなり

英國に於て所謂憲法的法律は只是れ普通の法律にして國會は何時にても之を變易するを得べし

英國には憲法さして他の法律さ全く區別せられたる法律の如き者絕て之れあらず只一半は立法部の制定法一半は判決例及習慣より成立する一群の法律あるのみ

此。英國の法律た

英國及び其の他現今の諸國の多くに於ては、一の法律と他の法律との間に其の權力を異にするとあらず、法律は悉く立法部の立る所にして、又悉く立法部にて之を變改し得べし、英國に於て憲法的法律と稱するもの、例へば大憲章《マグナカルタ》、權利條例《ビルオフライツ》、王統繼紹條例《アクツオウセツトルメント》、蘇格蘭及愛蘭合併條例の如き者は只是れ普通の法律にして、國會は何時にても、大道條例を廢し若くは煙草輸入稅を下げ得ると同樣なる手續を以て之を變易するを得べし、世には英國憲法を以て確定して動かす可らざる者の如くに言做す風習起れり、然れども英國に於ては憲法として他の法律と全く區別せられたる法律の如き者絕て之れあらず、只一半は立法部の制定、一半は判決例及び習慣より成立する一群の法律あるのみ、而して政府は日々此法律に循つて運轉せらる、然れども此法律たる亦新制定法新判決の爲めに絕ず變改せられて止まざるなり、之と同樣なる情態古代の羅馬に存在し、一世紀までは歐洲各地に存在したり、是れ自由國を問はず、專制國を論ぜず、何れの國に於

る亦新制定法新判決例の爲に絕へず變改せられて止まざるなり

米國憲法は一千七百八十八年に採用せられたるの後數個所を修正せられたる特別の文書にして國民的政府の基礎たるなり

憲法は國會之を變改するを得ず只人民のみ之を變改廢棄するを得べし

英米の間に存する二大相違

ても事物の自然たる情態にして、且つ昔しは正則なる情態なりしなり、亞米利加の情態は全く之に異なれり、其の憲法なる者は一千七百八十八年に採用せられ、其の後數個所を修正せられたる特別の文書にして、是れ即ち國民的政府の基礎たるなり、此の憲法は當時の公會《コングレス》に於て之を確定したるにあらず、當時聯邦を組成せる十三州に各々會議を開きて人民自ら之を批准確定して有効なる者とならしめたり、此の憲法は兩院を有する一立法部を立てたり、然れども其立法部即ち所謂國會《コングレス》は毫も憲法を變改するの權力を有せず、人民が作りたる者は只人民のみ之を變改廢棄するを得べし、

故に余輩は此に英國と合衆國との間に二大相違の存するを見る、英國は政府を運轉する方法の大綱のみならず、細目をも制定法律及び判決例の一群(憲法的法律)中より採取するに任せ、米國は之を一の包容濶大なる根本的法度(憲法)中より採取したり、英國は其所謂憲法的法律を其立法部の

英國々會は無限の權力を有し米國々會は二重に制限せらる

隨意に變廢するに任せたり、即ち其の立法部は王位、上院、國教、下院及び國會自身をも隨意に廢滅し得べし、米國は憲法を國會の手中に置かず、別にこれが修正の方法を設けたり、然れども其方の用ひらるゝ事の極めて稀なるを見て其方法の困難なる者たるを察すべし、

英國に於ては國會は無限の權力を有し、米國に於ては國會は二重に制限せらる、即ち米國國會は只憲法中に特示せられたる或る目的のために法律を立つるを得るのみ、而して是等の目的の爲めに法律を立つるに際して、國會は決して憲法の條欵を犯す可らず、川流は其の源よりも高く上がる能はず、

併しながら今假に國會がく憲法の條欵を犯し、若くは特示せられたる目的の範圍を踰へたりとせよ、國會は故意に之を爲す事あらん、恐らくは不知不識之を爲すこともあらん、然らは何如ぞや、憲法にして若し尊重せらるべくんば、國會に對して憲法を擁護するの手段なかる可らす、權力を簒奪

代理者の權理

せんと企つることあらば如何にして之を撿制すべきか、若し誤謬を爲したるあらば、誰か之を正すべきか、

此點たる之を法律家の熟知し、俗人(素人)に解し易き一層廣濶なる場合、即ち主人の爲めに代理人が爲す所の動作に之を照らすときは自ら明らかなるを得べし、若し地主が己れの爲めに借地料(地代)を集め、若くは負債を商人に拂ふことを己れの代人に命ずるに當りてや、代人は己れの受けたる命令外の事をなして己れの雇主を束縛するの權なきや明らかなり、例へば土地を買ふの約を結ぶが如き權なきは明らかなり、又製造家が其工場の頭人に命じて製作の時間及び食事に關する規則を作らしむるに當りて、頭人是等の目的の爲めに規則を造るのみならず、又た職人の衣るべき衣服及び職人の出づべき敎會を定むることあらば、此の規則の後者は雇主の意志に成りしに非るを以て、職人は之を怠るも咎めらるべきにあらず、

屬下團躰の動作及規則は主權者の動作及規則たるの勢力を有し主權者の手にて爲されたるものと考へらる

屬下團躰にして已に委任せられたる權力を踰んと企て主權者の特示せる所より他の目的の爲め若くは他の場合に於て規則を作るとあらは是等の規則は法律に

此の理は亦官吏にも適用すべし、何れの國に於ても、代人の位置に立つ團躰—制限せられたる動作及び立法の權力、只或る目的の爲め若くは或る塲合に限りて用ふべき權力を主權者より受けたる團躰が其主權者より委托せられたる權力に依て動作し且立法することあり、此權力にして適宜に行用せらるゝに於ては、其屬下の團躰(主權者の委托を受けて動くもの)の動作及規則は主權者の動作及び規則たるの全勢力を有し、主權者の手にて爲されたるものと考へらるゝなり、而して若し其主權者にして立法團躰たる時は、其屬下の團躰の爲したる所も亦法律たるなり、然れども屬下團躰にして若し已れに委任せられたる權力を踰ゑんと企て、主權者の特示せる所より外なる他の目的の爲め若くは他の塲合に於て規則を作ることあらば、是等の規則は法律にあらず、全く無効なるのみ、是等の法律の有効なるは其法律が主權者より委任せられたる立法權の範圍内にあるに存す、若し其の範圍の外に出るときは是みな無効なり、是の如き法

あらず全く無効なるのみ

自由國に於て一個の市民は不正なる主治者の命令に服せざるの權を與へらる

英國市民は國務大臣若くは警察官の越權の處置に抵抗するを得

行政權は總て嚴く法律に依て限

律は之に從て爲されたる動作にして普通の法律の禁ずる者をば是とする能はざるなり、是等法律は人民の服從すべき者にあらず、若くは孰れにしても尊重せらるべき者にあらず、何となれば是等は法律にあらざればなり、

此理はまた行政官が其便法の權力の範圍を超越して爲したる動作にも同じく適用せらるべし、凡て自由國に於ては、一箇の市民は主治者の命令を以て主治者の合法なる權力を超る者と正しく思量するときは、主治者の命令に服せざるの權を與へらる、何となれば此場合に於て是等の命令は主治者の命令にあらず、只主治者として動作するの態を爲す一私人の命令なればなり、例へば英國に於て國務大臣若くは警察官ありて一の處置をなさんに、其處置のために影響せらるゝ市民之を以て眞に越權なりと考ふる時は、該市民は其地の普通裁判所の保護に便賴して之に抵抗し、已むを得ざる必要あらば腕力を以て抵抗し得べし、是れ行政權は總て嚴

制せらる

く法律に依て限制せらると云ふ英國の主義の結果にして、實に英國の自由の隅石たるなり、此の主義は立法部の最も權勢ある一院(下院をいふ)に對してすらも適用せらる、下院にして若し法律及び國會の習慣が之に與ふる權力を越へたる處置をなすとあらば、一箇人は下院の官吏に抵抗するを得べく、而して彼もし告訴せらるれば裁判所は彼を放免すべき命令を發し、彼れ若し原告たるときは彼に利ある判決を與へ、斯くして彼を保護すべし、

屬下團躰の手にて作れる規則若くは法律が如何に待らはるかを明らかにする實例

屬下團体の手にて作れる規則、若く法律が如何に待らはるゝかを明らかにする實例は、英國鐵道會社若くは市町集合體が國會の條例を以て賦與せられたる權力に依て設くる附則の上に就て之を見るを得べし、是等の附則は其國會の條例を以て賦與せられたる權力の範圍內に在る間は善良なる者にして、即ち法律なり、恰も國會の條例を以て發布せられたると同じ、然れども若し是等にして其の範圍を踰ゆるとあらば、是れ不善なる

者なり、即ち是等は何人をも之を以て束縛する能はず、到底施行せられ能ざるなり、例へば四十シルリング(一シルリングは二十五錢)までの罰金を課する權力を受けたる一鐵道會社にして、若し運轉中の列車に飛入り若くは之を飛出る人に科するに、五十シルリングの罰金若くは一週間の禁錮を以てずべき附則を設けなば、其附則は無効なり、即ち是全く法律にあらざるなり、而して如何なる官吏も此附則を犯したりと訴へらるゝ人を禁錮し、若くは之に五十シルリングの罰金を科する能はさるなり、又市町集合躰が其手に管理する土地を貸すの契約を結ぶの權を法律に由て與へられ、且つ之を貸す爲に凡て賃すべき土地を悉く廣告する個條を有する附則を設くべく命ぜられながら、之を廣告するの個條なき附則を設け、其附則に從て一片の地を貸すの契約を結ぶとあらば、此附則に從て土地を貸したるは無効にして、貸與せられたる人は之が爲めに何の權利をも得ること無し、此事たる凡て法律家に明かなるのみならず、俗人にも亦明

米國々會は英國の市町集會躰若くは鐵道會社に比すべし
最上の立法の主權を有する者は人民なり
英米國會の大相違

らかなり、而して又此の如き附則及び其附則に從て爲したる事の有効無効に關する疑問は、其集合躰の自ら判決すべきものにあらずして、其土地の裁判所にて判決すべきものたるも亦同じく明らかなりとす、

偖合衆國に於ては國會の位置は之が爲に英國の市町集合躰若くは鐵道會社の位置に比較せられ得べし、最上の立法權を有する者は人民一即ち資格を有する投票者にして、一の規定せられたる道に於て事を爲す者なり、人民は其最上法律即憲法に依りて代理的有限的立法權を國會に委任したり、凡そ憲法に准據して此權力を以て通過したる法律は、皆憲法の權柄を擧て其の背後に有す、之に反して凡て此權力を踰て通過したる法律は皆無効にして施行するを得べからず、實際斯の如きは決して法律にあらず、何となれば國會は之を通過するに當りて其の實最早立法躰にあらずして、只私人の集合たるに過ぎざればなり、

但し米國國會と英國の各種の從屬立法權との間には、勿論此莫大なる相

爭論の塲合に於ては如何にして一法律の有効無効を決斷するや

違あり、即ち米國國會は其本領の範圍内に於ては權力無上にして、人民は國會が其の範圍内にて通過し得るが如き法律を變改若くは廢棄すべき一層權力の高大なる永續的團躰を別に有すること無し、然るに英國國會内には常に一の監督權存在して、何種にもあれ、屬下の團躰が其の委任せられたる權力の範圍の内外を問はず、凡て施設したる所の法律を何時にても廢棄し若くは變改するを得るなり、是實に大切なる相違なり、然れども此相違は余が説明せんと欲する特點には何の關係をも及ぼさざるなり、即ち米國國會が其の權力の範圍を踰えて通過したる法律は、英國の市町集合躰が其權力を越て作りたる附則と其無効なること毫も異なることあらざるなり、但し此までは何の秘密も存することと無し、是只代理法の普通なる原理を適用したるのみ、然れども此に一の疑問ありて殘れり、即ち爭論の塲合に於ては如何なる人如何にして一法律の有効無効を決斷するやといふ疑問是なり、

法律の解釋は裁判所に屬す

此の如き決斷は其法律を憲法と相對照して其間に撞着の點ありや否やを考へ、以て之を下さゞる可らず、其法律の目的は憲法中に記載せられ若くは含蓄せらるゝ目的の一なるや、其法律は之れが目的を達する爲めに憲法の何れかの條欵を犯すが如き事ありや、是の疑問たる時としては單純にして、才智ある者は俗人(素人)といへども之に答へ得べし、但し其困難なる問題たる事屢々にして、唯に熟錬せる法律家の慧敏なる才力を要するのみならず、又之れと同じき或は似たる爭點に關する以前の類似を知悉するを要する事あり、何れの塲合に於ても是れ緊要の問題なれば、其解釋は重大の權力を有する者より出ざる可らず、此の疑問たるや解釋上の一疑問なり、即ち高等法律(憲法)と下等法律(立法部の制定法律)との眞實なる意味を會得して其相矛楯するや否やを決斷するを要す、

元來法律の解釋は裁判所に屬す、凡そ法律と云へば即ち裁判所を含蓄するなり、是れ一箇人に對して之(法律)を施行する爲めに然るのみならず、事

立法部法律を制定するに當りては一に裁判所の解釋權に倚賴す

實に之を適用するが爲め、即ち其の眞實なる意味を判定し、特別なる訴訟事件に其の意味を適用するが爲に然るなり、抑も立法部は只概説し得るに止まる者なれば、法律を制定するに當りては、一に此解釋權(裁判所の)に倚賴す、故に一國會の制定せる法律が憲法に抵觸するや否やの疑問は、裁判所に於て判決せられさる可からさるや照々たり、是れ單に法律の解釋を要する疑問なるが爲のみならず、亦他に之を決斷すへき者あらざればなり、國會は之を判決するを得ず、何となれば國會は其疑問に關係ある一方なればなり、若し國會の如き團体をして己れの通過したる法律の憲法に適ふや否やを判決せしむるならば、勿論己れに利ある樣之を判決すへし、且つ此の如く國會に之を判決するを許すは即ち國會をして隨意に憲法を左右せしむる者なり、又大統領も之を判決するを得ず、何となれば彼は法律家にあらず、且彼もまた自ら之に關係しをる事なしと言ふ可らざれはなり、是に於てか之れを判決するに適する者は、只裁判所の存するあ

事實をして複雜ならしむる一現象

憲法及憲法に從て國會か制定したる法律は州憲法及ひ法律總躰の上に位す

るのみ、而して其の裁判所たる、國民的裁判所即ち聯邦法院たらさる可らず、何となれば他の裁判所は斯る事件に於て倚賴し得らるべき者にあらざればなり、此點までは此事に關して何の秘密もある事なし、併し今や余輩は事實をして複雜ならしむる一現象に達せり、但し此現象とても新しき主義を引致するに非ず、夫れ合衆國は諸共和國の一聯合躰にして、其の諸共和國は各々自己の憲法及法律を有す、聯邦憲法は國民的立法部として若干の權力を國會に與へたるのみならず、又諸州にも若干の權力を與へたり、此權に依て各州人民は其根本法律(州憲法)を立て、其各々の立法部をして州法律を通過するを得せしめたるなり、但し國民(合衆國としての)は諸州の上に立つものなるが故に、何處に於ても最上の法律たる憲法、及び憲法に從て國會が制定したる法律は、州憲法及び州法律總躰の上に位す、若し是等兩方の間に爭端起る時は後者は前者に讓らざる可からず、故に憲法と國會の制定法律との間に撞着を生じたる時に於ても亦同一の現象を呈するなり、州の憲法若くは法律にして聯邦憲法若くは聯邦(國會の)法律に牴觸することを明らかなる場合に於ては、州憲法若くは法律は無効とせられざる可らず、而して其の之を無効とするの宣告は勿論裁判所より出でざる可らず、然れども單に聯邦裁判所より出るに限るにあらず、何となれば若し一州裁判所にして聯邦法律の利ある樣に己れの法律若くは憲法に反對して判決を下すに於ては、其の判決は最終の判決なればなり、

併しながら此事に於ては全たく法庭と立法躰との間に衝突あるに非ることを知るべし、其衝突は種類を異にする法律と法律との間に存す、裁判官の職務は、其の英吉利若くは佛蘭西に於けるが如く、全く己れの前に呈出せられたる法律を解釋するに止まれり、只其の異なる所は、亞米利加には其の權力の度の相異なる四種の法律あれども、英國の法律(附則及樞密院の命令等を除く)は皆國會より出るが故に悉く同等なると是れのみ、

亞米利加の四種の法律

米國裁判所か爲す所は只權力の異なる二法律の間に衝突撞着の存することを指點するに在り

歷史上の實例

亞米利加の是等四種の法律は左の如し、

一、聯邦憲法
二、聯邦法律
三、州憲法
四、州法律

是故に亞米利加裁判所は立法部と相爭ふことをなさす、只各種の法律をして其適當の權力を保たしむるのみ、裁判所はまた此の如き紛爭の上に臨みて之を判決することをも爲さゞるなり、各種の法律の權力の差等は、已に明らかに劃定せられ居ればなり、裁判所が爲す所は只權力の異なる二法律の間に衝突撞着の存することを指點するに在り、此事已に指點せらるれば、其の疑問は全く終を告ぐ、何となれば下等の法律は自然に消滅すればなり、

以上述べたる所は只理屈上の設言に止まれども、亦歷史上の實例なきに

非ず、初め亞米利加殖民の多は英王より特許狀を受けたり、而して其の特許狀たるや殖民の議會(立法部)を立て若くは其の存立を公認し、殖民の爲めに法律を立るにつきて若干の權力を之(議會)に與へたる者なり、勿論斯る權力は半は特許狀によりて、半は習慣によりて限制せられ、英王若くは英國會の最上なる權力に服從したり、殖民時代に於ては時としては是等殖民の議會にて立てたる法律は、特許狀に依て賦與せられたる權力を越えざりしや否やの疑問起りたり、而して其の法律若し越權の者たること明らかなれば、裁判所は之を無効なる者と判決せり、即ち始審に於ては殖民地の裁判所之を判決し、若し其の事件英國に移さるゝときは樞密院之を判決せしなり、

亞米利加十三州の殖民は、一千七百七十六年獨立を宣言するに及んで、是等の舊特許狀に代るに新憲法を以てし、各其の憲法に依りて若干の特示せられ、限制せられたる立法權を己れの立法的集會に委任したり、而して

是等の立法的集會に於て通過したる法律に對しても、亦動もすれば同様の疑問起れり、此の如き法律にして若し州憲法が州立法部に委任せし權力を越るか、若くは州憲法の條欵に牴觸する時は、其法律は無効にして、之に循つて爲したる事も同じく無効なりしなり、其の無効なるや否やの疑問は他の法律上の疑問の如く、州裁判所の判決する所なりき、此の如く一千七百八十六年ロードアイランド州の大審院は、立法部の制定したる一法律を無効と判決せり、如何となれば當時其州の憲法として猶効力を有したる彼の殖民的特許狀には何れの事件に於ても陪審官にて審問せらるゝの權利を確定したるに、其の法律は陪審官に依て審問せらるゝことなくして、畧式(即決の類)に有罪と宣告せられたる者に罰金を科するを許す者なりしを以てなり、一千七百八十九年合衆國の憲法實施せられて、總ての州憲法及ひ總ての州法律の上に立つ者と宣言せられたる時にも、更に新原理の提出せられたるに非ず、是只從屬し限制せられたる立法部は其の制限を踰ゑて法律を通過する能はずとの原理を國民と諸州との間に新たに適用したりしのみ、普通の道理によるも聯邦法律と撞着する州法律は自然に消滅せざる可らざるは明らかなり、唯一の疑問は左の疑問なりとす、斯の如き撞着の存否を判決すべきは如何なる裁判所なるべきか、國會に與へたる權力が妄用せられたるや否やを判決し、州法律が聯邦憲法若くは聯邦法律に抵觸するや否やを判決するは抑も何人なるべきや、

一千七百八十九年には從來存在せる裁判所は只州裁判所のみ、若し是等裁判所の前に提出せられたる事件にして州憲法若くは州法律は聯邦憲法若くは國會の法律に撞着するや否やの疑問に涉るとあらば、之を判決するは猶他の法律問題を判決すると、同じく是等裁判所の職務なりしなり、然れども州裁判所の判決に安んじて之を以て終極の判決とはなす能はず、何となれば是等裁判所は州政府の創設せる所にして、又州政府に對

聯邦憲法は聯邦國會の上に位するのみならず、聯邦憲法聯邦法律は州法律總躰の上に位す

立法躰は其權を踰ゆ可らす越權を企つるに及んては其所謂法律は決して法律にあらす又之を施行するを得す

米國に於て最上の立法權は人民に存す

屬下の立法躰か制定したる法律

して責任を有する者なるが故に、其の聯邦憲法若くは聯邦法律に反對して州法律を擁護することと自然の勢なればなり、是に因て中央聯邦權力の設立する所となりて、之れと同等なるべき裁判所(已に記述せし聯邦法院をいふ)に訴ふるの已むを得ざるに至れり、余輩は單に聯邦憲法が聯邦國會の上に位することを考へざる可らざるのみならず、又た聯邦憲法及ひ聯邦法律が州法律總躰の上に位することを考へざる可らざるが故に、此問題たる甚だ紛雜せるが如く見ゆ、然れども其原理は兩種の事件何れに於ても同一にして、齊しく單簡なり、兩方共に只是れ立法躰は其の權を踰ゆ可らず、越權を企だつるに及んでは、其の所謂法律は決して法律にあらず、又之を施行するを得ずといふ元則の適例たるに過ぎざるなり、

亞米利加に於て最上の立法權は人民に存す、人民の立てたる法律は凡て如何なる法庭をも盡く束縛す、其他の立法躰は悉く下に屬す、而して是等屬下の立法躰が制定せる法律は最上法律に一致適合せざる可らず、若し

は最上法律に一致適合せさる可らす

下等法律の有効無効を証明するは只裁判所の判決に由る

英國裁判官か國會の條例を解釋するは恰も米國裁判官か己れの前に提出せらるゝ國會の制定法律を解釋するに同し

判決例を捨てゝ條例を取り前條

一たび最上法律に牴觸することあらば、猶漁舟が大洋を航する滊船に衝突するが如く直に沈沒し了るへし、是等の下等法律は若し最上法律に抵觸するあらば、假令其の無効なること長年月の間露はれず、又は證明せられざりしにもせよ、初めよりして無効なる者たるなり、其の有効無効を證明するは只裁判所の判決に由る、此現象は立法躰の權力無限なる國に於ては顯はるゝ能はず、只立法部が己れの上に位する權力、即ち立法部の變改し能はざる憲法の如き者を以て制限せらるゝ國に於て自然に（必然と謂はず）發生し來るなり、

英國に於て裁判官が國會の條例を解釋するは、恰も亞米利加の裁判官が己れの前に提出せらるゝ國會の制定法律を解釋すると同し、裁判官（英）若し一條例が以前の一判決例と牴觸するを發見するに於ては、條例を以て一層權力の大なる者として判決例を捨てゝ條例を取る、又兩つの條例の間に衝突を生ずるときは、則ち後者を取る、何となれば是れ國會の意見を

例を捨てゝ後條例を取る

英國裁判官と米國裁判官との相違

英國に於ては國會の條例は決して無効なる事能はす

人民の權力の全幅は英國國會中に住す

全國民國會に出席す

發表する最近の者なればなり、彼等國會の精神を誤解することあるとも、即ち彼等一條例を解するに國會が眞に思ひ設けぬ意味を以てすることあるとも、彼等の判決は猶有効にして、國會が他の條例を以て再び其の精神の存する所を明かにするまでは、他の同等若くは下等ある裁判所は此判決例に從ふべし、英國裁判官と米國裁判官との相違は、只英國裁判官は條例の設けられたる月日を見るの外、一の條例と他の條例との間に權力の上下を區別するを要せず、隨て彼等は國會の條例か初めて通過したるに際して其の無効なるや否やを吟味するに及はざることと是れなり、英國に於ては國會の條例は決して無効なる事あたはず、何となれば國會の權力は無限なればなり、國會の權力無限なるは他なし、國會は則ち人民なりと考へらるればなり、英國國會は權力を委任せられ若くは限制せられたる團躰にあらず、人民の權力の全幅は其の國會中に住するなり、全國民は其の(國會の)壁內に出席するものと假定せらる、其の意志は即ち法律なり、

米國聯邦法院の權力は世上の文明國の諸裁判所の權力に同し

米裁判所が有する背憲法律を廢棄する權力は寧ろ義務たるなり

大審院を以て憲法の保護者となす

ダンテが有名なる句に於る如く「其の意志は即ち權力なり」、爰に才智ある一英人に關する一話あり、其英人米國聯邦大審院は憲法を守護する爲に創設せられ、且つ惡法律を廢棄するの權力を與へられをると聽き、其感心すべき條欵を捜さんものと米國憲法を繰り返して二日を費したり、彼が其個條を見出す能はざりしは固より怪しむに足らず、此趣意に關しては憲法中に一語片句も記せる所あらざればなり、米國聯邦法院の權力は世上の文明國の諸裁判所の權力に同じ、否寧ろ是等聯邦法院の權力は若干事件に限制せらるゝが故に、他の裁判所の權力に異なる所は權力の過大なるにあらずして、欠乏するに在り、所謂「背憲法律を廢棄する權力」は權力たらんより寧ろ義務たるなり、凡そ此の如き疑問を起せる事件の提出せらるゝに於ては、極めて卑き州裁判所も華盛頓府なる大審院と同じく此義務を負はざる可らず、故に世人が合衆國に於てすらも時として談ずる如く、大審院を以て「憲法の保護者」となすは別に深意あるに非

すは別に深意あるに非す

大審院の職掌は他の諸州裁判所及聯邦法院の職掌と種類を同ふす

米國裁判官は立法を指揮するををせす只單に法律を解釋するに止まる

ず、只大審院は最終の上告法院にして憲法上の疑問を含む訴訟は其の判決を仰ぐ爲に原被兩造より之を此法院に提出するを得ると言ふに過ぎざるなり、此點までは是れ正當の言なり、然ども大審院の職掌は、他の諸州裁判所及び聯邦法院の職掌と種類を同うす、何れも其の職とする所は單に法律を宣言し、適用するに在り、凡て法庭は、其の始審の州裁判所たると終審の聯邦裁判所たることを問はず、權力の劣等なる法律と權力の高等なる法律との相撞着するを發見するに於ては、前者は其の實法律にあらざるが故に之を廢棄して、而して後者を施行するなり、

故に亞米利加の裁判官は歐洲人が動もすれば言んとするが如く、立法部を指揮することをせず、只單に法律を解釋するに止まるを指點するは決して唯に裁判官に對する套語たるのみに非るなり、但し此の指揮なる語は人を誤るの恐なきに非ず、何となれば凡そ指揮すといふ人若くは團躰は自在の意志を保ちて自由に之を行ふ者ならざる可らざればなり、亞米利

米國にて行はるゝ意志は人民の意志なり

裁判官の當さに務むへき所は只彼等の前に在る法律中より人民の意志の如何なるを發見し其發見したる意志を目前の訴訟事件に適用するにあるのみ

裁判官に取ては法律の是非得失に對して其意見を述るは裁判官の職務を破るものなるべし否之

加の裁判官が此事柄に於て何の意志をも有せざるは、英國裁判所が國會の條例を解釋するに當りて己れの意志を有せざると異ることなし、米國にて行なはるゝ意志は人民の意志にして、是れ人民が其發布したる憲法中に表明したる意志なりとす、裁判官の當さに務むべき所は只彼等の前に在る法律中より人民の意志の如何なるを發見し、其の發見したる意志を目前の訴訟事件に適用するに在るのみ、人民が用ゐたる言語(法律の文章)廣汎なるか又は曖昧なること大いなれば大いなるほど之を解釋するの勞ますます困難にして、裁判官の智能と勁直とを要すること益々大いなり、然れども其爲す所はいつも性質を同うす、裁判官は法律の精神若くは結果に對しては、只是等を以て立法家が其法律に與へんと欲したる意味を明にするに供する外、別に何の關係もあらず、裁判官に取ては法律の是非得失に對して—其是非得失が該法律の意味を解明する場合を除くの外は—意見を述るは裁判官の職務を破るものなるべし、否な余は殆ど

に對して意見を有するすらも其の職務を破るものならん

人民を最上の立法者として之か意志を解釋する事は裁判官の職務の始にして又終たるなり

裁判官の職務の緊要なる所以

曰はんとす、之に對して意見を有するすらも其職務を破るものならんと、彼等裁判官は一制定法律を以て其の目的及運轉上甚だ善美なりと考ふることありとも、若し憲法中に國會が之を通過すべき權力あるを見出す能はずんば、之を無効の法律として排斥せざる可らず、此の如く彼等は又一の法律を以て害惡なる者と考ふるとも、若し其制定にして國會の權限内にあるに於ては、彼等は之を施行せざる可らず、法律を解釋する事、即ち人民を最上の立法者として之が意志を解釋する事は裁判官の職務の始にして又終たるなり、

此に此點を極説するは決して合衆國の裁判官が行ふ職掌を緊要ならざる者となすにあらず、是れ只其職掌の眞の性質を明らかにするのみ、是等の職掌の緊要は固より大いなること爭そふ可らず、而して其緊要なる所以は二個の事實より生ず、第一、憲法は容易に變更され能はざるが故に、憲法の意味を誤解せる判決、即ち法律家一般の輿論之を非とするが如き判

決も或は其の儘に實行せられて改めらるゝこと無るべし、英國に於ては之に異なり、若し裁判所に於て制定法律を解釋すること制定の意に違ふあれば、國會は次期の開會に於て其制定法律を修正して之を正し、以て將來再び之と同樣の判決の生することなからしむ、然れども米國の歷史を按ずるに、古來憲法の精神を誤解したる判決にして此の如く修正せられたるは只一度ありしのみ、即ち州は一箇人にも被告とせられ得ると云ふ判決是なり、此判決は第十一回の憲法修正を來たし、爾に裁判所が憲法の中に含蓄せらるとなせし所の事件は憲法の含蓄すべからざる者なる事此修正に依て明言せられたり、

亞米利加裁判官の職掌をして斯くの如く大切ならしむるは、憲法の明文の簡約―賞讃すべき簡約―なるに依り、該憲法の言語たる廣汎にして僅少の濶大なる原理を確定するのみ、是等の廣汎なる言語の解釋につきて起る事件は其起る迄は豫め之れを知ることを得ず、而して斯る事件の生

米國裁判官が解釋の範圍は廣くして歐洲裁判官の比にあらず

今日の米國憲法は其の初めて憲法會議の人々の手より出來りし時に比すれは遙かに完美なり

是獨り憲法會議の人々の功に成るのみならす許多の裁判官特に大

ずるに及んでは、憲法の言語廣汎なるが故に裁判官が之を解釋する範圍は、彼の專ら一事件に關する割に精細綿密なる普通の制定法律に於けるよりは遙かに廣し、故に裁判所の職務は只法律を解釋するに止ると雖も、解釋に關はる考察は(憲法の上に於ては)普通の制定法律に於けるよりも其の數多く、又一層緻密にして其の範圍一層廣大なりとす、是等の考察は時としては法律上の鋭敏を要し、裁判上の公平を要するに止まらず、又政府の性質及び方法にも、通曉する事を要す、此の事たる普通の制定を以て區劃せられたる狹隘なる道路を步む歐洲裁判官の通曉するを要せざる所なり、故に今日の亞米利加憲法―之れを解釋する一群の判決例を有する憲法―は、其の初めて憲法會議の人々の手より熱して出來りし時に比すれば、遙かに完美なる者と謂とも敢て誇張の言にあらざるなり、是れ啻に憲法會議の人々の功に成るのみならず、又許多の裁判官大に之れに預て力あり、中ん就く大審院判事長マーシヤルの之れに對する功績最も大

審院判事長マーシャルの功與に大に力あり

亞米利加共和國は其母國たる英吉利斯の君主政治中に缺乏せる鞏固不動の要素を有す

今日英國に大審院を設くるの可否

なり、

民主主義の英國に進歩するや、三十年若くは二十年前亞米利加を以て恐るべき例證としたる一派の英國著述家及政治家を驅て、今や亞米利加共和國が其母國たる英吉利斯の君主政治中に缺乏せる鞏固不動の要素を有つことを發見せんとするの念を生ぜしむるに至れり、彼等は英國に大審院なきを歎ず、中には英國にも之を設立すべしと主張したるものさへありしなり、彼等は其の恐るゝ危險の大審院なきが爲めに生ずるにあらず、英國國會が萬能力を有するより生ずるなるを知らざるなり、彼等は一法庭を設けて英國憲法を守護せしめんと欲す、是れ今日英國には米國にて謂ふが如き憲法なきを忘れたるなり、英國にはオリヴアル、クロムウエルの時を除くの外古へより未だ曾て此の如き憲法有らざりしなり、英國に於ては如何に强大なる法院設立せらるゝとも、國會にして若し立憲的と稱せらるゝ諸々の規則を一括して如何なる法律をも自由に變更するの權力を有する間は決して其の効あらざるべし、若し又た英國國會此の權力を失はゞ最早大審院を立つるの必要あらざるべし、何となれば英國現在の裁判官は必らず米國裁判官が今日盡す所の職務を盡す可ければなり、英國國會若し四に分れて英蘭、蘇格蘭、愛蘭及ひウヱルスに各一國會を立て、更に一聯邦議會を起して之れに與ふるに聯邦議會も四國會も變易し得ざる憲法にて確定せられたる有限立法權を以てせば、聯邦議會が通過したる條例が憲法の條欵と一致するや否やにつき、又四國會が通過したる條例が聯邦議會が通過したる條例と一致するや否につきて、直ちに許多の疑問起り來るべし、是等の疑問は裁判所の前に來りて、他の法律疑問と同じく其判決を受く可し、英國若し其殖民地と聯邦條約をなし、帝國議會を立て、之に與ふるに幾何か聯邦條約に依て制限せらるれども猶英國々會の權力に勝る所の權力を以てするあらば、其の有樣之と同じかるべし、聯邦條約を解釋するは裁判所の領分なるべく、英國々會及び其帝國

大審院を英國に設けんには先つ現在の國會消滅し之と全く異なる一團体若くは數團体之に代りて起らざるを得ず

聯邦法院の制は新奇なる法案に

議會は與に其の解釋に服從ぜざる可らざるべし、斯る場合にして若し英國に大審院設立せらるゝあらば、是れ起り來るべき疑問を恐く裁判するに足るの裁判所未だ存在せざるが爲めにあらず、只其合衆王國若くは英帝國の爲に新設せられたる憲法を遵守すべき各關係者(英國及殖民地)が、聯邦政府の選定したる人々より成れる裁判所は、必らず一層公平なるべしと主張するが爲めなりと知るべし、故に或人が主張する如き「裁判的保護」(大審院)を英國に設けんには、先づ現在の英國國會消滅して、而して之と全く異る一團体若くは數團体之に代りて起らざるを得ざるなり、

是等の觀察に依れば、米國の聯邦法院が憲法に對する關係につきては何も別に怪しむべき者あらざるを知るに足るべし、一千七百八十七年の憲法會議が採用したる方案は單純なり、有用なり、普通なる法律上の原理にかなへり、是實に精撰的方案といふべし、然れども新奇にはあらず、是れ一千七百八十七年の憲法會議が成らざる前巳に諸州に行はれゐたり、十三

あらす米國の法案に若し新奇なるものありとすれは是れ最上憲法即ち成文憲法を立てゝ人民に終極の大權を與へ之に應して立法部の權力を制限したるに在らん

亞米利加制度中最も其創制者に名譽を與へ且つ實際に善く行はれたるものは何ぞ

亞米利加歷史中最重大なる問題

の殖民が英國に叛く前已に其の殖民地に行はれゐたり、是れ舊き珍らしからぬ法律上の原理を應用したる者のみ、若し新奇なる者ありとすれば是れ最上憲法即ち成文憲法を立てゝ人民に終極の大權を與へ、之に應じて立法部の權力を制限したるに在らん、

然しながら亞米利加制度の中其創制者に名譽を與へ、且つ實際に善く行なはれたる者は此の部分に若く者無きは眞なり、是れ單に入組たるのみならず、特別に政治上の情熱を激發すべき諸々の問題をば裁判所の冷靜乾燥なる空氣中に移すの利益を有てり、中央聯邦權力の諸州に對する關係、及び國會と大統領とが各々行用すべき權力の多寡分量とは、常に亞米利加歷史中の最も重大たる問題にして、他の政治問題は殆んど一として之と結ぼれざるはなかりし、若し是等の問題を放棄して國會ー自身に其關係者の一なる國會ーの決定するに任せなば、或ひは又國會と州立法部との間の商議に一任したらんには、爭論の危險は非常なりしなるべく、一

州立法部に對して使用すべき拒否權を國會に與ふるの弊

度の內亂に引き換て幾度も內亂起りたるならん、然れ共憲法を尊敬するの念—年月と共に益々長ずる此尊敬の念は、人々をして正直に正當に其(憲法)言辭の意味を開發すと見ゆる判決(裁判所の)には是非をいはず甘じて服從せしめたり、彼等が斯の判決に服從するは裁判官に服從するにあらず、憲法を立てたる人民に服從するなり、聯邦の憲法及び制定法律を解釋するの權力、州の憲法及び法律が聯邦の憲法若くは法律を犯かせるや否やを判決するの權力が國民的政府と州政府との間の爭論を防遏するに足るべしと先見したるが如きは、主義(原理)の堅確たるを洞視し、其主義の勢力を固信するにあらずんば焉ぞ之を能くせんや、憲法の創制せられつゝある時に、州立法部に對して使用すべき拒否權を聯邦國會に與へんとの發議ありて、一時は殆んど採用せられんとしたりしが、議論を盡すに至りて遂に此の如き方案の非なると顯はれたり、若し此法を採用せしならば常に聯邦權力を猜疑する諸州の感情を傷けたりしならん、之を實行

拒否權を國會に與ふるに最有力なりしロジャル、シェルマンの說

せしならば諸州と衝突を生ぜしならん、一州の制定法律が由や聯邦憲法を犯すことありとするも、之を禁遏するは如何にも政治運動たるが如く見ゑん、而して又之に應ずる政治的反對運動を挑發し來らん、且又拒否權は屢州法律が如何に運轉するかも確かに知られざる前に使用せらるゝに至らん、時としては又州制定律が有害にもあらず、又聯邦憲法にも反對せざるに妄りに使用せらるゝ事あらん、之に反して裁判所の手を以て事を斷ずれば諸州の自尊心は爲に傷つけられざるなり、而して裁判所が州法律を廢棄するの判決は只是れ其州自身が關係者たる最上法律(憲法)に對して呈する所の敬禮のみ、若し不日同一の塲合おこらは其州自から他の州に對して之を行なはんと欲する所なれば、固より異議あるべき筈無し、但し憲法會議に於て此拒否權を國會に與ふるの議を排斥するに最も有力なりしはロジャル、シェルマンの說なりし、其言に曰く、國會に拒否權を與ふるは是れ其拒否せんとする州法律の有効なるを認るなり、然るに實

憲法上の問題を裁判所の判決に放任するより生する偶然の利益

フレッチャル對ペック事件

際は若し州法律にして憲法に抵觸せば、是れ已に無効なる者にして、拒否を須ひずして自然に消滅すべきなりと、

憲法上の問題を裁判所の判決に放任するよりして、又他に偶然の利益あり、裁判所は自ら進んで其問題に容喙せんとせず、坐して其問題の已れに來るを待つなり、裁判所の働くは原被兩造中一方の訴願に由て働くなり時としては原告若くは被告は國民的政府若くは州政府たることなきにあらず、然れども其多くは雙方ともに一箇人にして、其權利を實行し若くは防護せんとするものなりとす、例へば彼の一州が曩に一制定律を以て幾許の箇條を定めて一箇人に土地を下附しおきながら、後に又別の制定律を以て之が下附を取消すが如き事は契約の義務を害する者にして、此の如き法律は聯邦憲法第一條第十項に依て無効なる者なりとの法則を確定したる有名なる事件(フレッチャル對ペック事件)に於ける如く、此疑問はフレッチャルなる者がペックなる者に對して呈出せる契約違反の

聯邦政府は州の法律通過するや否や直に大審院を招きて其法律を無効と宣告せしむるか如きをなさざるなり

訴訟によりて始めて法庭の前に來れり、而して原被兩造の是非曲直を判別するについての必要よりして、終にジョルヂャ州の立法部にて通過したりし一制定律の効力の有無を調査するに至れり、此方法は疑問を急促に誘起せずして、其の自ら起り來るを待つの利益を有す、又原被兩造其一己の利害上よりして互に權利を主張するが故に、法理上の辨論は十分に盡さるゝなり、而して其判決は外見上又實際上第一に一箇人の權利に關する判決なるが故に、勝訴者が法律を遵守する市民より受くべきが如き尊敬と德義上の贊助とを得て異議なく實行せらる、聯邦政府に於て若し州の法律の通過するや否や、直に大審院を招きて其法律を無効と宣告せしむるが如き事を爲さば、其州は之が爲めに或は憤激することあらん、然れども聯邦政府もし之に關して一言も陳べず、而して其州法律通過後一二年にして甲氏と乙氏との通常の訴訟に由て此疑問法庭の前に來り、乙氏は原告の由て以て根據とする制定法律は憲法の或る個條を犯すが故

英國の裁判所は王の敕令若くは其行政上の行爲を規すへき成文憲法を有せす

英國裁判所は一私人に關する事件に於て最大重要なる原理を確定したり其實例

に無効なりと論じ、大審院は彼を是として判決せんには、人皆乙氏が然か辯論するを正當となし、彼れ勝訴となりしが故に、彼は大審院が彼れのものと見なせる金子をば己れの懷に保つことを許されざるべからずとなし、隨て又彼れの私權を犯したる制定法律は自然に地に墜ざる可らずとなさん、

此狀相は特に歐洲大陸の批評家の稱賛を博したり、併し英人は之を見て極めて自然なる者として毫しも驚かず、何となれば英國の憲法的法律は多くは此の如くにして搆造せられたればなり、固より英國の裁判所は王の勅令若くは其行政上の行爲を規すべき成文憲法を有せず、憲法上の爭點に關する其判決は屢國王若くは大臣等が原被なるの詞訟の上に宣告せられたり、然れども英國裁判所は又一私人の利害の係れる事件に於て、或は自ら解釋する法律或は前の判決例を基礎として其宣告したる判決を以て幾度となく最大重要なる原理を多く確立したり、マンスフヰール

米國法庭か憲法上の疑問を一己人の間に起れる私訴上に於て決斷するの方法は決して新發明にあらすして英國普通法の一部分なり

米國裁判所に屬する諸職掌は聯邦政府てふ者の特有なるものにあらす

其例証

氏が奴隷使役を以て英國法律の許さゞる所と爲したる著明なる裁判の如きも亦此の如き一私人の訴訟事件に於て宣告せられたり、又議院內の辨論を出板する事に關する法律を確立したるストッリデール對ハンサルド事件は一己人が印刷者に對するの私訴たりしなり、故に米國法庭が憲法上の疑問を他の法律問題の如く、一己人の間に起れる私訴上に於て決斷するの方法は決して新發明の案にあらず、是全く彼の無價なる英國普通法の一部分にして、殖民が海を踰へて遠く米國に持ち往き、其自由の精神と高尙なる故傳に愧ざる樣に保存し開發したる者なるのみ、

歐洲人は概ね余が前に亞米利加裁判所に屬する者として記載せし諸々の職掌を以て、聯邦政府てふ者に特有にして缺く可らざる者なりと想像す、是れ誤れり、是等(前記せる職掌)は決して聯邦てふ者に特有なるに非ず、何となれば根本法律(憲法の類)と下等法律(州法律の類)との區別は、單一國政府の中にも同じく善く存在し得べければなり、實に是れは一千七百七

是等の職掌は亦必要にして欠くべからさる者にあらす其理由

聯邦を組成する各部分即諸州は憲法の力に依りて已れの權理を保護するの必要なし其理由

十六年まで十三個の殖民の中に一々に存在し、一千七百七十六年より一千七百八十九年まで十三州の中に一々存在し、今も猶三十八州の中に一々存在するなり、是等の職掌は亦必要にして缺く可らざる者といふにあらず、何となれば聯邦なる者の中に於ても中央立法部或は國民的立法部が英國國會の如く同じく理論上主權者たるを得べければなり、凡そ一聯邦を組成する各部分(卽ち諸州)は勿論國民的立法部の力にて變す可らざる憲法を以て、各々の州權理を保護せんと欲するならん、然れども諸州は斯の如くするの必要なし、何となれば諸州は已れが撰擧者(國民的立法部議員の撰擧者)として國民的立法部を支配するの權力に安倚するを得べく、且つ限制せられたる立法部が諸州權利に對して與ふる一層大なる安固よりは寧ろ主權的立法部が與ふべく見ゆる一層大なる勢力を撰ぶべければなり、亞米利加の實例に就て之を言んに、一千七百八十七年に於て若し其の權力を貴重する幾多の州あること無く、只聯合したる一國民あ

米國方案は聯邦たる者に行わるへき唯一無二の方案にあらす其實例

りて、進歩せる政府を形くりしとするとも、其の政府の機關たるや、必らず一根本法律(憲法)を以て制限せられたること今日の如くなるべきは照々として明らかなり、何となれば米國民は其の創造しつゝある代理者(政府立法体等)を恐れ且つ之を危ぶむを以て、終極の最上主權を自ら握りて彼等(代理者)を撿束せんと決心したればなり、

瑞士の例に依て見れば亞米利加の方案は聯邦たる者に行はるべき唯一無二の方案なるにあらざるや明らかなり、瑞士聯邦法院は亞米利加の法庭に摸倣したる者なれども、聯邦憲法と撞着する州法律(カントン法律)の無效なるや否やを決斷すべき權力は、只是(聯邦法院)のみに止まらざるなり、如何とあれば時としては法庭に頼まずして、聯邦行政内閣とも稱すべき聯邦會議に頼みて、此事の決斷を受ざる可らざるとあればあり、而して聯邦法院は聯邦的立法部にて通過したる各法律をば、由や憲法に牴觸するとも、之を施行せざる可らず、他の語を以て之を言へば、瑞士憲法は州法

律の或る點をば政治的(司法的ならず)權力(聯邦會議の類)に任せて處理せしめ、而して聯邦的立法部をして、其自身(立法部)の權力を判斷する唯一の裁判官たらしめ、憲法を解釋する特許せられたる解釋者—純然たる法理を按して進むべくもあらぬ(政治思想を加ふるを謂ふ)解釋者—たらしめたり、英國若くは米國の法律家の眼には瑞士の摸造は亞米利加の標本の如く精確なる原理に合し、且つ實際に於て安全なるべしとは見えざるなり、然れども瑞士の政事家は謂へらく、亞米利加に適する方法も行政部の領分一層廣濶なる己れの國には或ひは適せざらんも知る可らずと、且つ瑞士の習慣たる常に屢々人民の投票に諮る者なるが故に、別に常久施行する法典を以て立法部を覊絆するの必要少なし、又た歐洲大陸の政治的習慣は大に英米に異なれり、聯邦的裁判の制は世上に唯一ある英米制度に非ず、是れ恐らくは只其本國に於ての外は何れの處に於ても繁榮せざらんも知るべからず、

裁判官にして一たび政治の大渦中に捲き込まるゝに及んでは品位公平及勢力を失はざる可らず
裁判官たるもの政治問題已れの前に提出せらるゝに際して焉ぞ

第二十四章

法院の運轉

余が聯邦法院につきて記載したる顛末を此まで讀來りたる人々は、必らず司法諸權力(諸法院)は亞米利加に於て要めらるゝ其の盡すべき職掌を盡し得るや否やの疑を自家の腦中に喚起すべし、裁判官にして若し一たび政治の大渦中に捲き込まるゝに及んでは、品位、公平及勢力を失はざる可らざるは言を俟たず、然れども裁判官たるものは黨派心を激發すべき政治問題已れの前に呈出せらるゝに際して、焉んぞ政治外に超然たるを得んや、憲法的問題―諸州に對する聯邦政府憲法上の權理及び聯邦政府

政治外に超然たるを得んや

英國憲法の大綱方に一定したる多事困難の時に際して往々裁判所を以て爭論の地となせり

勝敗の係る所は一に現行法律の解釋何如に存せり

米國に於て政治問題の勝敗單に法律の解釋如何に存するをは固

の諸部局の相互に對する權利に關はる疑問—は屢々重要なる政治問題を含有せざるを得べきや、英國憲法の大綱方に一定したる多事困難の時に際しては、往々裁判所を以て爭論の地となせり、是れ爭點の是非を判決するの權裁判所の掌中に存せしを以てなり、チャーレス一世は國會をして己の請求したる課税の權を是認せしむる能はず、國會は金權を干城としてチャーレス一世に抗抵したるの時に當り、シップマニ(王家の船舶に供する税金)を徴課する事の依法なるや否やの問題は雙方に取りて極めて緊要なる者なりしが、之が是非を判して權衡を左右するの權は裁判官の掌中に在りき、此時には兩院と王と反對に立ちしが故に法律を變更するを得ざりし、是を以て勝敗の係る所は一に現行法律の解釋如何に存せり、亞米利加に於ては憲法は何れの時に於ても變更すること甚だ難し、然れば政治問題の勝敗は單に法律の解釋如何に存することと固より他國の比に非ず、若し果して斯の如しとすれば、解釋を與ふる裁判所は政府の各

部局の動作を不法と宣告するの權を有するが故に、遂に自ら擅にして行政部及立法部を支配するには至らざるべきか、

是等の批評は理由なきものにあらず、其の點出せる弊害は已に起りたり、又た將來にも起ることあらん、然れども其の起ること甚た稀にして從來裁判所が示し來れる謹飭を以て同じく之を避くるを得べし、聯邦法院をして此の弊を脱かれしめ、且つ品位と勢力とを維持せしめたる源因は下の如し、

從來大審院―其の行爲下等なる聯邦諸法院を支配したるを以て、余は特に大審院に就て談ずるなり―は純然たる政治問題に關渉するを固く拒めり、大審院は凡て大統領が自由運動の權を與へられあるを見、行政上の職務を有しをるを見れば、彼が其自由運動の權を行用するの道、其の職務を盡すの道如何は大審院の干渉すべき領分の外なりと考ふ、又凡そ憲法が立法權を國會に附與したるに於ては、大審院は國會が其の權を用ひて

より他國の比にあらず

解釋を與ふる裁判所は政府の各部局の動作を不法と宣告するの權を有するか故に自ら行政部及立法部を支配するに至らさるへきか

是等の弊害は起ると甚た稀にして從來裁判所か示し來れる謹飭を以て同く之を避くるを得へし

聯邦法院をして是等の弊を脱かれしめ且つ品位と勢力とを維持せしめたる源因は何ぞや

源因の一、從來大審院は純然たる

政治問題に關渉するを固く拒めり

全く政治的立法的若くは行政的の諸法律案は是等の疑問に就て最上權力立法及行政の部局に屬するが故に他所に於て再ひ其是非を吟味するを得す

此若くは彼の條例を通過したるは必要なりしや、或は望ましかりしや、或は又十分の謹愼を用ひたる者なりしや否やを穿鑿するを否む、何となれば大審院は斯の如き事件は全たく國會の領分内に存する者と見なせばなり。

「凡そ全たく政治的、立法的若くは行政的性質の諸法律案に於ては、是等の疑問についての最上權力立法及ひ行政の部局に屬するが故に、他處(法庭などを指す)に於て、再たび其の是非を吟味するを得ず、斯の如く國會は宣戰の權を有し、課税の權、金錢支出の權を有し、外國との交通及び貿易を規定整理するの權を有するが故に、國會が是等の權力を行用するの如何は孰れの裁判所に於ても之に容喙する能はず、之れと同じく條約締結の權は大統領及元老院に委任せられをるが故に、條約にして適當の手續を以て批准確定せらるゝあらば、其條約は即ち國法となり、裁判所は之を非認するを得ず、但し全く憲法の精神に外れたる理由に

國會及大統領が憲法の精神に外れたることをなす場合に對する療法

大審院をして之に服膺して純然たる法律の領地内に運動せしめたる主義

大審院か政治上に非常の勢力を及ほすへき判決を與へたる實例

依て租稅を課し、條約を締結するが如き場合決してなきにあらざるべし、然れども斯る場合に對する療法は只選擧の際人民に訴ふるにあり、然らざれば憲法自身の中に設けられたる健全なる修正方法に賴るべきのみ」、（ストーリ憲法註疏三百七十四節）

是或は大審院が從來服膺し來りたる主義を漠然と説明したる者と見えん、若し之をして一層明瞭ならしめんとせば、此主義が實地に適用せられたる實例を擧ぐれば足るべし、此主義は大審院をして必らず其の信用を失ふべき政治上の紛爭に混入せざらしめ、其の自ら薄弱なるべかりし政治界に入るを避けしめ、其の自ら强剛なる純然たる法律の領地内に伈々として運動せしめたり、併しながら時としては、余が下に言ふが如く、大審院と行政府と相衝突したることあり、時としては又た政治上に非常の勢力を及ぼすべき判決を與へざるを得ざりしこともあり、是等の中最も著名なるは、ヅレッド、スコット事件なりとす、此事件に於て大審院は一人の黒人

政治問題を含蓄する許多の問題は決して聯邦法院に提出せらる

が其の主人ありと主張する人に對して毆打訴訟を呈出せるに向ひて、宣告して曰く、一時自由州(奴隷を解放せる州)又は國會より奴隷使役を禁じたる領地(テルリトリ)に赴き其の後また奴隷州に歸り住したる奴隷は、其の奴隷州の法律上にて猶奴隷たる以上は聯邦法律に告訴するの權を有する市民にあらずと、實際判決を要めたるは此點なりしなり、然るに大審院の多數(少數の反對者もありし)は更に一歩を進めて、黒奴の身分に關する種々の點及び奴隷に對する憲法上の見解に關する種々の點につきても幾許の決斷を下せり、此の裁判は國會の權力を以て常時(一千八百五十七年)未だ決着せざりし奴隷及其の擴張に就ての爭論を落着せしむるを得べき望を絶つが如き言語を用ゐたるが故に、南北戰爭を誘起するには與て大に力ありと謂ふべし、

或る種類の疑問、其中にも政治問題を含蓄する許多の問題は決して聯邦法院に提出せらるゝ能はず、何となれば是等の問題は原告被告の間の訴

ゝ能はす

大審院は從來抽象的疑問を判決するとを拒み又忠告の躰にて預め立法部に對して意見を陳るか如き事を絶へて行はす

其一例

訟に於て起るべき者にあらざればなり、彼の起るべき疑問の中一切起らざる者あり、又法庭が判決を下すべく要めらるゝが如き制定律の已に發布せられ、若くは行爲の已に爲されたる後若干時を經るまでは起り來らざるものあり、此の時に當ては或は彼の國會に於て若くは國內に於て辨論の際に發現せる熱情は已に冷却し去り、而して國民一般の判斷その問題の上に已に實際宣告せられたるあらん、

大審院は只人と人との間に裁判を爲すべき爲に任命せられたる純粹の法律機關と自ら覺悟して、從來抽象的疑問(實際訴訟となりて呈出せられたるに非る法理疑問)を判決する事をば斷然拒絶し、又忠告の躰にて預め行政部に對して意見を陳るが如き事を絶て行なはず、一千七百九十三年大統領華盛頓が彼の一千七百七十八年に成れる佛蘭西との條約の解釋について大審院の意見を求めたりし時、裁判官は之に應ずるを固辭したり、斯く大審院の職務を以て具躰的疑問(前の抽象的疑問の反對にして實

大審院の職務を以て具躰的疑問の判決に止むるより生する不利益は如何
現制度の下には憲法的法律の爭點を永久に決着するを得す

際の訴訟をいふ)の決定に止まる者と爲す事は、デ、トクビール及其他の著述家が嘖々稱贊して措かざりし所なれば、之に對する不利益も亦述べざるを得ざるなり、其の不利益は左の如し、
憲法的法律の爭點を直ちに又永久に決着判定するは、一己の市民及政府の機關に取りて屢々共に利益たる事なるべし、然れども現制度の下に在ては何時斯る爭點の決着を見るべきか一向定かならず、恐らくは何人も困難と費用とを身に引うけて之(爭點)を大審院に提出せんとすることと無らん、又之を呈出する訴訟は或は調停せられ或は願下げられん、斯る問題が或は多くの年月を經たる後大審院に提出せられ、判決せらるゝに當ては、其の判決が代言社會の預期したる所に異なる事もあらん、久しく法律なりと信ぜられたる所の者を更に變改するにも至らん、濁に正しと信ぜられ、今誤りと宣告せらるゝが如き見解に基きて成れる一己人の利益を害することも無にには非るべし、但し是等は裁判所の判決を尊重す

英國の法律の中にも今日すら猶確定せざる點多し

英國に於て不便を感ずると大なれは國會の條例を以て其不便を除くを得へし

大統領も預め憲法の解釋者たる裁判官の意見を聽くに由なし

る各制度に伴ふ偶然の弊害なるのみ、英國の法律の中にも今日に於てすら猶確定せざる點多し、是等の諸點は未だ曾て高等の裁判所の前に提出せられざりしを以てなり、又は同等の諸裁判所に於て種々に判決せられて、未だ終極の決斷をなすべき裁判所に上告せられたるとあらざりしを以てなり、然れども英國に於ては若し不便を感ずると大なれば、國會の條例を以て其の不便を除くを得べし、故に其不便は亞米利加に於るほど大ある能はず、然れども米國に於ては其不明なる點やがて同國憲法の眞解ならんも知るべからざるが故に、大統領も國會も如何に其方針を定むべきやにつきては確かなる能はざるあらん、故を以て米國大統領及國會は如何に憲法を遵守せんと望むにもせよ、其動作する前に、彼の特許せられたる解釋者(判官など)の見解に於て憲法の眞意は如何なるべきかを預め確かむるに由なし、合衆國中の五州は之を慮りてや、其憲法を以て知事(州)若くは立法部(州)に最高州裁判所に照會して、其憲法に對する意見書を要む

國會の兩院は一人の法律顧問をも有せず

裁判所の權力を維持して政海の濁渦中に沈沒せさらしめたる他の諸源因

代言人裁判官を撿制してその公平を保たしむ

るの權を與へたり、然れとも合衆國の大統領は只檢事長の意見をきくを得るのみ、而して又國會の兩院は各々其中の法律家たる議員よりして動もすれば多くの助言を受くることありと雖も、一人の法律顧問をも有たざるなり、

余は今轉じて初に還り、彼の裁判所の權力を維持して政海の濁渦中に沈沒せざらしめたる他の諸源因を觀察すべし、其の源因は、亞米利加法律家の間に其職業的感情の强盛なる事、裁判官と代言人との關係、代言職業の米國に於ける勢力是なり、裁判官と代言人とは之を後章に述ることゝなし、今此には只代言社會が法律に對して非常に心を用ひ意を注ぐか故に、裁判官が法律に下したる解釋を評論する鋭敏堪能なる法律家常に甚だ衆き事を記すべし、斯の如き人々は自然に一の法庭(譬て言ふ)を形づくり、其意見は裁判官をして懼れしむるに足る、裁判官が之に懼るゝ事の大なるは米國裁判官が歐洲大陸の裁判官に似ず、英國裁判官の如く己れ自ら

合衆國の最良代言人は黨派心の爲めに法律上の意見を左右せず

已に大審院の椅子に上ろに及んては其政治上の服飾は忽ち其身を脱し去るべし判事は黨派の驩心を失ふを恐るゝに及はす又黨派の驩心を買はんこと望むを要せ

代言を業としたりし者あるを以て殊に然りとす、合衆國の最良代言人は黨派心のために己れの職業上の意見を左右せず、彼等は己れに不利なるとも善良の法律をば之を善良となし、不良の裁判をば己れの黨派若くは己れの代言依頼主を利するとても、猶之を不良の法律として私かに非難す、近頃代言社會を去て聯邦判事となれる人々は、尙も代言社會と同情を通じ、之れが意見を貴とび之が賛成を望む、是れ勢ひの然らしむる所なりとす、其生いたてる職業上の習慣と代言社會が貴重する口碑を尊敬するの念とは、與に彼(判事)を制して黨派用に其の職を供する事なからしむ、彼は通例政治家にして、且其昇進は己れの黨派の力によると雖も、一たび大審院の椅子に上るに及んでは、其の政治上の服飾は忽ち其の身を脱し去るべし、彼は今は黨派の驩心を失ふを恐るゝに及ばず、何となれば彼は(彈劾によるの外は)罷免せられ得ざればなり、又彼は黨派の驩心を買はんと望むを要せず、何となれば彼は樹木の絶頂に在りて此上更に高く攀のぼ

德は外界の諸情態を擧けて已れの味方とす

裁判所の權力及び管轄を擴張せんと欲するとも裁判所に取りて一層不容易に一層誘惑少なし

代言社會か裁判官に對して有する尊敬は法庭の道德的勢力を國内に遍からしむ

代言社會は米國に於ては甚力あり

其理由

る能はざればなり、德は外界の諸情態を擧けて已れの味方とす、裁判所の權力及び管轄を擴張せんと欲するの念は德と兩立しがたき者に非ず、然れども由や此の念慮時としては裁判官の心中に熾んなる事あり得るとするとも、彼の起案權なく、只時々に其前に來る具體的訴訟事件（其の解上に見ゆ）を裁くを得るのみにて、權力としては權力自身の外は何の甘味をも吸ひ得ざる法庭（大審院を指す）の動作を圍繞する所の諸々の事情は、此の如き簒奪をして立法的集會或は行政的會議に取りてよりは（裁判所に取りて）一層不容易ならしめ、一層誘惑少なからしむるなり、裁判所の代言社會に對する尊敬が法官をして正直ならしむる功あるが如く、又代言社會が裁判官に對して有する尊敬―職業上の兄弟として懷く所の尊敬―は法庭の道德的勢力を國内に遍からしむ、代言社會は米國に於ては惣躰甚だ力あり、是れ單に教育ありて實業家たり、又巧なる辨論家たる人々なるが故のみならず、亦米國には之れを壓倒すべき貴紳若くは土地を領する

政治問題にして憲法の解釋に相關係する問は政治は重に代言社會の掌裡に在り
米共和國の初重なる政事家は皆法律家にして全國の輿論を作り且導きたるものは法律家なりしなり
法律を施こす最高法院は恰も信徒が面を向けて瞻仰するメッカの如し
大審院の審理は人々の講究する所となり其判決は法律として玩味せらる
大審院を尊敬する一例

貴族あらざるが故なり、從來政治は重に彼等の掌裡にありし、想ふに政治問題にして憲法の解釋と相關渉する問は、何時までも此の如ならざるべからず、米共和國の初六十年若くは七十年の間は、重なる政事家は皆法律家にして、全國の輿論を作り且つ導きたるものは法律家なりしなり、抑も米國代言社會の上流に位する人々は法律を以て神聖なる學術と爲し、之を施こす最高法院は恰も信徒が面を向けて瞻仰するメッカ（マホメット開基の聖地）のごとし、是を以て大審院に提出せらるゝ各憲法問題精密に注視せられ、大審院の審理は人々の講究する所となり、其判決は（政治上に及ぼす影響を外にして）法律として玩味せられたり、余之を老人に聞く、彼等の若年なる時一事件を大審院に提出せん爲めに華盛頓に赴きたる有名なる一代言人ありしが、其の歸るに臨みて其の市の代言社會に歡迎せられ、壯年の人々は國中の名士が智慧を闘かはす處なる彼の華盛頓府に於ける彼が戰鬪の摸樣を聞かんと欲して、彼れの周圍に蟻集したりと云

米國大審院長として空前絶後の功績を現はしたるは何人ぞや

ひ、而して彼が大審院の智能及公平に對して常に口にする所の尊敬は彼等(壯年の人々)にも通徹し、感心は終に默從を生じ來り、而して全代言社會は多くの者が待まうけざる、又大抵の者が善しと稱せざるが如き法律解釋(大審院の)を異議なく採納したりと云ふ、凡そ裁判官が正實に憲法を解釋せんと求めたる事の知られたる時、裁判官の審理の是認せられたる時には、代言社會の不平は―若しこれありとすれば―消え去れり、而して代言社會が裁判官に與ふる贊助は、人民の服從(法律即ち判決に對する)をして愈鞏固ならしめたり、

此要素が司法の勢力を維持するに與りて斯く重大なる力あるは、重に裁判官の人物扳群なるに歸せずんばあらず、是れ代々の大統領が適當なる人物を撰みて大審院の椅子に坐せしめたる結果なれば、之を呼びて僥倖の結果なりと言ふ勿れ、然れども其中に奇特にも大審院長の職に適したる一人ありて空前絶後の功績を現はしたり、米人は彼の人を天の特賜と

大審院とても常に靜穩なる海を

見なせり、是れ即ちジョン、マルシャルにして、此人は一千八百一年より其七十七の高齡を以て一千八百三十九年に死するに至る迄大審院に長たりき、彼れの名望が他の米國裁判官に駕するはパピンニヤンの名望が羅馬の裁判官に駕するよりも、ロルド、マンスフ井ルドの名望が英國の裁判官に駕するよりも大いなり、抑も憲法を解釋して之を開發したるに於て、若くは憲法の活音聲として法庭のために政府中に適當の塲處を得せしめたるに於ては、古來此人の半ばにも及ぶ者あるなし、國の根本法律の權力を固うする爲に、裁判所の職務を彼れが如く熱心に主張したるものあらず、何人も行政政府若くは政治爭論の範圍に犯入るを謹み避けたることと彼れが如く大いなるはあらず、彼れ及其の同僚が大審院のために得たる感歎及び尊敬は今猶依然とし之が墻壁をなせり、彼れ及其の同僚の下に起りたる慣例は爾來常に其の繼續者の感情を高尚にし、之が動作を指導せり、然れども大審院とても常に靜穩なる海を航するのみにてはあら

航するのみにてはあらさりし

大審院か第一に受けたる攻擊

諸州が大審院を敵として懼るゝ事を學ひたるは此時より初まる

大審院內閣員を强て箇人の權利に影響すへき內閣員の職務を盡さしむるの權力を有す

大審院憲法に牴觸する國會の條例を無効となすの職權を有す

ざりし、不人望の暴風に震蕩せられしことと一度のみにはあらざりし、他の諸權力と相衝突したることも　なりしには非ず、

大審院が第一に受たる攻擊は、其の(大審院)一己人が或州に對して起す訴訟を受理する權を有すと判決したるより起れり(二十二章を見よ)此點たる第十一回の憲法修正を以て落着せしめらる、然しながら諸州が大審院を敵として懼るゝ事を學びたるは實に此時より始まれり、一千八百一年國務卿をして或る委任狀を與へしめん事を要求する訴願に於て、大審院は自ら行政官吏(內閣員)を强て箇人の權利に影響すべき內閣員の職務を盡さしむるの權力を有することを宣言したり、大統領ゼファルソンは怒て此宣言に反對しだりしかども、大審院は其の後屢々之を主張して、今は爭ふ可らざる法律となれり、此時の事件(即ちマルベリ對マデソン事件)に於て、大審院は始めて憲法に牴觸する國會の條例を無効と爲すの職權あるを公然と主張したり、一千八百六年初めて一の州制定律を無効と宣

デモクラット黨州權を蠶食するか如き憲法解釋に反對す

告したり、一千八百十六年及一千八百二十一年に於て下せる種々の判決を以て、大審院が「聯邦問題」に關して州裁判所よりの上告を受くべき法院たるの權力を確立し、又憲法及憲法に遵據して立てたる國會の條例は根本たる最上の國法なりといふ説の眞意を開拓したり、此説たる最初は法律家すらも善く了解する能はざりし者にして、其の開發擴張は今日より之を見れば正當の事と思はるれども、當時は反て反對を惹き起したり、一千八百二十九年大統領ジヤクソンの下に勢力を得たるデモクラット黨は、特に州權を蠶食するが如き憲法の解釋に反對したり、一千八百三十三年ジオルヂヤ州がジオルヂヤ州法に據りて或る人々を禁錮したるに、大審院は其のジオルヂヤ州法を無効と宣告して其の囚人を放免することをジオルヂヤ州に命じたり、此時に當りて此判決を施行するの任に居る所のジヤクソン（大統領）評して曰く、「ジヨン、マルシヤルは彼の裁判を宣告したり、若し能ふべくんば彼これを施行すべし」と、セロキー事件の爭に於

大審院の歴史に一新時期を開きたり

ドレットスコット事件の判決

南北戰爭の際大審院の判事か政治的偏頗に誘はれ合衆國聯邦權力の再建に必要なるへき政策の實行を妨くへき法律上の困難を

てジオルヂヤ州が抵抗を爲おほせたるは、是れ大審院の權力に一擊を與へたるものにして、大審院の歷史に一新時期を開きたり、此時期に於ては、判事は重にデモクラット黨の任命する所にして、此上更に其權力を擴張することをせざりしあり、一千八百五十七年に於て判事の多數が宣告したる彼のドレット、スコット事件の判決は未曾有の大不快を激發し來れり、當時漸々に勢力を得つゝありしリパブリカン黨は、一千八百六十年エーブラハム、リンコルンを指名したる黨會の決議中に此判決を非難したり、而して此の判決中に在る市民に關する箇條の如きは、南北戰爭の後に採用せられたる第十四回の憲法修正を以て公然と廢棄せられたり、南北戰爭の暴發するに際して、大審院を組織せる判事は其政治的偏倚心に誘なはれて、合衆國の權力(聯邦權力)の再建に必要なるへき政策の實行を妨ぐべき法律上の困難を提起し來るあらんとの恐れありし、但し聯邦軍の將校が大審院の發布せる人身保護の令狀を度外に置くを得べきや

提起し來らんさの恐ありしも是等の恐は杞憂に過ぎさりしなり

否やにつきては、幾分か爭論起らざりしにあらずと雖も、是等の恐は全く杞憂に過ぎざりしなり、一千八百六十八年舊判事消滅し新判事任命せられてより、大審院は全くリパブリカン黨に同情を表し、大統領ジョンソンが打毀さんと務めたる南部再建に係る國會の政策を賛成せり、而して奴隷を廢し黒奴の權理を安固にする三個の憲法修正に從ひて國會が可決したる法律の大抵—總躰にあらざれども—をは其の後の判決を以て之を實効ある者となせり、一千八百七十六年大審院は南部再建條例《リコンスツラクシヨンアクツ》を實施することを大統領に禁するの目的を以て提起せられたる詞訟を受理することを拒めり、

大審院の輓近の所爲にして世間の信用を損したりと思はるゝもの二個あり

其一

但し大審院の輓近の所爲にして世間の信用を損じたりと思はるゝもの二個あり、其一は初には一千八百七十一年に、後には一層廣濶なる理由に依て一千八百八十四年に彼の一千八百六十九年の判決—政府の紙幣を以て負償還用の法貨となせる國會の條例を以て無効となせる判決を變

大審院は此の以前に爲したる判決を變改したり

改する所の者なり、最初の判決は三八に對する五八の多數を以て爲されたり、然るに大審院は其後判事の數を增加し、且つ其判決成りて後尙未だ宣告せられざる前に生じたる缺員を補はんがために新判事を任命したるが故に其氣風一變したり、此時に當りて又他の原被兩造の間に起れる新事件の中に於て此疑問提出せられたりしが、此度は四に對する五の多數を以て反對の意味(卽ち國會は法貨條例を立るの權を有つと云ふの意味)に判決せられたり、最後に一千八百八十四年に至て又他の訴訟事件おこりて、實際右と同樣なる疑問(但し其本づく所は後に通過せられし國會の條例にして前とは異なり)を大審院に提出したるに、大審院は只一名の不同意者あるのみにて滿庭一致を以て國會は此の如き權を有すと判決したり、是の判決は紙幣を强行するの權を國民的政府の主權の一附性と認むる者なるを以て、從來國會の權力の上に存在すと思はれたる撿制を除去るが如くに見るが故に、多少の批評を招きたり、特に保守的法律家の間に尤も甚しかりし、但し此點は諸大家の議論未だ一に歸せざる程の者なれば、其判決の是非は姑く措くも、國內最高の法院が斯く己れの以前に判決したる所を變改せし事は、人をして法律の安固を信ずるの念を減ぜしむるに至りしならんも知るべからず、且つ又最初の變改(即ち一千八百七十一年の分)は新判事の增加と二名の判事の新任(皆前に同院の多數が非認したる所の見解を贊成すると知られたる者)とを待て起りし事實なりとは雖ども、此事は米國大審院の構造中に埋伏する弱點を示す者にして、此弱點他日或は大審院の國家に對する有用の量を減殺する一大障碍となるらんも知るべからざるなり、

米國大審院の構造中に埋伏する弱點

其二

また大審院に取ての第二の不幸は一千八百七十七年の大統領選擧に於ける計數の紛議に喙を容れたる事是なり(第五章を見よ)、今日に在ては人々の多くは謂へらく、彼の時に大統領に選擧せられたりと宣言せらるべかりし者はチルデン氏にしてヘイズ氏にあらずと、然るに當時撰任せら

大審院の判事全く黨派的投票を爲せり

大審院の判事にして未た曾て收賄の嫌疑を受けたるものあらず又政治主義を以て職務上の判斷を誤る如きも他に比して少なかりき

れたる撰擧委員中なる五名の大審院判事は、其中なる元老院議員及代議院議員が爲すと同じく全く黨派的投票を爲したり、殆んど全く司法的ならず、又憲法の明文にも見へざる一の職掌(大統領撰擧爭を判決するの)此時始めて裁判官の上に負はせられ、而して裁判官は此職を盡すに於て恰も裁判官ならざるが如き擧動をなせり(此事は第五章に詳かなり)、此出來事たる之を要するに全く偶然の例外にして此事ありしにも拘らず、大審院の信用と尊嚴とは依然として甚だ高し、大審院の判事にして、未だ曾て收賄の嫌疑を受けたる者あらず、又其政治主義を以て職務上の判斷を誤る如きも他に比すれば甚だ小なかりし、往時より多年の間各大統領は只自黨の人々のみを、又屢自黨の重なる政治家を、判事に登庸したりと雖も、新任の判事は皆黨派心を後に捨てゝ往けり、但し通例幾分か己れが由て訓練せられたる政治主義を心裏に保存したるなるべきは固より然もありぬべし、現今の大審院判事中三名を除くの外は、悉くリパブリカン黨に屬す、是デモクラット黨員の殘念がる所あり、而して近頃彼等(デモクラット)勢力を得るに及んでは、空缺の生ずるまにまに自黨の人を之に充つるの望あるを悦べり、然れども此事情(判事が大抵リパブリカン人なる事)は彼等(デモクラット人)が大審院に對する尊敬には毫も影響せず、彼等が之に置く信仰は始終一の如し、兩黨同數の代表者を大審院に出さんとの望は訴訟者か判事の黨派的偏頗よりして害を受んとを恐るゝに由るにあらず、只新に憲法に關はる問題の起るあらん時、憲法に對するデモクラット黨の意見とリパブリカン黨の意見とを平等に表出せしめんとの感に、出てたるのみ、

聯邦巡廻裁判官及聯邦地方裁判

是等の憲法上の疑問を措て之を見れば、聯邦法院の米國一般に對する價直は得て計る可らず、是等聯邦法院は民撰に係る薄給の州裁判官が新州の或る者、又は古州の二三に蒙らざる弊害を去るに與て大に力ありき、聯邦巡廻裁判官及聯邦地方裁判官は其給少額なれども、大抵の州に於ては

官は大抵の州に於ては其人物常に州裁判官に勝れり

第二級若くは第三級の聯邦判事の職は常に必ず大統領の黨派の人々に與へらるゝを例とす

其人物常に州裁判官に勝れり、何となれば其在職の彼よりも大いに安固なるによりて、又彼よりも勝れたる人々此職に就くを甘んずればなり、彼等は妄りに罷免せらるゝとなきが故に自ら黨派の外に獨立し、政治家の好意を求むるに及ばず、之に反して彼の撰擧せられて一定の年限内に職を奉する州裁判官は、自ら再撰せられんとの望を以て政治家に取いらんとすること無しと謂ふべからず、故に原告にして州裁判所に訴ふるか若くは聯邦法院に訴ふるか其の一を擇むべき時には、往々聯邦法院を擇むあり、出訴人にして外國に屬するか、若くは其對手の州と異なる州に屬する者なるときは、州裁判所の前に訴ふるよりも、聯邦法院に訴ふるを以て却て公平なる判決を受くるの望ありと考ふるならん、

第二級若くは第三級の聯邦判事(巡回裁判官及地方裁判官)の職は常に必ず大統領の黨派の人々に與へらるゝを例とす、亦一定の習慣に依りて巡回裁判所若くは地方裁判所の設置せらるゝ州に住する人々に與へらる

現時の重なる缺點

大審院に於て訴訟より審理に到る三年を費やす

大審院の事務の延滯を妨く療法

大審院は憲法の活聲なり

大審院は人民の良心なり

ゝなり、然れども收賄事件、若くは判然たる黨派上の偏頗の如きは實際絶て有ると無し、現時の重なる缺點は聯邦的地方裁判官の俸給の不十分なると、人口稠密なる東部諸州に於て續々生起する事件を處斷すべき裁判官の不足なると是れなり、大審院に於ても亦此の如く事件堆積して、凡そ訴訟の提出せられてより、其審理を受くるまでには今日は三年を費やさざるを得ず、是に於てか或人は莫大なる金額に關はる事件に非れば上告を許さずとして此弊を正せんと發議す、然れども其の最良なる療法は大審院を二分し、其一をして普通なる訴訟を聽斷せしめ、其他をして憲法の解釋に關する諸点を聽斷せしむるに在るべし、

猶此に解答せらるべき疑問ありて存す、

大審院は憲法の活聲なり、即ち是れ人民が其の立てたる根本法律中に發表したる意見が出す所の活聲なり、故に或人の言ひしが如く大審院は永久不變の法律を以て己れの代議士を束縛して、己れ自ら輕擧妄動をなす

大審院は少數者の干城なり

こと無らんと期したる人民の良心なりとす、是れ少數者の干城なり、即ち少數者は多數の輕躁浮動の爲に脅迫せらるゝ時は此の永久法律に訴ふるを得べくして、且つ此の法律の解釋者及施行者をば黨派の攻擊の上に超然高歩する法院中に之を發見し得べし、

大審院に要する安固と力

是等の重大なる職掌を盡さんには、大審院は憲法の鞏固なるが如く、同じく鞏固ならざる可らず、大審院の精神及び口氣は人民の最も落着きたる時機に於ける精神及口氣ならざる可らず、又た大審院は一時の刺激に制せらる可らず、其の刺激愈烈しければ愈堅く之に抵抗せざる可らず、犯す可らざる城壘の後に陣して、政府の他局部の公然たる攻擊を防禦し得ざる可らず、又其の見難きが故に一層危險なる民情の誘惑に抗敵し得ざる可らず、

大審院は此力と安固とを有するか、從來之を顯はしたりしか、

大審院は常に必ずしも其以前の

大審院は常に必ずしも其の以前の判決に從はざりしなり、是れ其錯誤が

判決例に從はさりしなり

立法部の干渉に由て矯さるゝ能はざるが如き裁判所に自然にして起る所なり、英國の最終上告院(上院をいふ)は常に必ず其以前の判決例に從ふ、但し大家の中にも大審院が其前例に從ふを拒むことあるべきが如き事件も亦想像し得られざるに非ずと公言せる者なきに非ず、實に英國に於ては舊判決已に非とせられんとする時には、國會は直ちに其法律を變更するを得るが故に該法院(上院)は舊判決に常に固着するを得るなり、然れども米國に於ては憲法修正の方法に由るに非れば、聯邦憲法中に載られたる法律を變更する能はざるが故に、大審院は前判決を變改して法律動搖不定の弊に陷るか、若くは以前の判決に從て惡しき法律を永續せしむるの弊に陷るか、其一を擇ばざる可からず、想ふに其の甚だしき場合に於ては後者の弊害を以て一層重大なりとなすならん、是れ實に其の當を得たる者とす、

大審院は判決を變改して法律動搖不定の弊に陷るか若くは以前の判決に從て惡しき法律を永續せしむるの弊に陷るか其一を擇はさる可らす

大審院は輿論に感す

大審院は輿論に感ず、輿論は世上孰れの地に於けるよりも、亞米利加に於

幾分か輿論に從ふは智慧ある所爲〓り、

世人の進歩せる判斷は輿論に由て顯はれ來るなり

て最も力あり、而して判事も亦只人のみ、豈に之に感せざるを得んや、幾分か輿論に從ふは智慧ある所爲なり、何となれば暴風に靡く能はざる樹木は折るればなり、且又輿論を以て是と見做すべき理由なきに非ず、即ち世人の進歩せる判斷は輿論に由て顯はれ來るなり、然らば輿論を以て是なる者となすも全く無理あるに非ず、勿論憲法の用語明白なるに因り又は之を解釋する事件其爭點を決するに足るに因て、法律に一點の不明なき時には、法庭は必ず只是等の用語と事件とに注目して他の情實に由て其心を動すべからず、然れども憲法の用語數多に解釋せらるゝ時、及び以前の判決廣漠にして眼前の事件を一新事件として眞解釋を之に施こすの餘地ある時に於て、法庭もし人民一般が見て以て時の必要に適應するものと爲す所の解釋を擇まば何如、是れ法庭の罪なるか、裁判所は時としては知りつゝ斯く爲すことあり、又知らず識らず之を爲すと更に多し、何となれば多衆の同感法庭内に滿る時は、老法律家も尙之に抵抗する能はざ

大審院輿論に動されたる一例

大審院は之を構造する人々の政治上の志好に從て屢其氣質さ傾向さを變したり大審院の組織たる現在勝を得居る黨派を代表す

ればなり、其の著しき一例は、鐵道及び其他の諸會社等を金錢の補償も爲すこと無しに制限法律の下に置くの權力州に在るや否やの問題を含入せる訴訟事件、即ち所謂グレーンジャル事件に於る大審院の判決(一千八百七十六年に)に由て給せらる、余は敢て是等の判決の正當なるを疑がふにあらず、然れども是等の判決が一己人の權利の神聖なる事及び立法部の權力につきて表する所の意見は全く判事長マルシャル及彼れの同僚諸氏の懷ける意見に異なれり、是等は彼の今日米國に於て凡てモノポリ(壟斷專賣の類)と呼ばるゝ者に反對し、集合的會社《インコーポレーテッドコンパニ》の勢力に反對して熾んに行はるゝ輿論の風潮を示現するものなり、

大審院は之を構造する人々の政治上の志好に從て屢々其の氣質と其の傾向とを變じたり、但し其變ずるや徐々たりし、何となれば小團躰の中には缺員を生ずること稀なればなり、故を以て其の組織たる現在勝を得居る黨派を代表するにあらずして、過去に勝を得たる黨派を代表すること

るにあらすして過去に勝を得たる黨派を代表する大審院第一の時期

第二の時期

第三の時期

往々にして然り、一千七百八十九年より一千八百三十五年判事長マルシヤルの死に至る迄、大審院の傾向は聯邦政府の權力を擴張するにあり、随つて己れの司法權を擴張するにありしあり、何となれば當時大審院中に勢ひを振ひし者は、舊フェデラリスト派に屬する人々なりしを以てなり、此黨たる一千八百年に其の勢を失ひ、一千八百十四年に消滅したるに拘らず、猶大審院内に此の如き勢力を有したりき、一千八百三十五年より南北戰爭に至るまで大審院はデモクラット黨の主義に對して同情を表したり、ターニーが判事長たる時の間、大審院は其の己に獲たる地位をば實際放棄せざりしと雖ども、其上更に進んで聯邦の權力及己れの司法權を擴張する事を好まざりし、南北戰爭の間より其の後にかけてリパブリカン黨勢力を得て漸く大審院の構造を一新せんとしたりし時に於て、第三の時期開け初め、中央集權の思想は再び力を得るに至れり、國會が主張したる廣大なる戰爭權力は多くは大審院の判決に由て贊助せられたり、而し

凡て判事の動作は彼等判事たらざる前に形りたる思想より湧出で彼等か其嘗て爲めに闘ひたる政治主義に對して去りかたくも懷く所の同情より湧出てたり

て諸州の權理は、私人若くは私團躰に對する時には贊助せられたれども(グレーンジャル事件に於けるが如く)、其の聯邦政府の權理と衝突するが如き時に於ては、一時はさのみ重視せられざりし、是等三時期の何れに於ても、判事は己れの職掌を黨派用に供したりとの非難を受ること無し、凡て判事の動作は彼等が判事とならざる前に形りたる思想より湧出で、彼等が其の嘗て爲めに闘ひたる政治主義に對して去りがたくも懷く所の同情より湧出たり、諺に所謂英國の正義なる公平なる裁判所に於てすら猶且つ同樣の傾向を生じたるを見るべし、英國裁判所にも亦憲法上の問題あり、又た法律の政畧と稱するものに關する問題あり、是等の問題を判決するに當て英國判事の間に其の判斷區々にして同じからざるあるべし、是れ一黨派若くは一階級を利せんと欲する了簡よりするにあらず、全く人が一市民として有つ所の意見は法律問題に就てすらも其の人の判斷に影響するを免かれさるに由るなり、

憲法創制者か決定するを忘れたるか或は大不便なるを以て決定するを好まさりし一事あり大審院の判事の數即ち是なり

大審院の判事の員數を變したる實例

憲法創制者が意を用ひたる所は、專ら裁判官をして完全なる獨立を保たしむるにありき、大統領は判事を罷免することを得ず、國會は彼等の俸給を減するを得ず、只創制者が決定するを忘れたるか或は大不便なるを以て決定するを好まざりし一事あり、大審院の判事の數即ち是れなり、弱點此に存す、是れ法庭の鎧の一の綴目にして他日或は此より鋒鋩の刺入るあらん、一千八百一年國會は憲法中にこもれる權力に依て十六個の巡回裁判所を創設したるに、大統領アダムスは其の職を去る暫く前に自黨の人士を是等の裁判所の判事に任じたり、大統領ゼファルソン次で來るに及んで、彼は前大統領アダムスの此任命を有効と認むることを拒めり、而して新たに召集せられたる國會はゼファルソンと同感にして終に此巡回裁判所自身を廢したり、是れ他に其新任判事を免ずるの方法なきを以てなり、此種の攻擊法は憲法に適ふや否や隨分議論ある者なるが、孰れにしても是は大審院に對して用ゐるを得ず、何となれば大審院は直接に憲法に依て

大審院判事の數一定せさるより生する危險なる結果

創設せられたるものなればなり、然れども憲法には判事の數を記載せざるが故に、國會は其適當と考るまゝに制定法律を以て其數を增減するを得べし、一千八百六十六年國會が大統領ジョンソンに對して激烈なる敵意を挾み、判事を任命することを彼に禁ぜんと欲したる時に於ては、其の數七名に減ずる迄は缺員を補ふを得ずとの法律を制定し、以て當時十名なりし大審院判事の數を七名に減じたり、一千八百六十九年ジョンソン去りてグラント職を襲ぐに及んで、其の數は九名に增加せられたりしが、其少しく前に下されたる法貨事件の判決は、此の變更したる大審院の廢棄する所となれり、此の方法たる更に一歩を進めなば或は危險ある結果を生ぜんも知るべからず、國會及大統領が大審院の憲法に悖ると考る如き事を爲さんと欲することありと假定せよ、國會及大統領は法律を通過すべし、一訴訟事件其の法律の下に起るあらん、大審院は其の事件を聽斷し、國會の權限を踰たるものとして其の制定法律を無效と宣告せん、是に

斯の如く憲法上に加へらるゝ攻撃は只人民を懼るゝ外他に之を防ぐへきものなし

於て國會は直に判事の數を倍よりも多くする法律を通過し、大統領之に署名せん、而して大統領は前法律を憲法に適ふものとせんと約する人々を新に判事に任命し、元老院其任命を確定せん、然る後前法律の有効なるや否やに關する別の訴訟事件また大審院に提出せられ、新任判事は舊法律を有効なりと判決し、其の法律はまた有効となるあらん、是に於てか憲法を保護するの干城は朝霞の如く消え去るべし、

如何にして憲法の上に加へらるゝ此の如き攻撃—其の材質何程不道德なるとも、其の外形は十分に依法的なるべき攻撃—を防禦すべきか、政府の機關は之を防止するに力なし、政府の機關より來る撿制は悉く脫せられたればなり、立法部及大統領の良心を以て之を防止する事も亦能はず、如何となれば憤激せる論客は其の目的を達する爲めに手段の如何を顧みざるものなればなり、只人民を懼るゝの外他に之を防ぐべき者なし、人民の濶大にして善良なる智慧と其憲法の大主義に對する尊信とは、或は

最も巧に計畫せられたる政府の安固は之を要するに人民の智慧と克己とに存するの外なし

必ず此の如き隱險の所爲を非難攻擊せん、然し乍ら國中若し烈しく激昂せば人民の多數は或は默從せん、然るときは公然憲法を破りて革命を成就すると、只憲法の形躰を枉げて革命を成就するとは實際大差なし、均しく是れ國憲を紊亂する者のみ、事此に至れば早かれ晩かれ人民起て干涉するに至るべし、最も巧に計畫せられたる政府の安固は之を要するに人民の智慧と克己とに存するの外なし、

英國制度

第二十五章

亞米利加制度と歐洲制度との比較

合衆國に於ける政府各部局相互の關係は甚だ奇にして且つ他國の敎訓とするに足るが故に、稍重複の恐なきにあらずと雖、斯の複雜なる亞米利加政治機關が、其の實際如何に運轉するかを歐洲諸國の內閣若くは國會制度に比較して明らかにするは、甚だ有益の事と思はる、

英國制度—佛蘭西、比耳義、荷蘭、伊太利、獨逸、匈牙利(此國に於ては英國制度は本國生の古き甚だ觀るへき制度と相混和したり)、瑞典、諾威、嗹馬、西班亞、葡萄牙の制度、並に北亞米利加及濠洲に在る英國の大なる自治植民地の

英國制度に於ては其名を以て凡ての行政事務を爲す所の人を立てゝ國家の首長となす

代議士は己れの撰みたる代理人即ち內閣員を以て實際國家を支配す

行政權も亦實際代議院の多數に屬するなり

憲法が由て以て(許多の變更ありしは勿論なれども)模造せられたる英國制度—此制度に於ては其名を以て凡ての行政事務を爲す所の人を立てて國家の首長となす、而して其の人は(佛蘭西を除けば)凡て無責任にして、且其の地位は動かすべからざるなり、此首長の行爲は名義上彼より撰まれ、其實人民の代議士より撰まれたる內閣員の助言に依り、其責任を以て之を行ふ、內閣員は通例立法部の議員中より撰まるれども必らずしも然るを要せず、故に代議士は己の撰みたる代理人《エージエント》(內閣員)を以て實際國家を支配する者と謂ふべし、代議士の集會(下院)にして是等代理人を信用せざるに到るときは、代理人は其の職を辭し、新代理人撰任せらる、斯の如く獨り立法權のみならず、行政權も亦實際代議院の多數に屬するなり、併しながら彼等は代理人を立るに當りて—代理人を立るは下院の人員衆多にして自ら之に當るに勝へざるによりて止むを得ずして設けたる便法なり—是等代理人の手に頗る廣濶なる自由運動の區域をのこさざるを得

內閣は單に行政上の代理人たるのみならす亦立法上の先達なり

英國制度の下にては立法上の職掌と行政上の職掌と相互に纏綿出入す

英國制度の下に於ては立法部の

ざるか故に、時としては彼等をして獨立なるが如き觀を呈せしめ、時としては彼等をして其主人(代議院)が善みせざるが如き事をも爲さしむることなきにあらず、立法部か斯く或意味に於て行政部たるが如く、行政政府即ち大臣會議若くは內閣も亦其發案權を有し、且つ其發案をして國會を通過せしむるために、之を辨護して代議士の多數に對抗せざる可らざるよりして言へば、之れだけは同じく立法部たりと謂ふべし、彼等は單に行政上の代理人たるのみならず、亦立法上の先達なりとす、實に立法上の職掌と行政上の職掌とが此制度の下に相互に纏綿出入するは、羅馬帝國若くは現今の魯西亞帝國に於けると異るなしと謂ふも可なり、且又徵稅の如きも其徵課は立法に由ると雖も、亦行政部に缺く可らざる機關たるを見れば、是等の外觀上別々なる權力の如何に分離すべからざる者なるかを知るに足れり、

此制度の下に於ては立法部の主權或は完全なるあり、或は不完全なるあ

主權或は完全なるあり或は不完全なるあらん
佛蘭西はその最完全なる所なり
獨逸及普魯西は其最不完全なる所なり
行政部は立法部を法院に訴ふる能はす
司法部は政府の機關の政治的部分に立入りて是非を論することをせさるなり

らん、佛蘭西は其の最も完全なる處なり、皇帝及び王の權力大にして未だ衰へざる獨逸及び普魯西亞は其の最も不完全なる處なり、然れども是等の諸國に於ては立法部行政部互に相密接するのみならず、更に司法部の干渉を借ることとなくして自ら其の間に生ずる衝突を調理す、行政部は立法部を法院に訴ふる能はず、何となれば立法部は英國に於ける如く全く主權者たるか、若くは此耳義に於ける如く自ら己れの裁判官たるが故に、立法部の條例の有效無效に關する問題は裁判所の前に提出せられざればなり、他の語を以て之を言へば、司法部は政府の機關の政治的部分に立入りて是非を論することをせざるなり、

所謂内閣政府なる此制度は、今日其の世界の大部分に行はるゝを觀る所の歐洲人には、明白に且つ單純なる制度なるが如く見ゆ、余輩は此制度が英人の漸々に歩を追て之を開發し來れる迄は、何れの地にも未だ曾てあらざりし者なるを動もすれば忘却せんとし、其の習慣、先例、及び容易に言

英國制度の起原

語に表白し得ず、迚も新なる土地に移植し難き默會に本づける入組たる制度なることを忘却し去らんとす、

余輩は亦如何に此制度の新らしき者なるかを兎角に忘却せんとす、按ずるに人は通例王ウヰリヤム第三世の代を以て其起原の日となす、然れどもハノブル家の王英位に即くに至る迄は其の運轉甚だ不規則にして、且つ當時に於てすら初は賄賂及び官職賣買の奇怪なる手段に由て運轉したり、ジョルヂ第三世の時に於て、王權一時其の勢を回復して、腐敗漸く跡を絶んとせり、該世紀の末數旬年間は國家の行政首長は其內閣員より離れて別に一の要素を形くれり、當時の內閣員は今日の如く單に國會に倚賴する國會の委員にあらず、寧ろ王の意思と國會多數の意思とを調和するの媒介者たりしなり、彼等は自ら國會に對して有する義務と衝突し、若くは時としては之を壓するが如き義務を王に對して有すと考へ、且つ然か公言したり、當時王の前に白したる卑謙の言句は、今日首相が之を用ふ

米國憲法會議の頃には内閣政府の制は英國に於て猶未熟なりし

「王權は增長せり增長しつゝあり須く減少せさる可らす」

自由人民か解くへき大問題

英國は第一に代議制を發達せしめ第二に代議士に與ふるに行政

るを見れば、其事の情に遠きを笑はざるを得ずと雖も、當時に於ては是れ眞實を言顯はせる者なりしなり、一千七百八十七年憲法會議ヒラデルヒヤに開かれたる頃には、内閣政府の制は英國に於ては猶未だ成熟せざりき、即ち其の眞性本質の如何を明らかにする能はざりし程未熟なりしなり、余輩今日より之を見れば其傾向は王權を抑へ、國會を揚ぐるに在りしと雖も、人々若しジヨルヂ第三世の勢力を以て、ジヨルヂ第一世の勢力に比較しなば、ダンニングの有名なる動議にあらひて「王權は增長せり、增長しつゝあり、須く減少せざる可らず」と論せんも知るべからず、

自由人民が解くべき最大の問題は、如何せば市民一般をして國家の行政事務を處理し且つ支配するを得せしむべきかと云ふ是れなり、英國は一千七百八十七年に此問題を解きたる惟一の國民(瑞士諸州は甚だ小にして謂ふに足らず)なりし、即ち第一には代議制を發達せしめ、第二には代議士に與ふるに行政部を支配すべき多分の權力を以てして、此問題を解き

部を支配すへき多分の權力を以てして此問題を解き得たり。

憲法會議の委員をして英國憲法を明らかにせしめたる三源因

第一の源因　英國と爭端の開けてより米人か英國に對して事を處するに當て得たる經驗

得たり、故に米國憲法會議に其の「諸州の一層完全なる合同」を生ぜんとて、新たに化成したる國民の爲めに自由政府を立てんと求むるに際して、其の眼を英國に注ぎたり、

憲法會議の委員の中、曾て英國に來りて其憲法が當時如何なる者ありしやを自身に觀察したるもの至て少かりし、然しながら茲に英國憲法を明らかにすべき三源因ありて、彼等をして其の力に依て能く英國憲法の何如を窺はしめたり、其の一は爭端の開けたる以來彼等が本國(英國)に對して事を處するに當りて得たる經驗なり、彼等は英國の行政部が大に王一己の意志に動かさるゝを見、特に其植民事務及び外交事務を處理するに於て國會の外に獨立する者を見たり、何となれば行政部は預め國會に知らせず、又た其承諾を經るを要ずして壓制をなし得るが故に、而して後には又必要を口實として己れの所爲を辯護し得るが故なり、然るに此の必要なる者につきては國會は信憑すべき通知を得ざるが故に是非を判斷

第二の源因　學術的敎授書中に英國憲法を記述表明したるを

する能はざるなり、王の權力は重に是等の植民及び外交事務の上に存せり(實に今日までも國會が行政部を支配する權力は何の部局に於るよりも此に最も少なし、是れ此には秘密と疾速とを尙とべばなり)、故に彼等(米人)は英國王の權力が內治上に於ては之よりも如何計り少なき者なるやを知る能はざりし、且つ又屢々秘密の徒黨ありて實地に內閣員を左右すと信ぜられたり、如何となれば此の如き徒黨は國王と共謀すればなり、又王は有力なる機械を掌にすと信ぜられたり、即ち是れ賄賂、爵位、養老金及官職の類なりとす、而して凡そ代議士は其の吐露したる言語、其爲したる投票を世間に報告せらたることなく、又其殆んど半は高貴の人々に指名せられし者なるが故に、其の道德の力凡庸に超絶するにあらざれは容易に此利器に抵抗する能はざるなり、

第二の源因は學術的敎授書、特にブラックストーンの著書即ち一千七百六十九年初めて梓に上り、(此書の材質は已に一千七百五十八年よりして數

第三の源因

第十八世紀の政治哲學者が英國憲法について下したる意見

萬法精理の感化

年間オックスフォルド大學に於て講義せられたり)間もなく英國憲法に關して第一の大著と仰がれし彼の有名なるコンメンタリー等の中に英國憲法を記述表明したることと之れなり、ブラックストーンは法文を變更し來る實際よりは寧ろ法文自身を嚴密に墨守する法律家の常として、王權をば已れが之を書ける時代よりスチユアルト家の時代に適するが如き有樣に書倣し、又た行政部の獨立なるべきを論じ、立法權を行政部より奪ふ事は國民の自由に取て缺く可らざるを明言せり、

第三の源因は第十八世紀の政治哲學者が英國憲法について下したる意見之れなり、就中モンテスキウは最も大切なる者なるが故に、余輩は單にモンテスキウの如何を觀察するを要す、

有名なる「萬法精理論」一千七百四十八年に顯はれたるが、此論たる永久に人心を感化する少數の良書中に加はるべき者、且つ聖アウガスチンの著名なる論説シチー、オヴ、ゴッド(神の都の義)の如く數百年を俟て始めて其

モンテスキーの三權分立論は政治哲學のバイブルと思われ各人の服從すへき金科玉條となされたり

眞價を認められたるに非ずして、其世に公けにせらるゝと等しく直ちに絶大の感化力を人心に及ぼせる者にして、英國憲法中に於ける行政立法司法の三權の分立を稱揚して以て該制度の最も著しき特質と爲せり、モンテスキウは前二者(行政立法)及び幾分か後者(司法)が佛蘭士王の直接の統轄に由て已れの國に行なはるゝを常に見なれたるが故に、英人の自由は是等三者の分立に由る者と見做したり、大英國の君主は當時、今日よりも大なる特權を有ち居たり、而して其の特權は當時に於ても實際よりは大なる者と見えたるが故に、外國の觀察者が此の如く英國國會の行政的性格を過小視し、英國君主一身の行政的權力を過大視したるは怪しむに足らず、抑もモンテスキウの此論は次代の思想家には政治哲學のバイブル(聖經)とも思はれたり、此の如く米國憲法の主唱者ハミルトン及びマデソンの如きは屢々其新聞紙フェデラリストに之を引證したりしが、其之を引證する有樣は宛がら中世の學者がアリストートルを引證せるが

植民地に於ても三權分立の經驗をなせり

如くにして、即ち之を以て各人の服從すべき金科玉條と爲したりき、殊にマヂソンは行政立法司法の三權の分立か自由政府の特質なる事を喋々辨明して怠らざりき、

英國憲法に對する斯の如き見解は、米人が其植民地に於る代議政治の經驗に由て形づくれる思想と習慣に符合し、又是等の思想と習慣の爲めに益々强められたり、實に此等の思想と習慣は米國制度の構成に於ける一大要素たりしなり、是等の諸植民地(米洲に在し英植民地)に於ては、行政權は或は英國王が派遣したる總督(或は知事)の掌中に在り、或は英國王が世襲權を與へたる一地方の地主(プロプライエタルと呼ばれし者にて、メーリランドのロルド、バルチモールの如きは其著名なる者なり)の手にありき、是等の權力(知事地主の類)と與に代議的集會ありて其各自の共和國(十三州などをいふ)のために法律を立て、金錢を投票せり、是等の代議會は知事若くは總督を撿制する能はざりし、如何となれば知事の官職は直ちに

米人は其植民地制度の中に英國に於るよりも完全なる立法行政の分立を發見して之を感賞したり

憲法會議の人々は植民地に於て

英國王の任命せる所にして、彼は又植民地政府に對して責任を有するに非ず、只英國王に對して責任を有するのみなればなり、彼等知事なる者は國會的內閣を有たず、只己れと英國王とに責任を有する官吏を有ちしのみ、彼は植民地の立法部の條例に對して屢々拒否權を使用したり、而して又該の團躰(植民地立法部)は金錢を投票するを拒むの外他に知事を撿制するの手段を有たざりしが故に、全く只立法部たるのみにして、他に爲す所とてはあらざりしなり、斯の如く米人は其植民地(或は州)制度の中に英國に於るよりも完全なる立法行政の分立を發見して之を感賞したり、諸植民地に於ては政府の官吏は立法部に席を占めざりしを以てなり、而して彼等(米人)は早くも已に己れの自由なる事を誇りて、其自由の區域の濶大なるは一に此原因即ち立法部と行政部の分立に由ると爲せり、

彼等の植民地に於る經驗と、英國憲法に對する是等の概念とを併せて、一千七百八十七年の人々(憲法會議の人々)は三箇の歸結を引出せり、第一は、

の經驗と英國憲法に對する概念とを幷て三箇の歸結を引出せり

憲法創制者が大統領に對する意見

行政權と立法權とを別人の手に托するは自由政府の本色なる事、第二は、行政部の權力は自由に對して危險なる者なれば、判然劃定したる區域內に限られざる可らざる事、第三は、國家の首長の專橫を制せんには、之れが權力を明定し且之が任期を定むるを要するのみならず、又彼が立法部に權勢を及ぼすの機會を遮斷せざる可らざる事、卽ち是なり、彼等謂へらく、大統領の命令に由て指名せられ、且つ働く所の內閣員《ミニストル》は人民の忠信なる代表者たるよりは寧ろ大統領の機械たるべしと、故に內閣員をして此二重の資格を持たしめざらんと決心し、遂に合衆國官吏たる者には兩院の議員たることを禁ぜり、彼等は以爲く、此の如くにして彼等は立法部を淸潔にし、獨立にし、謹愼ならしめ、人民の忠僕とならしめ、專制權の强敵とならしめたりと、然れども憲法創制者は固より之を以て全能者たらしめんとは謂はざりし、彼等は又微弱なる行政部より生ずべき危險をも覺知せり、彼等憲法の第一稿中に國會をして大統領を撰ばしむべしとの條を載

人民自ら其特撰したる撰擧人を以て大統領を撰むに決したる源由

せたりと雖ども、之れが爲に後に此條を削除したり、是れ然かする時は大統領は只國會の創造する者(隨意に撰任する者)にして、國會を撿制することと能はざるべしと恐れてなりき、而して大統領の地位を鞏固にする爲め、又此最高の職の爲に國會議員の中に隱謀の起るを防がんが爲めに、人民自ら其特撰したる撰擧人を以て大統領を撰ぶべしと決定したり、斯く間接ながらも人民の命令を以て彼を撰任したれば、彼は國會の手を離れて獨立獨歩し、且其拒否權を使用するの勇氣を皷舞す、若し之に反して彼れ只國會の指名する所たるに止まらば、恐らくは此の勇氣なかるべし、此の如く一方には國會の獨立鞏くなり、他方には大統領の獨立固くなりたれば、一千七百八十七年の人々は恰當の權衡を得るに至りたりと信ぜり、即ち是等兩者相制するが故に人民は――非常の艱苦を嘗めて得たる自由を尊重愛護する人民は――兩方(國會と大統領)に敬愛せられて孰れの蠶食にも遇ふの虞なかるべかりしなり、

司法部ありて行政立法兩部局の間に起る爭を決斷す是れ英國になき所なり

固より是等兩部局の間に其各自の權利と權力に就て爭論の起るべき危ぶみなきに非ず、然れども人民の最上意志を表明せる憲法に對して威嚴ある解釋を施すべき權利を與へられたる司法部てふ者ありて其間に立てば、是の如き爭論をば由や盡くならずとも大抵は平穩に決斷するに足り、又之に由て憲法を忠實に遵守せしむるの道を備ふ、此事たる英國が爲さゞりし所、又其國會の全能なる所よりして英國が爲す能はざりし所也」「彼等は其知るよりも善く造れり」、彼等は立法部を行政部より全然分離したり、其之を分離せる事の極めて完全にして、唯に此二者をして各獨立せしめたるのみならず、又之をして各其本領に於ても微弱ならしめたり、大統領は或る大變革を實行せんとしても、英國に於る人望ある大宰相が國會を率ゐる如く、米國國會を率ゐて己れを贊助せしむる能はず、彼は外交政略に於ても、官吏任命に於ても、元老院の協贊を要するが故に、羈絆せられて自由あるを得ず、彼は危急に際しても國會より人民に上告することを禁ぜらる、然しながら國民は大統領を己れの威嚴の直接の代表者と見なすが故に、大統領の職は幾分か確固たる獨立を保つ、而して又彼は只四年間此職に在るのみなるが故に、永久位に在る帝王が行なはゞ人心を動搖せしむべき所の果斷決行をも猜疑を蒙る事なしに此四年間に成すを得るなり、米國の大統領は成文憲法の城砦に據るが故に、彼れの原形(雛形)なる英國君主が漸々に奪はれ來りし權力を保ち得たり、之に反して米國國會は二箇の同等なる院に分れおりて、萬一相互に意見を異にする時は爲に立法の事業を停滯せしむるに至るが故に、之を彼の一院薄弱にして一院强盛なる英國國會に比ぶれは、其勢力を殺がれたりと謂ふべし、又英國及び其植民地に於ては大臣若くは内閣員が國會に列席し且つ國會の多數に倚賴するが故に、國會は之が爲に直接に行政部を支配し得るなれども、米國には此風なきが故に、米國會は行政部を直接に支配するの力なし、此の如く米國人は英國憲法を只纔かに變更して亞米利加に再現せし

英國下院は立法議會たるのみならず又最高行政議會たるの地位に達せり

米國々會は純然たる立法院なれどもその立法權甚廣き者にして已に行政府の領分を蠶食し此後亦更に之を侵すべし

めたるが如くなれども、其實は其元形を去ること甚だ遠く、其標本と異ること甚だ多し、

英吉利斯下院は其本領なる立法權を以て勢力を振ふのみならず、又信用缺乏てふ議決を爲して內閣員を退ぞけ、國王をして已れ(下院)が是認する者を內閣に登庸せしむるの權利を使用するが故に、今は已に立法議會にして又最高行政議會たるの地位に達せり、然るに亞米利加國會は內閣員を退ぞくるを得ず、其立たる法律を實施せしむべき代理人(官吏)を選任するを得ず、又大議會をして善く一定の方針を取らしむるの必要なる內部の組織を發達せしむることを今日までも爲し得ざるが故に、全たく只純然たる立法院たるのみ、さりながら其立法權は區域甚だ廣き者にして、米國會は已に行政府の領分を蠶食したり、此後も亦更に之を侵すならん、其此の如く之を蠶食したるは唯に故らに之を爲したるのみに非ず、國會の法規に循へば是非なくも行政部の領分に迫るが如き圜鉢を多く其委員

米法憲法會議の人々が英國の國會制若くは內閣制を採用せさりし所以如何

會の中に作らざるを得ざるに因て、亦知らず識らず此に至れるなり、米國國會は活潑有爲にして、常に時事の進步につれて新運動の地を開拓するが故に斯の如く蠶食を爲すなり、

是等の觀察に由て判斷すれば、米國憲法の元祖たる人々が英國の國會制もしくは內閣制を採用せざりし所以歷々として明かならん、彼等が之を採用せざりしは之が在ることを知らざりしに因てなり、彼等が之を知らざりしは、此制未だ成熟せざりしに因てなり、英人自ら之を曉らざりしに因てなり、政治學の大家(モンテスキウの如き)之を論ぜざりしに因てなり、內閣員が國會の命令(不信用投票の類をいふ)に從て職を辭すべき義務ある事、又は下院の全生命は內閣員中の首領の一身に集るべき氣運に向へりとの事の如きは、ブラックストーンの書にも見えず、況んやモンテスキウの中に見ゆべけんや、若し英國の內閣制を持來りて之を勸めたらば、憲法創制者たちは之を採用して模範となしたるべきか否やは疑はし、彼等

英國制度の精神は內閣と下院と人民との三權の細緻なる平稱を得るに存す

或は思はん、此の如き一致結合したる强大の團躰にして、能く(今日に於る如く)國會內の一時の多數が爲さんとする所を迅速に勢ひ强く何の苦も無く成し遂ぐる如き者は、各州各人——卽ち彼等の山水の背地に充る者——の自由に取て危險なるやも知るべからずと、然れども此の思想は終に彼等の中に顯はれざりしを以て、余輩は之れが排斥せられたりとは固より言ふべからず、又此制度——英國及び其植民地が爾來斯く由て繁榮せる此制度——を非として彼等が取りたりと思はるゝが如き進路を指示する能はざるなり、

彼の制度は一千八百三十二年の改革條例に由て人民一般の權力が確定せらるゝ迄は、其成熟を極めたりとは言ふ可らず、如何となれば其精神は內閣と下院と人民との三權の細緻なる平稱を得るに存すればなり、下院は內閣を召喚して其所爲に對して答辨を爲さしむるを得るが故に、又金錢を供給するを拒みて內閣に職を退かせ得るが故に、其力大なりとす、內

下院も内閣も共に人民の目の前に公然と起ち働らく、而して人民はその裁判人なり

下院人民と密接す

内閣亦人民と密接す

救治法を具へさる一欠點

閣は國會を解散して人民に向つて己れと國會との是非を判するを乞得るが故に、防衛の道なきに非ず、國會は内閣を退けたりとても、行政權を倒したるに非ず、只其人を變へたるのみ、又内閣は國會を解散したりとても、之を制度として攻擊するに非ず、彼等は人民に向つて之を構成する箇人を變へんとを請ふを以て其此團軆の最上權を認むるを表はす、下院も内閣も共に人民の目の前に公然と起ち働らく、而して人民は裁判人として坐し、何時にても彼等の間に起る爭論を審判せんとす、國會議員は常に己れの撰擧者の中に顯はるゝ意見の光影に注目せざる可らざれば、下院は人民と密接す、内閣は己れ自ら代議士たるのみならず、又一大黨派の首領にして、之が意見の何如に着目し、己れが所爲の己れの黨派が己れに置く信用に影響するの何如を計らざる可らざるが故に、是又人民と密接す、只此の「撿制及び權衡」が救治の法を具へざる一點は、内閣が國會の多數の贊成を以て、其嚮に總撰擧の際に人民に向つて告白せざる、隨つて人民の大

此細微なる權衡に本いて立つ所の制度の缺點は其平稱の屢動搖するを免かれさるに在り

英國制を善く運轉せんには二大政黨の存在するを要す

多數が實際是認せざる政策を實行するに在り、一千八百七十六年より一千八百八十年に亘れるビーコンスフ井ールド公の內閣の如きは其最近の一例なり、是れ眞實の危險なり、然れども其長く續きて大害を引起すが如きは殆んど稀なり、如何となれば輿論の機關は今は甚だ强大にして、且之を發表するの機會は甚だ衆きが故に、人民の多數の震怒は、否な有力なる少數の震怒にても、內閣と下院とを畏嚇して其進向を中途に遮り得ること殆ど疑なし、

此細微なる權衡に本ついて立つ所の制度の缺點は其平稱《ツリアヒ》の屢々動搖するを免かれざるに在り、其動搖毎に或は政府の更迭を來して諸官省に莫大なる一時の不便を感ぜしめ、或は總撰擧を來して非常に金錢を消糜せしめ、國內に困難を生ぜしむ、此制を善く運轉せんには二大政黨――只二大政黨のみ、其他は無し――の存在するを要す、而して是等二政黨は共に强大にして彼是相互に制するに足らざる可らずと雖も、亦孰れの國會に

許多の小黨派を以て成立する代議院を運轉するは困難なり

英國に於て行政部若し下院の意に悖るときは如何

於ては此等二者の中一必らず他に勝りて勢力なくんばある可らず、若し第三あるひは第四の黨派增加し來るに於ては、事情變更す、國會の權衡は此第三或は第四の政黨が如何に運動するか、是等二黨の孰れに與するかに依りて、或は此方に、或は彼方に傾くべし、而して解散一層其數を增し來らん、否な解散も亦其平定を恢復する事難かるべし、佛蘭士共和國の近狀は許多の小黨派を以て成立る代議院を運轉するの困難を示すに足る、又此の如き種類の困難英國にも亦之れ無きに非ず、

想ふに憲法上の爭にして英國の如き內閣制の下に起る者と亞米利加制の下に起る者との形體何如を比較するは有益の事なるべし、請ふ左に之を試みん、

英國に於ては、行政部もし下院の意に悖るときは、下院は不信用の投票を爲す、然る時は內閣は辭職するか、又は國會を解散するか、其一に出ざるべからず、內閣もし辭し去れば、下院の中に最も勢力盛なりし黨派の中より

英國に於て內閣國會を解散したる時は如何

上院と內閣との間に爭起りて國會內閣を贊助し上院下院の議案を廢棄せんと主張する時は如何

上院下院の意見に從はざる時の非常手段は新貴族を創造するに在り

して新內閣を撰任す、而して斯行政部と立法部との一致協同恢復せられて、公共の事務再び進む、若之に反して內閣が國會を解散したる時は新國會之に代りて出來る、而して其新國會もし現內閣を贊成すれば之を其まゝに維持し、若し之に反對なれば直ちに之をして職を辭せしむ、(第二の塲合に際する時は近頃は內閣自ら辭し退くの風おこれり、是れ後には憲法上の一慣例となるべし、)孰れの塲合に於ても行政立法の一致舊に復す、若し上院と內閣との間に爭おこりて、國會は內閣を贊助し、上院は下院が上呈したる議案を廢棄せんと主張するに於ては、下院を解散するを其憲法上の救療法とす、而して若し新たに招集せられたる下院にして前下院の意見を再び主張するならば、改正法によりて上院は直ちに其說を枉て之に同意す、然れども上院尙前說を執て屈せざる時は只一の非常手段あるのみ、卽ち上院の權衡を轉ずるに十分あるほどの新貴族を國王(卽ち內閣)の命を以て新たに創造するに在り、此手段は一千八百三十二年に一たび

最後の決定はいつも人民即ち國會に多數を占むる黨派の掌中に歸す

米國に於て國會と大統領との間の爭は或は行政的事業につきて起り或は議案につきて起る

實行せられんとしたるのみにして、未だ一回も實際に施せし事なし、實地に就て之を見れば、最後の決定はいつも人民—即ち國會に多數を占むる黨派—の掌中に歸す、此の調和法は立法部と行政部との間に起る一切の爭に適用せらる、是實に迅速なる有効なる方法なり、此迅速と有効との中に其功能もあれば、又其危險もあり、

亞米利加に於ては國會と大統領との間の爭は或は行政的事業につきて起り、或は議案につきて起る、—若し行政事業、任命或は條約につきてならば、國會の一院卽ち元老院進んで大統領を掣肘し得べし、卽ち彼をして彼が爲んと欲する所を爲す能はざらしむ、但し彼をして元老院の欲する所をば爲さしむる能はず、—若し議案につきてならば、卽ち大統領が認可せずして返附したる議案につきてならば、元老代議兩院は其三分の二の多數を以て大統領の拒否を顧みずして之を通過し、斯く其爭に終を告しめ得べし、但し之を實行するには是非とも之を大統領と內閣員の手に托せ

新大統領の撰擧と新代議院の撰擧と同時に起る時は人民は其意見を發表し得へき第二の方法手段を有す

ざる可らず、然るに彼等は素と之を是認せざるなれば、之を實施するに不適當なる人物ならんも知るべからず、若し三分の二の多數あらざる時は其の議案は消滅す、故に如何程大切なる議案にもあれ、如何に之を迅速に議了すると國家の爲に必要なるにもあれ、或は國會の多數が之を欲するとも、大統領が之を欲するとも、國會の期限の盡くるまでは復如何ともすべき無し、其の事柄は人民の前に還り來る、大統領もし尚二年の在職期を餘さば、人民は大統領と政治上の意見を同うする者を撰びて彼に對する賛成の意を表すべく、又然らざるときは反對なる代議士を再撰して其不賛成の意を表すべし、若又新大統領の撰擧と新代議院の撰擧と同時に起る時は、人民は其意見を發表すべく備へられたる第二の方法手段を有す、即ち彼等は唯に前院と同意なる或は反對なる代議院を撰擧し得るのみならず、又之と同意なる或は反對なる大統領を撰擧し得べし、兎まれ角まれ人民は國會の一院(代議院)と大統領との間に一致を恢復し得べし、但し

英國と合衆國との間に存する一大差別

米國に於ては行政部は全く立法部を離れて獨立すべしといふ理行わる

元老院は尙大統領に反對しをるあらん、恐らくは其の中の多數が諸州立法部より撰出せられたる新議員の爲に一變して少數となるまでは或は調和の恢復せらるゝ事なからん、是れ英國の方法に比ぶれば一層遲緩なる方法なり、此の如きは迅速の運動を要する急難に臨みては到底用を爲し難からん、併ながら又輕躁なる恐らくは恢復しがたきが如き失策に陷るを免かれん、故に其の利も此にあり、其の害も亦此に在りと謂ふべし、茲に英國と合衆國との間に一大差別の存するあり、英國に於ては立法部は最上なる者となれり、而して英人は謂へらく、英國の行政部が直接に下院に對して責任を有するは即ち此制度の功德なりと、然れども米國に於ては唯に國民政府に於てのみならず各州政府に於ても亦全く之と背馳する理論行なはる、即ち行政部は全く立法部を離れて獨立すべしと云ふ是なり、亞米利加人は此の制度が勢力上効力上幾分か損失を免かれざるを曉れり、然れども彼等は又此制度が平民政治に於て危險を豫防するに

米國到る所大統領の拒否權を以て立法部に對して社會を保護する者となして益々之に倚賴す

大効あるを信ぜり、彼等は行政部と立法部とが出來るだけ善く互に相助けて働くべしと預期す、而して輿論は平常是等二權力を驅て幾分か協力せしむ、亞米利加に於ては、國民中に於ても、州中に於ても、市府中に於ても、共に大統領の拒否權《ビートー》を以て立法部に對して社會を保護する者と爲して、益々之に倚賴するの風を長ず、是れ民主政治の傾向を卜するに足る好注解と稱すべし、微弱なる行政部は屢々國家に害を爲す、然れども強盛なる行政部が人民の信任を妄用したる事は稀なりし、之に反して行政部が其の拒否權を使用して立法部の擧動より起る害惡を防止したる例は乏しからず、之が爲に亞米利加人は信ずらく、英國に於ても國會に對して人民を保護すべき拒否權の如き者の使用せられざる可らざる日の來る事も蓋し遠きに非ずと、

或米人は英國に勸むるに其の女子たる米國より制度の美を借らん事を以てするに、他の米國人は却て謂へらく、合衆國に於ては行政部と立法部

大統領の內閣員を國會に出席せしむるの發議

此の結果は發議者の思慮するよりも更に廣大に米國制度各部分に變改を生ずるに到るべし

との分離餘りに甚だしと、而して竊かに忠告して曰く、若し大統領の內閣員にして元老代議兩院に出席して疑問に答ふるを許され、或は又更に討議に加はるを得ば、蓋し是れ一改良にして米國の福なるべしと、余は今此に此の發議の是非を論ずべき餘地を有せず、然れども此事たる其發議者が思量するよりは更に廣大なる變改を生ずるの途を啓く者ならんと思はる、大統領の內閣員が國會と接する事いよいよ大なれば、彼と彼れの內閣員が今有つ所の國會外の獨立を維持すること愈々困難なるに至るべし、數年前諾威《ノルウエー》國の國會(ストルテング卽ち大議會)が瑞典諾威の王に迫りて其內閣大臣等を國會に出席せしむる事に承諾を與へしめたる時、王は其の讓與(卽ち大臣を國會に出すの承諾)の意味を洞見して、將來は國會に多數を占る政黨と一致する所の人々を大臣に登庸せんと決心せり、實に人もし一古屋に變改を施し始めしあらば、其の改造の如何許にして止むべきかを見るに難し、我は謂ふ、米國の現制度に對する此變改は、其れ自身

米國に於て立法部と行政部との間に四箇の重なる衝突を生したり

第一の衝突

第二の衝突

第三の衝突

は望ましき者なりとも、一たび之を實行し始めなば、或は該制度の種々の部分を全然變改せでは止まざらんも知るべからず、豈たゞ内閣員の國會に出席する事にのみ止まらんや、

合衆國の歴史を按ずるに、立法部と行政部との間に四箇の重大なる衝突ありし、第一は大統領ジャクソンと國會の間に起れる者なりし、此爭論はジャクソンの勝利となれり、如何となれば兩院が彼に反對したる時の間彼が反對者は三分の二の多數を有せざりしを以てなり、此爭論の末期に於ては、代議院(再撰せられたる)はジャクソンに同意を表せり、而して彼が大統領の職を去らざる前に彼の朋友元老院内に多數を制するに至りぬ、但し彼か勝利は行政部の勝利と云ふべからず、唯是れ人民に好かれたる一大統領の勝利と云ふべきのみ、第二の衝突は大統領タイラルと國會兩院との間に起れる者にして、双方交綏するに至れり、如何となれば兩院内の多數は三分の二に滿たざりしが故なり、第三は大統領ジョンソンと國會

第四の衝突

との間に起れる者にして、國會勝利を得たり、此時に當ては、南方諸州の大抵投票權を奪はれしが爲めに、大統領の反對者は非常の多數を兩院に得、其破竹の勢ある多數を以て一群の條例を果敢に通過せり、故に大統領は之を甘諾するを嫌ふと雖ども、只時々僅に其等の條例の効力を薄うするを得たるのみにして、終に之を滅絶するを得ざりき、第四の衝突は前に記述したる如く(蓋し大統領ヘーズと國會との爭論を指す)勝利は大統領に歸せり、如何となれば彼に反對する國會の多數微少なりければなり、是は大統領が其欲する所を得たるに非らず、只國會をして其欲する所を得ざらしめたるのみ、—故に亞米利加制度の實際の結果は是なり、卽ち一政黨國會内に多數を有する時は、其黨は大統領を壓倒して彼が領分を蠶食し、彼をして只赦免を行ふ事、陸海軍中の昇級及び外國と商議を開く事(條約は元老院の承諾を要すれは此内に在らず)等の如き嚴に彼に屬する職掌を爲さしむるのみ、但し兩大政黨が平等に分れたる時—即ち一は元老院

米國には政黨政府なし

政黨政治とは何ぞや

に一は代議院に多數を有するか、或は又大統領に反對する多數の只僅少なる時とには、大統領は自由にして新たに覊絆を蒙むるの虞なし、然れども彼は從前蒙らされたる覊絆をは脱する能はず、隨つて又新たに立法を要するか如き運動を爲すを得ざるなり、

亞米利加には歐洲にて意味するが如き政黨政府てふ者なし、是また彼處に內閣制の存せざるに因て然る者とす、佛蘭士、伊太利、英蘭土等に於る政黨政治とは即ち同一の意見を有ちて聯合したる(又は聯合したりと公言する)一群の人々か全く政治の機械を掌握して、己れの持說に循つて之を運轉するを謂ふ、彼等が國中に於る多數は立法部に於る多數を以て代表せらる、而して此多數に內閣は是非とも屬せざる可らず、內閣は即ち此政黨の最高委員會にして、中外の事務を處理す、蓋し多數は卽ち國民なりと考へらるればなり、亞米利加に於ては之に異り、勿論人々は一政黨か勢力を占めをるを談ず、是即ち大統領が屬する黨派を指して謂ふなり、然れど

米人か所謂勢力を握れる黨派は何の勢力をも有つを要せず只官職を已れの黨員中に分つ事あるのみ

も人々は該の黨派が他黨の官吏を擠して之に代るが故に然か言ふのみ、實に多くの政治家は之を見て以て勢力と爲すなり、余再び言ふ、人々が斯く言ふは、古昔に在ては立法部に多數を有てる政黨は、又行政部にも通例多數を有ちたればなり、又大統領撰擧は從來兩黨の勢力を試めす大戰爭なるを以てなり、

併ながら米國人は政府に立てる黨派を勢力を握れる黨派と呼做すに於て、此の英國より借りたる文句をば全く性質の異る現象に適用せり、彼等が所謂「勢力を握れる黨派」は何の「勢力」をも有つを要せず、只官職を已れの黨員の中に分つ事あるのみ、是は國會の一院に少數を有する事もあらん、然る時は何事をも成すを得ず、僅に反對の立法を防遮し得るのみ、—又國會の兩院に等しく少數にてある事もあらん、然る時は已れの好まざる所の條例の通過せらるるを見ても力なくなく之れに默從せざる可らず、若し之れか敵にして元老院を手に入れなば、其の行政の腕も亦痿へん、黨派

米國に於て政黨政府は英國に比ふれは一層微薄なり

政黨政治の缺乏より生する弊害

米國憲法の不便

心は通例英國に於るよりも米國に强かりしと雖も、又今日にても一層割合多く投票者を支配して其紀律更に(英國よりは)嚴なりと雖も、政黨政府は英國に比ぶれは一層微弱なりとす、

凡そ歐洲の政黨競爭の猛烈なるを歎く者は或は亞米利加を仙境たるが如くに想像せん、卽ち謂へらく、彼處には偏僻なきが故に立法は正義公道に適ひ、國民の利害に關する純潔寛弘なる意見は政治家の利己心を抑制すと、然れども余より之を觀れば却て左の如く言ふ方眞に近かるべし、卽ち政黨政治の缺乏は重に法律をして前後相矛盾するの弊あらしめ、遠大なる政畧の結構を妨ぐ、如何となれば始終相變らぬ方針を取ること能はざれば也、政黨制の發達史は後篇に之を讓りて、此には只此一事を述ぶべし、此制は他の諸點に於ては完全にして整頓せりと雖ども、歐洲の方法か與ふる利便の或る者をば米國憲法は之に與ふることを拒めり、卽ち憲法は政黨をして一時に行政立法の兩者を通じて直接に日日に國家を治理す

米國制度實際の結果如何

米國制度より生する五個の結果

るを得ざらしむるなり、

余輩は今此制の實際の結果―國會を立法部より分離せんと欲し、內閣制の如くに之を合併せざらんとする制度の結果―を約説するを得るの地位に達す、余は云へり「分離せんと欲す」と、是れ其分離は著しとは雖も普通の言語の意味するほどは、憲法創制者が望みたるほどは完全ならざればなり、卽ち是等二權力の膠漆して離る可らざるは此希望をして空しくならしむるに足れり、是等の結果は凡そ五つ、

(第一) 大統領と彼れの內閣員は國會に於て何も自ら發案する能はず、只恩典を與へて箇箇の議員に及ぼし得る外は、何の勢力をも國會に及ぼすこと無し、

(第二) 國會は調査の權力の無限なると與に行政部局を支配するの權力不完全なり、

(第三) 國民は失策或は怠慢の責を如何に又は何處に歸すべきかを常に

一言以て是等欠點を蔽ふ曰く米國政府は合同一致を欠く

知るに非ず、法律を立つる兩團躰と法律を執行する大統領とは互に相關係する事甚だ密なるが故に、各々通例其咎をば他に歸するを得、一として直接に十分の責任を身に負て働く者なし、

（第四）摩軋の爲めに勢力の損失生ず、卽ち政府を構成する所の人々（大統領內閣員）と兩團躰との勢力と時間の幾分は相互の競爭に由て耗散す、是は自由政府に凡て免かれざる所なればなり、如何となれば自由政府は凡て相互の撿制に依賴すればなり、撿制ますます多ければ、摩擦ますます多し、

（第五）行政上の氣力及び果斷は危急の時に臨んで或は缺乏せん、

我輩は是等の缺點を蔽ふに一言を以てするを得ん、亞米利加政府は之を全躰に觀察すれば合同一和を缺く、其諸部局は互に相連結せず、其（諸部局の）盡力は區々にして同一の目的を追はず、隨つて一の首尾整然たる結果を生せず、水手と柁師と技師とは等しく皆同一の目的を有つとも見えず、

政界の變動如何ともする能はず

同一の意志を奉ずるとも思はれず、故に船は同一の方針を眞一文字に直航せずして右にまがり左にをれて其進路羊腸透迤を極む、人もし年々歳々諸自由政府の歴史を視察し、且自身も亦風潮の大渦中に浮游しをらば、其人は益々其風潮の勢力を感じ、人々の先見と意向とは然のみ與りて力ある者に非ず、内閣員も國會も皆ともに何處とも知らず或る絶大の勢力ある運命若くは天命のために推ながさるゝを認むべし、併ながら此感は歐洲に於てよりは亞米利加に強し、如何となれば米國に於ては此の如き諸權力は互に協力する事薄きが上に、亦自ら己れの不能力を感じてあきらむればなり、雲起り、大陽を覆ひ、而して破裂して暴風雨と成る、頓て暴風雨は過ぎ去り、青空は前の如く耀く、然るに之と同時に又他の雲すでに水平線上に顯はれ始む、政黨は組織せられ、解散す、調和は成り、亦攻撃せられ、又破らる、戰爭は破裂し、戰かはれ、忘れらる、新問題は起る、而して大統領や内閣や州政府や國會の兩院の如きは是等の變化に對して如何とも爲す事

大統領は國會をも國民をも先導する能はす國會は大統領を指南し或は奬勵する能はす

能はざるが如く見え、是等を先見して豫防するの力も抵抗するの力も無きが如く見ゆ、是れさながら農夫が大旋風の吹來りて禾穀を扱くを先見しながらも、之が暴勢を制止するに力なきが如し、

大統領は餘りに爲す所ある能はず、是れ彼は國會をも國民をも先導する能はざればなり、國會は大統領を指南し或は奬勵する能はす、又危急の際にても彼よりも賢能なる人を擧て彼に代らしむる能はず、內閣は國會より政策を授からず、又政策を之に與ふる事もなし、國家の各權力はそれぞれ自分の途を行きて他を顧みず、又其の取べき道を論じて貴重の時を費す、而して實際に起る所の事も國家の依法の機關(立法行政などの機關をいふ)の動作より出來るに非ず、是全く或更に大なる勢力の然らしむる所なりとす、此の大勢力は時としては是等の權力の不和を利用し、時としては是等の權力を度外に措きて顧みざるなり、是れ少くとも彼の亞米利加の最大問題、最大競爭の歷史――奴隷使役黨が奴隷廢止黨に對して挑め

米國の事情と佛蘭士革命の初に於る事情と相似る所なきにあらず

急雖の突然と自由國に臨みたる

る爭闘の歷史――が凡そ其出來事を顧みて同一の演劇の部分と見做す所の人々に與ふる所の感覺なり、謹愼に謹愼を加へて案出したる憲法も彼の問題を解く能はず、彼の爭闘を豫防する能はざりき、最後に國民顯れて其權を主張せり、然れども是れ此機關(憲法)が兩大政黨の實力を試みて其勝利を一に歸するか若くは彼等の中に調停を成すを得べき平和の手段を給する能はざるに至れる後なりしなり、

佛蘭士革命の初に於る事情も亦全く之と異る者にも非りし、一千七百九十一年の佛蘭士國會が制定したる憲法は、國家に於ける各權力の職掌及び權限を痛く制限したれば、孰れの人も孰れの團体も一人一箇にては國民をも立法部をも先導する能はず、又何の政策をも構成し若くは維持する能はず、萬事其行くがまゝに任されたり、而して船は急流に漂ひ出で、急流は之を驅て大渦中に放てり、

此一致共同の缺乏は急難に臨みて痛く感ぜらる、凡そ急難の突然と自由

時は其行政部は二事を要す

歐洲制度の下には斯の如き急難に應する義務は代議院にも亦之か代理たる內閣にも同しく歸すへき者と感せらる

亞米利加に於ては然らす

米國國會は行政問題を處理するに慣れす

米國々會は供給に吝なり又供給の價値を倍する信用に吝なり

國に臨みたる時は、其行政部は二事を要す、即ち平時に於て與へられたるよりは大いなる金錢と權力とを要す、歐洲制度の下に在ては此の如き急難に應ずる義務は、代議院にも亦之が代理たる內閣員にも等しく歸すべき者と感ぜらる、故に代議院は直ちに金錢供給の請求を受け、又其事宜に適ふが如き立法の請求を受く、是等の者にして與へらるゝに於ては、內閣は人民の重みを後ろに負ふて進む、而して內閣は常に代議院と協同し來り、代議院も亦常に內閣と協同し來りしが故に、其の一致の運動至極圓滑に行はる、亞米利加に於ては然らず、大統領は平時に於て國會と事を共にする事少なく、國會も亦行政問題を處理するに慣れず、其機關は、殊にも彼の首領たる人々の缺乏、隨つて組織の缺乏は、之をして迅速に實際の急難に應ずるに堪ざらしむ、是は兎角供給に吝なり、又供給の價直を倍する信用に吝なり、國會が行政部に對して猜疑の念を懷くは平時に於ては適當にして、又己れと直接に交通せざる團体に對して自然の事なりとす、然れ

米國に於て急難の深くなるに於ては只羅馬帝國に於る如く一時ヂクテートルを立るより外に道なし

戰爭の終ると等しく好習慣良風俗再ひ勢を得來りて萬事舊に復す

道具の不完全なるは工人の榮譽

ども急難に臨みては斯くてあるべきに非ず、さりながら己れの團体に屬する者にも非ず、又己れに對して直接に責任を有するにもあらざる人々を如何ぞ信任し得んや、故に危難の深くあるに於ては只羅馬帝國に於る如く一時ヂクテートル(統理官、大元帥)を立るより外に道なし、實際此の如き事南北戰爭の日に起れり、卽ち當時大統領リンコルンに與へられたる權力、或はリンコルンが國會の非難なしに振ひたる權力は、其平常の權力に超過せし事あたかも羅馬のヂクテートルの權力が羅馬のコンサルの權勢に過ぎたると其度を同うせり、幸にして法律を守るの習慣深く米人の中に根柢する事なほ羅馬人の中に於るが如くなるを以て、戰爭の終ると等しく此好習慣良風俗再び勢を得來りて萬事舊に復せしことと恰も羅馬の古代に於るが如し、暴風止みて、船は其方向を舊に復し、前の如く再び滑かに進行せり、

道具の不完全なるは工人の榮譽なり、機械が益々完全に自動すれば、益々

なり

英國憲法は英國を除くの外には何れの國土に於ても危險と困難の夥多なるを免れざるべし、

之を運動するに才智を要せず、其機械の狂ふ事いよいよ屢なれば、之を看守する者の伎倆注意を要すること愈々大なり、余輩が細緻なる權衡、複雜なる機制の名作として感歎する英國憲法は英國を除くの外には何れの國土に於ても危險と困難の夥多なるを免かれざるべし、是れが英國に繁榮するは英國政治家の中に尙存する口碑のため、又英國人民を支配し來る恭敬のために然る者とす、是れは何人も書に筆せざる一團の默會に由り、又成立つに幾百年を要したりし一群の習俗に由て運轉活動す、是に由て之を觀れば、亞米利加人民は政治の伎倆を有し、先見の明を有し、自治の力を有すること他國人の決して及ぶべき所に非ず、一千八百六十一年に彼等は此法律を守るの良習を排除し、行法官をして新權力を使用せしめ、憲法に適ふや否や疑がはしき法律を容易く通過し、莫大なる兵を起し、非常なる負債を得たり、羅馬人が國家に盡すの擧動も是には勝るべくもあらず、彼等が官吏に信を置きしも是にはやはか及ぶべき、然るに其急難の行政權は大統領リンコルンの手に於て其最高點に達してより僅か四年の後に此度は大統領ジョンソンの手に於て最低點に墜落せり是の如き人民にして初めて如何なる憲法をも運轉し得べし

過去るや否や、其平野に溢れたる激流は直ちに舊の河身に歸りて穩かに流る、法律遵守の治世また還り來れり、行政權は大統領リンコルンの手に於て其最高點に達してより僅か四年の後に、此度は大統領ジョンソンの手に於て最低點に墜落せり、是の如き人民は如何なる憲法をも運轉し得べし、彼等の爲に慮るべき危險は左に在り、彼等其伎倆と幸運とを信ずるの餘り其政治機關の缺點を顧みざるあらん、或は平時に於て最も善く應用せらるべき改良を案出するに遲からん、

第廿六章

國民的政府の結構を汎論す

亞米利加政府につきて以上記述し來りし所は、亞米利加政府の精神よりは寧ろ之れが機制に關する者ならざるを得ざりし、其實際の性格、氣風、特色は大いに其由て運轉せらるゝ政黨の制に依り、又人民の政治的習俗に依て定まる、是等(政黨など)は後章に至て叙述せらるべし、然しながら余は政府の憲法的機關の研究を去る前に、以上論述し來れる批評を此に約説し、且つ前章に書くべき適當の塲所を見出し得ざりし數言の注意を此に國民的政府の本色につきて添加せんとす、

憲法の部分中大統領を撰擧するの方法ほど其創制者をして頭腦を惱まさしめ時間を費さしめたる者はあらす

大統領撰擧者は只零なるのみ實際大統領は人民一般に撰擧せらる

(第一)　憲法の部分中大統領を撰擧するの方法ほど其創制者をして頭腦を惱まさしめ、時間を費さしめたる者はあらず、彼等は人民投票の弊害を洞見したり、彼等は又國會を撿制すべき大任を有する人なる大統領の撰擧を國會の手に托するの不可なるを察知したり、人民が其目的の爲に特撰したる賢明なる人々をして彼を選ばしむるの方法は、是等の兩難に應ずるが如く見えたれば、皆此方法を信じて之を推薦し之を採用したり、併しながら其結果は全く是等の希望を空しうしたれば、今日に於ては其希望の如何にして斯く彼等の心裏に入來りしやを知るに苦しむなり、大統領の撰擧者は只零なるのみ、彼等は無論己れを指名したる黨派の候補者を投票す、故に實際大統領は人民一般に撰擧せらると謂ふべし、憲法の中に設けられたる彼の精工なる機械が今日まで保つ所の唯一なる要點は是のみ、即ち是は人民の多數が勝を制すべき單純なる一般投票(人民投票)を禁じ、却て撰擧の勝敗をして二三の樞軸的(ピボタル)州に於る投票に依て

大統領撰擧と同時に他に人民を激動せしめたる事情ありて之と落合ふならは共和國の運命に係わるか如き大難を惹き起さんも知る可らす

大統領の撰擧は勝敗曖昧なるか或は譎詐誤謬等の理由に由て議論を生するの恐常に無きにあらす

決せられしむ(第五章大統領撰擧の段を參觀せよ)、

(第二)　今日實際同時に行ふ人民投票とも稱すべき者を以て大統領を撰ぶ事は、唯に四年に一回勢力と金錢との莫大なる失費を要するのみならず、必然に又危急の機を誘起するが故に、若し他に人民を激動せしめたる事情ありて之と落合ふならば、共和國の運命に係はるが如き大難を惹起さんも知るべからず、

(第三)　大統領の撰擧は勝敗曖昧なるか、或は譎詐誤謬等の理由に依て議論を生ずるの恐常に無きに非ず、此の如き場合起るときには、之を處理すべき權力、之を信任せらるべき權力を見出すの困難實に非常なり、加之此疑問は前行政部が任期滿ちて職を去るに至る迄は落着せざるの恐なきに非ず、一千八百七十六年の撰擧の經驗は是等の危險あるべきを例證す、是の如き空位は一切の制度の下に時としては起る者にして、其君主制たると共和制(行政首長を公撰する)たるとを論せざるなり、例へば中古羅馬

高等行政官及衆くの下等行政官か四年に一回更迭するは政畧の恒一を破るものなり

獨逸帝國及び羅馬法皇の上に已に此の如き例ありたるが如し、然れども此事たる行政首長が佛蘭西瑞士等に於る如く代議院に撰擧せらるゝ處よりは、人民に撰擧せらるゝ處に危險多しとす、

（第四）　高等行政官及び衆くの下等行政官が四年に一回更迭するは政治機關に震動を與ふる者にして、大統領が一同職に在て相次で再撰せらるゝの時を除きては、政畧の恒一を保ちがたし、且又大統領の末期に至りては概して行政首長の責任薄く成りゆき、又其効力減ずるの弊あり、今や職を去らんとする大統領は輕卒なる者とならん、如何となれば彼は善行を以てしても別に得る所なく、惡行を以てしても別に失ふ所あらざればなり、故に彼は恩典を濫用し、或は私慾を縱にせん、彼は國會に對して勢力少なし、如何となれば彼れの恩典は久からずして終を告ぐべければなり、彼は人民に重んぜられず、如何となれば人民は已に彼の相續者の政畧を推度しをればなり、大統領の國務卿は外國政府と十分に談判商議するを得

今日大統領を廢するも可ならずや

大統領職の勢力と價値は其國會の外に獨立すると人民に直接の責任を有するとに存す

副統領の職は失計に屬す彼は只元老院の議長となるに在り

ず、如何となれば外國政府は彼が元老院内に勢力を失ふを見且つ次の國務卿は彼と異なる意見を持せんも知れずと思へばなり、

以上の考察は又左の疑問を呼起すべし、合衆國は當時創造せられたる國民の政治上の合一を例示する爲に、大統領を要したるは疑ふ可らずと雖も、今日は之を廢するも可ならずや、然しながら此疑問は亞米利加に於て實際の疑問として提出せられし事なし、如何となれば亞米利加人民は撰擧の方法には滿足せざれども、大統領の職をば是認すればなり、

此職の勢力と價値は其國會の外に獨立すると、人民に直接の責任を有するとに存す、亞米利加人は近頃佛蘭士に起りし如く立法部をして大統領を廢して自ら新大統領を撰ましむるが如き方案をば全く之を排斥す、

(第五) 副統領の職は失計に屬す、彼の職は平常は只元老院の議長と成るに在り、然れども彼は元老院の委員をも任命せず、又其中に投票をする事も無し、只可否同數ある時に之を投するカスチング、ヴォートを爲し得る

のみ、故に此職は然のみ重要ならず、然れども大統領死ぬる時、或は任に勝へざるに至る時、或は其職を移さるゝ時は、副統領進みて大統領の職を繼ぐ、然れば其結果は如何ぞや、副統領の地位は已に斯く重要ならざるが故に、之が候補者を撰むに於ても然のみ人心を聳動せしむる事なく、黨派の幹事は重に之を己れの黨中の一派を滿足せしむるの手段に用ふ、是故に副統領に撰ばれたる人は第一流の人に非ず、但し大統領が其任期の中に死ぬる時は—此事は十七大統領の中に四人に起れり—此の第二等の人物昇りて大統領となる、是れ國人が然らしめんと望みし事に非ず、時としてはアーサルの如く其地位を善く充せるあり、時としては又アンドリウ、ジヨンソンの如く國を攪亂せるあり、實に彼は或は凡庸人たるか、或はシーザルあらざるを得ず、

國會の構成及運轉に於ける缺點及其行政部に對する關係に於ける

（第六）　國會の構成及び運轉に於ける缺點、及び其行政部に對する關係に於ける缺點は已に十分に論じたれば、今は只約かに其所論を指示すれば

る缺點

政畧の恒一を保つは人民政治の凡て難しとする所にして特に合衆國に於て困難なる理由

足る、即ち左の如し、

國會の政畧の時々變更する事、

官吏を撿束する十分の方法なき事、

行政部が立法部に勢力を及ぼすの道なき事、

國に必要なる立法を通過せしむるを任とする權力の存在せざる事、

三つの同等なる權力、大統領と元老院と、代議院の間に屢々爭論の起る事、

政畧の恒一を保つは人民政治の凡て難しとする所なり、合衆國に於ては殊に然り、如何となれば、

行政首長及びこれが內閣員必ず(大統領再撰せらるゝに非れば)四年に一度更迭す、

國會の一院は二年ごとに更迭す、

國會兩院は孰れも永續する首領を認めず、

米國には政權を握れる黨派てふ者あるをなし

米國に於ては政治上の事業に眞の首領てふ者あらす

米國內閣には一般なる一定した

國會と行政部の間に何の一致も存するを要せず、

前に言し如く米國には政權を握れる黨派てふ者(歐洲にて用ふる意味にては)あること無し、米人は大統領が屬する所の黨派を指して然か云ふ、然れども此黨派は必ずしも多數なるに非ず、或は國會の一院又は兩院に於て却て少數なる事あらん、然る時は新たに立法を要するが如き事は何を爲す能はず、―元老院にて少數なる事あらん、然る時は重要なる行政事業は何をも爲す能はず、

政治上の事業に於ては眞の首領てふ者あらず、是れ其最も上に位する人(大統領)も黨派上の權力を有せざればなり、卽ち國會は彼を賛成する爲に撰ばれしに非ず、彼は英國の首相の如く議院の解散を以て強梁なる議員を威どす能はず、彼は又佛蘭士の大統領の如く元老院の承諾を以て代議院を解散するの權を有せず、

內閣には一般なる一定したる政略ある事なし、是れ內閣は國會の上に何

る政畧あるをなし

又立法上に於ても一般なる一定したる政畧あるをなし

米國國會は國の行政制度中なる

の權力をも有せず、國會に對して何の勢力をも有せざればなり、

又立法上に於ても一般なる一定したる政略とては有ること無し、是れ立法部は首領と仰がるゝ人々を有せず、又一の先導たるべき委員會を有せずして、唯箇々獨立なる數多の委員會、其法律案を成熟せしめ得ること稀なる許多の委員會を以て働くが故なり、其永續して變らざる者あるは舊世界の事件に干渉せざると云ふが如き二三の廣漠たる格言の然らしむる所、又大國民は屢々又は輕々しく其大主義を變ずる者に非るが故に然るのみ、立法行政の細事件に至りては殆んど一定したる政畧あること無し、國會兩院は種々の疑問を弄ぶ、卽ち一會期に之を討議し、次回の會期に之を廢案に歸せしむ、實に彼等は一たび爲し始めたる事業を全うすべき義務あるを感ぜざるが如し、而して誰も彼等を强ひて此義務を盡さしむるを事とする者なし、

國會は國の行政制度中なる小缺點にして之を矯正するには立法を要す

小缺點にして之を矯正するには立法を要するが如き者に必ず注意するといふ保證あるなし

米國制度には過度の軋轢あり各部局互に相爭ふか故に勢力を損

るが如き者に必ず注意すると云ふ保證ある無し、歐洲に於ては行政部局(官省)の日日の經驗は法律中の小缺典にして、官吏に無用の手數をかけ、國庫に無用の失費をかけ、人民に無用の不公平を與ふるが如き者を發露す、時としては彼等自身のため、時としては官吏の本分として事務を善く行はんが爲めに、官吏は其國會の長たる內閣首相に之れが(其法律の)缺點を忠告し、且つ之を改正すべき議案を草して之を彼に呈す、而して首相は此議案を國會に提出するに、若し政治上の爭論を含入するに非ずば(之を含入するは稀なり)直ちに可決せらる、然れども亞米利加の內閣員は國會に出席せず、又已れが發議せる所を國會に貫くべき手段を有せざるが故に、此の如き改正制定律が提出せられ、或は通過して法律となるあらば、是僥倖と謂ふべきのみ、

是等の諸缺點は凡て約めて二つと爲すべし、亞米利加制には過度の軋轢あり、相互に撿制し權衡せんが爲に創設せられたる種々の團躰及人々の

耗するを多し行政上の一致を缺けは又行政上の氣力欠く

人民か立法部に對する諸關係も亦決して完全なるに非す

代議制の善美を致すに欠く可ら

爭に由て勢力の損耗する多し、已に行政上の一致を缺けば、隨つて又行政上の氣力缺く、勢力甚だしく小分せられをれば之を急速なる運動のために集合する事難し、實際此事は只人民の判然たる多數が明かに同心一意なるを以て、政府の同等なる諸機關が此多數に順ひて其力を合せて之が意志を爲んとする時にのみ行はるゝなり、

(第七) 人民が立法部に對する諸關係も亦決して完全なるに非ず、是等の關係は凡ての自由國に於て政府の結構の最も細緻なる最も入組たる亦最も大切なる部分なれば、固より完全は何處にも望まるべきに非ず、但し一千八百三十二年より一千八百八十五年まで亞米利加を大布烈顚(英國)と比較するに—如何となれば彼の年の改革條例を以て創造せられたる事物の狀態を判斷するは餘りに早ければなり—亞米利加に於る代議制の運轉は稍一步を讓るが如く見ゆ、

代議制の善美を致すには四つの缺く可らざる者あり、

さる四要點

四要件中第三第四二件は米國に於て到底望む可らず

代議士は國中の最良なる人物の中より、若し成るべくば自然の首領株の人々の中より選出せらるべし、

代議士は嚴に判然と其演說と投票につきて己れの選擧人に向て責任を負ふべし、

彼等(代議士)は己れの選擧人の一時の出來心にして有害なりと考ふる者をば之を制するに十分なる勇氣を具へざる可らず、即ち彼等は唯の代人たらんよりは代議人たらざる可らず、

代議士各人及び其組成する代議院は己れ人民より權力を受れば、亦己れが代議院にて得たる經驗及び己れが有つと信ぜらるゝ優長なる知識才能を以て人民を益せざる可らず、

米國人は言ふ、而して其言ふ所は正し、是等の四箇條の必要の中第三第四は米國に於ては到底望むべからずと、米國國會議員は最良なる市民の中より選出せらるゝに非ず、彼等は大抵己れは只代人なりと思ふ、彼等は人

米國に於ては代議士撰擧人に責任を有すると十分に行われす

民を先導せんとは望まず、實に人民を先導する伎倆ある者は稀なり、但し人は又米國に於て此第二の要件、即ち責任も十分に實行せられざるを見る、此事の民主國に在るは實に一驚を喫するに足る、實に是れ殆ど代議士を以て代人と見做す民主政躰の特質(恐くは誤つて然か思はるゝならん)と矛盾する者なり、併ながら其事實は彼處に在りて爭ふべからず、一の原因は、吾か已に論じたる如く、委員制の中に存す、他の原因は國會に首領なきに在り、英國國會議員の責任は通例凡ての大切重要なる可否採決に臨みて、自黨の主領を贊成せざる可らざるに存す、米國に於ては此義務は只其黨派が黨會《カウカス》を開きて其處に其方針を定めたる時にのみ存す、議員已に首領に順がふに及ばざるなれば、首領も其部下の人々の動作につきて責任を負ふべきに非ず、第三の原因は左の事實に歸するならんと思はる、國會の權限は狹きが故に、投票者に重に利害の關係あるが如き疑問にして國會の前に提出せられざる者多し、是故に其議事は歐洲の代議院の

撰擧者と國會との間に於ける相互の關係は米國に於ては餘りに親密ならず迅速ならず緻密ならす

代議士は人民に光と導きを與ふると猶人民か代議士に刺激と動力を以てするか如くせさる可らす

撰擧人は黨派の爲めに投票す其黨派が如何なる事を爲すかを知らす

討議及び可否決の如く鄭重に熱心に行なはれざるなり、

余輩は言はんとす、撰擧者と國會との間に於る相互の關係は米國に於ては餘りに親密ならず、迅速ならず、緻密ならず、代議士は人民に光と導を與ふること猶人民が代議士に刺激と動力を與ふるが如くせざる可らず、議院制度の此の功能は其最大功能の一なりとす、然れども亞米利加に於ては投票者の働は國會に其勢力を及ぼす能はず、投票者は自黨の候補を投票す、然れども其候補者に如何なる議案の通過を賛成すべきやを指示せず、如何となれば彼は國會に在ても、若し其議案を調査する委員の中に加はるに非れば、之を如何ともする能はざればなり、故に市民は投票する時に己れは如何なる法律或は如何なる政略を賛助しあるかを感ずること稀なり、只其黨の綱領に記されたる漠然たる一般の政略を心中に思想するのみ、彼は黨派の爲に投票す、然れども其黨派が如何なる事を爲すかを知らず、彼は人を投票す、然れども其人は議院に於て或は己れが最も重要

國會か撰擧人を先導せず又之に光明を與へさるは平時に大首領たるへき人々を有せさるに由る大首領を有せさるは行政部に無關係なるを其源因の最大なるものとす

裁判官の獨立はその終身職たるに由て保護せらるれとも行政立

視する法律案を贊助するの機會を失はんも知るべからず、

此の如く國會は又其撰擧人を先導せず、又之に光明を與へず、是れは渾淪として定形なく、又自ら進んで事を始むるを得ず、是は國民の光を集合せず、其想像を熒めず、人々の事業と品格を以て主義原則を演劇的にせず、其然る所以は平時に大首領たるべき人々を有せざればなり、其大首領たる人々を有せせる所以は行政部と無關係なる事其原因の最も大なる者とす、國會は此の如き人々を有せざるが故に、國人も亦此の如き人々を國會内に求めず、古昔に在てはハミルトン、ゼファルソン、ジヨンアダムス、近時に在てはスタントン、グラント、チルデン、クリーヴランド、彼等は皆曾て國會に出たる事なかりしなり、リンコルンは只二年間國會に在りしのみ、而して彼が後日に大名を得たるは國會に議員たりしに由るに非るなり、

(第八)　裁判官の獨立―其終身職たるに由て然り―は之を彼の諸州に行なはるゝ法官民撰制及其短期在職制に比ぶれば聯邦法の較著なる功績

法兩權力の聯合したる時は攻擊を免かるゝを得す

と謂はざるを得ず、然れども聯法裁判官とても行政立法兩權力の聯合したる時は攻擊を免かるゝを得ず、如何となれば憲法に裁判官の數を限らざれば、立法部は制定律を以て聯邦裁判官の數を縱に增加するを得べく、而して大統領は自分の意見を贊助するならんと思ふ人々を擧て之に任するを得べければなり、此の如く大統領と國會とは、若も人民の震怒を畏れざるに於ては、憲法上の疑問を己れ等が欲するまゝに判決せしむるを得べし、大審院の以前の判決は如何なりしとも、其は問ふ所に非るなり、之を防ぐの道は只人民の不贊成てふ一方あるのみ、

米國民的政府の構成中に於て最成功の少き諸點は其最人造的なる者なり

亞米利加國民的政府の構成中に於て最も成功の少き諸點は其最も人造的なる者なり、卽ち是れ古制度舊習慣の自然に成長發達したる者に非ずして、特別の目的を達せんが爲に故らに案出せられたる所の者なり、此事たる亦注意するの價直ある者なり、大統領及び副統領を撰擧するに其爲に特撰せられたる撰擧者を以てするが如きは其一なり、裁判官の職掌は

亞米利加政府の本色の重なる者は悉く二箇の原則より開發せらる

第一の原則は人民の主權是なり

第二の原則は政府の諸機關及代理人の不信用之なり

此の目に入らず、是等の職掌は普通法說の自然の成長及び諸植民地並に諸州(十三州)の以前の歷史の自然の成長なり、其中に在て新奇なる者は國民政府の領分と其廣狹の區域を等うする諸法庭の創設なりとす、

亞米利加政府の本色の重なる者は悉く二箇の原則より開發せらる、其一は即ち人民の主權是なり、即ち最上法律—憲法—は人民の意志の直接に發表せられたる者、之を修正し得る者は人民のみ、是れは他の諸法律に勝つ、是が他に委任せざる權力は悉く之が中に掌握せらる、國中の諸權力は其權威を人民より取る、或は代議院の如く直接に、或は大統領及元老院の如く第二番に、或は聯邦法官の如く第三番に之を人民より授かる、而して皆法律上人民に對して責任を有す、其他の權力に對しては何の責任をも有する事なし、

第二の原則は第一の原則より生ずる者にして、政府の諸機關及び代理人(エージェント)の不信用是れなり、諸州は中央政府に蠶食せられざらん爲

或は曰く米政府及憲法はカルヴ井ンの神學とホッブズの哲學に本づく

に用心周密なり、箇々の市民も亦此の如し、政府の各機關―行政、立法、及び司法は相互に嫉視し撿制する樣にせらる、人民は其數餘りに多くして直接に其事務を扱ふ能はず、是非とも之を代理人《エージエント》に托せざるを得ざるが故に、彼等(人民)は各代理人に托する所を成るべく少くし、且代理人をして相互に管督せしめて、弊害を防止せんと決定せり、故に各代理人は互に相伺ひて、若し其中に人民の訓令を越る者あれば、之を攻め之を制するなり、

或人曰く、亞米利加政府及び憲法はカルヴ井ンの神學とホッブズの哲學に本づくと、是また據る所なきに非ず、卽ち一千七百八十七年の憲法に充實する人生の見は大いにピウリタニズム(淸敎宗)の臭味を帶る者なる事だけは眞なり、憲法の制定者は原罪(オリジナル、シン)を信じ、罪過を誘起すべき門戶は、其閉らるゝ限り之を閉んと決心したり、試に此精神を一千七百八十九年の佛蘭士人の熱心なる樂天主義と比べ見よ、是たゞに人種の氣風の異なるのみに非ず、實に根本思想の異れる者なり。

ピウリタニズムの精神とともに亦法律遵守の精神大に混和するを見る

一千七百八十七年の精神は英國の精神なりき故に保守の精神なりき

ピウリタニズムの精神とゝもに亦法律遵守の精神大いに混和するを見る、唯に道徳の勢力を恃んで政府の運轉を助けしめんとせざるのみならず、亦精妙なる法律の機械ありて政府の機關の各部の權衡平稱を保たしむ、是に由て觀れば、憲法の目的は善美なる政府を確立して國家を利益せんとするに在るよりは、寧ろ惡政府より、若くは强大にして前より存する社會及び一箇の市民を壓倒するに足るが如き政府より、流出るの害惡を避んとするに在りたるが如し、一千七百八十七年の精神は英國の精神なりき、故に保守の精神なりき、勿論革命の爭に於て開發したる擅制を憎むの念を以て色つけられ、又天生不平等を嫌ふの情を以て色つけられたりと雖も、其大躰は英國の精神なりき。此英國の精神たる先例の足跡に步むを善とし、政府をば一國民の生活を利導開發するを得る大理想的權力と見做ずして、却つて之を以て秩序を保ち且各人に其權利を得せしむるの手段と爲せり、此の如く一千七百八十九年の憲法は當時の寡頭政治的英

米國憲法が今日保つ所の民主的性質は後々に起れる事情の結果なり

國に比ぶれば、大に進歩したりと雖ども、若し只其法律上の條欵を觀るに於ては、是實に民主政治中の最も少しく民主政治的なる者なりし、されば憲法が曖昧の間に置きたる諸點にして若し貴族的精神を以て待遇せられたらば、若し國會及び諸州の立法にして貴族的方向を取りたらば、是は（米國憲法）は一變して貴族的制度となりたらんも知るべからず、（撰擧人の資格を定むる事は諸州に一任せられたり、而して諸州は丁年投票權を確定したり）、米國憲法が今日有つ所の民主的性質は後々に起れる事情の結果なりと謂ふべし、憲法制度後の是等の出來事は憲法の嘗て由て運轉せざるを得ざりし境遇を一變し、且つ現今の世界に於て到る處有力なる要素となれる彼の平等熱心者の手中に之れが（憲法の）發達を任かせたり、凡そ亞米利加制度にむかひて告訴狀を書かんと欲する者は長く之を書くを得べく、又米國大家の說を引きて已れが一々の論點を强むるを得べく、又亞米利加の歷史中より證據を提供するを得べし、然しながら歐洲の

凡て政府なるものは皆多少の過失あるを免れす

人類の第一の業は從はんとするに在り自由よりは寧ろ服從こそ人類の自然の狀態なれ

自由は開化したる人種の中に發する時は分爭及徒黨を生す互讓の風習秩序の愛及平民政治の要件たる輿論の尊敬の如きは

讀者もし之を見て米國制度は失敗なりと速了し、或は米國を治むる爲として舊世界の大國民の孰れの制度よりも劣れりと斷定せば是れ大いに誤まれる者なり、

凡て政府なる者は皆多少の過失あるを免かれず、英國、佛蘭士、若くは獨逸の憲法を之と同樣に精密に分解せば、同じく吾等が米國の制度に於て認めたるが如き重大なる缺點害惡を其國々相應に發見すべし、却つて世の自由政躰に熟通する者は自由政府の運轉するを以て一の奇蹟と爲すなり、人類の第一の業は從がはんとするに在り、自由よりは寧ろ服從こそ人類の自然の狀態なれ、自由は開化したる人種の中に發する時は分爭及び徒黨を生ず、彼の互讓の風習、秩序の愛、及び彼の平民政治の要件たる輿論の尊敬の如きは、之を形くるには數十百年を要す、自由政府をして善く運轉せしむる者は人民若くは上級の人々の思慮及び愛國心なりとす、此思慮及び愛國心は記述するに難き慣例及び口碑の中にこもりをりて、困難

之を形るには數十百年を要す

米國の愛國心は歐洲大國の何れに於てよりも大なり

合衆國は何れの國よりは勝りて輿論に支配せらる

「共和の泡は今や已に破裂したり」

の時に際しては顯はれて其制度の免かれ難き弊害を救療す、此思慮及愛國心—卽ち國民の利害を先にして一部分の利害を後にする心は—歐羅巴の大國の孰れに於てよりも亞米利加に於て大いなり、又合衆國は何れの國よりは勝りて輿論に支配せらる、國民政府及び州政府の諸機關は悉く輿論を察して之に順はざる可らず、

木星若くは土星より哲學者來りて英國或は米國の憲法(制度)を視察せば、恐らくは言はん、衝突澁滯の機會多き斯る複雜なる制度は到底運轉せざる可しと、米國憲法の始めて世に出るや之を吟味したる者の中其困難の無數なるを指示し、其必らず失敗すべきを預言したる者多かりき、又南北戰爭の難時に於ては自由政府の敵たる歐洲人は一層斷然として言へらく「共和の泡は今や已に破裂したり」と、是等の非難の或る者は相應の理由なきに非ず、此外に又人の批評し洩したる者にして經驗に由て露はれたる者もありし、然りと雖も米國憲法は是等の缺點にも拘はらずして生活

凡ての制度は凡ての人の如く其善性質の缺典を有す

磨軋の爲に起る勢力の損耗行政部と立法部との所行に於ろ一致と活氣の缺乏は米人が其諸州の自主政權を保たんか爲め又其政府の種々の部局の間に權衡を保たしめんか爲に出す所の價金なり

歐洲各國は立法

し、以前よりも今は一層强くなれりと見ゆ、

凡ての制度は凡ての人の如く「其善性質の缺典」を有す、若し一國民ありて完全なる安定鞏固を欲せば、多少の緩漫及び煩瑣を忍ばざる可からず、運動の必要なる處に運動の缺乏を見るの覺悟なくんばあるべからず、之に反して若し行政上の迅速と活潑を得んと欲して權力を全く中央に集合せは、權力の妄用せられ、恢復し難き輕卒の動作の早まりて爲さるゝの危險なきに非ず、前に余が數へ擧げたる所の諸缺典―磨軋のために起る勢力の損耗、行政部と立法部との所行に於る一致と活氣の缺乏―は、亞米利加人が其諸州の自主政權を保たんが爲め、又其政府の種々の部局の間に權衡を保たしめんが爲めに出す所の價金なり、彼等は悅んで此の價金を拂らふ、如何となれは是等の缺典は歐洲の國に於るよりは遙かに危險少なければなり、請ふ國會を立法權として見たる時の缺典を其例に取れ、歐洲各國は立法を以て速かに處理せねばならぬ許多の困難に圍繞せらる、

を以て速に處理せねはならぬ許多の困難に圍繞せらるれとも米國は大に乃の事情を異にす

政府の事柄に於ては米國は已に世上の各開明國の先導となり模

併しながら、亞米利加に於ては、今日までも歐洲の大概の部分を煩らはす彼の中古の特權不義の如きは初より存せず、或は遙か前に一掃せられ、而して物質上の繁榮を容るすべき事情は夥しく存しをり、物質的富源の開發各人の腦裡に充ち、且つ社會上の改革は凡て州の領分に歸すれば、歐洲に比ぶれば聯法的立法を要すること大ならず、之を望むの念少し、若し萬事其ままにして可成に善く往かば、人民は之を以て滿足す、政治哲學者若くは慈善家が聯邦制定法律を以て成就し得べき或る改良を思想するとも、一般の人民は舊に滿足して肯て苦情を唱へず、國會開期の相次て何時も見るべき功果を呈せざるも、是れさのみ大なる害に非るなり、英國に於ては米國に比すれば毎會期必らず多少の觀るべき功果あれども、改革家《リフヲルマル》が之を歎ずること却つて米國に於るよりも甚だし、

判事クーリー一千八百八十六年十二月南カロライナ代言組合の前に演說して曰く、「政府の事柄に於ては、亞米利加は已に世上の各開明國の先導と

範となれり

歐洲各國は唯に隣國の競爭を懼れさゝる可らさるのみならす又之れか蠶食幷呑を懼れさる可らす

英國は歐洲大陸の諸國の如く平和にも戰爭にも共に堪ふるの十

なり模範となれり、英國及び佛國も共に其人民を形り且つ導くに益ある敎誨を得んとて、大西洋を越へて遙かに米國を望む、伊太利亞及び斯班牙も又遠くより之を望む、各國の自由を愛する人々は亞米利加の自由を見て勇氣を恢復し、亞米利加の繁榮を見て自家の繁榮の日の必ず來るべきをトす、然れども亞米利加が世界の模表となるは其自由に於てよりは寧ろ其契約されたる確乎不拔なる保證に於て存すと謂べし、即ち自由が放縱に流るゝを防ぎ、寛仁なる政府の下に信用及び安息の念を堅うするに存し、更に亦其恒久なると堅固なるとに存すと謂べきなり、

歐洲各國は唯に隣國の競爭を懼れざる可らざるのみならず、又之が蠶食併呑を懼れざる可らず、久しく海島に安居したる英國も燕瀛海軍の成長につれて其安固の幾分を減じたり、殊に其印度及び殖民地領分に於ては固より枕を高うして眠る能はざるなり、されば英國は歐洲大陸の諸國の如く平和にも戰爭にも共に堪ふるの十分なる勢力を以て其政躰を維持

分なる勢力を以て其政體を維持せざる可らず

亞米利加は然らず一身の別乾坤に生活し富足りて何一さして乏しき無し攻擊脅迫の恐なし

歐洲諸國に取て生命に拘はる程の病氣も米國に取ては只微恙たるのみ

せざる可らず、其武器彈藥を精良にせざる可らず、其財政の整理を怠る可らず、其行政的權威を保持せざる可らず、內患をして國力を耗費せしむ可らず、亞米利加は然らず、亞米利加は一身の別乾坤に生活し、富足りて何一として乏しき無し、攻擊せらるゝの恐なく、脅かさるゝの虞だに無く、歐羅巴の諸人種諸信仰の相戰ふ音を萬里の外に聞くのみ、宛がらエピキユラスの神々が人世よりは遠く離れ遙に隔りて、其黃金の國土の下に橫はれる下界の叫喚を聽くが如し、

カナダ或はメキシコが强大なる國となりたらんには、フランスがルヰジアナを賣らざりしならんには、英國が亞米利加大洲に根をさして武力擅制國となりたらんには、合衆國は今日の如く安閑として天を樂しむ能はず、然るに今日の形勢を以て言へば、歐洲の國に取て生命に拘はるほどの病氣も、亞米利加に取ては只微恙たるのみ、南北戰爭の終りし以來、內よりも外よりも合衆國の政治家を驚かすが如き危難は起らざりし、今內亂外

ワシントン今もし地上に再現す

「我は活きをれり」

寇が米國憲法を紊亂すべくもあらぬは、宛がら地震が國會の壁を裂くべくもあらぬが如し、是れ米人が其制度の缺典に耐へて服するのみならず、又た大なる望を懷いて服する所以なり、米國の船の構造は歐洲諸國の運命を載する船に或は勝るところあらざらん、確かに航海術は勝らざるなり、然れども米船は今は—永久然るには非らん—夏日の海に航しつゝあり、

米國憲法の制定者が眼前に立てし大目的は已に成就したり、此事は決して忘る可らざるなり、昔或人シエー氏に問ふて、君は佛國革命の間何を爲しつゝありしかと言ひしに、答へて「我は活きをれり」と言へりとぞ、實に米國憲法は惣躰より之を見れば確立して動搖せざりき、權力の權衡は隨分善く維持せられたり、大統領は國會を腐敗せしめず、又之を奴隸にせざりし、國會は大統領を痲痺せしめず、又之をして落膽せしめざりし、立法部は幾分か行政部を制したるあらん、然れどもワシントン今もし地上に再現

ろさも其一百年前に在りし如く同じく大いなろ同しく有用なろ大統領たろを得ん

憲法の下に生したる良結果

米國憲法は内亂の爐の中を通りて毫しも焦けさりし

米國憲法は他邦に比類なき程一般人民の政治思想を發達せしめたり

憲法に對する尊敬甚大なれは根

するとも、其一百年前に在りし如く同じく大いなる同じく有用なる大統領たるを得ん、立法部も行政部も暫くも人民の自由を劫かしたる無し、諸州は聯合を破らず、聯合は諸州を幷呑せざりし、宜なるかな亞米利加人が其憲法の善美なるを誇ること、此憲法の下に此の如き善良の結果を得られたり、此憲法は内亂の爐の中を通りて毫も焦げざりし、此憲法は最初の州(十三州)に三倍する衆くの共和國、二十倍する夥しき人口を含入して尙綽々と餘裕あり、此の憲法は他邦に比類なきほど一般人民の政治思想を發達せしめたり、此憲法は何處にも類例なき地方自治を養成して之と幷行するに適へる者なり、又此憲法は國人に深く愛せらるゝ者となれり、是亦其功績の至小なる者に非ず、其中の或る部分には異議を容るゝを得ん、而して是等の異議は亞米利加の思想家が皆然りとするが如く、實際の改良―憲法の善美なる點を保守して只其不便のみを除くの改良―の必要なるを指さず、然れども憲法に對する尊敬甚だ大いになれば、根本より之

本より憲法を改良するか如きは米人の夢想せさる所なり

を改良するが如きは米人の夢にも思ふ所に非るが如し、而して此の尊敬は卽ち亞米利加人民の性格に於て最も健全なる最も有望なる元素の一なりとす、

一千七百八十七年の憲法會議に於て憲法制定に就ての爭及國中

第二十七章
聯邦制

已に國民的政府の諸部局及び之れが共に運轉する狀態を講究したれば、今は亞米利加共和國を諸州の聯合(卽ち聯邦)として觀察せんとす、本章には聯邦制の特質なる諸點を簡明に記述せんとす、而して他の三章をば聯邦制の實際の運轉を記載するに充て、又聯邦制の上に下さるゝ事あるべき種々の批評を總說するに用ふべし、

一千七百八十七年の憲法制定會議に於て憲法の制定についての爭、及び國中に於て其採用についての爭は、二箇の點に關せり、卽ち諸州が國民政

に於て其採用について の爭は二箇の點に關せり

府の構造に於て、如何程までに獨立なる別異なる要素と見なさるべきかと云ふ事、及諸州より取りて國民政府に托すべき權力は何程なるべきか、又其性質は如何にと云ふ事なりき、バルチモールのリチヤルド、ヴエナブル氏が一千八百八十五年亞米利加代言組合に於て演べたる言を借て言はんに、是等二箇の中の第一は當時其第二よりも多くの困難を與へたり、如何となれば諸州の權力と聯邦政府の間の分界は已に國人の全經驗に由て定まりゐたればなり、但し一千七百九十一年より以來此第一點につきては何の爭論もある事なかりし、又第二點を規定する條項の是非につきても大なる議論あらざりし、勿論是等の條項の解釋につきては議論止むこと無く、或人は謂へらく憲法は諸州より取れる所更に多しと、或人は謂へらく更に少しと、而して又憲法が判然と指定せざる事柄につきては尙更熱心なる爭論ありし、殊に諸州は其主權を保ちをるや否や、及び諸州は國民政府の或る條例を廢棄し、或は之を束縛せらるゝを拒絕し、最後の

今日の米人か同意すへき件々

手段として聯邦の中より脱するの權利を保つや否やにつきて議論多かりし、此最後の疑問は南北戰爭に由て落着に歸したれば、思ふに今日の亞米利加人は左の件々につきて皆同意す、

孰れの州を論ぜず凡そ聯合に加はる者は、全く其主權を棄て、今は永く憲法に規定せられたる聯法權力に服從すべし、

國民政府の要素たる諸州の職掌は滿足すべき者なり、卽ち能く國民政府の勢力を保持し且つ是等の社會の尊嚴を保持す、

憲法中に記載せられたる國民政府と諸州との間の權力の分界は便利にして、毫も大變改を要せず、

國民的と州政府との間に於ける諸權力の分配は二樣に成されたた

故に此章の殘部に於て論ぜんとする所は最早議論に非ずして、確定したる法律及び實際に關はる、

（第一）國民的政府と州政府との間における諸權力の分配は二樣に成されたり、一積極的にては國民的政府に若干の權力を與へ、消極的にては諸

り

州に若干の制限を與へて之を成就せり、諸州に權力を與ふるは無用の事とす如何となれは諸州は實際己れより取られざる權力をば悉く保ちを る者なればなり、又法律家の目より見れば國民政府に制限を加ふるは同じく無用の事たらん、如何となれば理論上國民政府は特に賦與せられたる權力の外は如何なる權力をも行用し得ざればなり、併ながら諸州が其主人を檢束せんとするの熾んなるや終に特別なる權力を與ふるの法を制限するの規則を設け、國民政府が爲し得たるべき種々の動作を爲すを禁ずるの規則を設くるに至れり、且又此事は左の事實に由て一層複雜を增加せり、即ち國民政府に權力を與ふる事は國民政府に限りて之を與ふるに非ず、中には又國民政府と諸州とが共に關係するの事務なきに非ず、判事クーリ氏曰く「國會に一權力を與ふると云ふは、大抵は必ずしも其權力を諸州より奪ふと云ふに非ず、……是たゞに國民的權力の存在を謂ふに非ず、亦其行用を謂ふ、而して此行用たるや諸州が同一の權力を行用

政府の諸權力は左の五箇に區別すべし

するを許さゞるなり」と、此の如く吾等は政府の諸權力を左の如く區別し得べし、

(一)國民政府にのみ賦與せられたる權力、

(二)諸州にのみ賦與せられたる權力、

(三)或は國民政府或は州政府が行用し得る權力、

(四)國民政府に對して禁ぜられたる權力、

(五)州政府に對して禁ぜられたる權力、

人或は言はん、最後の二種は餘計なり、如何となれば國民政府に對して禁ぜられたる者は凡て諸州に許され、諸州に對して禁ぜられたる者は凡て國民政府に許さるればなりと、余云ふ然らず、例へば國會は(憲法第一條第九節に依て)貴族の稱號を人に與ふるを得ず、然れども州も亦之を與ふるを得ず(憲法第一條第十節)、國民的政府は相應の補償を與へずして私有財産を公共用に取る事を得ず(修正第五)、此の如く諸州も亦然かする能はざ

米國憲法か爲したる所は政府の諸職掌と諸權力の全躰を數箇の部分に斷割するにあり

權威の幾分を殘存し國民政府にも與へす州にも與へす人民の掌中に蓄ふ

るが如し(修正第十四、數度の事件に於て解釋せられたる所に依れば然り)、之と同じく孰れの州も契約の義務を傷くるが如き法律を通過するを得ず(憲法第一條第十節)、然れども國民政府は、其之と同樣なる直接の禁制の下に置かれざるに拘はらず、通常の契約に關して立法すべき權力を受けざりし、是故に國民政府は或る場合に於ては州立法部が(理由は異なれども)立る能はざる法律をば同じく立ることを得ざるなり、斯の如く孰れの州も溯前法律を制定する能はず、國會も亦然り、

米國憲法が爲したる所は―是れ英人に取ては其最も奇代なる狀相の一なり―政府の諸職掌と諸權力の全體を兩斷して其一分を國民政府に與へ、他をば悉とく諸州に與ふるに非ず、只此權威の全體を數箇の部分に斷割するにあり、而して是等の部分は其全體を網羅せず、尚幾分の殘餘を存して、之をば國民政府にも與へず、州にも與へずして、人民の掌中に蓄はふ、而して人民はまた此殘餘の權力を實行せんには憲法修正てふ困難なる

米國には法律上誰も取扱ふ能はさる許多の事物ありて存す

方法に由らざる可らず、他語を以て之を言へば、亞米利加には法律上誰も取扱ふ能はざる許多の事物ありて存す、州は之を取扱ふ能はず、特に禁ぜられをればなり、國民政府も之を取扱ふ能はず、或は之を爲すべき權力を受けざるに因り、或は之を爲すことを特に禁ぜられたればなり、例へば茲に英國國會が一千八百八十一年或は一千八百八十七年に通過したる愛蘭土地條例のごとき法律をカリフヲルニア州のために設けんと欲する希望起りしと假定せよ、カリフヲルニア州の立法院も、憲法會議に集まれるカリフヲルニア州の人民も、此の如き法律案を通過する能はず、如何となれば此の如きは契約の義務を破る者にして、随つて又聯邦憲法第一條第十節を犯せばなり、聯邦國會が此の如き法律案を通過し得るや否やは極めて疑はし、如何となれば憲法は州を制限するが如き事を禁ずるの禁制を立てずと雖も、斯の如き事のために立法する權を國會に賦與したりとは見えざればなり、故に是の如き法律を立る事の已むを得ざるに迫りたる時は、第一に安全なる方法は先づ憲法を修正し、或は其州に蒙らせたる禁制を除き、或は適當の權力を國會に與ふるに在りとす、此方法は或は成就するまでには一箇年を費さん、此方法は國會兩院内に三分の二以上の同意を要し、又三十八州中の四分の三の同意を要す、

國民政府にのみ賦與せられたる權力及諸州に限りて賦與せられたる權力

（第二）國民政府にのみ賦與せられたる權力は、外交に關はる者、また海軍、陸軍、内地通商貿易、通貨、度量衡、郵便事業等一般普通の内治に關はる者、及び是等の目的の爲に設けられたる立法行政司法の三機械の運用を規定する規則等に關はる者なり、諸州に限りて賦與せられたる權力は其他の普通の内治の事務にして、民刑兩方の私法に於る立法、法律と秩序との保持、地方制度の創制、教育及び救貧の用意、並に上記の目的のためにする徵税等なり、

國民政府と諸州とが共同して行用すへき權力

（第三）國民政府と諸州とが共同して行用すべき權力は左のごとし、
或る特記せられ事項に關はる立法の權力、例へば破産條例及び若干の商

業上の事柄、(水先案内人及び海港規則の類)の如き是なり、但し州立法は聯邦立法の無き時に限りて有効なり、

直接間接の徴税權力、但し國會も州もともに州よりの輸出品には課税す可らず、又州は國會の同意あるに非れば、聯邦用のために創設せられたる會社若くは代理人に課税すべからず、又聯邦官吏の下に爲されたる事業には課税すべからず、是の如く又國民政府は孰の州にも亦其州の代理者若くは所有に課税すべからず、

若干の種類の事件に於る裁判權力、即ち國會が立法すべき所にして立法せざる場合、あるひは一方の訴訟者が聯邦法院に於て若くは州裁判所に於て審理を受んことを好む場合、

代議士及び元老院議員の撰擧に關する事柄を決定するの權力(但し若し國會にて決議する所あれば州法は効力を失ふと知るべし)、

國民政府に蒙らされたる禁制の

(第四)　國民政府に蒙らされたる禁制は憲法第一條第九節及び最初の十

最大切あるなり

修正の中に明記せらる、其最も大切なる者は左の如し、
人身保護(ヘービアス、コルパス)の令狀を中止す可らず、また人權褫奪の議案若くは溯前法律(エキス、ポスト、ファクト、ロウ、即ち過去に溯りて罪を罰する刑法)を通過す可らず、
商業上の利益は諸州の間に平等にして孰れにも他に勝りて多く與ふべからず、
貴族の稱號を與ふべからず、
何の宗敎をも國敎とし若くは禁止する法律を立つ可らず、又言論或は出板の自由、公會或は武器携帶の自由を制限するの法律を立つ可らず、
合衆國の官吏たるの資格として宗敎上の試驗を要するが如き事あるべからず、
何人も大陪審官の提供に由るに非ざれば死罪のために審問せらる可らず、同一の罪科のために再度死罪の糺問を蒙らさる可らず、己れの意に反

して強て證據人とせらるゝ事あるべからず、己れの州及び地方の陪審に由らずして審問せらるゝことある可らず、

普通法上二十弗に超る訴訟は陪審官に由らずしては裁判せらるゝ事あるべからず、陪審官が一たび決定したる事實は普通法の規則に由らずして他に再審せらるゝが如き事あるべからず、

諸州の上に蒙らされたる禁制

（第五）諸州の上に蒙らされたる禁制は憲法第一條第十節及び最後の三修正の中に含蓄せらる、是等は國民政府が諸州のために其領地を侵さるゝを預防せんが爲め、又一箇人が壓制の立法に惱まさるゝを預防せんが爲めに設けられたるなり、

何れの州を論ぜず、凡て條約もしくは同盟を締結すべからず、貨幣を鑄造すべからず、金銀外の物を法貨と爲すべからず、人權褫奪法、溯前法律、契約の義務を傷くるが如き法律を通過す可らず、貴族の稱號を授く可らず、州は國會の同意なしには輸出品輸入品に稅を課す可らず（若し課するあ

れば其收得は國庫（合衆國の大藏省）に歸すべし）、平時に陸海軍を有す可らず、他の州若くは他の國と約束を結ぶ可らず、實際襲はるゝか或は危難に迫るに非れば戰爭を爲す可らず、

各州は他の各州の裁判手續に信任を置かざる可らず、市民の特權及び免除をば擴めて他州の市民にも及ぼさゞる可らず、罪科を犯して逃走せる者をば之を請求する權利ある其本州に之を引渡さゞる可らず、

孰れの州を論ぜず只共和政躰のみを有つべし、

孰れの州も奴隷を蓄ふべからず、合衆國の市民の特權を裁減す可らず、人種、膚色、または曾て奴隷たりし故を以て撰擧權を與へざるが如き事あるべからず、相應の裁判手續を踐ずして人の生命自由財産を奪ふべからず、何人にも等しく保律の保護を與ふべし、

諸州に禁制を加へさる箇條

視よ此目録の中には左の諸事を爲すを諸州に禁ずる箇條あるなし、―特別の一宗を以て州敎と爲す事、特別の宗敎若くは之と關係する學校又は

慈善院に保護金を與ふる事、民刑事件に於て陪審審問の法を廢する事、言論文筆集會の自由を抑損する事（若し此事にして各級の市民の間に平等に爲さるゝに於ては、亦此事にして若し法律の適當なる手續を踐まずして自由を奪ふが如き程に大いならざるに於ては）、撰擧權を如何程までにも制限する事、撰擧權を婦人幼年者及び外國人に迄も擴ろめ與ふる事、是等の脫漏は意味なきに非ず、是は憲法の創制者が政府または制度につきて諸州の悉く均一ならん事を望まざりし事、また州權の妄用に對して市民を保護せんとの用意の大ならざりし事を示すに足れり、彼等の第一の目的は諸州の蠶食に對して國民政府を保護せんとするに在り、中央權力と州權力との間、及び州と州との間に爭論の根を絕んとするに在りき、之を要するに其結果は彼等の所爲の其當を得たるを明かにせり、諸州は唯に其權力を妄用して互に相異る者とならざりしのみならず、其傾向は却て餘りに均一なるに至るに在りし、而して世人が望む程諸州は制度の

各州に賦與されたる權力は無限なるが如く見ゆ

國民政府に與へられたる權力は聯邦を創造したる憲法の中に列擧せられ規畫せらる

上に實驗を施すこと無りし、

(第六) 各州に賦與されをる權力は皆元より之が有ちたる者、即ち其州が聯合に加はらぬ前より已に有ちゐたる者、故に是等の權力は無限なるが如く見ゆ、而して若し何にまれ權力の有無につきて疑問をこる時は、其の聯邦憲法に於て奪はれたる事明なるに非れば、其權力は其州に屬しをる者と見做さる、他語を以て之を言へば、諸州は憲法が判然蒙らせざる制限には何にも服從すべき者に非らずと考へらる、

國民政府に與へられたる權力は聯邦を創造したる憲法の中に列擧せられ規畫せらる、故に國民政府が或る權力を有つや否やとの疑問起るときは、其權力の確かに與へられたる明證を示さざる可らず、其與へられてあらずは、亦有たざるなり、如何となれば聯合は人造に係るを以て、之が政府たる者は人民が憲法を以て與へたる所の外は何をも有ち得ざる可ればなり、

國民政府が各州の市民に及ほす權威は直接にして州政府の手を經す又州政府の協力を要するに及ばす

聯邦事件に於ては地方自治てふ者あるなし

諸州は其制度の爲又は其有効なる運轉の爲めに毫しも國民政府に依賴するとなし

（第七）國民政府が各州の市民に及ぼす權威は直接にして、州政府の手を經ず、又州政府の協力を要むるに及ばず、多くの場合に於て國民政府は州あるを認めず、諸州の市民をば自身の市民とし、同じく自身の法律を守るべき者として處置す、聯邦諸裁判所、徵稅吏、郵便局は州より何の助力をも求めず、只直接に華盛頓府（聯邦政府）に倚賴す、故を以て亦聯邦事件に於ては地方自治てふ者ある事なし、聯邦官吏一人として地方の人民に撰ばるゝこと無し、地方自治の事は全く州政府に屬す、

之に反して諸州は其制度の爲め又は其有効なる運轉のために毫しも國民政府に依賴する事無し、州政府は其州の人民の創造する所なり、彼等（人民）は之が爲に憲法を制定せり、彼等は其施政の機械を運轉す、州政府は自身の道を行て進み、國民政府と接觸するは稀なり、此二者をして成可く少なく相接觸せしめんとは憲法制定者の目的なりしなり、如何となれば彼等は接觸の少なければ、其割合に衝突の少なかるべきを見たればなり、彼

國民政府が諸州に對する諸州の市民に對するなり

憲法に於て諸州をして國民政府を助けしむる諸點左の如し

等は此二政府をして相互に無關係に獨立ならしめて、更に高大なる必要、即ち國民上の目的のために州をば中央政府の下に就かしむるの必要に適はしめんと希圖せり、

(第八)國民政府が諸州に對して爲す所の甚だ少なきも亦此主義より出來るなり、國民政府が諸州に對するは諸州を獨立の共和國と見なして之に對するに非ず、諸州の市民に對するなり、而して諸州の市民を以て亦同じく己れの市民と爲す、但し左記の點に於ては憲法は諸州をして國民政府を助けしむ、

憲法は各州政府をして二人の元老院議員及び其州の出すべき權利あるだけの代議士を撰びて之を國民政府の所在地に派遣せざる可らず、憲法は大統領撰擧者の撰出せられ、而して其州々にて會合し投票するを命じ、且つ其投票を國民的首府(華盛頓)に送達するを命ず、

憲法は各州をして其國民兵《ミリシヤ》を組織せしむ、而して其國民兵は相當の手續

他の聯邦の爲す所にして獨り米國人民政府の爲さゞる事件

を經て實地の運動のために招集せられたる時は大統領の指揮を奉ずべし、

憲法は各州をして共和政躰を保たしむ、

茲に左の事實に注意するを要す、即ち米國國民政府は或る他の聯邦に於るが如く

諸州をして幾多の共和國として國民政府の維持費を出さしむることとをせず、

諸州に對して行政的命令を出して諸州政府に其の(國民政府の)法律あるひは命令を執行する事を令せず、

諸州をして其法律を國民政府に差出さしむるを要めず、

又國民政府の非認する者を拒否する事をせず、

是等の中最初の二事は國民政府が爲すに及ばざる所なり、如何となれば國民政府は自身の收税官を以て其租税を徴收し、且つ自身の僕(官吏)の手

國民政府は諸州の動作如何に由てりの存立を左右せらるゝ者に非ず

を以て其の法律命令及び裁判を執行すればなり、又其最後なる者は之を用ふるに及ばず、如何となれば州法は若しも憲法又は憲法に循つて爲されたる條約或は法律と衝突するに於ては法理上已に無効なる者なればなり（憲法第六條第二節）、而して若し又斯く衝突せざる時は國民政府が之を是認すると然らざるとに拘はらず有効なればなり、

國民政府は諸州の動作何如に由て其存立を左右せらるゝ者に非ず、一州または一郡の州をして其不運動若くは反對運動を以て中央政府を危ふする能はざらしめんとするは一千七百八十七年の人々（憲法制定者）の大目的にして、大に彼等が建築したる建物を鞏固にしたり、例へば一千八百六十年より一千八百六十一年に於て十一州が聯邦を脱したる事實は、一千八百六十四年の大統領撰擧及び一千八百六十一年より一千八百六十五年までの國會議員撰擧の法律上の手續に妨害を與ふる事たえて無かりし、是等十一州は國會に代表せられざりしかども、國會は只議員の數の

凡て州は其本領内に於ては法律上主權者にして又自身の意志を行ふ權利を有す

國民政府は州政府か國民政府の領分を蠶食する權なきか如く同しく州政府の領地を侵すの權を有たす

滅ぜしのみにして毫も其法律上の權力を傷けられざりし、是獨スコットランドよりの貴族と代議士が一人も出席せざるとても英國國會が毫も差支なくして運轉するが如し、

(第九) 凡そ州は其本領内に於ては法律上主權者にして、又自身の意志を行ふ權利を有す、是なほ國民政府が其本領内に於て然るがごとし、而して其理由は兩ながら同じ、凡ての權威は人民より流出す、人民は其權威の一分を州政府に與へ、一分を國民政府に與へたり、雙方ともに同一の權利を以て立つ、故に國民政府は州政府との權力の協同ある處には常に必ず州政府の上に立つと雖ども、州政府が國民政府の領分を蠶食する權なきが如く同じく州政府の領地を侵すの權を有たず、判事クーリ曰く、「如何なる權力にもあれ州に屬すると知られたる時は、州は之を行用するに當りて全く獨立なり、其狀國民政府が自身の權威を行用するに於て全く不羈自由あると一般なり」と、一州が取つゝある所の方針が有害あるにもせよ、其

米國聯邦の憲法中には數箇の著明なる脫漏あり

了簡惡く其思想聯邦に忠ならざるとも、其の聯邦權の領地を侵すまでは或は侵すに非れば、誰も之を如何ともする者なし、又或は思はん此事は如何に理論上明確に規定せられたるにもせよ、實際に於ては州政府は國民政府と同一なる公義を受けがたし、如何となれば是等二權力の間の爭論を決する最後の裁判所は卽ち聯邦法院にして、隨つて聯邦政府に偏倚すべければなりと、然れども實際に於ては此の原因よりして依怙の沙汰およこりし事は殆んど否絕てあるなし、大審院は南北戰爭の前二十年の間にありし如く重に州權利擴張家を以て成立つ事もあるべし、孰れの塲合に於ても法庭は從前の判決に由て標せられたる道筋を離れて遠くさまよふ能はざるなり、

（第十）亞米利加聯邦の憲法の中には數箇の著明なる脫漏あり、國民政府は不從順なる或は背反する州を强迫すべき權力を與へられをらず、是其一なり、又聯邦を脫する權利につきては何も記るされず、是其二

聯邦及其政府の性質につきては毫も純理上若くは理論上の明言あるなし

なり、何故に此權利が與へられざりしかは何人も容易く了解し得ん、然れども此權利の無き事につきても何も記るされず、聯邦及び其政府の性質につきては毫も純理上若くは理論上の明言あるなし、中央權力が其與へられたる格別の領分の外に於ける結局の主權につきても、又彼の謂ゆる諸州の最上權なる者につきても、何も言おかれず、宛がら從つて起らん危險を先見したるが如く、一千七百八十七年の賢人等は抽象的考究及び哲學的議論のために道を開かざらんと決心せり、然れども此決心は無益なりし、人心は斯く覊絆せらるべき者に非ず、新約書只馬太の福音と約翰の書翰とを載するのみなりとも、神學の起る事は今に讓らざりしならん、此の如く憲法の法律的實際的性質を以てしても、之(憲法)に由て成れる政府につきて許多の精微なる理論の起るを防ぎ得ざりし、亞米利加の法律家公法家が一千八百六十一年まで解んと試み來りし結頭は南北戰爭に於て北部の劍の爲に割斷せられたり、最早彼此議論

米國聯邦は永久不滅ある諸州の永久不滅ある聯合なり

國民的政府は米國聯邦を永遠に保護すへき權力を有す

國民政府は是等權力を妄用し諸州を絶やし聯邦を一變して一箇の中央集權的政体となすの虞あ

するの必要なし、―米國聯邦は唯許多の共和國の一集合躰にして隨意に離合せらるべき者に非る事は、今や已に一般の認る所となれり、即ち是れは永久不變の聯合にして、人民全躰より發現し來る者にして、憲法の定むる所に依て人民が變改するの外他に如何ともすべき方法なし、即ち是れ「永久不滅なる諸州の永久不滅なる聯合なり」とす、

偖此の如く米國聯邦を永久不滅なる者と認めて見れば、此の聯合を保存すへき權力何れにか存せざる可らず、今や國民的政府は此の如き權力あることと偏く承認せらる、即ち「國民政府は自分の存在と、諸州の存在を保存するに必要ある一切の權力、及び諸州が國民政府に又相互に對する憲法上の關係を保持するに必要なる一切の權力を行用するを得るなり」、

人或は問はん、國民政府は是等の權力を妄用せざるや、即ち之を妄用して諸州を絶やし、聯邦を一變して一箇の中央集權的政躰となすの虞あらざるや、之を制する者は只聯邦法院あるのみならずや、然るに聯邦法院なる

らさるや國民政府は之を爲し得ると疑なしと雖輿論之を贊成して然せしめさるに於ては決して此事あらす

者は只道德上の力を有てるのみ兵力あるに非ずと、其之を爲し得ること疑なし、然れども輿論が之を贊成して然かせしめざるに於ては決して此事あらじ、卽ち今聯邦制を愛重して之を維持する國民の大躰が此制を廢せんと決心するに至ることあるまでは此事決して有るべからず、此の如き願望を實行せんには人民は依法の手續を踐で憲法を修正せば足るべし、然らば全く別制度之が爲めに起らん、若し之に反對する少數が十分に力强くあらば、而して叉之を贊成する多數が極めて熱心あらば、國民政府を支配する多數は法律上の認可を求めす直ちに革命を起して之を實行し得べし、孰れの塲合に於ても—但し兩方とも有るべくもあらず—米國人の輿論上に起れる其變化は、聯邦制の行はるゝ時勢己に去りて、新政躰の起るべき時機到着したるを示す者と謂ふべし、

平民政治　上巻〔第一分冊〕日本立法資料全集　別巻 1200

平成30年8月20日　　復刻版第1刷発行

原著者　ゼームス・ブライス

訳述者　人　見　一　太　郎

発行者　今　井　　　貴
　　　　渡　辺　左　近

発行所　信　山　社　出　版

〒113-0033　東京都文京区本郷6-2-9-102
モンテベルデ第2東大正門前
電　話　03（3818）1019
FAX　03（3818）0344
郵便振替　00140-2-367777（信山社販売）

Printed in Japan.

制作／(株)信山社，印刷・製本／松澤印刷・日進堂

ISBN 978-4-7972-7315-1 C3332

巻数	書　名	編・著者	ISBN	本体価格
950	実地応用町村制質疑録	野田藤吉郎、國吉拓郎	ISBN978-4-7972-6656-6	22,000 円
951	市町村議員必携	川瀬周次、田中迪三	ISBN978-4-7972-6657-3	40,000 円
952	増補 町村制執務備考 全	増澤鐵、飯島篤雄	ISBN978-4-7972-6658-0	46,000 円
953	郡区町村編制法 府県会規則 地方税規則 三法綱論	小笠原美治	ISBN978-4-7972-6659-7	28,000 円
954	郡区町村編制 府県会規則 地方税規則 新法例纂 追加地方諸要則	柳澤武運三	ISBN978-4-7972-6660-3	21,000 円
955	地方革新講話	西内天行	ISBN978-4-7972-6921-5	40,000 円
956	市町村名辞典	杉野耕三郎	ISBN978-4-7972-6922-2	38,000 円
957	市町村吏員提要〔第三版〕	田邊好一	ISBN978-4-7972-6923-9	60,000 円
958	帝国市町村便覧	大西林五郎	ISBN978-4-7972-6924-6	57,000 円
959	最近検定 市町村名鑑 附 官国幣社 及 諸学校所在地一覧	藤澤衛彦、伊東順彦、増田穆、関惣右衛門	ISBN978-4-7972-6925-3	64,000 円
960	鼇頭対照 市町村制解釈 附 理由書 及 参考諸布達	伊藤寿	ISBN978-4-7972-6926-0	40,000 円
961	市町村制釈義 完　附 市町村制理由	水越成章	ISBN978-4-7972-6927-7	36,000 円
962	府県郡市町村 模範治績　附 耕地整理法 産業組合法 附属法令	荻野千之助	ISBN978-4-7972-6928-4	74,000 円
963	市町村大字読方名彙〔大正十四年度版〕	小川琢治	ISBN978-4-7972-6929-1	60,000 円
964	町村会議員選挙要覧	津田東璋	ISBN978-4-7972-6930-7	34,000 円
965	市制町村制 及 府県制　附 普通選挙法	法律研究会	ISBN978-4-7972-6931-4	30,000 円
966	市制町村制註釈 完　附 市制町村制理由〔明治21年初版〕	角田真平、山田正賢	ISBN978-4-7972-6932-1	46,000 円
967	市町村制詳解 全　附 市町村制理由	元田肇、加藤政之助、日鼻豊作	ISBN978-4-7972-6933-8	47,000 円
968	区町村会議要覧 全	阪田辨之助	ISBN978-4-7972-6934-5	28,000 円
969	実用 町村制市制事務提要	河邨貞山、島村文耕	ISBN978-4-7972-6935-2	46,000 円
970	新旧対照 市制町村制正文〔第三版〕	自治館編輯局	ISBN978-4-7972-6936-9	28,000 円
971	細密調査 市町村便覧（三府四十三県 北海道 樺太 台湾 朝鮮 関東州） 附 分類官公衙公私学校銀行所在地一覧表	白山榮一郎、森田公美	ISBN978-4-7972-6937-6	88,000 円
972	正文 市制町村制 並 附属法規	法曹閣	ISBN978-4-7972-6938-3	21,000 円
973	台湾朝鮮関東州 全国市町村便覧 各学校所在地〔第一分冊〕	長谷川好太郎	ISBN978-4-7972-6939-0	58,000 円
974	台湾朝鮮関東州 全国市町村便覧 各学校所在地〔第二分冊〕	長谷川好太郎	ISBN978-4-7972-6940-6	58,000 円
975	合巻 佛蘭西邑法・和蘭邑法・皇国郡区町村編成法	箕作麟祥、大井憲太郎、神田孝平	ISBN978-4-7972-6941-3	28,000 円
976	自治之模範	江木翼	ISBN978-4-7972-6942-0	60,000 円
977	地方制度実例総覧〔明治36年初版〕	金田謙	ISBN978-4-7972-6943-7	48,000 円
978	市町村民 自治読本	武藤榮治郎	ISBN978-4-7972-6944-4	22,000 円
979	町村制詳解　附 市制及町村制理由	相澤富蔵	ISBN978-4-7972-6945-1	28,000 円
980	改正 市町村制 並 附属法規	楠綾雄	ISBN978-4-7972-6946-8	28,000 円
981	改正 市制 及 町村制〔訂正10版〕	山野金蔵	ISBN978-4-7972-6947-5	28,000 円

巻数	書　名	編・著者	ISBN	本体価格
915	改正 新旧対照市町村一覧	鍾美堂	ISBN978-4-7972-6621-4	78,000 円
916	東京市会先例彙輯	後藤新平、桐島像一、八田五三	ISBN978-4-7972-6622-1	65,000 円
917	改正 地方制度解説〔第六版〕	狭間茂	ISBN978-4-7972-6623-8	67,000 円
918	改正 地方制度通義	荒川五郎	ISBN978-4-7972-6624-5	75,000 円
919	町村制市制全書 完	中嶋廣蔵	ISBN978-4-7972-6625-2	80,000 円
920	自治新制 市町村会法要談 全	田中重策	ISBN978-4-7972-6626-9	22,000 円
921	郡市町村吏員 収税実務要書	荻野千之助	ISBN978-4-7972-6627-6	21,000 円
922	町村至宝	桂虎次郎	ISBN978-4-7972-6628-3	36,000 円
923	地方制度通 全	上山満之進	ISBN978-4-7972-6629-0	60,000 円
924	帝国議会府県会郡会市町村会議員必携 附関係法規 第1分冊	太田峯三郎、林田亀太郎、小原新三	ISBN978-4-7972-6630-6	46,000 円
925	帝国議会府県会郡会市町村会議員必携 附関係法規 第2分冊	太田峯三郎、林田亀太郎、小原新三	ISBN978-4-7972-6631-3	62,000 円
926	市町村是	野田千太郎	ISBN978-4-7972-6632-0	21,000 円
927	市町村執務要覧 全 第1分冊	大成館編輯局	ISBN978-4-7972-6633-7	60,000 円
928	市町村執務要覧 全 第2分冊	大成館編輯局	ISBN978-4-7972-6634-4	58,000 円
929	府県会規則大全　附 裁定録	朝倉達三、若林友之	ISBN978-4-7972-6635-1	28,000 円
930	地方自治の手引	前田宇治郎	ISBN978-4-7972-6636-8	28,000 円
931	改正 市制町村制と衆議院議員選挙法	服部喜太郎	ISBN978-4-7972-6637-5	28,000 円
932	市町村国税事務取扱手続	広島財務研究会	ISBN978-4-7972-6638-2	34,000 円
933	地方自治制要義 全	末松偕一郎	ISBN978-4-7972-6639-9	57,000 円
934	市町村特別税之栞	三邊長治、水谷平吉	ISBN978-4-7972-6640-5	24,000 円
935	英国地方制度 及 税法	良保両氏、水野遵	ISBN978-4-7972-6641-2	34,000 円
936	英国地方制度 及 税法	髙橋達	ISBN978-4-7972-6642-9	20,000 円
937	日本法典全書 第一編 府県制郡制註釈	上條慎蔵、坪谷善四郎	ISBN978-4-7972-6643-6	58,000 円
938	判例挿入 自治法規全集 全	池田繁太郎	ISBN978-4-7972-6644-3	82,000 円
939	比較研究 自治之精髄	水野錬太郎	ISBN978-4-7972-6645-0	22,000 円
940	傍訓註釈 市制町村制 並ニ 理由書〔第三版〕	筒井時治	ISBN978-4-7972-6646-7	46,000 円
941	以呂波引町村便覧	田山宗堯	ISBN978-4-7972-6647-4	37,000 円
942	町村制執務要録 全	鷹巣清二郎	ISBN978-4-7972-6648-1	46,000 円
943	地方自治 及 振興策	床次竹二郎	ISBN978-4-7972-6649-8	30,000 円
944	地方自治講話	田中四郎左衛門	ISBN978-4-7972-6650-4	36,000 円
945	地方施設改良 訓諭演説集〔第六版〕	鹽川玉江	ISBN978-4-7972-6651-1	40,000 円
946	帝国地方自治団体発達史〔第三版〕	佐藤亀齢	ISBN978-4-7972-6652-8	48,000 円
947	農村自治	小橋一太	ISBN978-4-7972-6653-5	34,000 円
948	国税 地方税 市町村税 滞納処分法問答	竹尾高堅	ISBN978-4-7972-6654-2	28,000 円
949	市町村役場実用 完	福井淳	ISBN978-4-7972-6655-9	40,000 円

別巻　巻数順一覧【878 ～ 914 巻】

巻数	書　名	編・著者	ISBN	本体価格
878	明治史第六編 政黨史	博文館編輯局	ISBN978-4-7972-7180-5	42,000 円
879	日本政黨發達史 全〔第一分冊〕	上野熊藏	ISBN978-4-7972-7181-2	50,000 円
880	日本政黨發達史 全〔第二分冊〕	上野熊藏	ISBN978-4-7972-7182-9	50,000 円
881	政党論	梶原保人	ISBN978-4-7972-7184-3	30,000 円
882	獨逸新民法商法正文	古川五郎、山口弘一	ISBN978-4-7972-7185-0	90,000 円
883	日本民法鼇頭對比獨逸民法	荒波正隆	ISBN978-4-7972-7186-7	40,000 円
884	泰西立憲國政治攬要	荒井泰治	ISBN978-4-7972-7187-4	30,000 円
885	改正衆議院議員選擧法釋義 全	福岡伯、横田左仲	ISBN978-4-7972-7188-1	42,000 円
886	改正衆議院議員選擧法釋義 附 改正貴族院令,治安維持法	犀川長作、犀川久平	ISBN978-4-7972-7189-8	33,000 円
887	公民必携 選擧法規ト判決例	大浦兼武、平沼騏一郎、木下友三郎、清水澄、三浦數平	ISBN978-4-7972-7190-4	96,000 円
888	衆議院議員選擧法輯覽	司法省刑事局	ISBN978-4-7972-7191-1	53,000 円
889	行政司法選擧判例總覽―行政救濟と其手續―	澤田竹治郎・川崎秀男	ISBN978-4-7972-7192-8	72,000 円
890	日本親族相續法義解 全	髙橋捨六・堀田馬三	ISBN978-4-7972-7193-5	45,000 円
891	普通選擧文書集成	山中秀男・岩本溫良	ISBN978-4-7972-7194-2	85,000 円
892	普選の勝者 代議士月旦	大石末吉	ISBN978-4-7972-7195-9	60,000 円
893	刑法註釋 卷一～卷四(上卷)	村田保	ISBN978-4-7972-7196-6	58,000 円
894	刑法註釋 卷五～卷八(下卷)	村田保	ISBN978-4-7972-7197-3	50,000 円
895	治罪法註釋 卷一～卷四(上卷)	村田保	ISBN978-4-7972-7198-0	50,000 円
896	治罪法註釋 卷五～卷八(下卷)	村田保	ISBN978-4-7972-7198-0	50,000 円
897	議會選擧法	カール・ブラウニアス、國政研究科會	ISBN978-4-7972-7201-7	42,000 円
901	鼇頭註釈 町村制　附 理由 全	八乙女盛次、片野続	ISBN978-4-7972-6607-8	28,000 円
902	改正 市制町村制　附 改正要義	田山宗堯	ISBN978-4-7972-6608-5	28,000 円
903	増補訂正 町村制詳解〔第十五版〕	長峰安三郎、三浦通太、野田千太郎	ISBN978-4-7972-6609-2	52,000 円
904	市制町村制 並 理由書　附 直接間接税類別及実施手続	高崎修助	ISBN978-4-7972-6610-8	20,000 円
905	町村制要義	河野正義	ISBN978-4-7972-6611-5	28,000 円
906	改正 市制町村制義解〔帝國地方行政学会〕	川村芳次	ISBN978-4-7972-6612-2	60,000 円
907	市制町村制 及 関係法令〔第三版〕	野田千太郎	ISBN978-4-7972-6613-9	35,000 円
908	市町村新旧対照一覧	中村芳松	ISBN978-4-7972-6614-6	38,000 円
909	改正 府県郡制問答講義	木内英雄	ISBN978-4-7972-6615-3	28,000 円
910	地方自治提要 全　附 諸届願書式 日用規則抄録	木村時義、吉武則久	ISBN978-4-7972-6616-0	56,000 円
911	訂正増補 市町村制問答詳解　附 理由及追輯	福井淳	ISBN978-4-7972-6617-7	70,000 円
912	改正 府県制郡制註釈〔第三版〕	福井淳	ISBN978-4-7972-6618-4	34,000 円
913	地方制度実例総覧〔第七版〕	自治館編輯局	ISBN978-4-7972-6619-1	78,000 円
914	英国地方政治論	ジョージ・チャールズ・ブロドリック、久米金彌	ISBN978-4-7972-6620-7	30,000 円